rororo sport
Herausgegeben von Bernd Gottwald

**Schwimmen · Wasserspringen
Wasserball · Kunstschwimmen**

Kurt Wilke (Hg.)

SCHWIMMSPORT
PRAXIS

Mit Fotos von Horst Lichte

Rowohlt

Offizielles Lehrbuch des
Deutschen Schwimm-Verbandes

Originalausgabe

Veröffentlicht im Rowohlt Taschenbuch Verlag GmbH,
Reinbek bei Hamburg, Januar 1988
Copyright © 1988 by Rowohlt Taschenbuch Verlag GmbH,
Reinbek bei Hamburg
Layout Angelika Weinert
Umschlaggestaltung Jürgen Kaffer / Peter Wippermann
(Foto: Vandystadt / Focus)
Symbole Umschlagrückseite: WM 1978, Berlin
Satz Times (Linotron 202)
Gesamtherstellung Clausen & Bosse, Leck
Printed in Germany
1990-ISBN 3 499 18608 X

Aktualisierte Ausgabe 21.–23. Tausend April 1997

Inhalt

Spezielle Schwimmausbildung

Leistungssteigernde Ausbildung

Der Übungsleiter

Anhang

Einführung

Schwimmsport vermag den Menschen lebenslang zu bereichern, vom kindlichen Schwimmanfänger bis zum gesundheitsbewußten Seniorenschwimmer. Er kann das Leben des Jugendlichen ausfüllen, mit Engagement an Training und wettkampfmäßiger Bewährung. Er kann auch Ausgleich darstellen, bewußtes Erleben des eigenen Körpers im Wasser.

Was Schwimmsport immer für den einzelnen bedeuten mag, je sorgfältiger und vielseitiger ihm der Zugang zum Wasser eröffnet wird, desto größer ist seine Chance, ein seiner Eignung und Neigung zusagendes Betätigungsfeld zu finden.

Aber auch die Qualität der späteren schwimmsportlichen Bewegungsabläufe hängt maßgeblich von der sorgfältigen Ausbildung ab. Nach heutigen Erkenntnissen darf eine auf hohe Bewegungungsqualität ausgelegte Ausbildung nicht zu früh spezialisieren. Vielmehr sollte sie

- zuerst die gemeinsamen Bewegungsstrukturen der Sparten Schwimmen, Wasserspringen, Kunstschwimmen und Wasserball erarbeiten,
- zum Erlernen der schwimmsporttypischen Bewegungsverhalten jeweils die bestgeeignete Sparte nutzen,
- immer wieder Situationen herstellen, in denen das soziale «Zusammenspiel» mehrerer Partner herausgefordert wird und Vergnügen bereitet.

So ist beispielsweise das widerstandsarme Gleiten notwendig für jede Sparte. Es läßt sich fast zwingend am Eintauchen nach einfachen Sprüngen erarbeiten. Dies wird in einer größeren Gruppe am schnellsten mit partnerweiser Hilfe und Korrektur erreicht.

Die spezielle Ausbildung in einer Sparte setzt nach und nach ein. Sie zielt auf die unterscheidenden Bewegungsstrukturen und -verhalten, sollte jedoch gelegentliche Übungsanleihen aus den Nachbarsparten nicht scheuen.

Als weiteres Bindeglied übernimmt die Wassergymnastik in diesem Ausbildungskonzept koordinative und konditionelle Unterstützungsfunktion. Sie ist also keineswegs eine seniorenspezifische Tätigkeit, sondern Teil der schwimmsportlichen Ausbildung. Sie erleichtert vielleicht einmal dem ehemaligen Leistungssportler den Übergang zum Breitensportbetrieb in seinem Element Wasser, so wie sie dem weniger Leistungsorientierten eine lebenslange, gesellige und fithaltende Gewohnheit werden kann.

In diesem Verständnis von schwimmsportlicher Ausbildung haben sich die Autoren des Buches zusammengefunden. Sie möchten dem Übungsleiter, Trainer, Sportlehrer und auch Autodidakten Anregungen und praktische Hilfen bieten, um viele Menschen unterschiedlichen Alters und sportlichen Anspruchs für den Schwimmsport zu gewinnen, ihnen sportliche Lern- und Praxismöglichkeiten zu geben.

Anfängerschwimm-
ausbildung

Inhalt

Kurt Wilke

Zielsetzung und Methodik

Anfängerschwimmen dient dazu, den Nichtschwimmer *schwimmfähig* zu machen, d. h. sich ohne Hilfsmittel eine Zeitlang beliebig an der Wasseroberfläche fortbewegen zu können. Eine gut durchgeführte Anfängerschwimmausbildung macht den Teilnehmer sogar *wassermündig*: Sie führt ihn in die Fähigkeit ein, sich beliebig unter, im und ins Wasser hinein zu bewegen und sich so das Element Wasser als Teil unserer Lebenswelt zu erschließen. Eine Anwendungsmöglichkeit neben anderen ist der Schwimmsport in unterschiedlichen Erscheinungsformen.

Vorgehensweisen und Gliederung

- Ein sinnvoller Weg (Methode) bereitet Spaß am Wasser, indem er neben den zunächst unangenehmen auch dessen angenehme Eigenschaften erleben läßt.
- Er vermittelt den Teilnehmern Erfahrungen und Erlebnisse im Wasser, weil er nicht nur Übungen vorgibt, sondern auch Bewegungsaufgaben zur selbständigen Lösung stellt (Beispiel: Wer kann ein Schwimmbrett ohne Benutzung seiner Hände durchs Becken bringen?).
- Er enthält keine unangemessenen, schwierigen Aufgaben und verlangt keine gefährlichen ‹Mutproben›; es kann nicht das Ziel sein, in wenigen Stunden einen perfekten Schwimmer auszubilden.
- Er läßt genügend Zeit, neue Übungen auszuprobieren, gelernte Bewegungen zu wiederholen und im Wasser zu spielen.
- Er macht unabhängig von Hilfsgeräten und Menschen, die den Nichtschwimmer an der Wasseroberfläche halten.
- Er geht Schritt für Schritt die einzelnen Schwierigkeiten an, die den Nichtschwimmer von der Schwimmfähigkeit fernhalten.

Liegen diese Schwierigkeiten zunächst darin, sich an die Besonderheiten des Wasseraufenthalts zu gewöhnen, so gilt es auf der nächsten Stufe, die besonderen Eigenschaften des Wassers gerade zum Schwimmenlernen zu nutzen. Dementsprechend gliedert sich der Weg zum Schwimmenlernen in drei große Abschnitte (vgl. Schema S. 14):

- die Wassergewöhnung,
- die Wasserbewältigung,
- die Aneignung der ersten Schwimmart.

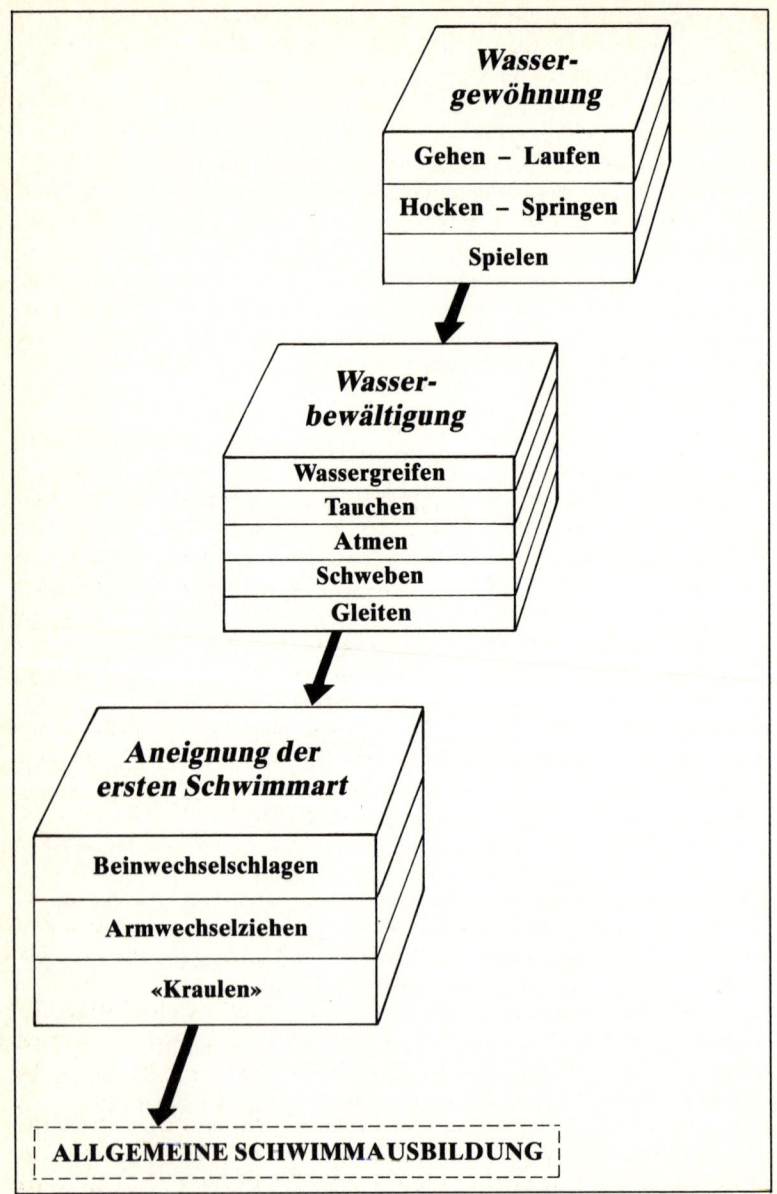

Inhalte und Reihenfolge der Anfängerschwimmausbildung

Wesentlich ist, daß der Weg jede neu auftretende Schwierigkeit erst dann dem Anfänger nahebringt, wenn die vorhergehende weitgehend bewältigt worden ist. Daraus ergibt sich, daß der Lernende in der folgenden Aufgabe neben der neuen Anforderung immer auch zugleich auf etwas Bekanntes, etwas schon Gelerntes stößt. Einerseits nimmt so die Anzahl der vorhandenen Schwierigkeiten mit jedem Lernvorgang ab, andererseits gewinnt der Schwimmanfänger auf diese Weise zunehmendes Vertrauen in seine Fähigkeit, schwimmen zu lernen.

Wassergewöhnung

Wasser dringt in *Mund, Nase* und *Ohren,* sobald man mit dem Kopf unter die Wasseroberfläche gelangt. Deshalb heißt es, den Mund zu schließen, wenn man unter Wasser geht. In die Nase kann Wasser nur dann hineingelangen, wenn der Mund geöffnet oder sogar eingeatmet wird. Bei Untertauchen mit angehaltenem Atem und geschlossenem Mund kann Wasser nur in Rückenlage in die Nase eindringen. Wenn die Luft ausgeatmet ist, sollte sich das Gesicht über dem Wasserspiegel befinden, damit bei plötzlicher Atemnotwendigkeit kein Wasser eingesogen wird.

Ein kleines Problem für sich ist die unmittelbare Berührung der *Augen* mit dem Wasser. Der Mensch schließt normalerweise reflektorisch die Augen, sobald sie mit körperfremder Flüssigkeit in Berührung kommen. Dieses Verhalten verhindert die Orientierung im Wasser und trägt zur Unsicherheit des Nichtschwimmers erheblich bei.

Die *Dichte* des Wassers setzt allen Bewegungen größeren Widerstand entgegen als Luft. Sie behindert Laufen und Gehen im Wasser, bremst insbesondere schnelle Bewegungen. Wenn man stolpert oder umstürzt, kann man sich nicht so leicht abfangen und wieder aufrichten. Bei Verlust des Gleichgewichts hebt zudem der Auftrieb des Wassers den Körper an, so daß es sogar im flachen Wasser schwierig sein kann, auf Anhieb die Füße auf den Boden zu setzen und sich aufrecht hinzustellen.

Der gänzlich Wasserungewöhnte empfindet ähnlich wie die Dichte eine weitere Eigenschaft des Wassers als unangenehm: den *Druck.* Er vermag anfänglich das Gefühl einer gewissen Bedrückung auszulösen. Außerdem erfordert er bei jeder Atmung größere Kraft.

Der *Temperaturunterschied* von Luft zu Wasser fällt für den Schwimmanfänger heute nicht mehr so sehr ins Gewicht, da beinah alle Schwimmbäder ihr Beckenwasser genügend erwärmen. Kommt es dennoch häufig zu Kälteempfindungen, so bleiben sie dem Anfänger als unangenehme Erfahrung

haften. Frieren tritt vor allem dann auf, wenn zwischen den Schwimmversuchen häufige und längere Verweilpausen mit nassem Körper an Land
eingeschoben werden. Das gleiche gilt für den Anfänger, wenn er längere
Zeit im Wasser steht und sich sein Oberkörper über dem Wasserspiegel
befindet.
Eine wichtige Erfahrung bildet die Voraussetzung für erfolgreiche Wassergewöhnung: Man muß sich zunächst vergewissern, wo und wie man festen
Grund unter den Füßen findet und sich sicher bewegen kann.

Merke:
– Anfängerschwimmen sollte, wenn möglich, in flachem Wasser stattfinden.
– Bei den ersten «Spiel- und Übungsformen zur Wassergewöhnung» muß
  der Anfänger erkunden, wie tief das Wasser ist, in dem er sich aufhält.

Grundsätzlich eignen sich zur Wassergewöhnung alle bekannten Bewegungen, Aufgaben und Spiele, die sich unter Bodenkontakt und senkrechter
Körperstellung ins Wasser übertragen lassen, z. B. alle denkbaren Formen
des Gehens, Laufens und Hüpfens sowie alle Abschlag- und Ballspiele.

Wassergewöhnung ist nichts anderes als die beinahe passive Anpassung des Körpers, der Sinne sowie der damit verbundenen Gefühle und Gedanken an die Gegebenheiten des Wassers.

Den Bewegungen, Aufgaben und Spielen im Wasser kommt dabei eine dreifache Aufgabe zu:
- Sie sollen etwas Bekanntes, etwas Gekonntes in der ansonsten verunsichernden Umgebung realisieren lassen.
- Sie sollen durch lebhafte Bewegung Auskühlen und Frieren verhindern.
- Sie sollen soweit in Anspruch nehmen, daß sie von den – zunächst als unangenehm empfundenen – Begleiterscheinungen des Wasseraufenthalts ablenken.

Praktische Vorbereitung zu Hause

- Im gut gefüllten Waschbecken mit nassem Waschlappen oder Schwamm Wasser gegen das Gesicht drücken.
- Mit beiden Händen Wasser ins Gesicht schöpfen.
- Hände auf dem Waschbeckenrand abstützen, später auf den Rücken legen: Gesicht wiederholt kurz ins Wasser eintauchen; mit dem Mund ins Wasser blasen.
- Beim Duschen Wasser vor allem über Kopf und Gesicht laufen lassen; auch Handdusche benutzen.
- Beim Duschen Temperatur wechseln (Wechselduschen).
- In der Badewanne (ohne Badezusatz!) Gesicht und Kopf untertauchen.
- Gesicht untertauchen und Luft anhalten; dabei Sekunden zählen.
- Für kleine Kinder: Liegestütz in Bauch- und Rückenlage auf dem Arm von Vater oder Mutter; nach Aufstützen der Hände den Körper strecken.
- Liegestütz in Bauchlage unter Eintauchen des Gesichts.
- Schiffchen durch die Wanne pusten.

Übungen im flachen Wasser

- Hineingehen ins Lehrbecken: Über die Treppenstufen und vom Sitz auf der oberen Stufe nach und nach tiefer setzen (Foto S. 18 oben).
- Einsteigen über die Treppenstufen: Hineingehen mit Handfassung am Rand oder frei durch die Mitte, bis das Wasser zur Brust reicht.
- Hineinklettern über die Einstiegsleiter: Anschließend Erkundungsgang durch das Becken bis ins brusthohe Wasser mit oder ohne Festhalten am Beckenrand oder Partner.
- Hineinklettern oder -rutschen: Über den Beckenrand ins Wasser rutschen, auf dem Bauch und mit den Füßen voraus (Foto S. 18 unten).

Foto: K. Wilke

- Hineinspringen fußwärts: Unter Handfassung am Rand oder Partner von der untersten Stufe ins Wasser springen und mehrfach auf der Stelle auf- und niederhüpfen.
- Zügiges Vorwärtsgehen: Geradeaus, im Kreis, im Zickzack, mit Richtungswechsel, ohne und mit Unterstützung der Hände durch das Wasser gehen.
- Wettlaufen: Zu zweit oder mehreren laufen.

– Hindernislaufen: Um Partner, um stehende/schwimmende Gegenstände oder Personen herumlaufen.
– Auf- und Niederhüpfen: Am Ort ohne und mit Drehungen hüpfen; im Takt hüpfen.

Landspiele im flachen Wasser

– Verkehrsschutzmann,
– Schlange mit Handfassung,
– Schlange mit Schulterfassung,
– Tauziehen,
– Ringender Kreis (kreisförmig geknotetes Tau nach allen Seiten ziehen),
– Entwischen (unter dem Kreis),
– Ausbrechen (unter den Armen des Kreises in Handfassung),
– Bockspringen,
– Pendelstaffel,
– Stuhlgang (Hockgang hintereinander, jeder sitzt auf den Knien des Hintermanns),
– Wackelschlange (rechter Arm durch gegrätschte Beine zur linken Hand des Hintermanns),
– Lebende Brücke (zum Überkriechen).

Fang- und Abschlagspiele im flachen Wasser

– Abschlagen,
– Schwarz – Weiß,
– Fangen im Schneeballsystem (alle Gefangenen helfen zu fangen),
– Komm mit – lauf weg,
– Schwarzer Mann.

Ballspiele im flachen Wasser

– Balltreiben,
– Ball zuspielen,
– Torwerfen (Tor = ganze Wand),
– Ball hochhalten (mit Schwimmbrett),
– Haltet das Feld frei,
– Wasserkorbball,
– Tigerball,
– Wasservolleyball.

Beobachtungshilfen

● Bewegen sich alle Teilnehmer lebhaft durchs Wasser, oder muß der
  Leiter einigen abseitsstehenden leichtere Sonderaufgaben stellen,
  während die Gruppe spielt?
● Setzen die Teilnehmer ihre Arme ein, um ihr Gleichgewicht zu erhal-
  ten, auszugleichen, wiederherzustellen? Falls nicht: Im Sitzen, Ste-
  hen, Knien das Wasser mit den Händen «zum Kochen» bringen.
● Gelingt der Wechsel, «sich ganz klein und ganz groß zu machen» im
  Flachwasser?
● Können alle im Liegestütz mit gestreckten Beinen über eine Trep-
  penstufe im Wasser stützeln?
● Läßt sich beim Hoch- und Niederhüpfen auf der Stelle das gelegentliche Luftauspusten unter Wasser einbauen?

Wasserbewältigung

Die während der Wassergewöhnung gesammelten Erfahrungen werden
nun angewendet, um das Wasser zu bewältigen, d. h. seine Eigenschaften
nach und nach «in den Griff zu nehmen». Das ist sogar wörtlich zu verstehen, denn man vermag erst zu schwimmen, wenn man das Wasser «greifen», es als Widerlager für alle Zug- und Abdrucksbewegungen nutzen und
seinen Körper vom Wasser tragen lassen kann.
Dazu muß der Mensch folgende *Fähigkeiten* lernen oder entwickeln:
– den Widerstand des Wassers mit Hand- und Fußflächen zu empfinden,
  um ihn zum Abdruck zu nutzen;
– das Gleichgewicht im Wasser zu halten und es nach Verlust wiederherzustellen;
– zu tauchen und zu springen;
– zu atmen (unter Wasser aus, über Wasser ein);
– in Bauch- und Rückenlage auf der Stelle zu schweben;
– in Bauch- und Rückenlage voranzugleiten.

Wasserwiderstand und Abdruck

Das Wasser weicht ruckartigen, zu kraftvollen Bewegungen der Arme und
Beine aus; Flüssigkeit und geringere Dichte des Wassers verlangen ruhige
Bewegungen. Dabei drücken Innenhand und Fußsohle (Brustschwimmen)

bzw. Fußrist (Kraulschwimmen) mit ihrer größtmöglichen Fläche gegen den Wasserwiderstand. Der Abstoß vom Wasser, zum Beispiel beim Brustschwimmen, verlangt große Flächen wie die ganze Fußsohle zuzüglich der Unterschenkelinnenseiten.

Das kontrollierte Aufgeben und Wiedererlangen des Gleichgewichts muß in allen Richtungen geübt werden, ebenso aus der Rückenlage und den Seitenlagen. Kinder tun dies ohne Bedenken während des Spiels im Wasser. Es ist leicht verständlich, daß ein Mensch erst dann bereit ist, den sicheren Halt des Beckenbodens vorübergehend zum Tauchen oder Schwimmen aufzugeben, wenn er die Gewißheit hat, die Füße wieder dorthin stellen zu können. Denn das Herstellen des Gleichgewichts mit Hilfe der Armbewegungen kommt nach jedem Sprung, nach jedem Tauchvorgang, während und nach jeder Schwimmübung vor.

Zusammenfassend läßt sich sagen, daß Kinder sowohl die Hand- und Fußempfindsamkeit für den Wasserwiderstand als auch die Gleichgewichtskontrolle im Wasser im wahrsten Sinne des Wortes *spielend* lernen. Hingegen sind erwachsene Schwimmanfänger meistens auf zusätzliche, gezielte Übungen angewiesen.

Übungen

- Wasser schlagen und streicheln: Im Hockstand oder Sitz auf der Treppe das Wasser mit den Handflächen, Fäusten, Handrücken schlagen und anschließend sanft streicheln. Ebenso Wasser mit einer Hand hochschöpfen und mit der anderen zur Seite wegschlagen.
- Wasser stoßen und schieben: Im Sitz auf der Treppe oder auf dem Beckenrand das Wasser mit den Fußsohlen, Fußrücken, Fußinnenseiten kräftig wegstoßen und anschließend sanft wegschieben.
- Karussell drehen: Im Hockstand bei geschlossenen Füßen nur mit den Armen vom Wasser abdrücken, bis sich der Körper dreht.
- Ins Gleichgewicht ziehen: Im Hockstand mit dem Rücken zur Wand (ca. 20 cm entfernt) den Oberkörper gegen die Wand nach hinten lehnen und mit beiden Armen wieder vorwärts ins Gleichgewicht ziehen; Füße auf der Stelle am Boden lassen.
  Ebenso mit der Brust zur Wand vorkippen und zurückziehen.

Tauchen

Nur wer sich bemüht, völlig unterzutauchen, wird feststellen, daß ihn das Wasser trägt. Der menschliche Körper wird aufgrund seines geringeren spezifischen Gewichts im Vergleich zum Wasser aufgetrieben. Diese Erfahrung trägt wesentlich dazu bei, Angst zu verringern. Hinzu kommt, daß mit dem Tauchen zugleich das Augenöffnen unter Wasser angestrebt wird. Findet man sich erst einmal unter Wasser einigermaßen zurecht, dann kann man auch kurzzeitig die Füße vom Boden lösen, um mit den Händen an der Einstiegsleiter oder an den Beinen eines Partners abwärts- und aufwärtszuhangeln.

Merke:

Je weiter der Körper untertaucht, desto größer ist sein Auftrieb.

Die Schwierigkeiten des Tauchens lassen sich nacheinander bewältigen, indem man lernt,
1. Körper und Kopf unter Wasser zu nehmen;
2. Körper und Kopf unter Wasser zu nehmen und die Augen zu öffnen;
3. Körper und Kopf unter Wasser zu nehmen, die Augen zu öffnen und die Füße vom Boden zu lösen.

Übungen

– Gesicht waschen: Wasser mit den Händen ins Gesicht schöpfen.
– Gesicht ins Wasser tauchen: Wasser abtropfen lassen, ohne mit den Händen nachzuwischen.
– Duschen: Wasser betont über Kopf und Gesicht laufen lassen.
– Sich im Wasser groß und klein machen: Allmählich immer tiefer abtauchen bei sicherem Stand und evtl. mit Handfassung.
– Unter einem Gegenstand hertauchen: Dieser kann der Arm des Partners oder auch ein kleiner Stab an der Wasseroberfläche oder ein Schwimmbrett sein.
– Feuerwehrpumpe: Zu zweit beidhändig gefaßt abwechselnd untertauchen (Foto rechts).
– Tauchatmung: Gesicht oder noch besser Kopf untertauchen und Luft ins Wasser ausblasen.
– Abwärtshangeln: Sich mit den Händen an der Einstiegsleiter, an einem Stab oder an den Beinen des Partners abwärtsziehen.
– Auf den Boden setzen: Bei zunehmender Wassertiefe hinknien, hinsetzen.
– Ball springen lassen: Einen Gummiball auf den Grund drücken und ihn nach dem Loslassen über Wasser wieder fangen.
– Untertauchen und Augen öffnen: Danach Gegenstände beschreiben.
– Gegenstände hochholen: Gegenstände wie sinkfähiges Spielzeug, Gummiringe oder Steine (in natürlichen Gewässern) tauchend ergreifen; dabei Wassertiefe steigern.
– Figuren legen: Mit Tauchringen, Steinen o. ä. Gegenständen Buchstaben, Ziffern, Zeichen auf den Beckenboden legen.
– Untertauchen mit Partner: Sich gegenseitig ansehen und Grimassen schneiden; durch Gesten verständigen.

- Unter Wasser zählen: Die Fingerzahl angeben, die ein Partner unter Wasser zeigt. Ebenso kleine Rechenaufgaben lösen.
- Heraustauchen mehrerer Gegenstände: In einem Tauchgang zwei bis vier Tauchringe usw. vom Beckenboden aufheben.
- Unterscheiden verschiedenfarbiger Gegenstände: Den roten, gelben, schwarzen Tauchring holen.
- Hindernistauchen: Durch die gegrätschten Beine des Partners oder durch einen Reifen tauchen.
- Hindernis-Tauchstrecke: Unter mehreren Stäben, Reifen, Beinen usw. hertauchen.
- Slalomtauchen: Um hintereinander gestellte Hindernisse oder Teilnehmer in seitlichen Schlangenlinien herumtauchen.
- Tunnelfahrt: Durch hintereinander gestellte Hindernisse hindurchtauchen.
- Delphintauchsprung: Nach Absprung mit den Füßen vom Grund kopfwärts mit den Händen den Grund berühren.
- Tauchabstoß: Von der Wand abstoßen und anschließend kopfwärts mit den Armen voran zum Grund abtauchen.
- Untertauchen nach Zeit: Mit Griff an der Überlaufrinne, an der Einstiegsleiter, am Partner oder an einem senkrechten Stab untertauchen; die Sekunden zählen oder an einer Uhr ablesen.

Springen

Springen im Anfängerschwimmen bedeutet, mit wechselnden Aufgabenstellungen Fußsprünge ins Flachwasser auszuführen. Es bezweckt, in unterschiedlichen Situationen folgende Fähigkeiten herauszufordern: Das Tauchen – Orientieren unter Wasser – Gleichgewicht herstellen – Hinstellen. Um bei den ersten Fußsprüngen vom Beckenrand ins flache Wasser keinen «Ausrutscher» zu erleben, beginnen wir aus der weiten Vorschrittstellung und lösen diesen Schritt nach vorn ins Wasser hinein wie bei einem Gehschritt. Dieser Schritt nach vorn gewährleistet das Gleichgewicht in der Luft und verhindert das Aufschlagen auf dem Beckenrand. In der Vorschrittstellung vor dem Sprung greifen die Zehen des vorderen Fußes fest um die Beckenkante.

Merke:
Nie mit dem Kopf voran in flaches Wasser springen!

Übungen
- Auf- und Niederhüpfen: Mit Griff der Hände am Beckenrand federn und hüpfen. Ebenso im hüfthohen Wasser ohne Festhalten.
- Sitzsprung: Aus dem Sitz auf dem Beckenrand mit halber Drehung über den Bauch ins Wasser rutschen.
- Sprung aus dem Hockstand: Ins Wasser hineinspringen unter Abstützen einer Hand auf dem Rand.

- Springen mit Hilfe eines Partners: Dieser hält seitlich im Wasser stehend die Hände des Springenden und verringert seine Hilfe allmählich.
- Sprünge aus dem Stand: Ins bauchhohe Wasser springen und mit beiden Händen zum Grund greifen.
- Springen vom Grund über einen Stab: Unter Abstützen auf den Schultern zweier Partner hochspringen.
- Neue Fußsprünge erfinden: z. B. Hocksprung, Paketsprung, Drehsprung, Zappelsprung, Laufsprung, Spreizsprung, Sprung mit Händeklatschen usw. (Foto links).

- Bombe: Hocksprung und möglichst viel Wasser aufspritzen lassen.
- Sprung mit Ball: Ball hochwerfen, abspringen und im Flug fangen.
- Delphinspringen im hüfthohen Wasser: Mit den Händen zum Boden tauchen und mit den Füßen abspringen; dabei Hüfte nach oben und Kopf zur Brust nehmen. Ebenso Delphinsprünge über Hindernisse oder mit anschließendem Durchtauchen von Hindernissen.
- Springen auf Höhe und Weite: Aus der Vorschrittstellung vom Bekkenrand möglichst weit / hoch springen. Ebenso über einen Stab oder ein Seil springen.

Beobachtungshilfen
- Bietet jede Übungsstunde für Anfänger wenigstens drei bis fünf Übungen zum Tauchen, Springen und anschließendem Tauchen?
- Fangen die Teilnehmer allmählich bei den Fußsprüngen ihr Körpergewicht auf dem Beckenboden ab? Hinweis: Mit dem Eintauchen neben jedem Fuß *seitlich* zum Boden fassen, d. h. Fuß-, Knie-, Hüftgelenke nachgebend beugen.
- Kommen gelegentlich kleine Testaufgaben vor, die Aufschluß über die geöffneten Augen während des Tauchens geben?
- Gelingt es den Schwimmschülern, ein kleines Stück kopfwärts zu tauchen, z. B. aus dem Delphinsprung?
- Fordert der Leiter manchmal seine Gruppe auf, ihre Lieblingsübungen zu zeigen, damit er sie als Belohnungen (Verstärker) für gut gelöste Lernaufgaben einsetzen kann?

Atmen

Grundsätzlich neigt man dazu, in allen schwierigen Situationen die Luft anzuhalten und in eingeatmetem Zustand zu verharren. Für den Anfänger kommt es zunächst darauf an, unbehindert im Stehen oder Hocken im Flachwasser abwechselnd unter Wasser aus- und über Wasser einzuatmen. Ungewohnt sind der höhere Wasserwiderstand, gegen den die Luft ausgeblasen werden muß, und die aufsteigenden Luftblasen im Gesicht. Der Schwimmschüler bläst die Luft nicht in feinem Strahl aus, sondern formt seine Lippen zu einem deutlichen «brrro»-Laut und atmet mit einem angehängten «n» auch durch die Nase aus. Die Ausatmung sollte ungefähr doppelt soviel Zeit in Anspruch nehmen wie die Einatmung. Zwischen der Ein- und Ausatmung liegt ein kurzer Augenblick des Atemanhaltens. Ziel der Atemübungen ist, daß der Anfänger diesen Atemrhythmus in mehrfacher Wiederholung ohne Unterbrechung beherrscht.

Merke:

Für das Schwimmen wird kurz durch den Mund ein- und länger durch Mund und Nase ausgeatmet.

Übungen

- Loch ins Wasser blasen: Im Hockstand, Kopf vorgebeugt, kräftig ausatmen; ebenso mit dem Mund das Wasser sprudeln lassen.
- Gegenstände treiben: Schiffchen, Tischtennisbälle, Seifendosen, Luftballons über die Wasseroberfläche voranpusten.
- Unter Wasser brüllen: Wie Seelöwen und andere Tiere oder den eigenen Namen brüllen.
- Mund-/Nasenausatmung: Nur durch den Mund («brrr...») die Luft ins Wasser pusten. Ebenso nur durch die Nase («onnn...»).
- Bewegen und Atmen: Durchs Flachwasser unter häufigem Ausatmen gehockt gehen, kriechen, stützeln.
- Tauchatmen: Im tiefen Hockstand den Kopf völlig unter Wasser nehmen und langgezogen ausatmen: Luftblasen mit offenen Augen verfolgen.
- Wechseltauchatmen mit dem Partner: Tauchatmen und sich ständig mit einem Partner an den Händen gefaßt abwechseln.
- Rhythmisches Tauchen: Mit Griff der Hände am Beckenrand hinhokken. Die ganze Ausatemluft nach kleiner Pause unter Wasser abgeben und betont einatmen; mehrfach ruhig wiederholen.
- Atmen in Schwimmlage: Durchs hüfthohe Wasser mit vorgelegtem Oberkörper gehen, Hände gefaltet auf dem Rücken ins Wasser ausatmen, zum Einatmen Kopf heben (Brustschwimmen) oder Kopf dre-

Foto: O. Wagner

hen (Kraulschwimmen). Ebenso durchs flache Wasser stützeln unter regelmäßigem Atmen.

– Ausatmen als Wettbewerb: Wer kann 5-, 8-, 12mal hintereinander unter Wasser aus- und über Wasser einatmen?

– Ausatmen in Schwebelage: Auf die Oberfläche gestreckt legen, lange ausatmen und auf den Grund absinken.

Schweben

Nach tiefer Einatmung und bei angehaltener Luft schwebt der Körper an oder knapp unter der Wasseroberfläche. Um möglichst hoch bis an die Wasseroberfläche aufgetrieben zu werden, muß der Schwimmschüler zuvor seinen Körper einschließlich des Kopfes unter Wasser tauchen.

Da sich der Anfänger häufig nicht auf Anhieb zutraut, seinen Körper ohne Hilfen schweben zu lassen, bietet sich folgender Weg an: Von der Teilkörperschwebe zur Ganzkörperschwebe. Die Teilkörperschwebe billigt dem Lernenden zu, daß er neben dem teilweisen Schweben seinen Körper teilweise noch abstützt, z. B. im Liegestütz vorlings (Bauchlage) oder rücklings (Rückenlage). Der Übergang zur Ganzkörperschwebe erfolgt allmählich durch Verringerung oder zeitweilige Wegnahme der Stützen. Als beste Übung der Ganzkörperschwebe wird die «Hockqualle» angesehen. Aus dem Hockstand mit Schultern unter dem Wasserspiegel werden nach tiefer Einatmung die Beine unter den Körper gehockt und mit beiden Armen fest umfaßt; gleichzeitig wird der Kopf zur Brust gebeugt und dort gehalten. Nach zwei bis drei Sekunden Auspendelns schwebt der Körper ruhig an der Wasseroberfläche: Je nach Einatemtiefe ragt der gewölbte Rücken teilweise sogar aus dem Wasser heraus; die Beine befinden sich unter dem Körperschwerpunkt und lassen sich jederzeit durch Strecken in den sicheren aufrechten Stand bringen.

Streckt der Anfänger aus der «Hockqualle» Arme und Beine gleichzeitig aus, so gelangt er ohne Bodenberührung in die gestreckte Bauchlage. Ihr entspricht in der Rückenlage das Schweben als «Toter Mann», allerdings mit seitlich ausgebreiteten Armen.

Übungen

– Partnerziehen: Mit Hilfe einer Stange oder mit Griff an den langen Armen in Bauchlage ziehen; beim Ziehen in der Rückenlage den Hinterkopf fassen.

– Liegestütz im flachen Wasser: Gesicht eingetaucht, Blick zum Boden: Hände vom Grund / von der Treppenstufe lösen und Arme an der Wasseroberfläche ausbreiten.

– Liegestütz in Rückenlage: Beine an der Oberfläche ausstrecken, Hin-

terkopf ins Wasser legen, Hände vom Grund lösen und schweben.
- Toter Mann in Bauchlage: Im bauchhohen Wasser Körper vornüber legen und an der Oberfläche ausstrecken, Arme und Beine spreizen.
- Qualle oder Hockschwebe: Oberkörper vornüber legen, mit den Händen die Unterschenkel greifen und eng unter den Körper ziehen (Foto oben).
- Hockschwebe und Streckschwebe: Im Wechsel hocken und strecken, dann aus der Hockschwebe hinstellen.
- Toter Mann in Rückenlage: Oberkörper und Kopf zurück auf das Wasser legen, Hüfte und Beine an die Oberfläche bringen, ausstrekken und schweben.
- Auftreiben: An den Sprossen einer Einstiegsleiter, einem Gymnastikstab oder den Beinen eines Partners hinabhangeln: Hände lösen und Körper aufwärts treiben lassen.

Gleiten

Um vom Schweben zum Gleiten zu gelangen, geht dem Schweben in Bauch- und Rückenlage ein kräftiger Abstoß mit den Beinen voran. Am einfachsten ist es, sich mit einem Bein von der Wand kräftig abzustoßen. Das andere Bein stützt den Körper am Boden ab bis zum Abstoß. Beim Gleiten ist darauf zu achten, daß vor dem Abstoß die Schultern unter Wasser liegen und das Gesicht nach einer tiefen Einatmung ebenfalls ins Wasser gelangt. Zu Beginn der Gleitübungen fördert es die Sicherheit des Schwimmschülers, wenn er auf einen Partner oder auf den Beckenrand als Ziel zugleitet.

Übungen

– Zielgleiten bei geringer Entfernung: Sich aus dem Hockstand mit ausgestreckten Armen vornüber auf das Wasser legen und zum Beckenrand oder Partner abstoßen.

– Zielgleiten zum Partner: Dieser faßt die Hände und zieht weiter.

– Gleitabstoß: Hockstand vor der Wand; Arme, Kopf und Schultern eingetaucht, mit einem Fuß abstoßen und lange ausgleiten.

– Tauchgleiten: Gleitabstoß und anschließend unter einer Stange durchtauchen.

– Hangeln: Den gestreckten Körper mit Hilfe der Hände an der Beckenrinne oder einer Leine entlang ziehen.

– Fortlaufendes Gleiten: Nach Abstoßen vom Grund mit Körperstreckung ausgleiten, hinstellen und erneut zum Gleiten abstoßen.

– Anschieben des Partners: Dieser legt sich in Strecklage auf das Wasser und wird an den Füßen ruhig fortgeschoben (Foto unten).

– Flößen durch die Gasse: Alle Teilnehmer in einer Gasse aufgestellt: den gestreckten Körper eines Schwimmschülers durch die Gasse schieben.

– Torpedoschießen: Einen Partner kräftig an den Füßen anschieben und schnell loslassen.

– Abstoßen und Gleiten mit Lagenwechsel: In Bauchlage abstoßen und gestreckt über eine Seite in die Rückenlage rollen; ebenso aus der Rückenlage abstoßen und in Bauchlage gleiten unter Strampeln der Beine.

– Partnerziehen in Rückenlage: Unter die Achseln greifen und rückwärts gehend den Gleitenden ziehen; ebenso Partnerziehen mit Griff am Hinterkopf und nach Gleitbeginn loslassen.

– Brettgleiten in Rückenlage: Hockstand, Brett mit beiden Händen gefaßt hinter dem Kopf gehalten: Oberkörper und Hinterkopf zurücklegen, Hüfte heben und einbeinig abstoßen.

- Gleiten in Rückenlage: Mit einem Fuß vom Beckenrand abstoßen, Körper gut an der Oberfläche ausstrecken, Hände neben die Hüfte legen; ebenso abstoßen, gleiten und durch Paddeln mit Füßen und Händen die Gleitstrecke verlängern.
- Partnerschieben in Rückenlage: Nach Einnehmen der gestreckten Rückenlage den Partner an den Fußgelenken fassen und ruhig vorwärtsschieben.

Beobachtungshilfen
- Verharrt kein Schwimmschüler eingeatmet unter Wasser und atmet erst unbemerkt über Wasser aus?
- Zieht sich die Ausatmung hin, bis der Mund auftauchend frei wird? Hinweis: Wasserschlucken ist meistens die Folge langen Untertauchens mit restlosem Luftauspusten.
- Erfolgen die Schwebeübungen nach ruhigem Körpereintauchen und ohne hastige Bewegung?
- Liegt der Kopf beim Schweben weit genug im Wasser?
- Sinken einigen Anfängern trotz tiefen Kopfeintauchens die Beine rasch ab? Hinweis: Beine locker spreizen und Arme vorstrecken lassen.
- Teilnehmer mit ungünstigem spezifischem Gewicht (Absinken des ganzen Körpers) zu vertiefter Einatmung vor dem Schweben raten!
- Befinden sich vor dem Abstoß zum Gleiten Arme und Schultern gänzlich unter Wasser?
- Läßt der Leiter die Gruppe gleichzeitig zum Gleiten abstoßen, so daß schwächere Ausführungen sofort bemerkt und korrigiert werden können?

Die erste Schwimmart –
Kraulschwimmen

Als erste Schwimmart in einer vielseitig schwimmsportlich ausgerichteten Ausbildung empfiehlt sich das *Kraulschwimmen*. Das Kraulschwimmen findet in allen Schwimmsportsparten Anwendung, macht die Überzahl der Schwimmwettkämpfe aus und enthält Bewegungsmerkmale, die sich beim nachfolgenden Aneignen anderer Schwimmtechniken lernförderlich auswirken. Außerdem läßt es sich – zunächst noch ohne geregelte Atmung – rasch von Kindern und Jugendlichen erlernen und bereitet wegen der schnellen Vorwärtsbewegung Spaß.

Lernvoraussetzung bildet die Fähigkeit der Schwimmschüler, über mehrere Meter in Bauchlage zu *gleiten* und das Gesicht dabei eingetaucht zu halten. Das Gleiten sollte auch in der Rückenlage beherrscht werden, um in dieser Körperlage den *Wechselbeinschlag* zu lernen und den Beinschlag selbst zu beobachten. Es folgt die Aufnahme des *Wechselarmzugs* im Gehen durch das flache Wasser, ehe wiederum aus dem Gleitabstoß in Bauchlage Armwechselzug und Wechselbeinschlag zusammengefügt werden.

Zweierlei ist von Anfang an bei der Armbewegung zu beachten:
- der wechselweise Einsatz beider Arme (Alternation): Ein Arm zieht den Körper voran, während der andere vorschwingt;
- die hohe Ellbogenführung, um den Arm frei vom Wasser und entspannt vorzubringen.

Werden Beinbewegungen und Armbewegungen nach einigen Übungsstunden beherrscht, geschieht ihre Koppelung zur Gesamtbewegung so, daß aus dem Gleiten die Arme beginnen und sich die Beine nach wenigen Zügen ‹hinzuschalten›. Die Anfänger schwimmen mit dem Gesicht im Wasser jeweils so weit, wie sie es bequem ohne zu atmen schaffen. Dann stellen sie sich hin und holen Luft. Durch häufige Wiederholungen prägt sich die Gesamtbewegung ohne störende Aufwärtsbewegung zugunsten der Atmung ein. Während der ersten Durchquerungen des Tiefwasserbeckens holen die Teilnehmer nach Bedarf Luft, indem sie das Kraulschwimmen unterbrechen und wassertretend auf der Stelle mit einer Art Brustschwimmarmbewegung den Kopf anheben. Dann schwimmen sie weiter Kraul. Eine andere Möglichkeit ist das Wechseln in die Rückenlage zum ungehinderten Einatmen.

Erst später wird die regelmäßige *Kraulatmung* hinzugenommen. Sie setzt die Beherrschung des rhythmischen Tauchatmens im Hockstand voraus.

Übungen
- Beinschlag auf dem Beckenrand: Soweit wie möglich nach vorn gesetzt, Hände nach hinten aufgestützt, Beine und Füße lang ins Wasser gestreckt: Ein Bein von der Beckenwand zur Wasseroberfläche, das andere entgegengesetzt schlagen.
- Beinschlag auf der Treppenstufe: In Rückenlage Ellbogen oder Hände aufgestützt, Hinterkopf aufs Wasser gelegt, Hüfte zur Oberfläche gestreckt: Fußspitzen leicht einwärts drehen und beinschlagen; ebenso mit Hinterkopf und seitlich ausgestreckten Armen auf der Beckenrinne liegend beinschlagen.

- Rückenbeinschlag mit Schwimmbrett: Brett beidarmig vor dem Bauch umfaßt beinschlagen: bei lockerem Knie den Oberschenkel aufwärts drücken, dann Unterschenkel und Fuß hinterherschleudern: «Kick!» Ebenso mit dem Schwimmbrett unter Hinterkopf und Schultern beinschlagen.
- Kraulbeinschlag mit Schwimmbrett: Hockstand vor der Wand und Schwimmbrett beidhändig gefaßt, Gleitabstoß mit dem Gesicht im Wasser: kräftig beinschlagen und dabei mit den Füßen die Wasseroberfläche ‹durchbrechen›; zum Luftholen hinstellen; ebenso ohne Brett mit schulterbreit vorgestreckten Armen beinschlagen.
- Wechselarmzug im Gehen durch das Flachwasser: Ohne Pause abwechselnd mit rechtem und linkem Arm vorwärtsziehen: Arme über oben nach vorn führen, bei jedem Schritt einen Arm nach vorn ins Wasser einsetzen und sofort durchziehen.
- Kraularmzug im Gehen: Bei vorgebeugtem Oberkörper abwechselnd ziehen und den Arm mit hohem Ellbogen weit nach vorn schwingen; Schultern weit mitdrehen; ebenso ziehen mit dem Gesicht im Wasser.
- Kraulgesamtbewegung ohne Atmung: Kraulbeinschlag aus dem Gleitabstoß und nach ein bis zwei Metern Kraularmzug hinzunehmen: Arme im ständigen Wechsel ziehen bis zur Pause für das Einatmen im Stand.
- Kraulschwimmen ohne Atmung: Aus dem Gleitabstoß mit dem Armzug beginnen und Beine locker mitschlagen: «Zug, Zug, Zug, Zug...!» Jeweils nach kurzer Atempause im Stand ein Bein vorsetzen, Oberkörper vorlegen, vom hinteren Bein abstoßen und kraulschwimmen.

Beobachtungshilfen
- Schlagen die Schwimmschüler mit dem ganzen Bein und nicht nur mit dem Unterschenkel?
- Zeigt die Fußspitze beim Abwärtsschlag nach hinten innen?
- Schwingen die Arme über oben nach vorn, und setzen sie vor dem Körper ein?
- Beachten, daß immer nur kürzere Strecken (4–8 Meter) ohne Atmung geschwommen, diese aber häufig wiederholt werden!
- Fördert es das flotte Kraulschwimmen, wenn durch Gehen der Gruppe mit Kraularmzug in einer Richtung und Kraulschwimmen ohne Atmung in Gegenrichtung eine Kreisströmung entsteht?
- Finden alle Teilnehmer den zügigen Rhythmus des Wechselarmzugs (Alternation), oder benötigen sie rhythmische Hilfen durch Ansagen («Zug, Zug...») oder Klatschen?

Allgemeine Schwimmausbildung

Inhalt

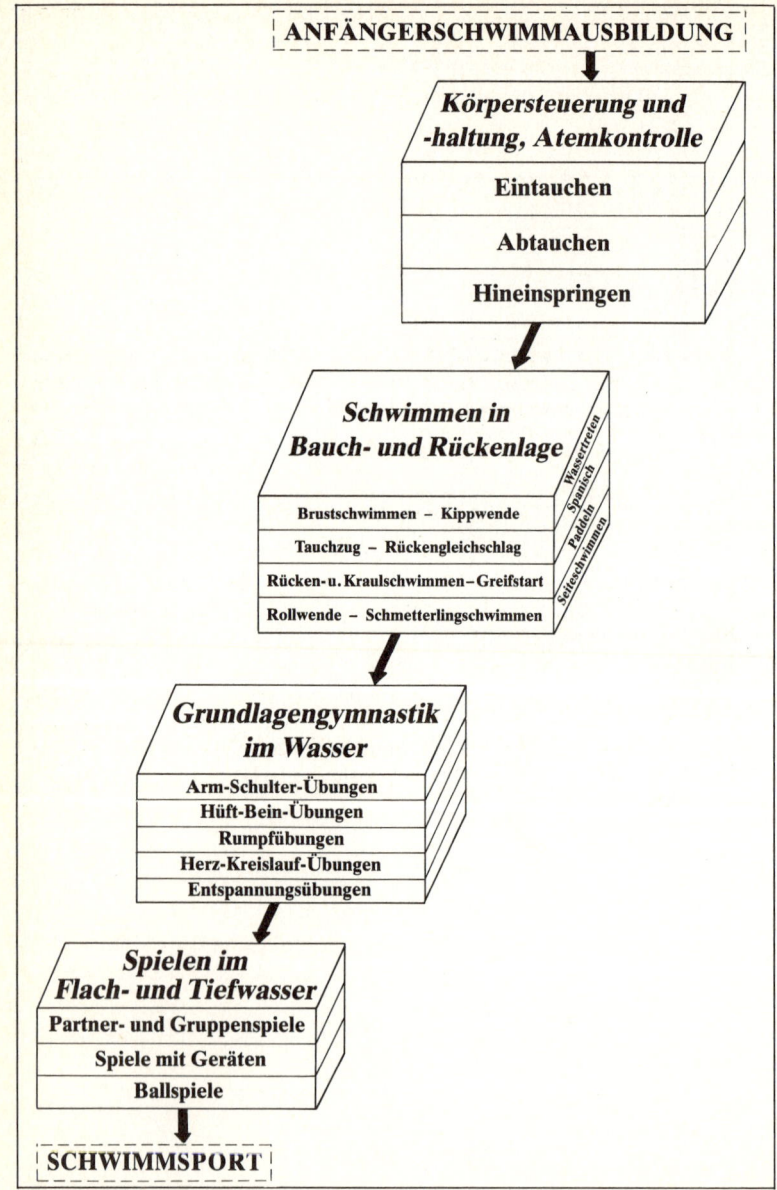

Inhalte und Reihenfolge der allgemeinen Schwimmausbildung

Die allgemeine Schwimmausbildung soll den Teilnehmern so viel an Bewegungserfahrung und Bewegungserlebnis eröffnen, wie im Wasser, unter Wasser und ins Wasser hinein überhaupt möglich ist. Sie ist deshalb vielseitig, d. h. auf alle schwimmsportlichen Sparten hin, angelegt. Sie bildet den bewegungsmäßigen Umgang des einzelnen mit dem Wasser aus; sie stellt auch Lerninhalte und Übungsformen bereit, die erst mit dem Partner und in einer Gruppe möglich werden (vgl. Schema links).

Dieser *Vielseitigkeit* in der Schwimmausbildung liegen die Erkenntnisse und Erfahrungen zugrunde,

– daß die Teilnehmer zahlreich und regelmäßig mitmachen, weil sie mit einer gewissen Spannung und Freude die nächste Übungsstunde erwarten;

– daß beinahe jeder Teilnehmer einen Bewegungsbereich im Wasser (Sparte) entdeckt, der seiner persönlichen Neigung und Fähigkeit entspricht;

– daß die spezielle schwimmsportliche Ausbildung in einer Sparte, z. B. dem Kunstschwimmen oder Wasserspringen, erfolgreicher und auf einem höheren Bewegungsniveau verläuft als bei sofortiger Spezialisierung.

Die Reihenfolge der Blöcke des Schemas dient als Orientierung für die Ausbildungsschwerpunkte. Obwohl *Gleiten, Eintauchen, Abtauchen, Hineinspringen* den Anfang machen, müssen nicht alle Übungen durchlaufen werden, ehe das *Schwimmen in Bauch-, Rücken- und Seitlage* beginnt. Die *Spiele im Flach- und Tiefwasser* sind hier zuletzt aufgeführt. Trotzdem gehört wenigstens eines der Spiele in den Schlußteil jeder Übungsstunde wie einige wassergymnastische Übungen in ihren Anfangsteil. Das trifft auch dann zu, wenn die Ausbildungsschwerpunkte «Grundlagengymnastik im Wasser» und «Spielen im Flach- und Tiefwasser» noch ausstehen.

Kurt Wilke

Gleiten, Eintauchen, Abtauchen, Hineinspringen

Zielsetzung und Methodik

Die Fähigkeiten des Eintauchens, Abtauchens und Hineinspringens bilden günstige Voraussetzungen für jede anspruchsvolle spätere Bewegungsausführung im Wettkampf- und Kunstschwimmen, im Wasserspringen und mittelbar über die wirkungsvollen Schwimmtechniken auch im Wasserballspiel. Das betrifft sowohl das Erlernen neuer Bewegungstechniken als auch deren nachfolgende Verbesserung.

Gemeinsame Ausgangsbasis ist das *Gleiten,* das im Verlauf des Anfängerschwimmens gelernt wurde. Es wird nun verfeinert, in verschiedene Formen ausgestaltet und verzweigt sich zum Eintauchen, Abtauchen und Hineinspringen. Es kommt darauf an, möglichst viele Übungen zu praktizieren und die Aufmerksamkeit zu richten auf das Steuern der Bewegungsrichtung, Zuordnen von Körperhaltungen, Kontrollieren der Atmung.

Beeinflussen diese Aufmerksamkeitsschwerpunkte sichtbar die Übungsausführungen, kann der Leiter sich anderen Aufgaben zuwenden. Günstigenfalls werden die Übungen nach einigen Wochen wiederholt. Einige von ihnen lassen sich als Standardübungen einprägen, um mit ihrer Hilfe sofort die Aufmerksamkeit auf eines der obengenannten Verhalten konzentrieren und auf andere Bewegungsabläufe übertragen zu können.

Wichtig ist, daß die Teilnehmer der Allgemeinen Schwimmausbildung allmählich die Wichtigkeit der Aufmerksamkeitsschwerpunkte erkennen und sie bewußt zur Beeinflussung der eigenen Bewegung einsetzen können. Dies läßt sich beispielsweise für das Steuern der Bewegungsrichtung anhand der Kopfstellung beim Eintauchen verdeutlichen: Der Kopf auf der Brust führt zum Überrollen, der Kopf im Nacken zum «Bauchplatscher». Die richtige Zuordnung von Körper(teil)haltung – z. B. in Form angezogener oder gestreckter Beine – bestimmt Abtauchgeschwindigkeit und -tiefe. Die Kontrolle der Atmung beschränkt sich zunächst auf das Einatmen vor, Atemanhalten während und Ausatmen gegen Ende der Übung. Vor jedem fußwärtigen Eintauchen und vor der Rückenlage unter Wasser muß das fortlaufende Ausblasen der Luft durch die Nase beherrscht werden.

Bewegungsgrundlagen

Gleiten

Gleiten zu können ist eine Lernvoraussetzung für Eintauchen, Abtauchen und Hineinspringen. Andererseits läßt sich das strömungsgünstige Gleitverhalten immer wieder durch Übungen des Eintauchens, Abtauchens und des spritzerarmen Hineinspringens verbessern. Dazu werden die Gleitübungen des Anfängerschwimmens wiederholt, erweitert und in den Anforderungen gesteigert.

Merke:
Je weniger Wasser der Körper verwirbelt, desto weiter gleitet er.

Übungen
– Abstoßgleiten auf dem Bauch: Mit einem Bein (mit beiden Beinen) abstoßen und soweit wie möglich in Bauchlage gleiten; Arme nach vorn gestreckt und geschlossen halten.
– Abstoßgleiten auf dem Rücken: Ebenso in Rückenlage abstoßen und gleiten; die Arme können während der ersten Übungen neben den Hüften liegen, werden während des nachfolgenden Übens vor dem Abstoß über dem Kopf aufs Wasser gestreckt.
– Torpedoschieben: Gleiten in Bauch- oder Rückenlage: Kurz vor dem Ende der Gleitstrecke steht ein Partner mit der Aufgabe, den Gleitenden beidhändig an einem Oberarm zu ergreifen und an sich vorbei in Gleitrichtung weiterzuziehen, dann ein Bein zu fassen und nochmals weiterzuschieben.
– Flößen: Gleiten in Bauch- oder Rückenlage (Foto unten): Längs des Beckenrands stehen Teilnehmer (auf der Standstufe) in gleichmäßi-

gen Abständen von 3–4 Meter im Wasser, um die nacheinander Gleitenden in der oben genannten Weise zum nächsten Helfer weiterzuschieben.
– Doppeltorpedo: Zwei Partner liegen mit angehockten Beinen auf
  dem Rücken, die Fußsohlen gegeneinander gestellt: gleichzeitig mit
  den Füßen voneinander abstoßen und soweit wie möglich auseinandergleiten.
  Ebenso in Bauchlage voneinander abstoßen und auseinandergleiten.
– Gleiten in der Strömung: Als Gruppe im Kreis laufen, bis das Wasser
  kreisförmig strömt: auf Zeichen vom Boden abstoßen, aufs Wasser
  strecken und im Strom gleiten. Erweiterung: nach dem Abstoß 2 oder
  3 Schwimmzüge und dann gleiten.
– Fußwärtsgleiten: In Bauchlage durch beidhändigen Griff an die Bek-
  kenrinne heranziehen: den gestreckten Körper mit beiden Armen
  von der Wand abstoßen und fußwärts soweit wie möglich zurückglei-
  ten.

Beobachtungshilfen
● Liegt der Kopf während des Gleitens in Verlängerung des Körpers
  und vollständig zwischen den Oberarmen?
● Sind die Füße gestreckt und der Bauch so weit eingezogen, daß kein
  Hohlkreuz entsteht?
● Wechseln während der Partnerübungen Übende und Helfer nach
  mehreren Durchgängen ihre Rollen?

Eintauchen

Eintauchen bedeutet, von außerhalb des Wassers mit einer Schmalseite des
Körpers so ins Wasser «hineinzuschlüpfen», daß die Körperteile möglichst
nacheinander in ein und dasselbe ‹Loch› gleiten. Die Qualität des Eintauchens läßt sich an möglichst wenigen Wasserspritzern erkennen. Höchste
Anforderungen stellt das Eintauchen später an Wasserspringer und Kunstschwimmerinnen. Der Wettkampfschwimmer benötigt gute Eintauchfähig-
keiten für den Startsprung und den Rückenstart. Alle Schwimmsportler
können Eintauchübungen zur Kontrolle und zur Steigerung ihres Gleitver-
mögens nutzen.

Merke:
Alle Übungen des kopfwärtigen Eintauchens von oberhalb des Wasser-
spiegels erfordern aus Sicherheitsgründen Tiefwasser, d. h. 1,80 Meter
Mindesttiefe.

Übungen

- Delphinspringen: Aus kleiner Vorschrittstellung im Hockstand vom Beckenboden nach vorn oben abspringen und mit Armen und Kopf voran wieder ins Wasser eintauchen; mit den Händen den Boden suchen, abdrücken und den nachgleitenden Körper mit dem Kopf im Nacken zur Wasseroberfläche steuern (hüft- bis brusttiefes Wasser).
  Ebenso unter den gegrätschten Beinen eines stehenden Partners oder mehrerer Teilnehmer hindurch (in Abständen von ca. 1,5 Meter).
  Ebenso über an der Wasseroberfläche gehaltene Stäbe, Reifen, Arme oder schwebende Pull-buoys, Schwimmbretter o. ä.
- Wasserrutsche: Vom bis zu 50 cm über dem Wasserspiegel liegenden Beckenrand kopfwärts ins Wasser rutschen; dazu bäuchlings auf Schaumstoffmatte oder Luftmatratze legen, die ca. 20 cm über die Beckenkante ragt: langsam nach vorn rutschen, Kopf ins Wasser stecken und zum Beckenboden schauen, Arme schnell vor den Kopf strecken (Foto unten).
  Ebenso kopfwärts bäuchlings mit den Armen voran eintauchen, wenn eine regelrechte Rutschbahn im Bad vorhanden ist.
- Sitzabfaller: Sitz bis zu den Kniekehlen auf dem Beckenrand, Füße auf der Beckenrinne, Knie weit geöffnet, Arme in Hochhalte, den Daumen einer Hand von Daumen und Zeigefinger der anderen gefaßt, Kopf fest zwischen den Oberarmen: Arme, Kopf und Oberkörper langsam nach vorn unten beugen bis zum Übergewicht und kopfwärts ins Wasser kippen lassen (Tiefwasser!).
- Sitzabgleiter: Übung wie Sitzabfaller beginnen, bei Erreichen des Übergewichts mit den Beinen von der Beckenrinne nach vorn abdrücken.

- Abfaller aus der flüchtigen Standwaage: Zehen des vorderen Fußes fest um die Beckenkante gekrallt, Knie gestreckt, Oberkörper mit geschlossenen Armen in Vorhalte: Oberkörper abwärts neigen und das hintere Bein nach hinten oben schwingen, über das *gestreckte vordere* Bein abkippen und kopfwärts ins Wasser eintauchen.
- Standabfaller: Im aufrechten Stand beide Füße mit den Zehen um die Beckenkante gekrallt, *beide Knie gestreckt,* Arme und Oberkörper spitzwinklig zum Beckenboden neigen: überkippen und kopfwärts eintauchen.
- Schrittsprung vorwärts: Vorschrittstellung mit Zehenfassung des vorderen Fußes um die Beckenkante: kräftigen Schritt nach vorn ausführen und die Beine zum fußwärtigen Eintauchen schließen, mit erhobenen Armen den Körper im Gleichgewicht halten.
- Schrittsprung rückwärts: Vorschrittstellung mit dem Rücken zum Wasser, Blick nach vorn, Arme erhoben: ruhigen Rückwärtsschritt ausführen, dann gut durchstrecken, die erhobenen Arme leicht zurücknehmen und fußwärts eintauchen.
- Fußwärtsabfaller: An einem quer über das Becken gespannten Seil oder einem Sprungbrett 2 Meter vom Beckenrand weghangeln, auspendeln bis zum ruhigen, senkrechten Hang: Beine schließen und Fußspitzen strecken, loslassen und im Fallen den Bauch etwas einziehen.

Ebenso aus dem leichten Vorpendeln loslassen und mit dem Körper den Füßen folgend ins Wasser «schlüpfen».

Ebenso aus dem leichten Seitpendeln und Rückpendeln fußwärts eintauchen. Vor dem Rückwärtspendeln mit dem Rücken zur Beckenmitte hin drehen. Die Übungen sind auch am senkrecht hängenden Tau (bei genügendem Abstand zur Beckenkante) möglich.

Beobachtungshilfen
- Schnauben die Schwimmschüler nach dem fußwärtigen Eintauchen oder klagen sie über Wasser in der Nase? Hinweis: Vor der Übung tief einatmen und während des gesamten Abwärtstauchens Luft durch die Nase ausblasen!
- Reißt sich niemand ruckhaft mit den Armen aus der Senkrechten in eine unfreiwillige Bauch- oder Rückenlandung?
- Üben stets mehrere Teilnehmer parallel die Abfaller vom Beckenrand, so daß der Übungsplatz ausgenutzt wird?

Übungen

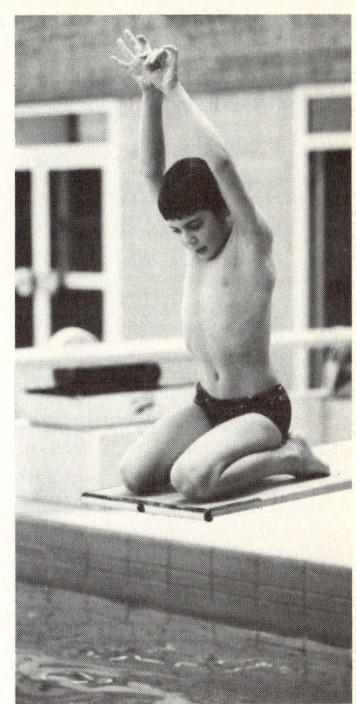

- Fersensitzabfaller: Kniestand mit den Kniescheiben bündig zur Spitze des 1-Meter-Bretts, zurück auf die Fersen setzen, Arme geschlossen und mit fest eingerahmtem Kopf hochhalten: Arme, Kopf und Oberkörper langsam nach vorn unten beugen; so lange im Fersensitz bleiben, bis der Oberkörper tiefer als das Sprungbrett ist, dann vorkippen und kopfwärts eintauchen (Foto rechts).
- Standabfaller vom 1-Meter-Brett: Beide Knie gestreckt, Oberkörper waagerecht vorgebeugt, Arme seitwärts gestreckt: Gewicht vorverlagern und kippen, Arme schließen und mit Blick zu den Händen eintauchen.
- Sitzabfaller vom 3-Meter-Brett: Sitz auf der Brettspitze bis zur Mitte der Oberschenkel, Arme in Seithalte: in leichter Rücklage die Beine gestreckt anheben, dann nach vorn abrollen, Arme schließen, Blick zu den Händen, eintauchen.

  Für den Sitzabfaller vom 1-Meter-Brett müssen die Oberschenkel bis zu den Kniekehlen aufliegen.
- Abrenner zum Kopfwärtseintauchen: Mit geschlossenen hochgehaltenen Armen über das 1-Meter-Brett laufen, an der Brettspitze ohne anzuhalten Arme, Kopf und Oberkörper vorbeugen, kopfwärts eintauchen.

Beobachtungshilfen

- Fallen die Übenden beim kopfwärtigen Eintauchen über und landen mit dem Rücken im Wasser? Hinweis: Blick zum Beckenboden richten lassen! Deutlich sichtbaren Gegenstand je nach Wassertiefe 0,5–1 Meter vor Eintauchstelle auf den Beckenboden legen!
- Fällt ein Teilnehmer nach einigen Versuchen des kopfwärtigen Eintauchens noch auf den Bauch? Hinweis: Blick unter den Armen hin-

durch zum Beckenboden richten lassen; notfalls einen Gegenstand zwischen Kinn und Brust festhalten lassen!

● Schlagen sogar Beine und Unterkörper vor dem Eintauchen des Oberkörpers aufs Wasser? Hinweis: In der Ausgangsstellung weiter zurücksetzen, -knien, -stellen lassen! Im Stand auf durchgedrückte Knie bis zum Schluß der Übung achten!

● Tauchen alle nach einigem Üben tief genug, evtl. bis zum Beckenboden durch?

Abtauchen

Abtauchen geschieht im Unterschied zum Eintauchen von der Wasseroberfläche aus. Um möglichst schnell und tief abzutauchen, bringt der Schwimmer Teile seines Körpers über die Wasseroberfläche und entzieht sie so dem Auftrieb. Das Gewicht oberhalb der Wasseroberfläche drückt den Körper abwärts, ohne aktive Abwärtsschwimmbewegungen zu erfordern. Der weitere Abtauchvorgang hängt nun nur noch von Richtungssteuerung und vom gleitgünstigen Verhalten des Schwimmers ab.

Je nach Wassertiefe empfindet der Schwimmer den Wasserdruck, der auf seinem Körper lastet, als unangenehm auf seinen Trommelfellen: Diese werden nach innen gewölbt. Als Gegenmaßnahme und zum Schutz vor dem Platzen der Trommelfelle schließt der Schwimmer Mund und (eventuell mit Hilfe von Daumen und Zeigefinger einer Hand) Nase und drückt energisch Ausatemluft in den verschlossenen Mund-, Nasen-, Rachenraum (*Druckausgleich*). Erfolgreicher Druckausgleich macht sich durch ein leichtes Knacken oder Zischen im Kopf bemerkbar.

Merke:
Bei jeder Tauchtiefe ab 2 Meter sollte Druckausgleich erfolgen.

Übungen

– Sitztauchen im Flachwasser: Im Nichtschwimmerbecken mehrfach senkrecht nach oben hüpfen, dann springen und spritzerlos untertauchen: den Körper am Boden durch Hocken oder durch Hinsetzen abfangen; ausatmen durch die Nase.

– Hocktauchen mit Schrauben: Arme in Hochhalte während des senkrechten Hüpfens und Springens, im Hochstrecken und Eintauchen um die Körperlängsachse drehen (¼ bis ½ Schraube) rechtsherum, linksherum.

– Hocktauchen im Tiefwasser: Übung in 1,80–2,00 Meter tiefem Schwimmbecken wie oben durchführen: soweit wie möglich senkrecht aus dem Wasser herausschießen und mit den Füßen wieder zur selben (markierten) Stelle am Beckenboden abtauchen.

– Hocktauchen mit Raumgewinn: Hocktauchen im Tiefwasser, jedoch im fußwärtigen Abtauchen den Beckenboden ca. ½ Meter weiter vorn berühren und wieder nach oben abstoßen; ebenso mit Raumgewinn nach hinten.

– Hocktauchen zur Rolle vorwärts: Hocktauchen im brust- bis schwimmtiefen Wasser: beim Herausschießen aus dem Wasser den Kopf zur Brust beugen und über den Rücken aufs Wasser rollen; Nasenausatmung. Nach einigen Wiederholungen durch energisches Anhocken der Beine in Verbindung mit dem Kopfsteuern die Rolle vollenden.

– Hocktauchen zur Rolle rückwärts: Hocktauchen wie oben, dabei durch Kopf im Nacken und Hochhocken der Beine vor die Brust die Rolle rückwärts an der Wasseroberfläche einleiten.

– Handstand auf dem Beckenboden: Im mindestens brusttiefen Wasser entweder zappelnd in den Handstand schwingen oder beidbeinig aus dem Hockstand hochstrecken; Nasenausatmung; Partner kann an einem Bein die senkrechte Stellung halten oder korrigieren.

– Handstandüberschlag: Handstand auf dem Beckenboden: bei gestreckten Armen langsam überfallen lassen. Nach einigem Üben während des Überfallens die Arme erst leicht beugen, dann kräftig vom Beckenboden abdrücken, bis der Körper über das Hohlkreuz in Rückenlage gerät (Foto unten).

– Fußwärtstauchen aus dem Stütz: Beidarmiges Hochstützen des Körpers auf dem Beckenrand bäuchlings zur Wand; je nach Höhe der Beckenkante befinden sich Beine oder ganzer Unterkörper im Was-

ser: nach Beugen der Arme kräftig nach oben hinten abstoßen, Arme über den Kopf heben und fußwärts tief abtauchen.

– Fußwärtstauchen aus dem Wassertreten: In senkrechter Hockstellung abwechselnd mit den Füßen nach unten treten und durch Händepaddeln unterstützen: den Körper weit über die Wasseroberfläche herausdrücken, dann Arme hochwerfen und mit gestreckten und geschlossenen Füßen voran senkrecht abtauchen.
Ebenso mit ¼ bis ½ Schraube rechtsherum, linksherum während des Abtauchens.

– Fußwärtstauchen aus dem Hang: Am 1-Meter-Brett zur Spitze hangeln oder bäuchlings mit vorn überhängendem Oberkörper auf die Brettspitze legen, dann Brett seitlich fassen und überrollen bis in den senkrechten Hang: Brett loslassen, bei völlig gestrecktem Körper und leicht eingezogenem Bauch fußwärts zum Beckenboden abtauchen.
Nach einigen Wiederholungen durch Hochziehen des Körpers zum Brett und anschließendem Abdrücken mit den Händen die Abtauchgeschwindigkeit steigern.

– Fußwärtstauchen gehechtet aus dem Hang: Gleiche Übung wie oben ausführen, jedoch während des fußwärtigen Abtauchens die gestreckten Beine in der Hüfte anbeugen (hechten) und den Kopf zur Brust nehmen, gleiten bis in die waagerechte Rückenlage.

– Fußwärtstauchen überstreckt aus dem Hang: Gleiche Übung wie oben ausführen, jedoch während des fußwärtigen Abtauchens die gestreckten Beine bis ins Hohlkreuz zurückdrücken und den Kopf in den Nacken nehmen, gleiten bis in die waagerechte Bauchlage.

– Kopfwärtstauchen aus dem Hang (Foto links): Zur Spitze des 1-Meter-Bretts hangeln, die Beine hochhocken und die Fußspitzen um die Brettspitze haken; zusätzlich die Fußgelenke von einem auf dem Brett liegenden Partner halten lassen; Brett mit den Händen loslassen und Oberkörper langsam ins Wasser heruntersenken: nach Erreichen der Senkrechten die Fußspitzen strecken (Signal

 für den Partner, die Fußgelenke freizugeben) und kopfwärts zum Beckenboden abtauchen.

– Abtauchen aus der Schwimmlage: Nach tiefem Einatmen ruhig in der Bauchlage schwimmen, beide Arme zu den Oberschenkeln ziehen: Beine anhocken, Kopf und Oberkörper nach unten abwinkeln, dann die Beine nach oben aus dem Wasser strecken und senkrecht abtauchen. Nach einigem Üben anstelle des Hockens die Beine gestreckt ruhig nach oben aus dem Wasser heben und abtauchen.

Beobachtungshilfen
- Hat sich der Übungsleiter davon überzeugt, daß die Teilnehmer den Druck ausgleichen, wenn sie tiefer als 2 Meter tauchen?
- Sind die Arme für das Abtauchen genügend geschlossen und durchgestreckt?
- Ragen vor dem kopfwärtigen Abtauchen aus der Schwimmlage die Beine senkrecht aus dem Wasser, oder soll ein Partner bei parallelem Üben zur Beckenwand (in ca. ½ Meter Abstand) vom Land aus die Beine ausrichten?
- Wird das fußwärtige Abtauchen sichtbar durch Strecken der Füße und leichtes Einziehen des Bauches unterstützt?

Hineinspringen

Hineinspringen schließt sich an das Ein- und Abtauchen an. Es bedeutet, sich in der Luft zu bewegen und ins Wasser einzutauchen. Das Abspringen als eine vorwiegend kunstspringerische Fähigkeit wird zunächst wenig beachtet und bleibt der speziellen Ausbildung im Wasserspringen vorbehalten.

Betont werden die gemeinsamen Bewegungsmerkmale mit dem Kunst- und Wettkampfschwimmen wie z. B. das Rollen, die Fortführung des Ein- und Abtauchens sowie die allgemeine Gewandtheit im Wasser. Zumindest unter dem letztgenannten Gesichtspunkt leistet das Hineinspringen einen Beitrag sogar für künftige Wasserballspieler. Einfache Gruppen- und Synchronsprünge fördern darüber hinaus die Beobachtung der Partner, Einordnung und Absprache.

Für die Organisation von Übungsstunden erscheint der Hinweis wichtig, daß wegen der Vielzahl der gleichzeitigen Übungsmöglichkeiten dem Springen vom Beckenrand der Vorrang vor dem Brettspringen gebührt. Allerdings muß der Leiter durch klare Anweisungen und Zeichen gewährleisten, daß die Teilnehmer in etwa gleichzeitig hineinspringen und dann zur Beckenmitte hin abschwimmen, um der nächsten Gruppe den Übungsraum freizugeben.

Merke:
Kopfwärtige Sprünge nur ins Wasser von mindestens 1,80 Meter Tiefe.

Übungen

– Abrollen ins Wasser: Hockstand auf dem Beckenrand, Luftmatratze quer vor dem Beckenrand auf der Wasseroberfläche: beide Hände mitten auf die Luftmatratze aufsetzen und gehockt nach vorn ins Wasser abrollen.

– Saltodrehung ins Wasser: Wie beim vorigen Abrollen beginnen, im Augenblick des Vornüberkippens mit den Füßen vom Beckenrand abdrücken; dabei den Kopf energisch zur Brust beugen und mit den Händen die Knie umfassen.

– Bombe rückwärts gehockt: Hockstand auf dem Beckenrand rücklings zum Wasser, Fersen ragen über die Beckenkante hinaus, Knie von beiden Armen umfaßt: den Körper zurückkippen lassen und gehockt ins Wasser plumpsen.

– Bombe rückwärts gehechtet: In der Ausgangsstellung die Knie gestreckt und bei weit vorgebeugtem Oberkörper beide Fußgelenke umfaßt; Übungsablauf wie bei gehockter Bombe rückwärts.

– Bombe rückwärts vom 1-Meter-Brett: Übung wie oben gehockt oder gehechtet durchführen. Ebenso Ausführung von der 1-Meter-Plattform möglich.

– Bombe rückwärts synchron: Alle Teilnehmer in gehockter Ausgangsstellung rücklings zum Wasser dicht nebeneinander auf dem Beckenrand: Auf Zeichen gemeinsam in Hockstellung zurückkippen lassen. In gleicher Weise die Bombe rückwärts gehechtet ausführen.

– Bombe rückwärts als Welle (Foto unten): Für die Bombe rückwärts gehechtet faßt jeder Teilnehmer jeweils das nahe Fußgelenk des rech-

ten und linken Nachbarn: Der Übungsleiter kippt den ersten Teilnehmer nach hinten um, die anderen folgen zwangsläufig nacheinander.

– Bombe seitlich als Welle: Alle Teilnehmer sitzen in einer Richtung seitlich so auf dem Beckenrand, daß jeder seinen Vordermann zwischen den gestreckten Beinen festhält und von hinten umarmt, Blick zur Wasserfläche gerichtet: Der Leiter kippt den ersten Schwimmer zum Wasser hin um, und die anderen folgen nacheinander.
Die Übung läßt sich auch synchron durchführen.

– Rolle vorwärts über das 1-Meter-Brett: Hände je nach Körpergröße 1–1,5 Meter hinter der Brettspitze aufstützen, dann den *Nacken* aufsetzen und schwungvoll nach vorn ins Wasser hineinrollen.

– Rolle rückwärts über das 1-Meter-Brett: Zuvor den individuellen Abstand ausmessen durch Rückenlage auf dem Brett, so daß der Kopf frei über dessen Spitze hinausragt. Dann in den Sitz oder Hockstand

begeben und zurückrollen unter Aufsetzen der Hände dicht vor den Schultern.

– Fußsprung vorwärts aus dem Stand: Fußspitzen ca. 3 cm hinter die Beckenkante zurückgesetzt, Körper gestreckt und Blick nach vorn gerichtet; Arme vollständig gebeugt, bis die Hände neben dem Kopf mit den Fingern nach oben zeigen: Knie leicht beugen, nach oben vorn streckend abspringen und die Arme dabei kräftig hochstoßen; gestreckt bei leicht eingezogenem Bauch eintauchen und tief abtauchen.

– Fußsprung vorwärts gehockt: Übung wie oben beginnen, nach dem Absprung die Beine kurz anhocken und die Knie mit den Handflächen berühren, zum Eintauchen Körper wieder strecken.

– Fußsprung rückwärts aus dem Stand: Die hinteren Hälften der Fußsohlen ragen über den Beckenrand, Körper gestreckt und Blick geradeaus gerichtet; Arme vollständig gebeugt, bis die Hände neben dem Kopf mit den Fingern nach oben zeigen: Knie leicht beugen, nach oben hinten streckend abspringen und dabei die Arme kräftig hochstoßen; gestreckt mit leicht zurückgedrückten Beinen eintauchen und tief abtauchen.

– Fußsprung rückwärts gehockt: Übung wie oben beginnen; nach dem Absprung die Beine kurz anhocken und die Knie mit den Handflächen berühren, zum Eintauchen Körper unter leichtem Zurückdrükken der Beine strecken.

– Gruppenfußsprünge von Beckenrand: Fußsprünge vorwärts und rückwärts gestreckt und gehockt gemeinsam auf Ansage ausführen.

– Fußsprünge vom 1-Meter-Brett: Fußsprünge vorwärts und rückwärts, gestreckt und gehockt einzeln nacheinander ausführen.

– Fußsprungabrenner und Beine bewegen: Absprung aus dem Lauf über das 1-Meter-Brett, im Flug mit den Beinen zappeln, laufen, hokken, spreizen, anfersen, grätschen, hechten und zum Eintauchen strecken.

– Fußsprungabrenner und Arme bewegen: Absprung aus dem Lauf über das 1-Meter-Brett, im Flug in die Hände klatschen vor dem Körper, hinter dem Rücken, unter gehockten Beinen, zwischen gespreizten Beinen, über dem Kopf, unter den Fußsohlen und zum Eintauchen strecken.

– Fußsprungabrenner und schrauben: Absprung aus dem Lauf über das 1-Meter-Brett, im Absprung die Arme hochnehmen und gestreckt um die Körperlängsachse drehen ($\frac{1}{2} – \frac{1}{1}$ Schraube) rechtsherum und linksherum, möglichst gestreckt eintauchen.

– Abfaller-Paarsprung: Zwei Partner Rücken an Rücken auf der Spitze des 1-Meter-Bretts, der vordere in Sprungrichtung stehend, Arme hochgestreckt und die Partnerhände (evtl. Handgelenke) gefaßt:

gemeinsam gestreckt nach vorn abfallen zum kopfwärtigen Eintauchen.

Ebenso rücklings zum Wasser, Brust an Brust, rückwärts abfallen.

Ebenso seitlings zum Wasser, Rücken an Rücken, seitwärts abfallen.

– Hindernissprung: Ein Teilnehmer kniend oder hockend quer auf der Brettspitze, zusammengekauert mit eingezogenem Kopf: aus dem Anlauf über dieses Hindernis springen und grätschen, hocken, hechten, zappeln usw. (Foto rechts).

Beobachtungshilfen

● Auf freien Eintauch- oder Einsprungbereich achten, ehe die nächsten Teilnehmer üben!

● Steuern die Übenden ihre Bewegung in der Luft und vor allem ihr Eintauchen genügend mit dem Kopf?

● Bleibt im Absprung zu den Fußsprüngen der Oberkörper aufrecht, so daß senkrechtes Ein- und Abtauchen überhaupt möglich wird?

● Erbringt die Übungsorganisation viele Sprungwiederholungen aller Teilnehmer, oder fangen einige an zu frieren?

● Sind beim Rollen über das 1-Meter-Brett ins Wasser hinein Schaumstoffmatten oder große weiche Schwimmbretter nötig, um den Teilnehmern die Scheu vor dem rauhen Brett zu nehmen?

● Nimmt die Aufgabenstellung des Eintauchens, Abtauchens und Hineinspringens die Übenden genügend in Anspruch, oder sollte wieder ein Schwimmabschnitt für Abwechslung und stärkere organische Belastung sorgen?

Kurt Wilke

Schwimmen in Bauch-, Rücken- und Seitlage

Inhalt

Zielsetzung und Methodik

Das erklärte Ziel, nicht nur die Wettkampfschwimmarten, sondern Bewegungsmaterial für alle Sparten und deren Weiterentwicklung anzubieten, wird schon aus den folgenden 14 Bewegungsformen deutlich. Um sie zu erlernen, bieten die Schwimmfähigkeit und ein grobförmiges Kraulschwimmen als Ergebnis des *Anfängerschwimmens* und viele Übungen zum *Gleiten, Eintauchen, Abtauchen, Hineinspringen* die besten Voraussetzungen.

Die Reihenfolge der Bewegungsformen sieht vor, daß wenigstens ein bedeutsames Bewegungsmerkmal (oder eine Ausführungsbedingung) an die vorausgegangene Form anschließt, ohne daß es zu lernhinderlichen Verwechslungen (Interferenzen) kommt. Die einzelnen Übungen bauen sich jeweils in einer Reihe auf, die zur Ausführung der angezielten Bewegungsform/Schwimmart befähigen soll. Dies gelingt nur, wenn die Wiederholung von zuvor Gelerntem und die Aufnahme von Neuem in einem ausgewogenen Verhältnis zueinander stehen (vgl. 366ff).

Wassertreten → <u>Brustschwimmen</u> → <u>Kippwende</u> → Spanischschwimmen → <u>Tauchzug</u> → Rücken-Gleitschlagschwimmen → Paddeln in Rückenlage → <u>Rücken-Kraulschwimmen</u> → <u>Greifstart</u> → Paddeln in Bauchlage → <u>Rollwende</u> → Schmetterlingschwimmen → Seiteschwimmen

---

Vorschlag für die Lernreihenfolge; die unterstrichenen Bewegungsformen ergeben die späteren Wettkampfschwimmtechniken

Bewegungsformen

Wassertreten

Wassertreten dient dazu, den senkrecht schwebenden Körper mit Hilfe wechselseitig nach unten tretender Beinbewegungen kurzfristig oder mehrere Sekunden lang möglichst weit aus dem Wasser nach oben herauszudrücken. Ursprünglich eine Überlebenstechnik gegen das Ertrinken, bildet es heute eine Voraussetzung für eine Reihe schwimmsportlicher Aktionen, vor allem im Wasserballspiel und im Kunstschwimmen.

Wichtig ist, daß in der schnellen Tretbewegung nach unten die Fußspitze in Richtung des Schienbeins angezogen (Dorsalflexion) und die Außenkante des Fußes angehoben (Pronation) wird. Die Beine wechseln sich schnell in ihrer Tretbewegung ab, jeweils bevor sie zur völligen Kniestreckung gelangen. Je höher die Unterschenkel gezogen werden, desto mehr können sie über außen nach unten schwingen und besonders mit ihren Innenflächen den Körper hochdrücken. Arme und Hände unterstützen durch seitlich paddelnde Bewegungen.

Übungen

- Wassertreten am Beckenrand: Beide Unterarme vor dem Körper auf dem Beckenrand aufgestützt, im Tiefwasser abwechselnd rechts und links treten.
- Wassertreten mit Schwimmbrett: Mit je einem Schwimmbrett unter der rechten und linken Handfläche abwechselnd wassertreten

(Foto links). Ebenso nur mit einem Brett wassertreten und dabei zeitweilig einen Arm aus dem Wasser halten.
- Wassertreten ohne Hilfen: Im Tiefwasser im Wechsel ca. 5 Sekunden wassertreten und 10 Sekunden ausruhen; zur Steigerung einen Arm über Wasser halten.
- Schnappen: Wassertreten und mit einer Hand einen hoch über der Wasserfläche gehaltenen Gegenstand abschlagen (Ball, Pull-buoy an einem Seil, Wimpel der Rückenschwimmerleine). Ebenso mit beiden Händen schnappen.

Beobachtungshilfen

- Läßt sich die Wimpelleine leicht ansteigend befestigen, so daß jeder seiner Armlänge entsprechende Wimpel als Schnapp-Ziel findet?
- Jeder Teilnehmer sollte mit dem untersten Wimpel beginnen und nach und nach immer höhere Wimpel schnappen.
- Treten sich die Schwimmer weiter aus dem Wasser heraus, wenn sie anfangs mit der Unterschenkelinnenseite nach unten drücken, bevor sie mit der Fußsohle treten?

Brustschwimmen

Brustschwimmen ist eine derjenigen anspruchsvollen Bewegungstechniken, die sich kaum auf Anhieb in ihrer Gesamtheit erlernen lassen. Der Übungsleiter tut gut daran, zuerst Teilbewegungen zu vermitteln, die er jedoch so bald wie möglich zusammenfügen (koordinieren) läßt.

Da die Beine durch das Wassertreten schon grundsätzlich Erfahrungen für den Abdruck vom Wasser gesammelt haben, kann mit der Armbewegung angefangen werden. So stellt sich der *Lehrweg* in folgenden fünf Schritten dar, von denen jeder dann beginnt, wenn der vorangehende sicher ausgeführt wird.

1. Armbewegung
2. Beinbewegung
3. Gesamtbewegung ohne Atmung
4. Atmung
5. Gesamtbewegung mit Atmung

Übungen

1. Armbewegung

– Armbewegung auf dem flachen Beckenrand: Bis zu den Achseln bäuchlings aufliegend, Kopf über und Arme im Wasser: nach hinten außen ziehen, bis Oberarme den Beckenrand berühren; dann Hände schnell unter dem Kinn zusammen und nach vorn führen.

Bei Fehlen eines flachen Beckenrands die gleiche Übung stehend im

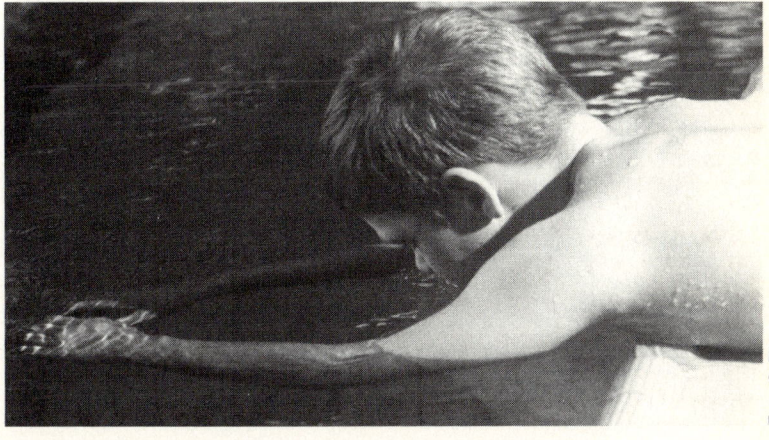

Foto: O. Wagner

Wasser bei vorgebeugtem Oberkörper über einem Trennseil oder einer Stange durchführen, die unter den Achseln liegt.
- Armbewegung im Gehen: Bei vorgebeugtem Oberkörper in kurzen Armzügen durchs Wasser ziehen: dabei Handflächen und Unterarme nach hinten außen richten, dann propellerähnlich schnell nach innen aufeinanderzubewegen und vorstrecken.
- Armbewegung mit Partner: In gestreckter Bauchlage mit dem Gesicht im Wasser durchs Wasser ziehen; Partner schiebt den Übenden an den Fußgelenken vorwärts.
- Armbewegung mit Pull-buoy oder Schwimmbrett: Das Gerät zwischen den Oberschenkeln gefaßt, gestreckten Körper vorwärtsziehen.
- Armbewegung ohne Hilfen: Aus dem Abstoß gleiten und durch schnelle, kurze Armbewegungen vorwärtsziehen, nach sechs bis acht Zügen hinstellen und atmen.

2. Beinbewegung

- Beinbewegung auf dem Beckenrand: Mit zurückgestützten Armen sitzen, Unterschenkel unter die Oberschenkel zur Wand zurückführen, Fußspitzen anziehen und nach außen richten: Unterschenkel schwungvoll über außen nach vorn schließen (Schwunggrätsche).
- Schwunggrätsche in Rückenlage: Körper gestreckt im Wasser, Hinterkopf aufgelegt, ein Schwimmbrett beidhändig vor dem Bauch gehalten: Unterschenkel ruhig zum Gesäß führen, Fußspitzen anziehen und mit kräftigen Schwunggrätschen vorwärtsdrücken. Nach einigen Übungen wird das Brett beidhändig unter Kopf und Schultern gehalten (Foto unten).
- Schwunggrätschen mit Brett in Bauchlage: Das Brett beidhändig vorn gefaßt, mit gestreckten Armen und dem Gesicht im Wasser durch Schwunggrätschen vorwärtsschwimmen; zum Atmen hinstellen oder einfach den Kopf anheben.

– Schwunggrätschen ohne Hilfen: Aus dem Abstoß gleiten und durch ruhige, kräftige Beinbewegungen den gestreckten Körper vorwärtstreiben.

3. Gesamtbewegung ohne Atmung

– Arm- und Beinbewegung ohne Atmung: Aus dem Abstoß gleiten und nacheinander einige Armbewegungen und einige Beinbewegungen ausführen; zum Atmen hinstellen.
Ebenso je eine Armbewegung, eine Beinbewegung, eine Armbewegung usw. nacheinander.
– Geordnete Arm- und Beinbewegung: Ebenso ohne Atmung schwimmen: jedem Armzug sofort den Beinschwung anfügen, dann gleiten: Armzug – Beinschwung – Pause! usw.

4. Atmung

– Atmen im Gehen durchs Flachwasser: Oberkörper vorgebeugt, Arme auf dem Rücken: durch Mund und Nase ins Wasser auspusten, Kopf in den Nacken nehmen und kurz durch den Mund Luft holen usw.
– Atmen mit Armbewegung: Ebenso ziehend durchs Flachwasser gehen und atmen: beim Zug der Arme Kopf in den Nacken und Luft holen, während des Armvorstreckens ausatmen (Foto rechts).
– Armzugschwimmen mit Atmung: Körper in Bauchlage gestreckt, Pull-buoy oder Schwimmbrett zwischen den Oberschenkeln: ruhige Armbewegungen unter regelmäßiger Atmung ausführen, nach jeder Ausführung kurze Pause einlegen.

Foto: O. Wagner

5. Gesamtbewegung mit Atmung

– Aus dem Abstoß ruhig brustschwimmen; beim Vorstrecken der Arme ins Wasser ausatmen, während des Armzuges den Kopf anheben und einatmen.

Merke:

Die Koordination des Brustschwimmens gelingt reibungslos, wenn sich *gleichzeitig* die Beine nach hinten und die Arme nach vorn strecken.

Beobachtungshilfen

● Häufige Gymnastik erleichtert besonders die schwierige Dorsalflexion der Füße!

● Kommen die Schwimmschüler bei allen Übungen ohne Atmung besser voran, wenn sie ihr Gesicht ins Wasser legen und so die Körperlage verbessern?

● Hält der Partner die Beine des Übenden *unter* Wasser, wenn er ihn vorwärtsschiebt?

● Gewinnen die Schwunggrätschbewegungen mit dem Schwimmbrett an Flüssigkeit, wenn ein Partner das Brett zieht?

● Diese Partnerhilfe (an den ausgestreckten Armen) sollte den schwächeren Teilnehmern auch für Schwunggrätschübungen ohne Brett geboten werden.

● Das richtige Zusammenordnen von Arm- und Beinbewegung gelegentlich durch rhythmische Sprechbegleitung wie «Armzug – Beinschwung – Pause» unterstützen!

● Macht die schwierige Atmung für das Brustschwimmen zuvor die Wiederholung von Atemübungen aus dem Anfängerschwimmen notwendig?

Kippwende

Durch die Wende ändert der Schwimmer seine Richtung am Ende einer Schwimmbahn um 180 Grad. Die Kippwende besteht aus dem gleichzeitigen *Anschlagen* beider Hände an die Wand, der eigentlichen *Kippbewegung* und dem *Abstoß* von der Wand. Die Kippbewegung besteht aus dem Überkippen des Oberkörpers über die Bauchnabelachse (Tiefenachse) von einer Körperseite, z. B. der rechten, auf die andere. Dazu nimmt der Schwimmer nach dem Anschlag kurz die Seitlage ein und hockt die Beine an. Der untere Arm ist nach vorn gestreckt. Das Kippen selbst leitet der passiv gebeugte untere Arm ein, indem er den Oberkörper kräftig von der Wand wegdrückt, während der Unterkörper samt gehockten Beinen unter der Bauchnabelachse zur Wand schwingt. Kopf und freier Arm unterstützen das Kippen des Körpers auf die andere Seite, bis sich die Füße zum waagerechten Abstoß gegen die Wand setzen.

Übungen

- Schaukeln im Flachwasser: Aus dem Hockstand zur rechten Seite umkippen, mit dem rechten Arm kräftig vom Boden abstoßen bis zum Hockstand und zur linken Seite kippen usw.
Ebenso aus dem Hockstand seitlich zur Wand (ca. ½ Meter entfernt) zwischen Wand und Beckenboden schaukeln, nach dem Kippen zum Beckenboden die Beine gegen die Wand strecken.
- Angleit-Kippen: In der Seitlage an die Wand gleiten bis zur vollständigen Beugung des unteren Arms: Beine anhocken, Kopf energisch anheben, mit dem unteren Arm Oberkörper von der Wand abdrükken, kippen.
- Angleit-Kippwende: Ebenso angleiten und kippen, die Füße gegen die Wand setzen und den Abdruckarm über den Kopf hinweg ins Wasser schwingen, abstoßen (Foto rechts).
- Kippwende: Ruhig mit langem Gleiten anschwimmen, beidhändig anschlagen, wenden und vor dem Abstoß beide Arme unter Wasser in die neue Schwimmrichtung strecken.

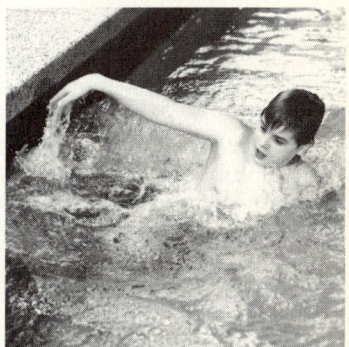

Beobachtungshilfen

- Legen sich alle Schwimmer nach beidhändigem Anschlag vollständig auf eine Körperseite und kippen sie in dieser Ebene (rechtwinklig zur Beckenwand)?
- Darauf achten, daß der zusammengehockte Körper leichter und schneller kippt als der ausgestreckte!
- Wird der Kopf beim Armabdruck von der Wand energisch hochgenommen, aber der Blick lange zum Abdruckarm gerichtet?
- Gelingt das Kippen besser, wenn der obere Arm nach dem Anschlag zur Hüfte geht und von dort mit einer Schöpfbewegung nach oben den Oberkörper in die neue Schwimmrichtung zieht?
- Daran denken, daß man solche schwierigen Bewegungsabläufe – vor allem mit jungen Menschen – nur 15–20 Minuten lang konzentriert üben kann und dann zu Bekanntem zurückkehrt: lebhafte Ganzkörperbelastungen, kleine Trainingsabschnitte, Sprünge, Spiele!

Spanischschwimmen

Spanischschwimmen stellt eine Verbindung von *Kraularmbewegung* und *Brustschwimmbeinbewegung* dar. Es wird nicht mehr wettkampfmäßig betrieben, findet jedoch Anwendung im Wasserballspiel und Kunstschwimmen. Außerdem ergibt es eine schnelle Vorwärtsbewegung, bereichert das schwimmerische Können und läßt sich zum Einüben der obengenannten Teilbewegungen einsetzen. Beim Spanischschwimmen bleibt der Kopf ständig über Wasser. Es ist möglich, eine Schwunggrätsche auf die Bewegung beider Arme oder auf jeden einzelnen Armzug zu koordinieren.

Übungen

- Hundeln: Bauchlage mit angehobenem Kopf; in rascher Folge erst einen, dann den anderen Arm durchziehen und unter Wasser nach vorn schieben, dabei Schwunggrätsche ausführen und ausgleiten.
- Spanischschwimmen: Ebenso schwimmen, jedoch Arme abwechselnd über Wasser vorschwingen; Blick nach vorn (Foto links).
- Schwimmbrett–Spanisch: Schwimmbrett hinten beidhändig gefaßt, Kopf angehoben: eine Hand lösen, einarmig durchziehen, eine

 Schwunggrätsche und Brett wieder fassen; anderen Arm ziehen und schwunggrätschen usw.
- Abschlag–Spanisch: Ebenso ohne Brett schwimmen: jeweils ein Arm vorgestreckt bis zum Vorschwung (Abschlagen) des anderen, auf jede Armbewegung gleiten.
- Doppel–Spanisch: Gleichen Bewegungsablauf in zügigem Wechsel ausführen ohne Abschlagen der Hände vorn.

Beobachtungshilfen

● Wird der Bewegungsablauf flüssiger, wenn die Teilnehmer zeitweilig das Gesicht aufs Wasser legen?
● Muß die Schwunggrätsche vor dem Spanischschwimmen nochmals geübt werden?
● Haben alle Schwimmer Doppel–Spanisch und Spanischschwimmen ausprobiert, bevor jeder seine bevorzugte Form findet?
● Spanischschwimmen zum Treiben von Bällen, Pull-buoys u. ä. in Spielform und Pendelstaffeln anwenden!

Tauchzug

Der Tauchzug beinhaltet einen vollständigen Bewegungsablauf des Vorwärtsschwimmens unter Wasser. Er wird je einmal angewendet nach Start und Wende des Brustschwimmens und in mehrfacher Aneinanderreihung für das Streckentauchen. Er besteht aus einem beidarmigen Durchzug bis zu den Oberschenkeln und – nach einer Gleitpause – der Schwunggrätsche, während deren Ausführung sich die Arme dicht am Körper entlang nach vorn strecken. Der Rumpf bleibt gestreckt; der Kopf liegt in Verlängerung des Körpers mit abwärts gerichtetem Gesicht. Der Durchzug der Arme verläuft anfangs wie beim Brustschwimmen, dann legen sich die Oberarme am Brustkorb an, und die gebeugten Unterarme strecken sich unter dem Körper zu den Oberschenkeln hin.

Um nach einem Tauchzug ins Brustschwimmen überzuleiten, steuern die Arme zur Wasseroberfläche, und der Kopf legt sich in den Nacken. Während des Tauchvorgangs wird die Luft nach einer Einatmung angehalten und erst während des Auftauchens ausgeblasen.

Übungen
- Armzugtauchen: Nach Abstoß ca. ½ Meter tief unter Wasser gleiten, Körper gestreckt, Arme in Vorhalte: durch einen senkrechten Reifen o. ä. gleiten, beide Arme durchziehen unter Ellbogenbeugen und Drücken der Unterarme/Hände, ausgleiten und auftauchen (Foto unten).

- Armzugtauchen und Schwunggrätsche: Ebenso mit einem Armzug tauchen; 3 Sek. gleiten (oder durch zweiten senkrechten Reifen, bis zu einer zweiten Markierung), bei seitlich am Körper anliegenden Armen schwunggrätschen und ausgleiten.
- Gesamter Tauchzug: Armzugtauchen mit Gleiten; während der Schwunggrätsche die Arme dicht am Körper entlang vorstrecken, gleiten und nach oben steuern.

Merke:
Die Koordination des Tauchzuges gelingt reibungslos, wenn sich *gleichzeitig* die Beine nach hinten und die Arme nach vorn strecken.

Beobachtungshilfen
- Können sich die Teilnehmer unter Wasser abstoßen und ihre dreifache Körperlänge unter Wasser gleiten?
- Beugen sich die Arme während des Durchzugs in Schulterhöhe so, daß die Unterarme unter den Bauch gelangen und sich von dort zu den Oberschenkeln hin strecken?
- Gleitpausen von 2–3 Sek. bei gestrecktem Körper einlegen: nach dem Abstoß, nach dem Durchzug der Arme, nach der Schwunggrätsche unter Armstrecken.

Rücken-Gleichschlagschwimmen

Werden bei dieser Schwimmtechnik die Arme unter der Wasseroberfläche in Schwimmrichtung vorgebracht, so entspricht ihr Bewegungsablauf dem Tauchzug in Rückenlage; mit der Einschränkung, daß die Arme neben dem Körper zu den Oberschenkeln ziehen und daß an der Oberfläche geschwommen wird. Die Beine sind während des Armzugs gestreckt; ihr Schwunggrätschabdruck vom Wasser fällt mit dem Vorstrecken der Arme zusammen.
Häufig kommt Rücken-Gleichschlagschwimmen in der Form vor, daß die Arme über Wasser in Schwimmrichtung schwingen. Wichtig sind die *Lage des Kopfes auf dem Wasser* und die *gestreckte Körperhaltung*.

Übungen
- Schwunggrätschen in Rücklage: Arme vor der Brust gekreuzt, ganzer Körper in flacher Rückenlage gestreckt: schwunggrätschen mit langen Gleitpausen.
  Ebenso mit einem Schwimmbrett beidhändig unter Hinterkopf und Schultern gefaßt.
- Rücken-Schwunggrätschen mit gestreckten Armen: Ebenso in Rük-

kenlage schwunggrätschen mit einem Arm bzw. beiden Armen in Schwimmrichtung an der Wasseroberfläche zurückgestreckt (Foto oben).

– Rücken-Gleichschlagschwimmen: Aus dem Abstoß gleiten; Unterschenkel ausholend ans Gesäß schwingen und dazu beide Arme an der Hüfte ausheben; Arme vorschwingen und gleichzeitig mit den Beinen abdrücken (Schwunggrätsche).

Beobachtungshilfen

● Vor Aufnahme des Rücken-Gleichschlagschwimmens nochmals das Gleiten in Rückenlage überprüfen bzw. wiederholen! – Übungen: Abstoßgleiten auf dem Rücken; Flößen.

● Zur Beweglichkeitsgymnastik der Füße (Dorsalflexion) sollten entsprechende Übungen für die Schultern kommen, damit die Arme problemlos in Schwimmrichtung gestreckt bleiben!

● Gelingt Rücken-Gleichschlagschwimmen Teilnehmern mit schwacher Schwunggrätsche, wenn sie während der Gleitphase zusätzlich Wechselbeinschlag durchführen?

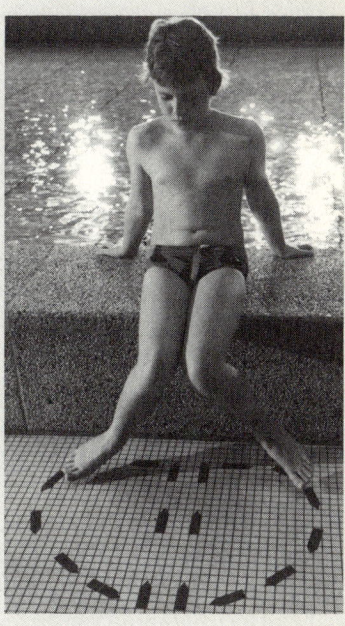

Foto: O. Wagner

Paddeln in Rückenlage

Paddeln in Rückenlage schafft nicht nur gute Voraussetzungen für das Erlernen der Rückenschwimmtechnik, sondern findet unmittelbar Anwendung im Kunstschwimmen, insbesondere in den Figuren und vielen Positionen des Reigenschwimmens. Auch Wasserballspieler können das Paddeln in mancher Spielsituation verwenden.

Alle Sparten des Schwimmsports ziehen Vorteil aus den *wriggenden Antriebsteilen* der paddelnden Hand- und Unterarmbewegungen. Deshalb ist besonders darauf zu achten, daß die Oberarme während des Paddelns ihre Stellung nicht verändern – meistens am Brustkorb angelegt – und sich die Hände im rechten Winkel zur Schwimmrichtung hin- und herbewegen. Das bedeutet am Beispiel «Beugeknie» (aus dem Wasser heraus), daß die Hände durch Achterbewegungen parallel zum Wasserspiegel den Unterkörper gegen die Schwerkraft «hochpaddeln» müssen (vgl. S. 228). Die Hände sind bei Bewegungen vom Körper weg an der Kleinfingerkante, bei Bewegungen zum Körper hin an der Daumenseite leicht angehoben. Entsprechend sind für das Vorwärtspaddeln mit dem Kopf voran die hin- und herwriggenden Handflächen nach hinten gerichtet. Ein zweiter Übungsschwerpunkt liegt auf der einwandfreien *Rückenlage*. Hier gilt die Aufmerksamkeit besonders der Kopfstellung: in Verlängerung des Körpers dem Wasser aufliegend, das Kinn leicht angezogen; außerdem der betonten Streckung in der Hüfte, jedoch ohne Hohlkreuz.

Übungen

- Kopfwärts paddeln: Aus einem leichten Abstoß in Rückenlage, Arme seitlich am Körper angelegt, Hände knapp rechtwinklig abgebeugt (entspricht der Dorsalflexion der Füße): im schnellen Wechsel Arme einwärtsdrehen (bis Daumen nach unten zeigt) und ca. 20 cm nach außen bewegen, dann Arme auswärtsdrehen (bis Daumen nach oben zeigt) und wieder zum Körper bewegen usw.
- Fußwärts paddeln: Rückenlage, Arme einwärtsgedreht (Daumen nach unten) seitlich am Körper angelegt, Hände zum Innenarm hin angewinkelt: sich durch schnell kreisende Hand- und Unterarmbewegungen nach außen unten vorwärtsziehen.
- Fußwärts propellern über Kopf: Rückenlage, Arme neben dem Kopf nach hinten gestreckt, Hände knapp rechtwinklig abgebeugt: im schnellen Wechsel Arme einwärtsdrehen und ca. 20 cm nach außen bewegen, dann Arme auswärtsdrehen und gleiche Strecke nach innen bewegen usw.
- Paddeln am Ort: Flache Rückenlage mit locker anliegenden Armen, Handflächen nach unten: unter Führung der Unterarme die Hände in Form einer 8 durchs Wasser streichen. Zeitweilig Paddeln verstärken und die Hüfte zur Oberfläche drücken.

- Hockpaddeln und Beugeknie: Intensives Paddeln am Ort: ein Bein beugen und mit dem Knie als höchstem Punkt einige Sekunden aus dem Wasser heben. Ebenso Beugeknie des anderen Beins aus dem Wasser (Foto rechts).

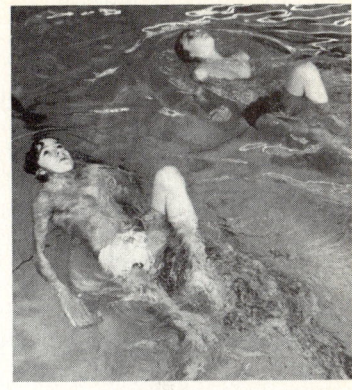

Ebenso beide Beine geschlossen an die Brust beugen – Fersen am Gesäß – und kurzzeitig halten; nach einiger Übung gehockt langsam kopfwärts und fußwärts paddeln und um sich selbst drehen (Hockkreisel).
- Hocksalto rückwärts: Aus dem Hockpaddeln am Ort: tief einatmen, Kopf in den Nacken nehmen und durch Paddelbewegungen nach hinten unten die Knie über den Kopf drücken bis zum Überrollen; ständig durch die Nase ausatmen und bis zum Erreichen der Rückenlage weiter paddeln.
- Ballettbein: Paddeln am Ort mit einem Beugeknie: Unterschenkel des gebeugten Beins ruhig in die Senkrechte strecken; einige Sekunden halten und über das Beugeknie zurück ins Wasser strecken. Unterstützung am Gesäß durch stehenden oder auf dem Beckenrand liegenden Partner ebenso möglich wie die Ausrichtung des Ballettbeins zur Senkrechten.
- Paddeln zum Vierer-Reigen: Vier Schwimmer als Eckpunkte eines Quadrats von ca. 3 × 3 Meter, in dessen Mitte zwei weitere Teilnehmer Rücken an Rücken stehen: Die Eckschwimmer paddeln kopfwärts zur Mitte, wo sie durch die Mittelpartner am Kopf gehalten werden. Dann ca. einen Meter fußwärts zurückpaddeln, Hockposition und ein halber Hockkreisel, in Rückenlage strecken und Füße von Mittelpartner halten lassen, die Arme langsam zur Seite ausstreken und die Hände des linken und rechten Nebenschwimmers fassen (Doppelhandfassung); Handfassung lösen und kopfwärts zu den Eckpunkten paddeln.
Ebenso fußwärts paddelnd oder propellernd beginnen.
- Paddeln in Vierer-Kette: Vier Schwimmer in Rückenlage hintereinander in Kopf-Fuß-Fassung: die leicht gewölbten Füße beiderseits am Kopf des nachfolgenden Schwimmers anlegen – nicht die Kehle zudrücken! – und gemeinsam kopfwärts paddeln; ebenso fußwärts paddeln.
Ebenso (ohne zu paddeln) mit jeder Hand von unten die Fersen des kopfwärts liegenden Partners umfassen (Hand-Fuß-Fassung), gleich-

zeitig Arme und Beine seitlich abspreizen. Unterstützung durch stehende Partner ist anfangs zweckmäßig.
- Paddeln im Vierer-Block: Zwei Paare (Entfernung ca. 1,5 m) stehen
  sich gegenüber: nach Einnahme der Rückenlage fußwärts aufeinan-
  derzupaddeln und die Beine bis zu den Waden ineinanderschieben,
  festhalten (Beinfassung); die inneren Arme mit dem Nebenschwim-
  mer in Handfassung verbinden und gemeinsam mit den freien Armen
  in einer Richtung wegpaddeln (zwei kopfwärts, zwei fußwärts).

Beobachtungshilfen
- Bietet das Ziehen oder Schieben durch gehende Partner den Pad-
  delnden zu Beginn Erleichterung?
- Empfiehlt es sich anfangs grundsätzlich, die Beine durch ein Pull-
  buoy oder Schwimmbrett zu unterstützen, oder bedürfen nur einige
  Teilnehmer der Hilfe? (Foto unten)
- Von Zeit zu Zeit darauf hinweisen, das Atempressen zu vermeiden
  und regelmäßig auszuatmen!
- Da die Paddelbewegung ungewöhnlich stark Unterarme und Hand-
  gelenke beansprucht, Übungsabschnitte von 15 bis 20 Minuten durch
  andersartige Belastungen ablösen lassen!
- Wurden Beugeknie und Ballettbein durch Gymnastikaufgaben vor-
  bereitet? – Tägliche Hausaufgabe: 20 × Ballettbein rechts und links.
- Nehmen die Schwimmer anfangs den Halt am Beckenrand/an der
  Beckenrinne zum Herausheben von Beugeknie, für Hockposition
  und Ballettbein in Anspruch?
- Sind die Hand – Hand-, Hand – Fuß-, Kopf – Fuß- und Bein – Bein-
  Verbindungen an Land liegend ausprobiert worden, bevor die ersten
  Reigen geschwommen werden?
- Genügt es; die Reigen-Teilnehmer vom Sprungbrett aus zu dirigie-
  ren, oder erleichtern im Flachwasser stehende Helfer das Zusam-
  mentreffen an den Verbindungspunkten?

Rücken-Kraulschwimmen

Die Wechselzug- und Wechselschlagschwimmart Rückenkraul läßt sich verhältnismäßig schnell erlernen, wenn die Rückenlage beherrscht wird. Insofern zeigen die vielfältigen Übungen des Gleitens, Steuerns und Paddelns auf dem Rücken ihre vorbereitende Wirkung.

Als erstes kommt der Wechselschlag der Beine hinzu, dessen antreibende und vor allem stabilisierende Wirkung für Rückenkraul- und Kraulschwimmen wichtig ist. Da die Schwierigkeit der Atmung entfällt, ergibt sich der Dreischritt

1. Wechselbeinschlag
2. Wechselarmzug
3. Gesamtbewegung

Merke:
Zunächst hat die gleichmäßige rhythmische Bewegungsfolge Vorrang.

Übungen

1. Wechselbeinschlag

– Wechselbeinschlagen auf dem Beckenrand: Sitz mit den Armen nach hinten abgestützt und die Hüfte überstreckt, Unterschenkel im Wasser, Füße gestreckt (Plantarflexion) und einwärtsgedreht: gleichzeitig ein Bein von der Beckenwand weg – und das andere zur Wand hin bewegen, Oberschenkel führen und bei lockerem Knie Unterschenkel mit dem Fuß nachziehen.
– Wechselbeinschlagen im Liegestütz: Rücklings mit den Armen auf dem Beckenboden oder einer Treppenstufe aufgestützt: in Rückenlage ruhig beinschlagen, Aufwärtsschlag betonen.
   Ebenso mit Armen seitlich und Kopf auf der Beckenrinne ausführen.
– Wechselbeinschlag mit Schwimmbrett (Foto unten): Rückenlage,

Schwimmbrett beidhändig vor dem Bauch halten: beim Aufwärtsschlag Oberschenkel an der Wasseroberfläche abstoppen und Unterschenkel *hinterherkicken*. Nach einiger Übung das Brett unter Kopf
und Schultern legen.
- Beinschlagschwimmen ohne Hilfe: Rückenlage, Arme neben dem
Körper, beinschlagen. Nach einiger Übung erst einen, dann beide
Arme in Schwimmrichtung aufs Wasser strecken.
Ebenso die Strecke verlängern durch Partnerziehen im Achselgriff
oder an den zurückgestreckten Armen.

2. Wechselarmzug

- Armmühlkreisen rückwärts: Ruhig durchs flache Wasser rückwärts
gehend, Arme in halbkreisförmigem Abstand zueinander über oben
nach hinten ins Wasser nehmen, kräftig mit den Handflächen ziehen
und wieder hochführen.
- Wechselarmziehen im Hockgang: Ebenso ruhig rückwärts gehen: dabei bis zu den Schultern ins Wasser hineinhocken, jeden Arm nach
dem Durchzug ohne Pause senkrecht über oben zurückschwingen.

3. Gesamtbewegung

- Gesamtbewegung aus dem Hockgang: Wechselarmziehen wie oben,
nach einigen Metern ohne Zugunterbrechung den Kopf aufs Wasser
zurücklegen und die Hüfte zur Wasseroberfläche strecken, Beine lokker mitpendeln lassen.
- Rückenkraul-Gesamtbewegung: Aus dem Abstoßgleiten in Rückenlage wechselarmziehen und den gesamten Körper mitdrehen (Rollen
um die Längsachse), ruhig beinschlagen.

Beobachtungshilfen
- Schlagen einige Teilnehmer mit vollständig gestreckten Beinen?
Einige Übungen mit der Aufgabe, mit dem Fußrücken Wasser nach
hinten oben zu werfen, lösen die dauernde Kniestreckung.
- Schlagen andere Teilnehmer nur aus dem Unterschenkel? Überstrecken der Hüfte und Schlagen der Oberschenkel.
- Sind Schwimmflossen vorhanden, um die gestreckte und einwärtsge-
drehte Fußstellung erfahren zu lassen?
- Rhythmische Hilfen (Klatschen/Sprechen) für den Wechselarmzug
und die Gesamtbewegung geben! Bietet sich eventuell die Möglichkeit entsprechender Musikbegleitung?
- Halten die Schwimmer die Luft während des Rückenschwimmens
nicht zu lange an?

Kraulschwimmen

Nachdem Kraulschwimmen die Erstschwimmart des Anfängerschwimmens war, stehen nun das regelmäßige Atmen und die Feinform der Kraultechnik im Mittelpunkt.

Kraulschwimmen mit Atmung bedarf vorbereitender Atemübungen, mit deren Hilfe jeder Teilnehmer seine «Schokoladenseite» zum Einatmen finden soll, um den Atemvorgang störungslos in die Gesamtbewegung einzufügen. Das bedeutet auszuatmen während des Atemarmdurchzugs und ohne Kopfheben einzuatmen, wenn der Atemarm das Wasser verläßt und bis in Kopfhöhe vorschwingt.

Dies gelingt dann, wenn sich die Arme im Durchziehen und Vorschwingen gleichmäßig rhythmisch abwechseln (Alternation) und der gestreckte Körper um seine Längsachse rollt.

Übungen

– Atmen im Gehen durchs Flachwasser: Oberkörper vorgebeugt, Arme auf dem Rücken: durch Mund und Nase ins Wasser auspusten, Kopf und Oberkörper zur Seite drehen und kurz durch den Mund Luft holen usw.

– Atmen auf Atemarmbewegung: Ebenso vorgebeugt durchs Wasser gehend, Nicht-Atemarm vorgestreckt: Atemarm ruhig durchziehen und über Wasser vorschwingen, dabei ausatmen und Kopf samt Oberkörper zum Atemarm hindrehen und Luft holen usw.

– Atmen auf Wechselzugbewegung: Vorgebeugt gehend Arme in ruhigem Wechsel ziehen und vorschwingen, Atmung wie oben auf die Atemarmbewegung koordinieren.

– Wechselzugschwimmen mit Atmung: Bauchlage mit Pull-buoy zwischen den Oberschenkeln gefaßt: Wechselziehen unter regelmäßiger Atmung, Körper rollen.
Ebenso nach einiger Übung ohne Pull-buoy schwimmen.

– Kraulschwimmen mit Atmung: Wechselzugschwimmen mit leichtem Beinschlag durchführen und regelmäßig atmen.

– Gebeugter Kraul-Armzug: Vorgebeugt im Gehen Wechselarmzug: Zug mit kleinem Auswärtsbogen beginnen, Ellbogen beugend in Schulterhöhe nach innen ziehen, nach außen zur Hüfte hin strecken.
Ebenso mit und ohne Pull-buoy schwimmen.

Beobachtungshilfen

- Beginnen die Teilnehmer auszuatmen, wenn der Atemarm zieht?
- Fangen sie an, beim letzten Handabdruck einzuatmen, wenn der Ellbogen das Wasser verläßt? (Foto)
- Bleibt der Kopf auch während der Einatmung in Verlängerung des Körpers auf dem Wasser liegen?
- Rollen die Schwimmer um ihre Längsachse, und blicken sie auf ihren Atemarm?
- Ist eine Merkhilfe wie «ziehen – beugen – drücken» zum innerlichen Mitsprechen bekannt?
- Werden die Arme trotz des gebeugten Armzugs entspannt und im rhythmischen Wechsel über Wasser vorgeschwungen?

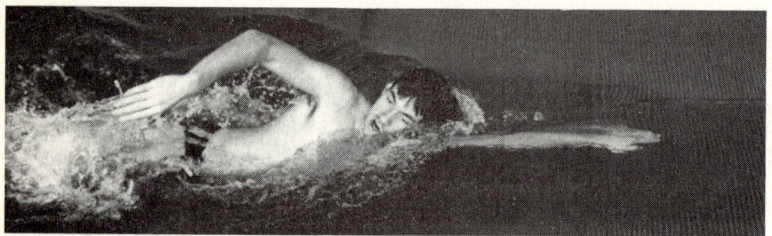

Greifstart

Der Greifstart stellt die einfachste Startsprungtechnik dar, weil die Arme den Körperschwerpunkt zum Sprung nur ein kleines Stück nach vorn unten ziehen und sich dann geradlinig nach vorn strecken. Kopf und Körper fol-

Foto: O. Wagner

gen in flacher Flugkurve nach. Sie müssen im Gegensatz zu den früheren Situationen des kopfwärtigen Eintauchens flacher steuern, um rasch und ohne Umweg in die Schwimmbewegungen überzuleiten. Vor dem Sprung ergeben Füße und Hände am Startblock ein sicheres Gleichgewicht.

Zweckmäßig läßt sich der Greifstart nur dort anwenden, wo greifbare Vorsprünge, Griffleisten, Stangen das Ziehen nach vorn unten ermöglichen.

Übungen

– Sprung aus dem Hockstand: Tiefer Hockstand bei geöffneten Knien, Zehen um die Startblockvorderkante gekrallt, Arme in Vorhalte geschlossen, Blick über die Handrücken auf den gegenüberliegenden Beckenrand gerichtet: Körper nach vorn überkippen und kräftig aus den Beinen heraus strecken.

– Sprung aus der Kniebeuge: Füße hüftbreit parallel gestellt, Arme in Vorhalte wie oben: Knie tief beugen, überkippen und springen.

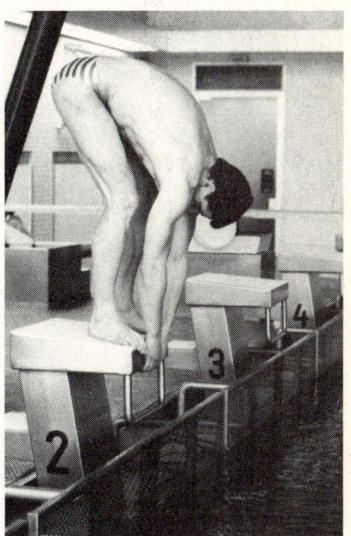

– Box-Sprung: Ausgangsstellung wie oben, jedoch beide Arme mit geballten Fäusten vor die Brust gebeugt: nach dem Kniebeugen und Überkippen flach abspringen und dabei beide Fäuste geradlinig nach vorn boxen.

– Greif-Sprung: Die Startblockvorderkante mit den Händen rechts und links der Füße umfaßt: Das Überkippen durch Druck der Handflächen gegen die Vorderkante beschleunigen und im Absprung vorboxen.

– Greifstart: Ausgangsstellung wie oben, bei möglichst gestreckten Beinen: kräftig nach vorn unten ziehen und springen (Foto rechts).

Beobachtungshilfen

● Bieten die Startblöcke überhaupt eine Geifmöglichkeit für die Hände, den Körper nach vorn unten zu ziehen?

● Wurden vor dem Greifstart die Übungen des Sitzabgleitens und des Abrenners zum Kopfwärtstauchen wiederholt?

● Ist der Blick während des Absprungs nach vorn gerichtet, oder steu-

ern einige Teilnehmer gleich nach unten, d. h., tauchen sie zu tief?
● Die Länge des Beckenrandes nutzen, um möglichst viele Teilnehmer
  von dort die vorbereitenden Sprünge (ohne Greifen) üben zu lassen.
● Leiten die letzten Übungen des Greifstarts stets in die Schwimmbewegung über?
● Strecken die Schwimmer ihre Beine explosiv, oder müssen Streck-
  sprungübungen und Ballspiele an Land die Sprungkraft steigern?

Paddeln in Bauchlage

Paddeln in Bauchlage gehört zur Ausbildung im Kunstschwimmen, enthält
aber auch Bewegungsanteile der Schwimmtechniken und Rollwenden.
Der Kopf ist so weit angehoben, daß sich das Gesicht über Wasser befindet.
Wie in der Rückenlage paddeln die Hände bei am Körper anliegenden
Oberarmen in einer Achterform. Die Unterarme führen die Bewegung der
angewinkelten Hände, deren Innenflächen fußwärts zeigen: Sie streichen
einwärts gedreht nach außen und rasch wieder auswärts gedreht nach innen. Auf diese Weise paddelt der Körper kopfwärts.

 **Übungen**
– Paddeln am Ort: Flache Bauchlage mit angehobenem Gesicht und
  locker angelegten Armen, Handflächen nach unten: unter Führung
  der Unterarme die Hände in Form einer 8 durchs Wasser streichen
  (Foto unten).

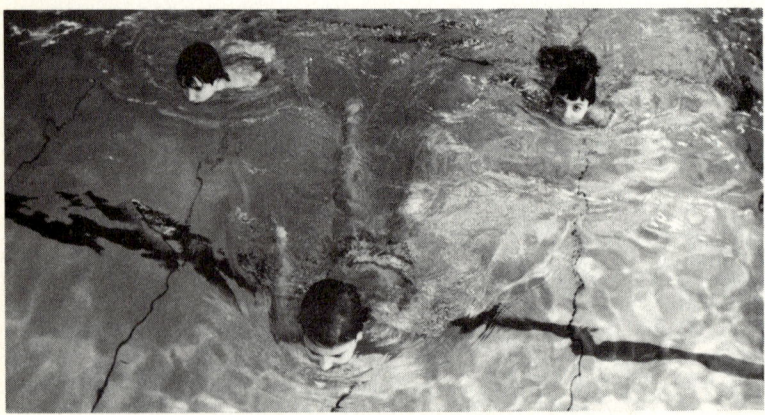

- Kopfwärts paddeln: Aus leichtem Abstoß in Bauchlage, Arme seitlich am Körper angelegt, Hände knapp rechtwinklig abgebeugt: in schnellem Wechsel Arme einwärtsdrehen und ca. 20 cm nach außen bewegen, dann Arme auswärts drehen und über die gleiche Strecke zum Körper hin bewegen.
- Hocksalto vorwärts: Aus dem kopfwärtigen Paddeln die Handflächen nach unten richten und die Beine anhocken, den Kopf zur Brust beugen und gleichzeitig mit Handflächen und Unterarmen energisch abwärts drücken, um das Gesäß mit den gehockten Beinen überzurollen; durch ständig abwärts gerichtetes Paddeln bis zur Bauchlage weiterdrehen und Körper wieder strecken.

Beobachtungshilfen
- Atmen alle Teilnehmer gleichmäßig langgezogen durch die Nase aus, wenn der Körper zum Hocksalto überdreht?
- Fallen Kopfbeugen und Abwärtsdruck der Hände so zusammen, daß Gesäß und Beine überrollen?

Rollwende

Die Rollwende aus der Bauchlage in die Rückenlage ermöglicht den zeitsparendsten Richtungswechsel am Ende jeder Schwimmbahn. Sie ist im Kraul- und Rückenschwimmen erlaubt und verlangt keinerlei Wandkontakt mit der Hand; Fußabstoß genügt nach einer halben Rolle vorwärts um die Hüftachse. Während sich der Rückenschwimmer *vor* Einleitung der Rollwende im letzten Schwimmzug auf den Bauch dreht, muß sich der Kraulschwimmer unmittelbar *nach* der Wende aus der Rücken- in die Bauchlage zurückdrehen.

Übungen
- Kurzes Gleiten aus dem Abstoß vom Beckenboden oder Beckenrand mit seitlich anliegenden Armen, Handflächen abwärts gerichtet: Kopf nach vorn anheben zum Luftholen und sofort energisch zur Brust nehmen, kräftig mit beiden Armen nach unten drücken und das Gesäß hochziehen zum Überrollen in Rückenlage.
- Gleiten mit Armzug und Überrollen: Gleiten mit vorgestreckten Armen: nacheinander erst den einen, dann den anderen Arm zu den Oberschenkeln ziehen und abwärts richten; nach vorn einatmen, Kopf beugen und unter Armdruck nach unten überrollen.
- Schwimmen und Überrollen: Aus dem ruhigen Kraulschwimmen erst den einen, dann den anderen Arm anlegen, nach vorn einatmen und wie oben überrollen in Rückenlage.

– Überrollen vor der Wand: Angleiten oder Anschwimmen zur Bek-
kenwand unter Durchziehen beider Arme nacheinander: Einen
Meter vor der Wand überrollen
und die Fußsohlen in Rückenlage
gegen die Wand setzen, abstoßen
(Foto links).
– Überrollen und Seitabstoß: Anschwimmen und überrollen, Füße
in Seitlage gegen die Wand setzen
(Fußspitzen zeigen nach außen)
und vor dem Abstoß die Arme in
Schwimmrichtung strecken.

– Rückenkraulschwimmen und im Zugrhythmus um die Längsachse in
Bauchlage drehen; dann Rollwende in die Rückenlage.

Beobachtungshilfen
- Wurden zu Beginn das Hocktauchen zur Rolle vorwärts, der Hock-
salto und das Abstoßgleiten mit Schraube wiederholt?
- Schonen die Teilnehmer durch betonte Nasenausatmung während
des Überrollens ihre Nasenschleimhäute und -nebenhöhlen?
- Die Schwimmer zuerst zu einigen selbständigen Rollwendeversu-
chen auffordern, um vielleicht die ersten Übungsschritte zu erübri-
gen!
- Stellt sich dabei heraus, daß die Übungsgruppe in Teilnehmer für die
Anfangsübungen und andere für fortgeschrittene Übungen unterteilt
werden sollte?
- Macht es den Übenden mehr Spaß, wenn sie die Beine nach dem
Überrollen lang aufs Wasser aufklatschen lassen?
- Bietet es den schwächeren Schwimmern eine Hilfe für das Überrol-
len, wenn der Armabdruck nach unten gegen Schwimmbretter oder
die Handflächen von Partnern geübt wird?
- Läßt sich der Armabdruck schon mit einem Delphinkick beider Un-
terschenkel verbinden?

Seiteschwimmen

Seiteschwimmen als Bewegungstechnik des Kunstschwimmens findet außerdem im Wasserballspiel und im breitensportlichen Schwimmen Verwendung. Der Seiteschwimmer liegt auf einer Seite bei angehobenem Kopf und

Blick zur Seite. Er hat den unteren Arm nach vorn gestreckt und den oberen am Oberschenkel. Während im ersten Takt der untere Arm senkrecht bis zur Brust zieht, schwingt der andere seitlich über Wasser von der Hüfte bis in Schulterhöhe und taucht dort ein. Gleichzeitig werden die Beine brustschwimmähnlich angezogen. Im zweiten Takt streckt sich der untere Arm unter Wasser von der Brust nach vorn, der obere zieht kräftig zum Oberschenkel, und die Beine drücken sich schwunggrätschähnlich vom Wasser ab, allerdings das obere Bein etwas vor und das untere etwas hinter dem Körper. Eine längere Gleitpause folgt.

Übungen

– Beinbewegung in Seitlage: Der vorgestreckte untere Arm faßt ein Schwimmbrett, anderer Arm am Oberschenkel angelegt: Beine anziehen und über einen leichten Schritt öffnend (oberes Bein vor, unteres Bein zurück) vom Wasser abdrücken und schließen.

– Beinbewegung mit Armschwung: Ebenso die Beinbewegung ausführen, Brett einarmig gefaßt: die Beine anziehen und gleichzeitig den Arm von der Hüfte über Wasser zur Schulter vorschwingen; mit den Beinen abdrücken und gleichzeitig den Arm zum Oberschenkel ziehen usw. (Foto unten).

– Seiteschwimmen mit beiden Armen: Ebenso wie oben, jedoch ohne Brett: Während des Beinanziehens und des Armvorschwungs den vorgestreckten Arm zur Brust ziehen; diesen Arm unter Wasser vorstrecken, wenn die Beine sich abdrücken und der andere Arm zum Oberschenkel zieht.

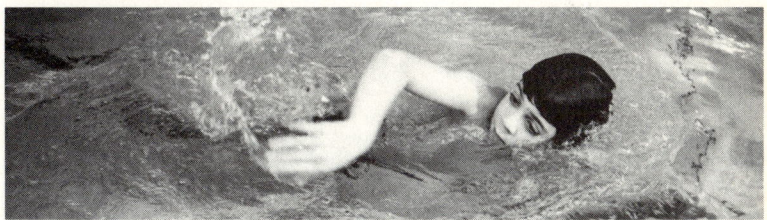

Beobachtungshilfen

● Liegt der Körper gänzlich auf der Seite?
● Bewegen sich die Arme genau gegengleich, d. h., der eine treibt den Körper voran, während der andere ausholt?
● Gleiten die Schwimmer nach dem Beinabdruck bei vorgestrecktem unteren Arm?
● Atmen sie während des Gleitens aus?

Schmetterlingschwimmen

Das Schmetterlingschwimmen unterscheidet sich von den anderen Sport-
schwimmtechniken wesentlich dadurch, daß der ganze Körper an der wel-
lenförmigen Bewegung des Rumpfes teilnimmt (Delphinbewegung). In die
Delphinbewegung einbezogen und somit koordinativ festgelegt sind auch
die zwei Beinschläge und der Armvorschwung über Wasser. Die Beinschläge setzen jedesmal an nach der Überstreckung der Wirbelsäule:
(1.) während des Eintauchens der Arme vorn, (2.) während des Druckes
der Arme von der Senkrechten bis zum Ausheben. Der Vorschwung der
Arme schließt sich unmittelbar an das Ausheben an, wenn die Schultern
ihre höchste Stellung haben. Dies ist auch der Zeitpunkt ungehinderten
Einatmens.
Unter der Voraussetzung, daß die Delphinbewegung zumindest in Form
des Delphinspringens (s. S. 39) beherrscht wird, läßt sich der Lernvorgang
des Schmetterlingschwimmens wie folgt gliedern:
1. Delphin – Zweierschlag
2. Delphin – Zweierschlag mit Armbewegung
3. Armbewegung und Atmung
4. Gesamtbewegung des Schmetterlingschwimmens

Übungen

1. Delphin-Zweierschlag

– Delphinspringen mit Zweierschlag: Arm vorgestreckt: Delphinsprung im hüfttiefen Wasser, nach flachem Eintauchen mit Armen
  und Kopf hochsteuern, mit kräftigem Delphinschlag und Kopf im
  Nacken auftauchen, sofort Gesicht wieder ins Wasser legen und einen
  weiteren Delphinschlag ausführen usw. (Foto unten).

– Gleiten mit Zweierschlag: Aus dem Abstoß kurzes Gleiten unter der Wasseroberfläche, Arme vorgestreckt; hochsteuern: schlagen und auftauchen, eintauchen und schlagen.

2. Delphin-Zweierschlag mit Armbewegung

– Delphinspringen mit Armbewegung: Im Stand vorbeugen, Arme durchziehen und im Vorschwung delphinspringen, Arme durchziehen und Bein schlagen zum Auftauchen, Arme vorwerfen, Kopf kurz eintauchen und nochmals schlagen, wieder hinstellen usw.
– Delphin-Zweierschlag und Unterwasser-Armbewegung: Im Gleiten ein Delphinschlag und Arme unter Wasser vorstrecken, Arme ziehen und beim zweiten Schlag mit den Händen die Oberschenkel berühren usw.
– Delphin-Zweierschlag und Armbewegung: Nach einiger Übung die Arme an den Oberschenkeln vorbei herausheben und über Wasser vorwerfen: Erster Schlag = Arme eintauchen; Arme ziehen, Ellbogen beugen; zweiter Schlag = Arme strecken und herausheben.

3. Armbewegung und Atmung

– Armbewegung und Atmung im Stand: Oberkörper vorgebeugt, Arme vorgestreckt, Gesicht ins Wasser gelegt: Arme ziehen/beugen und ins Wasser ausatmen; Arme strecken/ausheben und kopfhebend einatmen; Arme vorwerfen und kopfsenkend die Luft anhalten usw.
– Armbewegung und Atmung im Gehen: Mit vorgebeugtem Oberkörper langsam vorwärts gehen: Arme ziehen und vorschwingen, dabei regelmäßig atmen (Foto unten).

4. Schmetterlingschwimmen mit Atmung

– Aus dem kurzen Gleiten nach Abstoß oder Startsprung: 5–8 Meter
   zügig schwimmen, dann eine Pause einlegen und wiederholen.

Beobachtungshilfen

- Hat die Überprüfung ergeben, daß alle Teilnehmer das Delphin-
  springen beherrschen?
- Läßt sich Delphinspringen auch in Spielform wiederholen, z. B. als
  Nachlaufen mit Abschlagen?
- Muß das Gleiten mit Delphin-Zweierschlag gelegentlich unterbro-
  chen werden, um die Kopfsteuerung durch gymnastisches Vorbeugen
  und Rückbeugen zu verstärken?
- Werden rhythmische Hilfen eingeschaltet wie lautes Sprechen
  «Schlag... und... Schlag»?
- Führt der Armzug zur Beugung der Ellbogen, so daß die Arme dann
  kräftig nach hinten gestreckt werden können?
- Fallen zeitlich zusammen: Erster Delphinschlag mit Armeintauchen
  und zweiter Schlag mit Armstrecken?
- Üben schwächere Teilnehmer gelegentlich mit Schwimmflossen?
- Nimmt der Kopf immer die Armbewegungen etwas vorweg: Kopf-
  eintauchen vor Armeintauchen, Kopfanheben vor Armausheben?

Barbara Hammerer

Grundlagengymnastik im Wasser

Grundlagengymnastik als Bestandteil der allgemeinen Schwimmausbildung. Werden dort alte Weisheiten neu verpackt oder unbekannte Inhalte und Ansichten in die Schwimmausbildung getragen?

Wer schon einmal am Meer, bis zu den Knien im Wasser, einen Marsch gemacht und daraufhin an Land eine gewisse Leichtigkeit empfunden hat, kann sich den Unterschied von gymnastischen Übungen an Land und im Wasser in etwa vorstellen.

Wenn man meint, daß es keinen Unterschied gäbe, ist es einen Versuch wert, gleich beim nächsten Badbesuch das Lehrbecken im Jogging-Trab zu durchpflügen und als Test auch einmal einen 100-m-Lauf oder einige Intervalläufe im Wasser zu wagen:

– Richten Sie dabei Ihr Augenmerk auf die empfundene Belastung!
– Sollten Sie die Arme mit einsetzen?
– Können Sie Ihre Bewegungen gekonnt koordinieren?
– Kontrollieren Sie Ihren Puls!

Grundlagengymnastik im Wasser sollte innerhalb der allgemeinen Schwimmausbildung die *organischen* und *technomotorischen Voraussetzungen* für die schwimmsportlichen Sparten im Wasser übergreifend und vielseitig fördern. Sie nimmt damit auch den Rang einer Zweckgymnastik ein.

Bewegungstechniken und deren motorische (nervlich-muskuläre) Bedingungen sollten in der Grundlagenausbildung in einer Weise angesprochen werden, die *Bewegungsveränderungen* (Fehlerkorrektur) und *-variationen*, d. h. technische Umstellungen, aufgrund wachstumsbedingter neuer Körperverhältnisse, kreative Gestaltungen (Kunstschwimmen) und trickreiches Verhalten (Wasserball) nicht nur zufällig, sondern auch bewußt gesteuert, ermöglichen.

Am Beispiel der Merkmale Bewegungsamplitude (Ausschlag der Körperteilbewegung) und Bewegungszeit bzw. -tempo läßt sich verdeutlichen, was Bewegungsvariation heißen kann. (Die *Bewegungsamplitude* ist das Ausschwungausmaß der Bewegung, die «räumliche Ausdehnung». Das *Bewegungstempo* ist die Zeiteinheit, in der eine Bewegung durchgeführt wird.) Wir betrachten zur Veranschaulichung aus dem Blickwinkel der funktionellen Gymnastik einen Armschwung. Er ist möglich:

– über die Waagerechte bzw. Horizontale (direkt unter der Wasseroberfläche),
– über die Senkrechte bzw. Vertikale (abtauchend in Richtung Boden und wiederauftauchend),
– richtungsvariabel (Diagonalschwünge, Achterschwünge).

Wie diese «Basisschwünge» in ihrer Amplitude zu verändern sind, zeigen die folgenden Abbildungen am Beispiel des horizontalen Schwunges (Aufsicht).

Diese Schwünge können sowohl sehr langsam, relativ langsam, fast schnell und schnell ausgeführt werden, so daß sich rein rechnerisch eine 24fache

| über ½ Kreis | ½ Kreis | ¼ Kreis – seitlich |

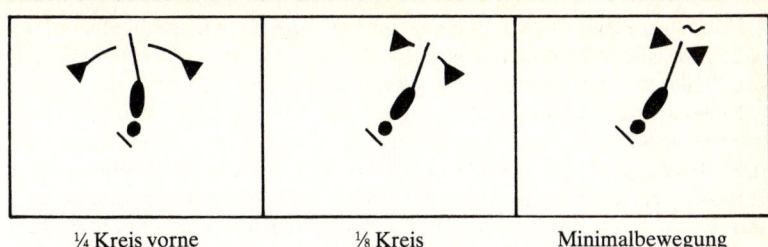

| ¼ Kreis vorne | ⅛ Kreis | Minimalbewegung |

Variation ergibt; nimmt man den vertikal- und richtungsvariablen Schwung dazu, ist eine 72fache bzw. 96fache Variation erreicht.

Geht man davon aus, daß alle gymnastischen Basisbewegungen im Wasser eine ähnlich hohe Variierbarkeit besitzen, kommt einer auf dieser Grundlage durchgeführten Wassergymnastik eine entscheidende Aufgabe für die Sensibilitäts- und Vielseitigkeitsschulung von zukünftigen Schwimmern, Wasserballern und Kunstschwimmerinnen, sogar auch Kunst- und Turmspringern zu.

> **Übungs- und Lernziele der Grundlagengymnastik im Wasser**
> - die Ausnutzung des Wasserwiderstandes zur Verbesserung funktioneller und konditioneller Bewegungsgrundlagen;
> - die Erfahrung und regelmäßige Anwendung vielseitig variierter gymnastischer Bewegungsgrundformen;
> - die angemessene Belastung, d. h. Vermeidung von Über- und Unterforderung; die Auswahl von Übungen aufgrund von Bewegungsanalysen;
> - das Sehen, Empfinden und bewußte Verarbeiten von Variationen der Bewegungsamplitude und des Bewegungstempos (Sensibilitätsschulung, Vielseitigkeitsschulung).

Was bedeutet Gymnastik im Wasser?

Gymnastik besitzt einen vielseitigen Eigenwert. Dieser liegt in der
- Bewegungsschulung,
- Haltungsschulung,
- Organschulung,
- Bewegungsgestaltung.

Gerade heute finden sich häufig schon im (frühen) Kindesalter deutliche Schwachpunkte in Körperhaltung und Bewegung, dazu kommen beim Jugendlichen oft konditionelle Mängel.

Solange Gymnastik noch nicht als Heilmaßnahme (Krankengymnastik) herangezogen werden muß, gelten ihre vorbeugenden (präventiven) Möglichkeiten als unverzichtbarer Bestandteil jeder sportlichen Ausbildung.

Warum z. B. Schwimmer und Wasserballer ihr Gymnastik-Programm ausschließlich «an Land» abwickeln, begründet sich wohl in dem Satz: «Das war schon immer so!»

Merke:

Man kann nicht früh genug mit allgemeinbildenden Körperübungen beginnen; was hier im Bereich der Gymnastik im Wasser möglich ist, zeigt die Übungssammlung (S. 90–109).

Grundsätzlich wird zwischen *Fortbewegungsarten* und *Einzel-* oder *Kombinationsbewegungen* der Gliedmaßen unterschieden. Fortbewegungsarten der Wassergymnastik besitzen ihren Schwerpunkt im konditionellen Bereich.

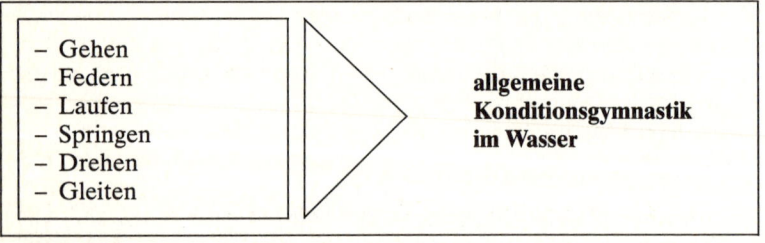

- Gehen
- Federn
- Laufen
- Springen
- Drehen
- Gleiten

allgemeine Konditionsgymnastik im Wasser

Zu den funktionellen, die Bewegungsmöglichkeiten des Körpers erfassenden Einzel- oder Kombinationsbewegungen zählen:

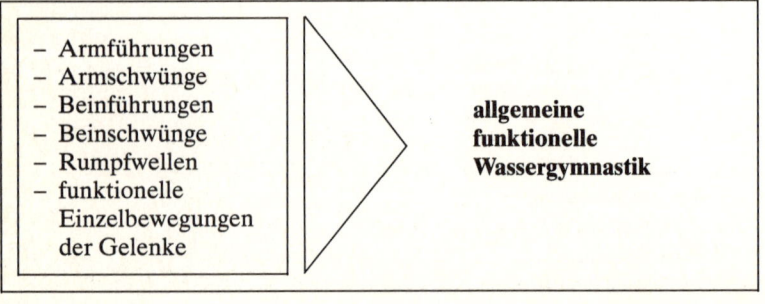

- Armführungen
- Armschwünge
- Beinführungen
- Beinschwünge
- Rumpfwellen
- funktionelle Einzelbewegungen der Gelenke

allgemeine funktionelle Wassergymnastik

Die allgemeine Konditionsschulung geht von Belastungen aus, die nicht lokal, sondern umfassend sind, d. h. auf das Herz-Kreislauf-System und größere Muskelbereiche angelegt sind. Funktionelle Ansprüche dagegen setzen gezielt an Gelenkbewegungen an und versuchen diese unter Ausnutzung von Kräften (Wasserwiderstand) auf der Ebene der Gelenkbedingungen (Bewegungsmöglichkeiten der Gelenke) nebst beteiligter Muskulatur zu verbessern.

Beispiel: Funktionelle Wassergymnastik

Haben Sie schon häufiger auf Ihre Übungskandidaten gewartet und Däumchen gedreht? Drehen Sie beim nächsten Mal die Hände umeinander und warten geduldig auf die Ermüdungsphase; dies wird einige Zeit dauern! – Führen Sie allerdings die gleiche Bewegung unter Wasser aus, stellt sich die Muskelermüdung entscheidend früher ein. Ein Griff an den Unterarm teilt Ihnen mit, welche Muskeln diese Bewegung veranlassen.

Die Muskeln des Unterarms ermöglichen die (funktionelle) Kreisbewegung des Handgelenks; sobald diese Bewegung gegen (Wasser-)Widerstand durchgeführt wird, ergibt sich ein funktionell positiver Effekt. Seine Entwicklung ist eine Frage der Übungs- und Belastungsplanung.

Schwimmer, Kunstschwimmerinnen (Armzug- und -druckbewegungen) und Wasserballer (Ballbehandlung, Armbewegungen der Schwimm- und Bewegungstechniken) benötigen eine außergewöhnliche Ausbildung im Unterarmbereich, die aber leider regelmäßig in der allgemeinen Grundlagenschaffung vernachlässigt wird. Entsprechende gymnastische Übungen lassen sich natürlich nur bedingt im Kindesalter anbieten. Notwendig sind dann Übungsformen mit kindgerechtem, insbesondere spielerischem Charakter (alle Übungen in stehtiefem, hüft- bis brusthohem Wasser):

– *Einhändiger Ballkreisel:* Mit einer Hand (bis über das Handgelenk eingetaucht) um einen schwimmenden kleinen Ball (Tennisball) rühren; rechts und links im Wechsel (Foto rechts).
– *Beidhändiger Ballkreisel:* Ebenso

mit beiden Händen gleichzeitig rühren. Eine Geschicklichkeitsaufgabe, die gar nicht so einfach ist!

– *Ballkreiseldieb:* Während des einhändigen Ballkreisels einem Gruppenmitglied mit der freien Hand den Ball wegnehmen, um zum beidhändigen Ballkreisel zu gelangen, gleichzeitig aber bei sich den Diebstahl vermeiden.

– *Tauchringschleuder:* Einen leichten Tauchring bei senkrecht ins Wasser gehaltenem Unterarm um das Handgelenk schleudern (Handgelenks-Hula-hoop); einhändig (rechts/links) und beidhändig.

– *Tauchringschleuderstaffel:* Eine Wechselstaffel auf «kurzer Bahn» mit möglichst wenigen Mitgliedern pro Mannschaft (3–5). Aufgabe: Beim Laufen einen Tauchring schleudern und nach Berühren der gegenüberliegenden Wand dem Mannschaftspartner übergeben; einhändig oder beidhändig möglich.

Sehr schnell lassen sich die Auswirkungen dieser gezielten Muskelbelastung feststellen. Bestimmt schlagen die Übenden zwischendurch die Arme lockernd ins Wasser. Diesem Entspannungswunsch ist gerade bei Ungeübten schon nach kurzen Belastungsphasen zu entsprechen. Weitere *Lockerungsübungen* sind:

– die Arme hochheben und ins Wasser fallen lassen;
– «lässig» ins Wasser boxen;
– der Wechsel von Anspannung und Entspannung; eine Hand an der Überlaufrinne festhalten, den Arm ‹lang ziehen› dann lösen und locker ins Wasser schlagen, mit rechts und links durchführen.

Zur Kräftigung der Unterarmmuskulatur können nicht nur Kreis-(Rotations-), sondern auch Beuge- und Streckbewegungen des Handgelenks herangezogen werden. Topschwimmer versuchen einen höheren Wirkungsgrad durch Dehnungsübungen (z. T. extrem) unter Nutzung eines Widerstandes zu erreichen, bleiben damit jedoch allein im Bereich der Dehnung. Gehen wir ins Wasser und wollen dort in rhythmischer Folge die Handgelenkbeugung und -streckung durchführen, findet zwar hier schon eine Ausnutzung des Widerstands (aktive funktionelle Beanspruchung) statt, diese ist im allgemeinen jedoch noch verhältnismäßig unwirksam. Um eine Kräftigung zu erreichen, sollte der Widerstand erhöht, die Angriffsfläche des Wassers also vergrößert werden. Im Schwimmtraining stehen dazu Paddles zur Verfügung. Welche *spielerischen Mittel* sind vorhanden, um in der gymnastischen Grundausbildung eine ausreichende Übungswirkung zu erzielen? Dazu folgende Übungen:

– *Kippendes Schwimmbrett:* Beide Hände liegen auf einem im Wasser schwimmenden Brett und kippen dieses durch Handgelenkeinsatz nach vorn und zurück (Foto 1).

- *Spielerische Zusatzaufgabe:* Ein im Wasser treibender Pingpongball ist unter Beibehaltung der genannten Übung zu verfolgen.
- *Wassertrommel:* Die Übenden trommeln auf ein unter Wasser gehaltenes Brett; auf die Schenkel eines Partners; veranstalten (mit Paddles) dicht unter der Wasseroberfläche einen Trommelwirbel (Foto 2).
- *Balldribbling:* Ein auf dem Wasser schwimmender Ball (Wasserball, Gymnastikball) wird durch Handgelenkeinsatz ‹gedribbelt›. Die Hand verläßt den Ball dabei kaum (einhändig – rechts und links – oder beidhändig durchführen) (Foto 3).
- Balldribblingstaffel.
- Balldribbelkreis; der Ball wird vom links (rechts) stehenden Partner in Empfang genommen (Dribbelübernahme), vor dem Körper weitergedribbelt und nach rechts (links) abgegeben (Dribbelabgabe); empfehlenswert: 5–8 Personen pro Kreis, 4–7 Bälle.
- Diebstahldribbling (vgl. Übung Ballkreiseldieb, S. 82).

Das gesamte Übungsangebot der funktionellen Wassergymnastik ist damit natürlich nicht abgehandelt. Den Gesamtüberblick finden Sie auf Seite 90. Weitere funktionelle Übungen für die Grundausbildung enthält der Übungsanhang (vgl. S. 91–109).

Beobachtungshilfen
- Haben Sie schon festgestellt, daß ein Wassersportler um so lernfähiger ist, je mehr er in der Grundausbildung variantenreich Wasserwiderstand kennengelernt und bewältigt hat?
- Stört eine einseitig auf die bekannten Schwimmtechniken ausgerichtete Schwimmausbildung die technische Entwicklung in den anderen Sparten?

Beispiel: Konditionsgymnastik im Wasser

Auch dieser Beitrag vermag nur einen geringen Teil aller Möglichkeiten zu erfassen (siehe Übungsanhang). Hier sollen deshalb nur solche Schwerpunkte herausgestellt werden, die helfen, wesentliche Gesichtspunkte der Konditionsgymnastik im Wasser beispielhaft aufzuzeigen.

Die Wassertemperatur in öffentlichen Bädern liegt in der Regel zwischen 25 °C und 29 °C. Aktiv betriebene Konditionsgymnastik ist geeignet, den Wärmehaushalt des Körpers durch die Ganzkörperbelastungen hoch zu halten: Vermeiden des Frierens. Bei technischen Anweisungen mit Pausenzeiten – meist im Wasser – können regelmäßig zwischengeschaltete konditionsgymnastische Übungen eine in der Summe längere Aufmerksamkeitsspanne erzielen.

Übungen im Flachwasser
- Tempogehen: Kreuz und quer durch das Becken, je weniger Teilnehmer, um so kleiner sollte der genutzte Beckenbereich sein, damit möglichst hohe Widerstände, Strömungs- und Wirbelwiderstände entstehen.
- Lauf und Gegenstromlauf: 5–7 Laufschritte, halbe Drehung, 5–7 Laufschritte usw.
- Überholungslauf: Zu zweit, dritt oder viert hintereinander herlaufen, der jeweils letzte überholt und setzt sich in die vorderste Position.
- Hasensprünge: Für die Jüngeren: Hocksprünge über die Querbahn.
- Hock-Strecksprünge: Zunächst niedrige Strecksprünge, allmählich bis zur ganzen Streckung steigern.
- Springen und Klettern: Fußsprünge ins Wasser und hinausklettern (Fotos rechts).

- Kommandolauf: Lauf aller Teilnehmer über die Längs- oder Querbahn; auf Zeichen eine halbe Drehung und Lauf in die Gegenrichtung; unregelmäßiges, aber häufiges Kommando!
- Laufen/Federn/Rock 'n' Roll auf Musik: Je klarer (Übertragungsqualität) und aktueller (für junge Leute) die Musik, um so wirksamer die Aktivierung.

Beobachtungshilfen
- Ist eine grundlegende Aufwärmung durchgeführt worden?
- Ist eine zu hohe Abkühlung zwischendurch vermieden worden?

Übungen im Tiefwasser
- Tempolauf: Ohne Bodenkontakt im Tiefwasser laufen.
- Schiebekampf: Paarweise, Rücken an Rücken, den Partner durch Hilfe freier Bein- und Armbewegungen wegschieben.
- Springen und Klettern: vgl. S. 45 ff, auch Kopfsprünge.
- Lagewechsel: Von der Bauchlage über die Schwebehocke in die Rückenlage wechseln und umgekehrt; je mehr Wiederholungen, um so schwieriger!

Merke:
Weil jederzeit zwischendurch anwendbar, können solche Übungen schnell in den Übungsalltag einfließen.

Variationen der Fortbewegungsarten

Die Fortbewegungsarten Gehen, Laufen, Springen, Federn sind als Übungsgrundformen anzusehen. Ihre Variationsbreite am Beispiel «Gehen» schildert folgende Aufstellung:

Räumliche Variation:
– Vorwärts, rückwärts, seitwärts (auch kombiniert) gehen;
– Auf Längs-, Quer- und Diagonalbahnen gehen;
– Slalomgehen.

Dynamische Variation:
– Im Wechsel schnell/langsam gehen;
– maximal schneller Antritt, normal weitergehen;
– im Wechsel gehen und laufen;
– im Wechsel gehen und springen.

Rhythmische Variation:
– Kurze Schritte, lange Schritte, Maxischritte;
– Gehen mit flacher Knieführung und Kniehebegehen im Wechsel.

Variation durch Gerätenutzung:
Ball oder anderer Schwimmkörper
– Gehen mit Überwinden des schwimmenden Balles mit dem freien Bein;
– Gehen und Hochschießen des Balles mit dem Knie (Fuß);
– Gehen und Wegschieben des Balles mit dem Kopf (Bauch).

Leichtball/Luftballon
– Gehen und ‹Hochditschen› des Balles;
– Gehen und Köpfen des Balles.

Reifen
– Einsteigen und Aussteigen am schwimmenden Reifen; durch gehaltene Reifen, auch als Staffel- oder Wettkampfform (wieviel Ein- und Ausstiege in einer Minute?).

Schwimmsprosse
– Hürdengehen über treibende Schwimmsprossen;
– Gehen und Paddeln mit der Schwimmsprosse (Foto links).

Variation durch Geländenutzung:
– Gehen in knietiefem, hüfttiefem, brusttiefem Wasser; im Tiefwasser;
– Leiterngehen (jede Stufe nutzen), dann hineinspringen usw.; wieviel «Runden» in einer Minute?

Variation durch Partnerarbeit:
– Schattengehen zu zweit: nachahmen, was der vordere macht;
– Blindgehen – den «blinden» Partner durch das Wasser führen, dieser muß nach einiger Zeit erraten, wo er sich befindet;
– freies Gehen oder Bahnengehen, sich entgegenkommen, die Hand geben und aneinander vorbeiziehen.

Beobachtungshilfe
● Blindschwimmen: In einem Beckenbereich bei geschlossenen Augen kreuz und quer hin- und herschwimmen und vor dem Augenöffnen orten, wo man sich befindet; damit sprechen Sie das Orientierungsvermögen an.

Diese Beispiele dienen als Anhaltspunkt zu der Überlegung, wie aus einfachen Grundbewegungsformen eine reichhaltige Übungssammlung entwikkelt werden kann. So sollte deutlich sein, daß es sich bei allen Übungen grundsätzlich um die gleiche Hauptbeanspruchungsform – Gehen – also Einsatz der Hüft- und Beinmuskulatur bei Unterstützung der Arm-Schulter-Muskulatur (Armeinsatz) handelt. In dieser Form lassen sich die Übungen am besten in der Anfängerausbildung einsetzen. Um in der Praxis der allgemeinen Schwimmausbildung eine höhere Herz-Kreislauf-Beanspruchung sowie eine angemessene Motivation zu entwickeln, können dieselben Übungen als partner- oder gruppenbezogene *Wettkämpfe* durchgeführt werden. Weiter bieten DLRG-Anzüge, Gymnastikhosen oder T-Shirts eine lustige Form der Belastungsintensivierung.
In erster Linie eignen sich für die allgemeine Schwimmausbildung von Kindern und Jugendlichen Übungen mit schon in der Bewegungsgrundform höherem Belastungsniveau.

Belastung der Bewegungsgrundformen

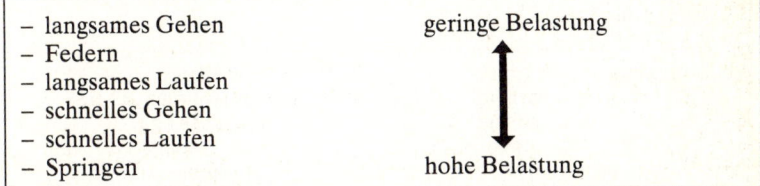

– langsames Gehen	geringe Belastung
– Federn	
– langsames Laufen	
– schnelles Gehen	
– schnelles Laufen	
– Springen	hohe Belastung

Junge Menschen nehmen eher solche Übungen an, die sie herausfordern.
Bei Erwachsenen sollte man im Einzelfall herausfinden, welcher Aktivi-
tätsgrad gewünscht und angenommen wird. Sowohl bei den jungen als auch
bei älteren Teilnehmern sollte das Problem der Unterforderung oder Über-
forderung dem Übungsleiter ständig bewußt sein.

Beobachtungshilfe
- Durch intensive Lauf- und Springaufgaben, insbesondere deren Zusammenstellung, verursacht man Belastungen, die in der Regel im
  Verlauf der übrigen Schwimmausbildung nur selten auftreten. So
  sollte man gerade bei Übungsprogrammen (vgl. S. 107–109) ein besonderes Augenmerk auf das allgemeine Verhalten der Teilnehmer
  in der Vorbelastungs- und Nachbelastungsphase legen und die Belastungsintensität durch Pulsmessungen kontrollieren (siehe auch Test-
  aufgabe im folgenden).

Aufgabe «Tempolauf»

Sie suchen sich in rollwendentiefem Wasser eine ca. 8 Meter lange Bahn
(Diagonale oder Lehrbeckenquerbahn): Tempolauf über 10 Bahnen, pro
Bahn eine Rolle vorwärts und vor jedem Richtungswechsel an der Wand
8 Stützsprünge am Beckenrand.

Beobachtungshilfen
- Läßt Ihre Schnelligkeit schon nach kurzer Zeit nach?
- Verzichten Sie bald auf die Rolle vorwärts?
- Gelangen Sie während der Stützsprünge nicht in die Armstreckung?

Die Aufgliederung dieser Aufgabe nach Beanspruchung und Bedeutung
für die schwimmsportlichen Disziplinen ist der Tabelle zu entnehmen.

Tab. 1: Aufgabe «Tempolauf»
und ihre Bedeutung für die schwimmsportlichen Sparten

Übungsteil	Hauptbeanspruchungs-form	Bedeutung in welchen Sparten
Lauf		
Beinbewegung	Kraftausdauerfähigkeit der Hüft-, Beinmuskulatur (Beuge- und Streck-muskulatur)	Schwimmtechniken (ST) Kunstschwimmen (KS) Wasserball (WB) [bedingt beim Kunst- und Turmspringen (KTS)]

| Armbewegung | Kraftausdauerfähigkeit der Arm-, Schultermuskulatur (Beuge- und Streckbewegungen) | |
| Aufrechthalten des Rumpfes (gegen Widerstand) | ‹Haltekraft› der Bauch- und Rückenmuskulatur | WB (z. B. Wurfposition, Position beim Wassertreten) KS (senkrechte Positionen) KTS (Absprungpositionen) |

Stützsprünge

Sprung	Kraftfähigkeit der Streckmuskulatur des Hüft-/Beinbereiches	ST (Startsprung, Wende–Abstoß) KS WB (‹Hochsteigen›) KTS (Federn, Absprung)
Armstreckung	Kraftfähigkeit der Streckmuskulatur der Arme	ST (Armzug) KS WB (Armzug, Wurf)
Stütz	Kraftfähigkeit der Beuge- und Streckmuskulatur der Arme (Haltekraft)	KTS (Handstand) KS (Handstandeinstieg)

Rolle

| Steuerungs- und Orientierungsfähigkeit | Abgestimmte Arbeit aller eingesetzten Muskeln, Gesamtkörperkoordination | ST (Wende, ‹Geradeausschwimmen›) WB (Bewegungen im Feld, Einzelaktionen) KTS (Körperpositionsänderungen) KS (Positionswechsel) |
| Rumpf -beuge, -streckung Hüft -beuge, -streckung | Kraftfähigkeiten der Hüft-, Bauch-/Rücken- und Schultermuskulatur | ST (Wende, Start) WB (Einzelaktionen) KTS (Körperpositionsänderungen) KS (Positionswechsel) |

| insgesamt | hohe Beanspruchung des Herz-Kreislauf-Systems | ST, WB, LS, (KTS) |

Übungsangebot

Dem Übungsangebot vorangestellt ist ein Gesamtüberblick und eine Einführung in die Belastungsgestaltung.

A: Einzelübungen
Schwerpunkt: Arm-Schulter-Muskulatur (S. 91–94) Schwerpunkt: Hüft-Bein-Muskulatur (S. 95 f) Schwerpunkt: Rumpfmuskulatur (S. 97 f) Schwerpunkt: Herz-Kreislauf-System (S. 99–101) Schwerpunkt: Spiel (S. 101–103) Schwerpunkt: Entspannung (S. 103 f)
B: Kombinierte Übungen (S. 104–106)
C: Übungsprogramme
Flachwasserprogramm (geringe Belastung) (S. 107) Flachwasserprogramm (hohe Belastung) (S. 108) Tiefwasserprogramm (hohe Belastung) (S. 109)

Bevor Sie eine Zweckgymnastik in der Praxis anwenden, sollten Sie sich folgende Fragen stellen:
● Welches Aufwärmprogramm ist zu verwenden?
● Welche Belastungen (Übungswiederholungszahlen) sind anzusetzen?
● In welchen Stundenteil gehören welche Übungen?
Bei der *Aufwärmarbeit* für einen gymnastischen Schwerpunkt selbst sollten neben allgemeinen Anforderungen (Schwimmen, aktive Spiele, Gehen, federndes Laufen und Springen) auch spezielle, d. h. schwerpunktbezogene Vorbereitungen getroffen werden. Hierzu gilt als grundlegende Empfehlung für die Wassergymnastik:
● Kleine Amplituden vor großen Amplituden!
● Langsame Durchführungen vor schnellen Durchführungen!
● Höhere Anforderungen erst nach allmählich hochgestuften Vorbelastungen innerhalb derselben Bewegung(en).

Aufgrund der zum Teil intensiven Widerstandsarbeit empfiehlt es sich, diese Grundsätze bei jedem Schwerpunkt, z. T. auch bei jeder Übung immer wieder neu zu beachten.

Was die *Wiederholungszahl* (Belastung) angeht, kann man folgende Erfahrungswerte nennen:

Belastungscharakter	Wiederholungszahl
– Hohe Anforderungen (große Amplituden, hohe Widerstände, sehr hohe Bewegungstempi)	6–10
– Mittlere Anforderungen (mittlere Amplituden, Widerstände, Bewegungstempi)	12–18
– Geringe Anforderungen	20–30

(Sobald Extremwerte – z. B. geringe Amplituden/sehr hohe Bewegungstempi – zusammenkommen, eignen sich Wiederholungszahlen aus dem mittleren Bereich.)

Neben der allgemeinen und speziellen Aufwärmung kann die funktionelle oder konditionelle Gymnastik im Wasser auch als *eigenständiger Stundenschwerpunkt* gelten oder im nachhinein durch spielerische oder entspannende Übungen zum *Stundenausklang* beitragen.

Einzelübungen

Schwerpunkt: Arm-Schulter-Muskulatur

Armschwünge/Armführungen

- Handtuchschwung: Das Handtuch in der Mitte oder an einem Ende fassend, Horizontal-, Seit- oder Achterschwünge ausführen.
  Hinweis: Sprechen Sie bitte vorher über die Handtuchnutzung mit dem Schwimmeister!
- Flossenschwung: Eine Flosse an der Hand! Hier werden zur Durchführung von Rechts-links-Schwüngen kleinere Größen gebraucht.
- Paddle-Führung: Arm-Seit-/Vor-Führungen direkt unter der Wasseroberfläche bei Nutzung von Paddles; einarmig oder beidarmig.

– Paddle-Achterkreis: Vor dem Körper ausführen, bei den Richtungsänderungen ergibt sich eine hohe Gelenkbelastung. Für Ungeübte kleinere Paddles verwenden!
– Wasserschaufel rückwärts: Die Arme greifen nach vorn ins Wasser und schaufeln das Wasser rückwärts.
– Paddeln und Rudern: Sich mit dem Schwimmbrett oder Pull-buoy zwischen den angehockten Beinen durch Paddeln oder Rudern fortbewegen. Auch als Wettkampfstaffel durchführen!
– Brettschieben: Das beidseitig an der Querseite gefaßte, hochkant ins Wasser gehaltene Schwimmbrett vor- und zurückschieben (Foto unten): (a) schnell vor, langsam zurück; (b) langsam vor, schnell zurück; (c) schnell vor, schnell zurück.

– Wellenbad: Zwei Drittel der Gruppe in zwei sich gegenüberstehende Linien aufgeteilt: durch massives «Brettschieben» ein Wellenbad erzeugen. Das restliche Drittel läßt sich in Bauch- oder Rückenlage durch die Wellen gleiten / treiben (Abb. unten).

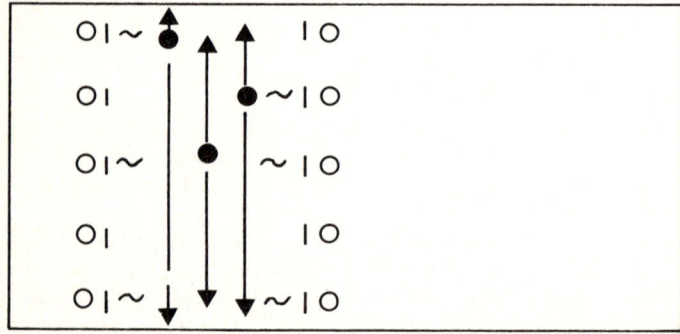

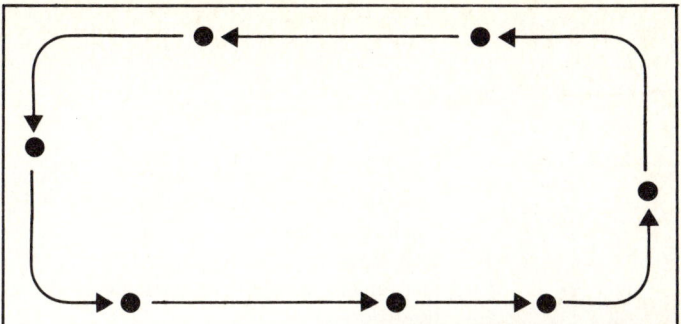

- Wechselschieben: 4er-Gruppe mit je zwei sich gegenüberstehenden Partnern. Entfernung ca. ein Meter. Partner 1 und 2 schieben ihre Bretter aufeinander zu, und sobald diese sie wieder zurückziehen, führen 3 und 4 das gleiche aus etc. (Abb. oben und Foto rechts).
- «Immer an der Wand lang»: Mittels Hand-über-Hand-Greifen an der Überlaufrinne ziehen sich die Teilnehmer in der Gleitlage parallel zur Wand liegend an dieser entlang. Auch durch einarmiges Ziehen möglich!

Stütze (erhöhte Herz-Kreislauf-Beanspruchung!)

- Stützsprünge am Partner: Zweier-Gruppe. Ein Partner steht hinter dem anderen und führt Stützsprünge mit Abstütz auf den Schultern des Partners aus. Rollenwechsel! (Foto rechts)

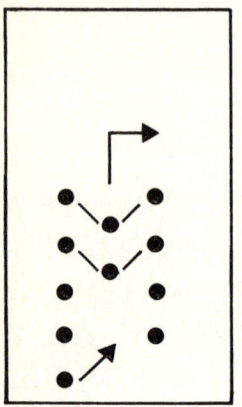

– Reihenstütz: Zwei Reihen mit Schulter an Schulter nebeneinanderstehenden Partnern. Nach dem Motto «die Letzten werden die Ersten sein» sich über an den innenseitigen Schultern angesetzte Stützsprünge durch die Gasse befördern (Abb. links).

Organisationshinweise:

Allzu lange Reihen fördern die Wartezeit.
Der «Schwanz» der Doppelreihe sollte zu Beginn mit dem Rücken zur Wand stehen. Als längste, also günstigste Bahn für diese Übung bietet sich im Lehrbecken die Diagonale an.

– Doppelstütz-Rundfedern: Auf dem Beckenumgang liegen im Abstand von 1–2 Metern Markierungen (Bretter, Ringe etc.). An diesen Stationen Doppelstützsprünge ausführen und im Kreisverkehr zur nächsten Station federn (Abb. unten).

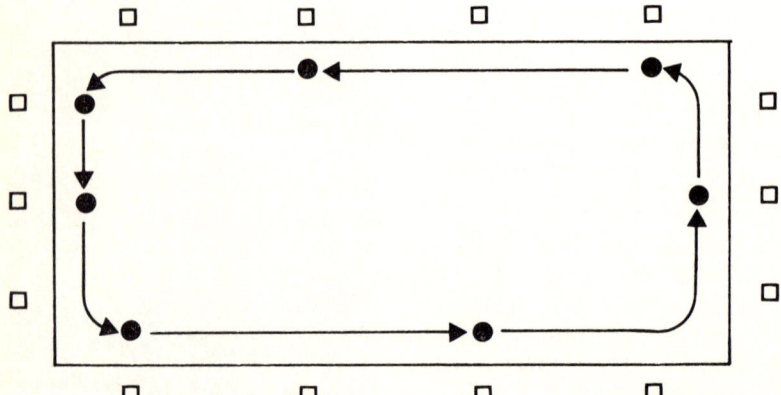

Schwerpunkt: Hüft-Bein-Muskulatur

Beinschwünge / Beinführungen

– Beinzirkel: Aus dem Stand nach Heben des gestreckten Beines in die Vor-Hochhalte, eine Halbkreisführung des Beines parallel zur Wasseroberfläche (unter Wasser!) nach hinten und zurück zum Stand ausführen. Mit zwischengeschaltetem Gehen im Wechsel rechts und links möglich.
– Beinzirkelgang: Pro Schritt das freie Bein zunächst gestreckt nach hinten heben, im großen Bogen nach vorn führen und erst dann absetzen.

Beobachtungshilfen
● Werden die Beinzirkel schnell genug ausgeführt, oder muß der Übungsleiter darauf hinweisen?
● Bemerken die Teilnehmer nach diesen Übungen neben der Beweglichkeitsbeanspruchung noch andere Wirkungen?
● Von Zeit zu Zeit gezielt danach fragen!

– Beinpendelrundgang: Auf dem Beckenumgang liegen im Abstand von ca. zwei Metern im Wechsel Schwimmbretter und Tauchringe (o. a.) als Markierungen (Abb. unten). An den Ringen rechtsseitige, an den Brettern linksseitige Beinpendel ausführen.

Hinweis:
Der Beinpendel beinhaltet eine höhere Belastung des Lendenwirbelsäulenbereiches. Als Vorbereitungs- und Ausgleichsübung eignet sich lockeres Rückwärtsfedern in der Hocke (Wechselfedern oder beidbeiniges Federn).

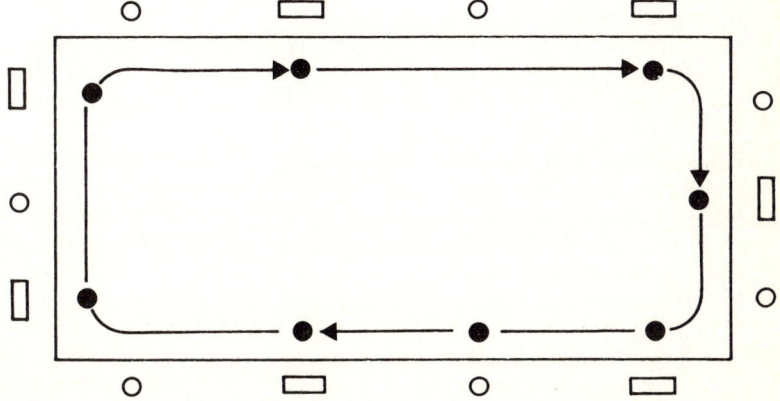

- Handtuchschwung – Handtuchfischen: Jeder hat ein Handtuch. Im einbeinigen Stand mit dem freien Bein und dem auf Schienbeinhöhe daraufliegenden Handtuch variable Schwünge zustande bringen. Bei Handtuchverlust dieses per Bein wieder auffischen. Beinwechsel!
- Radfahren im All: Jeder Teilnehmer besitzt ein Schwimmbrett; dieses unter den Arm klemmen und in die Schwebehocke gehen! Aus dieser Position durch Radfahren fortbewegen und in die unterschiedlichsten Körperlagen gelangen.
- Federn mit Pull-buoy-Stoß: Pro Teilnehmer ein Pull-buoy; während eines einbeinigen Federns mit dem freien Bein den schwimmenden Pullbuoy vorwärtsschieben/stoßen.
  Auch als Partnerarbeit im Zuspiel möglich!
- Maximaler Fersenschlag: Nach normalem Fersenschlag zur Belastungsvorbereitung versuchen, innerhalb einer gegebenen Zeiteinheit (± 20 Sek.) maximal viele Berührungen zwischen Fersen und Gesäß zu erreichen.
- Beinschleuder: Aus dem Gehen heraus wechselseitig ein schnelles Hochreißen des ansatzweise gestreckten Beines (Foto rechts oben).
- Hock-Streck-Wechsel: Schnelle Streckung der Beine aus der Schwebehocke und zurück. Als Auftriebshilfen beidseitig Schwimmbretter (o. ä.) unter die Achseln klemmen.
- Einbeiniger Wandabstoß: Beinlang entfernter Stand vor der Wand. Ein Bein halbhoch an die Wand setzen; dieses durch Vorfallen zur extremen Beugung bringen und sich zurückdrücken. Einseitig mehrfach, dann Beinwechsel (Foto rechts Mitte).

Schwerpunkt: Rumpfmuskulatur
Das Übungsangebot zur Schulung der Rumpfmuskulatur fällt hier recht
geringfügig aus, denn
– die funktionellen Möglichkeiten an sich sind eingeschränkt;
– Übungen für die Arm-Schulter- und Hüft-Bein-Muskulatur (Schwünge)
  beziehen die Rumpfmuskulatur in größten Teilen bereits mit ein;
– einige funktionelle Basisübungen werden im Wasser unsinnig, da entweder auf Grund der Auftriebswirkung (vgl. Rumpfvorbeuge) und des feh-

lenden Mindestaktivitätsmaßes im Wasser (vgl. Rumpfseitbeuge und Rumpfdrehungen) zum einen der besondere Zweck der Übung und zum anderen der allgemeine Zweck der Wassergymnastik verfehlt wird. Dies betrifft Bewegungsausführungen im Stand.

Spricht man dagegen die funktionellen Möglichkeiten des Rumpfes durch Aktivitäten aus der freien Schwebe an, erhalten die Übungen zumeist ein sehr hohes Schwierigkeitsmaß.

- Schwebehocke/Gleitlage: Aus der Schwebehocke in die Bauchlage, in die Schwebehocke wechseln etc.
- Lagenwechsel mit Schwimmhilfe: Bauchlage mit rechts- und linksseitiger Festhalte an je einer Schwimmsprosse (-brett). Wechsel über die Hocke in die Rückenlage über die Hocke zurück in die Bauchlage etc.
- Seitlagenwechsel mit Schwimmhilfe: Wie oben aus der Seitlage (rechts) über die Hocke in die Seitlage (links) wechseln etc.
- Lagenstern mit Schwimmhilfe: Wie oben, Bauchlage – Hocke – Seitlage (rechts) – Hocke – Seitlage (links) – Hocke – Rückenlage etc.
- Lagenschrauben: Aus der Bauchlage mit Festhalte an der Wand durch eine schnelle Schraube zurück in die Ausgangsposition gehen.
- Gegendrehungen: Aus der Rückenlage mit leichter Hüftbeuge den Oberkörper mit gestreckten Armen nach links (rechts) drehen und gleichzeitig den Unterkörper mit gestreckten Beinen nach rechts (links) führen (Fotos unten).
- Pull-buoy-Kreisen: Rückenlage; einen Pull-buoy führen, bei sich anpassender Rumpfspannung, unter dem Rücken hindurch und über den Bauch hinwegführen.
- Armführung: Grätschstand; das einarmig (rechts) längs übergefaßte Schwimmbrett rechtsseitig hochkant eintauchen, bei gestrecktem Arm nach links führen und dort dem anderen Arm übergeben etc.

Schwerpunkt: Herz-Kreislauf-System

Pendellauf

- Langbahnpendellauf: Mit intensivem, natürlichem Armeinsatz zur ersten Linie (Markierung) und zurück, zur zweiten und zurück, zur dritten und zurück laufen.

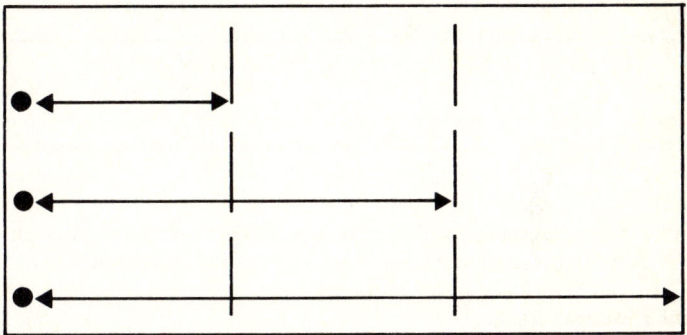

- Zickzackpendellauf: Entweder Übungsstart und Übungsende oder die Zahl der Pendelintervalle ankündigen:
  4 Dreier-Pendel,
  6 Dreier-Pendel,
  ohne Pause, mit Pause oder mit aktiver Pause (federn am Ort).

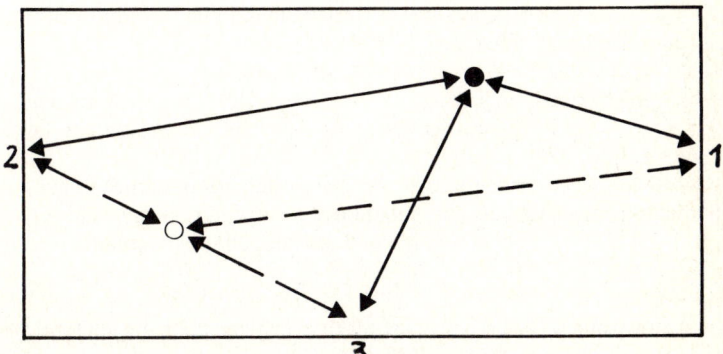

– Kurzbahnpendellauf

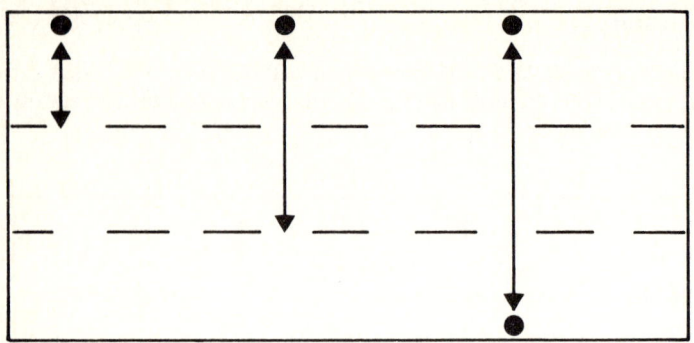

Hinweis:
Bei nachlassendem Bewegungstempo ist in der Korrektur zwischen zu hohem Anfangstempo und Anstrengungsunlust zu unterscheiden.

Beobachtungshilfe
● Wie wäre es mit einer vergleichenden Zeitkontrolle über eine Trainingsuhr am Beckenrand?

Mit den vorgestellten Organisationsformen lassen sich zudem folgende Bewegungsaufgaben umsetzen:
– Otto-Jogging (deutsch: Kniehebelauf),
– Huckepacklauf,
– Hosenlauf (mit Trainings- oder DLRG-Hose).

Weitere Organisationsformen
– Solo-Kreisbahnlauf: individueller Kreisbahnlauf mit 1–3 Meter Radius.
– Solo-Dreieckslauf: wie oben; 1–3 Meter Schenkel.
– Solo-Viereckslauf: wie oben; 1–3 Meter Seitenlänge.
– Gruppenkreisbahnlauf: Die gesamte Gruppe läuft in einer Richtung auf der Kreisbahn: auf Signal umdrehen und in die Gegenrichtung laufen (Foto rechts).
Die höchsten Wasserwiderstände entstehen bei gebahnten Strömungen, d. h. richtungsstabilen Läufen, sobald der Lauf in die Gegenrichtung beginnt. Ein gutes Beispiel hierzu bietet der Gruppenkreisbahnlauf.

Hinweis:
Zum Schwerpunkt Herz-Kreislauf-System zählen auch die angeführten Übungen der Seiten 84 ff und 325 ff.

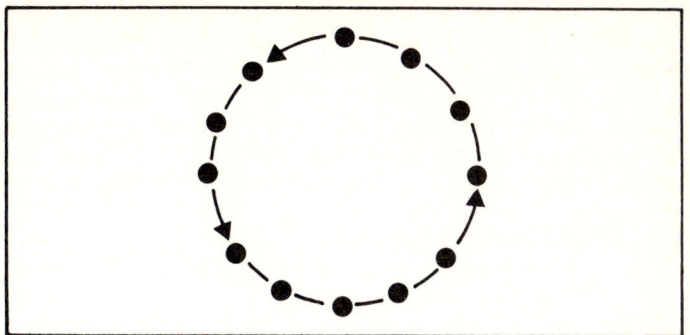

Schwerpunkt: Spiel

Spiele gehören in jede allgemeinsportliche Ausbildung. Spiele im Wasser besitzen einen eigenen Reiz und Charakter und sind besonders überzeugend, wenn sie genau solche Erfahrungen bewirken, die in den Spielen an Land nur bedingt oder unter erheblichen Sicherheitsbedenken erlebt werden können. Spiele im Bereich der Grundlagen- und Konditionsgymnastik im Wasser sollten herz-kreislauf-wirksam und zusätzlich muskelbeanspruchend sein.

«Wasserwippe» und «Schiffschaukel» erfordern einen betonten Krafteinsatz sowohl im Hüft-Bein-Bereich als auch im Arm-Schulter-Bereich (Haltearbeit). In beiden Fällen ist aber darauf zu achten, daß die eigentliche Aktion durch die Beinarbeit (Streckmuskulatur) geleistet wird und der Rumpf in einer geraden Haltung verharrt.

Hinweis: Auf lockernde Nachbereitung achten (siehe Übungen auf S. 103 f).

– Wasserwippe: 3 oder 4 Teilnehmer pro Gruppe; zwei Gruppenmitglieder im Hockstand, die Hände gefaßt, der dritte Teilnehmer bäuchlings darüberliegend. Durch Hock-Streck-Wechsel der Träger erlebt der Getragene einen Trampolineffekt (Foto rechts).

Hinweis: Zur Stabilisierung kann ein vierter Teilnehmer den Geworfenen an den Händen festhalten.

- Schiffschaukel: 10–18 Teilnehmer; aus einem Gesamtkreis durch Abzählen (1–2) die 2er-Kandidaten mit einem Schritt in den Innenkreis treten lassen. Die Mitglieder des Außenkreises (A) umfassen gegenseitig ihre Unterarme (Ellbogenfassung), die des Innenkreises (B) setzen sich auf die so gebildete Sitzfläche und umfassen die Schultern ihrer Träger. In leichtem Seitgalopp mit vorher festgelegter Richtung die Schiffschaukel in Bewegung setzen. Wiederholung nach Rollenwechsel zwischen (A) und (B).
- Die Scheiche suchen ihre Frauen: (8 bis 20 Teilnehmer). Die Hälfte der Teilnehmer legt sich ein nasses Handtuch über den Kopf (Scheiche), so daß die Sicht in jedem Fall versperrt ist. Alle anderen (Frauen) verstreuen sich im genutzten Beckenbereich. Mit ausgestreckten Armen gehen die Scheiche auf die Suche. Natürlich fangen sie sich untereinander eher, als daß sie eine Frau finden. Sobald dies aber geschehen ist, kommt es zum Rollentausch (Handtuchübergabe) (Foto unten).
  Hinweis: Der genutzte Beckenbereich darf bei diesem Spiel nicht zu groß ausfallen; eine angemessen kleine Fläche, wenn nötig, durch eine Leine abtrennen!

– «Haltet den Kreis voll»: 7–14 Teilnehmer; im Kreis aufgestellt. Pro Person ein Schwimmbrett, für die Kreisinnenfläche zahlreiche Schwimmkörper, wie weiche Bretter, Pull-buoys, Bälle etc. Die Teilnehmer halten das Brett an den Querseiten gefaßt hochkant ins Wasser. Durch Brettschieben sollen die im Kreis befindlichen Schwimmkörper durch die Lücken des Kreises hindurchgeschoben werden. Jedes Kreismitglied versucht, dies zu erreichen, ohne daß an seinen «eigenen Seiten» ein Gerät hindurchrutscht.

Schwerpunkt: Entspannung

Entspannungsübungen fallen hier unter das Kennzeichen: erst anspannen, dann entspannen. Das Entspannungserleben koppelt sich in der Regel mit Auftriebserleben und Erfahrungen der Schwerelosigkeit (Schwebe).

– Pfeil und Bogen: Die Hände zum Bogen ineinanderfalten; mit einem in die Handinnenflächen gesetzten Fuß ca. 3 Sek. unter Einsatz des gesamten Beines gegendrücken, dann plötzlich die Hände lösen und den Körper in die Rücken-Gleitlage schnellen lassen.

Beobachtungshilfen
● Ist jeder Übende rückseitig weit genug von der Wand oder den Mitstreitern entfernt?
● Läßt sich die Übung auch im Tiefwasser durchführen?

– Umfallen und Aufstehen (Flachwasser): Aus den Ausgangsstellungen «Stand» oder «gestreckter Stand» steif nach vorn, hinten oder zu den Seiten fallen (Organisation!). Daraufhin den Körper entspannen und auf den Auftrieb warten.
Hinweis: Wenn in diesem Moment kontinuierlich ausgeatmet wird, senkt sich der Körper allmählich in Richtung Beckenboden. Wann wer wieder aufsteht, ist nicht nur eine Frage der Geduld!

– Sprudelstern: Im Kreis mit mindestens 6 Personen die Arme nach vorn
strecken, so daß sich die Hände gegenseitig fast berühren. Die Hände
kommen gemeinsam geringfügig aus dem Wasser (Luft schöpfen), auf
ein Signal (Hopp!) die Arme Richtung Boden schnellen.
Hinweis: Völliges Entspannen der Arme sollte erfolgen, um ihr eigen-
ständiges Auftreiben, begleitet von etlichen Sprudelblasen, zu erleben.
Auf keinen Fall die Arme aktiv nach oben führen!

Kombinierte Übungen

Kombinierte Übungen nehmen Einzelübungen unter organisatorisch und
belastungsbezogen veränderten Bedingungen wieder auf. Die Kombination ist der zweite Schritt der Belastungsplanung. Der erste beinhaltet die
Übungsauswahl auf der Grundlage von Lern-, Übungs- oder Trainingszielen.
Häufig machen gerade organisatorische «Handgriffe» die eigentliche Wirkung von Übungsstunden aus. Die optimale Ausnutzung der vorhandenen
Fläche (bzw. des Beckentyps) vermeidet gerade bei großen Gruppen unge-
wollte Engpässe.
So kann auch die nachfolgende Auswahl kombinierter Übungen verstanden werden. Sie greift auf bereits angeführte Einzelübungen zurück.

Zu kombinierende Übungsschwerpunkte (Abkürzungen):
– Arm-Schulter-Muskulatur   *(AS)*
– Hüft-Bein-Muskulatur   *(HB)*
– Rumpfmuskulatur   *(R)*
– Herz-Kreislauf-System   *(HKS)*

Während eine Hälfte der Gruppe sich mit der einen Übung (im Beckenin-
nenbereich) beschäftigt, vollzieht die andere Hälfte die zweite Übung (am
Beckenrand)!

| AS- und AS-Bereich |

Beispiele (Abb. rechts)
– Brettschieben ① (S. 92) und «Immer an der Wand lang» ② (S. 93)
– einhändiger Ballkreisel ①(S. 81) und Doppelstütz-Rundfedern ②(S. 94)

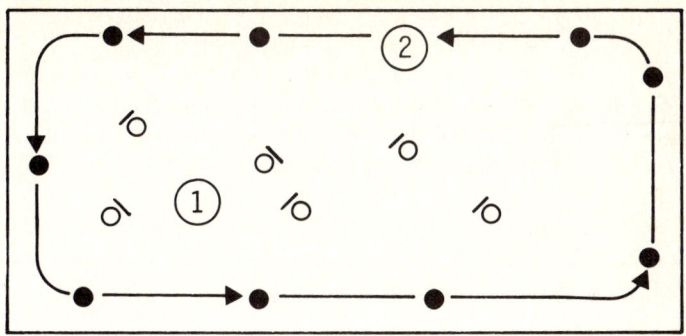

AS- und HB-Bereich

Beispiele (Abb. unten)
- Brettschieben (S. 92) und Beinpendelrundgang (Abb. oben) (S. 95)
- Maximaler Fersenschlag ① (S. 96) und Wasserschaufel rückwärts ② mit dem Rücken zur Wand (S. 92)

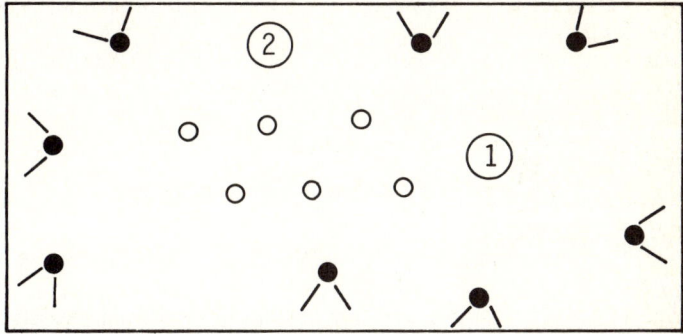

HB- und H-Bereich

Beispiele
- Beinzirkelgang (S. 95) und Einbeiniger Wandabstoß (re./li. Wechsel) (S. 96)
- Hock-Streck-Wechsel (S. 96) und Handtuchschwung (Beine) mit dem Rücken zur Wand (S. 96)

HB-/AS- und R-Bereiche

Beispiel
- Federn mit Pull-buoy-Stoß (1a) (S. 96), Doppelstütz-Rundfedern (S. 94),
  Pull-buoy-Kreisen (1b) (S. 98)
  (Erste und dritte Übung als Doppelstation!)

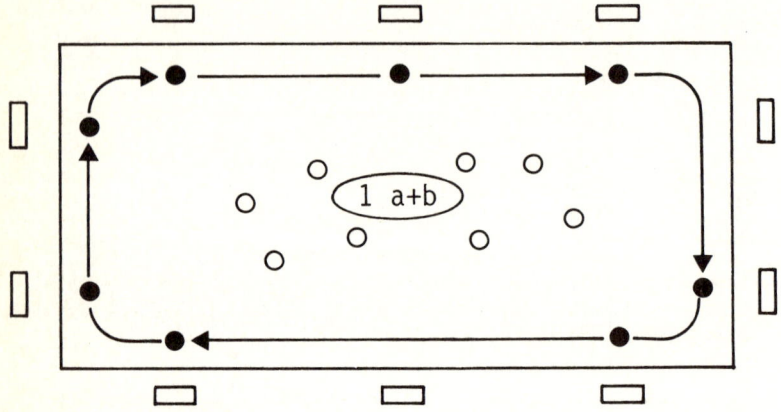

HB-Bereich und HKS

Beispiel
- Hock-Streck-Sprünge (S. 84) und Beinpendelrundgang (S. 95)

AS-Bereich und HKS

Beispiel
- Tempogehen kreuz und quer (S. 84) und Handtuchschwung (Arme), mit
  dem Rücken zur Wand (S. 91)

Hinweis:
Als Material für neue Übungskombinationen kommen die Übungen von
Seite 325–329 in Frage.

Übungsprogramme

Flachwasserprogramm mit geringer Belastung

Kreistraining mit Einzelstationen (Circuit)

Stationen: 6
Geräte: pro Person eine Plastiktüte
Organisation: pro Station bis zu 3 Personen
Belastung: jeweils 30–40 Sek./20–30 Sek. Pause

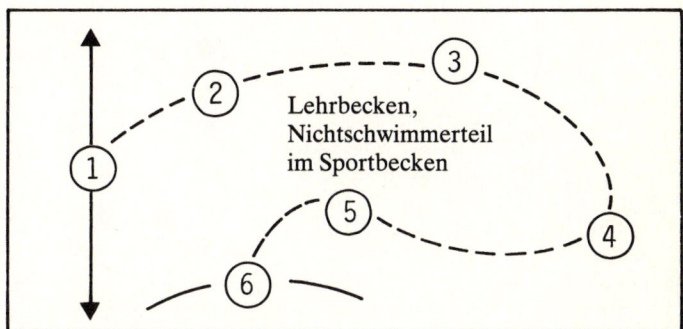

① Tempogehen
② Tütenschwung einarmig (rechts): direkt unter der Wasseroberfläche; Tüte zur Hälfte mit Wasser gefüllt; den oberen Teil gerafft mit der Hand umgreifen.
③ Tüten übersteigen: Die Tüte schwimmt wie ein Papierblatt auf dem Wasser, das rechte und linke Bein im Wechsel darüberheben.
④ Tütenschwung einarmig (links), s. o.
⑤ Tütenübergabe im Grätschstand: die Tüte im Kreis um die gegrätschten Beine führen.
⑥ Hüft-Wellenmaschine: frontal zur Wand stehen, die Wand (Überlaufrinne) fassen, durch Hüftschwung (vor/zurück) Wellengang erzeugen.

Hinweis:

Die Tüte jeweils zur nächsten Station mitnehmen. Bei «Tütenmangel» für die Stationen 2–5 jeweils 4 Tüten vorsehen.

Flachwasserprogramm mit hoher Belastung

| Circuit |

Stationen: 5
Geräte: Tauchsteine (4 bzw. 10), Schwimmbretter (4), Pull-buoys (6), Schnur
Organisation: pro Station bis zu 4 Personen
Belastung: 30 Sek. / 20–30 Sek. Pause

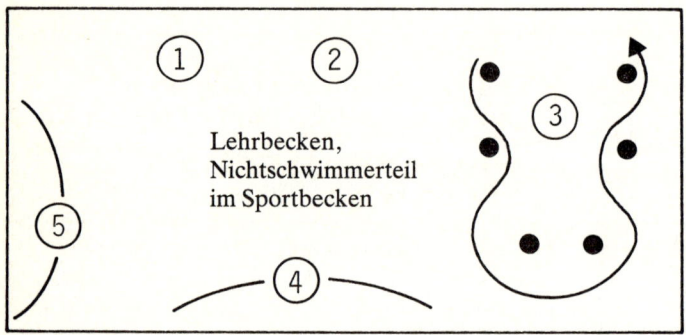

Lehrbecken,
Nichtschwimmerteil
im Sportbecken

① Hockwedelsprünge über einen Tauchstein (-ring).
② Brettschieben: Schwimmbrett hochkant im Querformat gehalten, im Wechsel unter Wasser zur rechten und linken Seite schieben.
③ Slalomlauf um schwimmende Pull-buoys: Diese jeweils über eine Schnur an einem Tauchring befestigen.
④ Schnelles Hüftkreisen (großer Radius) mit Festhalte an der Überlaufrinne.
⑤ Stützsprünge an der Wand.

Tiefwasserprogramm mit hoher Belastung
Im günstigsten Fall nützt man den Außenbahnbereich, im ungünstigsten eine Mittelbahn mit durchgehender Tiefe (unter Brusthöhe im Stand). Das nachstehende Programm geht von der anzustrebenden Außenbahn aus, da der Standort des Übungsleiters für ein Kreistraining hier jeweils günstiger ist. Organisatorisch eignen sich auf den Mittelbahnen eher Kombinationsübungen.

Circuit

Stationen: 5
Geräte: Flossen (1–4), Schwimmbretter oder -sprossen (1–4)
Organisation: pro Station 1–4 Personen, 1 Außenbahn (Tiefwasser, auch wenn ⅓ stehtief).
Belastung: 30 Sek./20–30 Sek. Pause

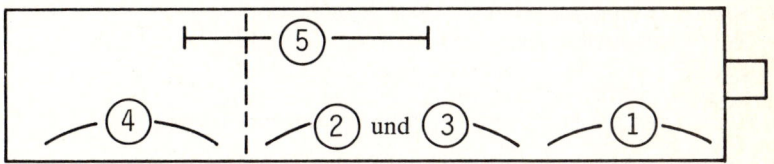

1. Herausklettern (d. h. Herausstützen) und Hineinspringen in schneller Folge.
2. Flossenpendel (links) und
3. Flossenpendel (rechts) – ohne Stationswechsel.
4. Bauchgleitlage mit Festhalte an der Wand: über die Armbeugung Schultern an die Wand ziehen, sich nach hinten abdrücken und durch (Kraul-)Beinschlag zurück zur Ausgangsposition; die Gleitlage ständig beibehalten.
5. Bauchgleitlage mit rechts- und linksseitiger Festhalte an je einer Schwimmsprosse (Schwimmbrett): Wechsel über die Hocke in die Rückenlage, über die Hocke zurück in die Bauchlage etc.

Beobachtungshilfen
● Erkennen Sie die Beanspruchungsschwerpunkte?
● Wie viele Übende können Sie gleichzeitig beobachten?
● Wie können die Teilnehmer zusätzlich angespornt werden?

Kurt Wilke

Spiele im Wasser

Zielsetzung und Methodik

Die Vielfalt möglicher Bewegungen im Wasser läßt sich nicht allein durch das Erlernen der zweckmäßigen Bewegungsmuster des Wettkampfschwimmens, Wasserspringens, Kunstschwimmens und Wasserballspiels erfahren. Die Bewegungsbeherrschung in diesen Schwimmsportsparten erfordert den *wassergewandten* Sportler, der seine zu lernenden Zweckbewegungen vielfältig variiert hat: räumlich, zeitlich und im Einsatz seiner Kräfte.
Was aber erbringt unwillkürlich mehr Bewegungsvariationen als das Spiel mit seinen hundertfach wechselnden Situationen: Der Ball, der höher fliegt? – Der Fänger, der schneller läuft? – Der Partner, der kräftiger zieht? Wenigstens ebenso wichtig für die sportliche Ausbildung ist, daß jedes noch so einfache Spiel andere Teilnehmer einbezieht, als Partner, Gegner oder Schiedsrichter. Der Sportler muß während seiner Bewegungshandlungen andere Menschen berücksichtigen. Das kann für die schwimmsportlichen Einzelsportsparten (Individualsport) Wettkampfschwimmen und Wasserspringen vorbereiten auf das soziale Zusammenspiel mit Trainer, Kamera-

den, Kampfrichter, Gegner u. a. In den mannschaftssportlichen Sparten des Kunstschwimmens und des Wasserballspiels bildet es die Grundlage für den Erfolg.

Nicht zuletzt machen Spiele den meisten Menschen Spaß – nicht nur den Kindern. Die Teilnehmer an der allgemeinen Schwimmausbildung erleben jedes Spiel, in dem sie erfolgreich mitspielen, mit Freude. Die Freude und eine gewisse Offenheit jedes Spiels: «Wie wird's das nächste Mal ausgehen?» lassen die darauffolgende Übungsstunde mit der nötigen Spannung und Vorfreude erwarten. In dieser Erwartung wird jeder Teilnehmer so lange gern zur nächsten Übungsstunde kommen und möglichst selten fehlen, bis er sich selbst kleine sportliche Ziele setzt, die ihn zu regelmäßigem Üben und Trainieren anspornen. Und auch dann kann ein solches Spiel noch wichtige Aufgaben erfüllen: Belohnung, Entspannung nach großer Belastung, Gemeinsamkeitserlebnis oder Ablenkung.

Spiel bereitet über längere Zeit nur dann Freude, wenn man erfolgreich teilnimmt. Erfolgreich bedeutet nicht nur zu gewinnen, sondern *aktiv am Spiel teilzuhaben:* in dessen Ablauf einzugreifen, dem Ball eine andere Richtung zu geben, dem Partner zu helfen, den Gegner zu stören. Je nach körperlichen Voraussetzungen und schwimmsportlichem Ausbildungsstand erhalten die Teilnehmer unterschiedliche Aufgaben, Erleichterungen oder Erschwernisse. Warum soll nicht der Könner im Spiel mit Anfängern den Ball nur mit links (als Rechtshänder) spielen?

Merke:

Alle sollen aktiv am Spiel teilnehmen; aber nicht jeder kann jede Rolle spielen.

Spielangebote

Partner- und Gruppenspiele im Flachwasser (brusttief)

– Bockspringen: Teilnehmer in 2-Meter-Abständen hintereinanderstehend, vorgebeugt mit eingezogenem Kopf, Arme an den Oberschenkeln abgestützt: als letzter Teilnehmer aus dem Anlauf auf dem «Bock» aufstützen, hochdrücken und mit gegrätschten Beinen überspringen; alle Böcke nacheinander überspringen, dann selbst den vordersten Bock bilden.

- Delphinieren: Delphinspringen (vgl. Eintauchen, S. 39) am laufenden Band unter den gegrätschten Beinen von Partnern durch, die im Abstand von 1 bis 1,50 m hintereinander stehen: ohne Standpausen nach jedem Auftauchen einatmen und sofort nächstes Hindernis untertauchen, dann als neues Hindernis anschließen.
- Berg-und-Tal-Bahn: Im unmittelbaren Wechsel Bockspringen und Delphinspringen miteinander verbinden. Nach einigen Durchgängen rücken Böcke und Hindernisse bis auf einen Meter aneinander heran, so daß der Bocksprung ohne Bodenberührung in den nächsten Delphinsprung übergeht.
Hinweise: Arme vom Bock lösen und schnell vor den Kopf strecken! Bei geringem Platz im Becken baut sich die Reihe in Kreisform vorn an.

Foto: Sabine Fürst

- Reiterkampf: Je ein Spieler sitzt auf den Schultern seines Partners, die Beine unter dessen Achseln nach hinten geklemmt, und kämpft gegen die anderen Reiter auf ihren «Pferden»: mit den Armen die Gegner herunterziehen und -stoßen oder aus dem Gleichgewicht bringen. Sieger bleibt der Reiter, der nicht ins Wasser gezwungen wird (Foto links).
- Pferdekarawane: Reiter auf ihren Pferden in Reihe dicht hintereinander, jeweils die Schultern des Vorderreiters gefaßt, setzen sich langsam in Bewegung. Wettrennen mehrerer Karawanen, geschlossen als erste die gegenüberliegende Beckenwand zu erreichen.
- Seestern: Eine gerade Anzahl von Teilnehmern bildet durch Handfassung einen Kreis mit Blick zur Mitte (Innenkreis): Arme strecken, und jeder zweite auf dem Rücken ins Wasser legen, Beine zur Mitte auftreiben lassen.
Ebenso durch langsames Gehen der stehenden Teilnehmer den Seestern drehen. Ebenso im Außenkreis in der Bauchlage.
Hinweis: Ein oder zwei Teilnehmer in der Kreismitte können die Füße unterstützen, vor allem beim Seestern in Bauchlage.
- Riesenbrücke: Zwei Schwimmer einander gegenüberstehend; ein dritter steht auf den Schultern des einen und stützt sich auf den Schultern des anderen ab:

Die stehenden Schwimmer gehen langsam auseinander; der Stützende versucht bis zur Waagerechten die Brücke zu erhalten (Foto oben).

– Wagenrennen: Zwei Teilnehmer nebeneinanderstehend, die Hände mit verschränkten Fingern auf dem Gesäß; ein dritter stellt sich in die Hände und umfaßt die Nacken der Pferde: langsam in Bewegung setzen, beschleunigen. Welcher Wagen erreicht als erster das Ziel? (Foto rechts)

– Wagenlenker: Zwei Teilnehmer nebeneinander haben die inneren Arme eingehakt, zwei weitere umfassen vorgebeugt von hinten die Hüften der Pferde; der Wagenlenker steht auf den Schultern des Wagens und lenkt die Pferde mit den Zügeln (hochgestreckten äußeren Arme der Vorderleute).

– Trampolinwerfen: In mehreren Paaren stehen sich je zwei Teilnehmer gegenüber und haben jeder mit der rechten Hand sein eigenes linkes Handgelenk und mit der linken Hand das rechte Handgelenk des Partners von oben umfaßt; wenigstens vier Paare bilden so eine Gasse mit dem Trampolintuch in der Mitte: Ein bäuchlings auf dem Tuch liegender Teilnehmer wird hochgeworfen und nachgebend aufgefangen. Wurfhöhe langsam und rhythmisch steigern. – Ebenso werfend nach vorn und zurück befördern. Ebenso in Rückenlage werfen.

– Trampolinwerfen mit Überschlag: Wenn der Geworfene sich mit seinen Händen an den Armen des letzten Paares festhält, wird er an den Beinen so hochgeworfen, bis er ins freie Wasser überschlagen kann.

Beobachtungshilfen
- Ist das Wasser so tief, daß es dem größten Teilnehmer wenigstens bis zur Hüfte reicht?
- Nehmen alle Spieler zum kopfwärtigen Eintauchen die Arme vor den Kopf?
- Fördern die Abstände der Hindernisse die rhythmische Abfolge der Übungen, oder müssen sie angepaßt werden?
- Befinden sich getragene und geworfene Spieler weit genug vom Beckenrand entfernt?

Partner- und Gruppenspiele im Tiefwasser

- Schraubenschwimmen: Im fortlaufenden Wechsel wird Kraul- und Rückenkraul geschwommen: in einer Richtung um die Längsachse drehen (schrauben), eine Strecke mit schnellem Schrauben (3 × auf 6 m) oder ruhig über 3 Meter Kraul und 3 Meter Rückenkraul schwimmen.
  Auch als Schraubenstaffel durchführbar.
- Rollenschwimmen: Brust- und Kraulschwimmen mit einer festgelegten oder möglichst großen Anzahl von Rollen vorwärts verbinden, ebenso Rückenschwimmen mit Rückwärtsrollen.
  Als Rollenstaffel entweder mit festgelegter Zahl an Rollen oder mit freigestelltem Rollen (3 Sek. Zeitgutschrift je Rolle) ausführen.
- Zwillingsschwimmen: Zwei Teilnehmer schwimmen nebeneinander Kraul oder Rückenkraul und halten sich dabei an einer Hand: beide Arme rhythmisch einsetzen und vorschwingen. Welches Paar schwimmt am schönsten, erreicht als erstes das Ziel?
- Sandwichschwimmen: Zwei Teilnehmer Rücken an Rücken, die Arme eingehakt: Wechselbeinschlag schwimmen und zum Luftholen des «Obermanns» ständig schrauben.
- Kettenschwimmen: Handfassung wie beim Zwillingsschwimmen mit drei bis sechs Teilnehmern nebeneinander: zur Vereinfachung mit Brustschwimmen beginnen; über kürzere Strecken auch als Kettentauchen durchführbar.
- Lokomotivschwimmen: Zu mehreren Schwimmern hintereinander brustschwimmen, mit den Händen die Schultern des Vordermanns fassen und sich mit den Beinen vorwärtsbewegen; auch in Rückenlage möglich.
- Reihenschwimmen: Zu mehreren Schwimmern hintereinander brustschwimmen, die Füße dem Hintermann auf die Schultern legen und

sich bei gestrecktem Körper mit den Armen vorwärtsziehen; auch in Rückenlage unter seitlichen Paddelbewegungen der Hände möglich.

– Wasserschlange: In Reihe hintereinander brustschwimmen: Mit Ausnahme des ersten Schwimmers halten alle mit ihrer rechten Hand den rechten Fuß des Vordermanns fest. Ebenso als Wasserschlange tauchen.

– Rakete: Fußwärtstauchen aus dem Wassertreten (vgl. Abtauchen, S. 44) bis zum Erreichen des Beckenbodens (1,80–2,50 m), auf den Boden hocken und unter Armeinsatz senkrecht aus dem Wasser herausschießen; sofort wieder abtauchen usw. Wer schafft die meisten Raketen in einer Minute?

– Hindernisjagen: Abschlagspiel mit Schwimmen und Tauchen: Ein Fänger jagt einen von ihm benannten Teilnehmer der Gruppe; die übrigen Teilnehmer können den Fänger durch Dazwischenschwimmen behindern. Nicht festhalten! Als Abgeschlagener die Fängerrolle übernehmen (Foto unten).

– Schwarz–Weiß: In der Mitte des Beckens stellt sich die Gruppe in zwei Linien auf; Abstand 2 Meter; eine Linie mit dem Gesicht zur rechten Beckenwand («Schwarz»), die andere zur linken Beckenwand («Weiß»): Auf das Kommando «Schwarz!» fliehen die Schwarzen zur Wand, und die Weißen versuchen sie abzuschlagen, umgekehrt bei Kommando «Weiß!». Jeder Abschlag vor Erreichen der Wand ergibt einen Punkt für die Fängermannschaft.

– Seitenwechsel: Zwei Mannschaften stehen einander gegenüber auf den beiden Längsseiten/Stirnseiten des Beckens; auf Kommando springen alle ins Wasser: Während die Spieler der Mannschaft A versuchen, unabgeschlagen die gegenüberliegende Seite zu erreichen,

muß die Mannschaft B möglichst viele A-Spieler abschlagen (je Abschlag 1 Punkt); im nächsten Durchgang wechseln die Aufgaben. Welche Mannschaft erreicht in 10 Durchgängen die meisten Punkte?

– Wasserverlassen: Ausgangsstellung wie beim Seitenwechsel: Auf Pfiff springen alle ins Wasser und schwimmen zur Gegenseite und klettern hinaus. Sieger ist die Mannschaft, deren sämtliche Mitglieder zuerst das Wasser verlassen haben; gezählt werden die Spieler der Gegenmannschaft, die dann noch nicht auf dem Beckenrand stehen. Ebenso mit gegenseitiger Hilfe innerhalb der Mannschaften beim Herausklettern.

Beobachtungshilfen

● Setzen sich die Paare und Mannschaften ungefähr gleichstark zusammen bzw. ergänzen sich entsprechend?
● Ist dem Leiter bewußt, daß ein anstrengendes Spiel körperlich stark belastet und einen zusätzlichen Trainingsreiz ausmacht?
● Wurden vor einem Wettbewerb die Abläufe der Bewegung/des Spiels in aller Ruhe geübt?
● Gab es vor der Staffel für die Partner oder Mannschaft Gelegenheit, die besten Lösungen auszuprobieren?

Spiele mit Geräten

– Tauziehen: Das Tau liegt von beiden Mannschaften gleichweit entfernt auf dem Beckenboden oder schwimmt mit Hilfe von Pull-buoys, Schwimmbrettern o. ä. an der Wasseroberfläche: auf Pfiff zum Tau starten und die Gegner schwimmend auf die eigene Beckenseite ziehen.
Ebenso als Kreistauziehen mit zusammengeknotetem Seil bei gleichzeitiger Teilnahme von drei bis vier Gruppen.

– Kletterstaffel: Ein oder zwei Taue am 1-Meter- bzw. 3-Meter-Brett vorne befestigt: in Staffelform hinschwimmen, klettern, einhändig das Brett abschlagen, fallen, zurückschwimmen und ablösen.
Ebenso auf das Brett klettern und dann hinunterspringen (Vorsicht!).

– Schnelle Bergung: Gesamtgruppe steht auf dem Beckenrand, jeder Teilnehmer hält ein Schwimmbrett, Pull-buoy o. ä.: auf Kommando des Übungsleiters den Gegenstand über eine Bahnleine (im Abstand von 3 bis 10 Meter parallel zum Beckenrand) werfen, hinterherspringen, Leine untertauchen, Gegenstand auf eigenen Beckenrand bergen. Der erste Schwimmer erhält drei Punkte, der zweite zwei Punkte und der dritte einen Punkt. Auch als Mannschaftswettbewerb durchführbar.

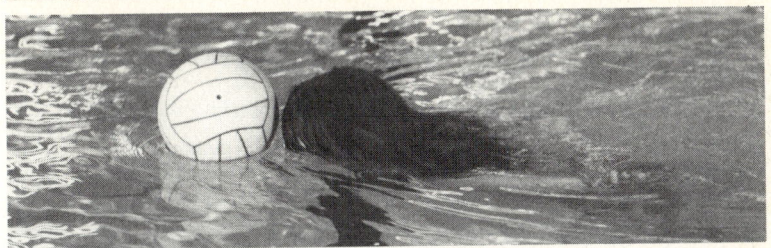

- Transportstaffel: Schwimmend mit dem Körper oder Kopf einen schwimmfähigen Gegenstand vorantreiben und übergeben. Erschwerung durch Hindernisse wie Bahnleinen oder ohne Einsatz der Arme. Ebenso sinkbare Gegenstände transportieren mit/ohne Benutzung der Hände (Foto oben).
- Blinde Kuh: Der jeweils aktive Staffelschwimmer trägt eine Augenbinde oder geschwärzte Schwimmbrille; er schwimmt zur gegenüberliegenden Beckenwand und zurück zur Ablösung. Ein Mannschaftskamerad darf ihn begleiten: durch Zurufe führen, Richtung angeben, nicht berühren!
  Hinweise: Anstelle der geschwärzten Brille kann zerknittertes Papier in die Schwimmbrille gestopft werden.
  Jede Mannschaft benötigt zwei Augenbinden oder Brillen: für den Schwimmenden und den Ablösenden.
- Schatzraub: Jeder Teilnehmer im Wasser hat einen Schatz (Pull-buoy) auf seinem Schwimmbrett, ohne ihn festzuhalten. Jeder versucht, jedem den Schatz wegzunehmen. Wer hat nach Pfiff die meisten?

Beobachtungshilfen
- Gewährleistet der Wechsel von Staffeln und Spielen unter gleichzeitigem Einsatz aller Teilnehmer genügend Aktivität ohne zu lange Pausen?
- Ist bedacht, daß gelegentlich durchgeführte Staffeln und Wettspiele Spaß, Spannung und erneuten Einsatzwillen hervorrufen können, ihre Häufung und ständige Wiederholung jedoch das Gegenteil bewirken?

Ballspiele im Flachwasser

- Luftballon über die Schnur: Der aufgeblasene Luftballon wird mit der offenen Hand über eine reichhohe Schnur geschlagen, von wo die Gegenspieler ihn wieder zurückschlagen, bevor er auf die Wasseroberfläche fällt. Jeder Wasserkontakt des Ballons zählt einen Punkt für Gegenmannschaft; Teilnehmerzahl beliebig; keine Spielfeldbegrenzung nach hinten nötig wegen geringer Flugweite.

Hinweise: Bei mehr als drei Spielern je Mannschaft wird ein zweiter, dritter Luftballon hinzugenommen.

Das Spiel läßt sich auch mit leichten Wasserbällen durchführen.

– Doppeltorwand: Lehrschwimmbecken oder Nichtschwimmerbecken längs in zwei Hälften geteilt mit je einer Mannschaft, die sich nur in der eigenen Spielhälfte bewegen darf: den Ball gegen die gegnerische Beckenwand werfen (= Tor) bzw. den Ball abwehren und wiederum auf die gegnerische Torwand werfen. Jeder Ballfänger oder Ballnächste muß werfen. Ebenso unter beliebigem Zuspiel in der eigenen Mannschaft.

Hinweise: Wenn keine Schnur zur Teilung der Spielhälfte gespannt werden kann, genügt eine gedachte Linie zwischen zwei gut sichtbaren Markierungen auf den Beckenrändern.

– Burgwächter: Ein großer schwimmender Ball (60–100 cm Durchmesser) in der Mitte, davor der Burgwächter zum Beschützen des Balls, rundherum im Abstand von 3–5 Meter alle anderen Spieler als Angreifer mit ein bis zwei kleineren Bällen: den großen Ball (die Burg) abwerfen entweder unmittelbar oder nach Zuspielen im Kreis. Der erfolgreiche Schütze tauscht seine Rolle mit dem Burgwächter. Bei zwei kleinen Bällen kann sich der Burgwächter einen Helfer nehmen.

– Kombinationsball: Zwei gleich große Mannschaften: eine spielt sich so häufig wie möglich den Ball zu; die andere Mannschaft versucht, den Ball abzufangen und ihn ihrerseits möglichst oft zu spielen. Für jedes gelungene Zuspiel gibt es einen Punkt.

Ebenso: Zusammenspiel innerhalb einer Mannschaft ohne Unterbrechung über 15 Sek. = 1 Punkt.

– Reiterkombinationsball: Das Spiel entspricht dem Kombinationsball, allerdings darf der Ball nur von aufgesessenen Reitern zugespielt und abgefangen werden.

– Eimerball: Basketball auf zwei Eimer einander gegenüber auf den Beckenrändern: mit dem Ball höchstens drei Schritte laufen oder drei Züge schwimmen, oft zuspielen, den Körper des Gegners nicht berühren!

Hinweis: Die Eimer werden durch Tauchringe oder -steine beschwert (Standfestigkeit).

– Brettball: Drei bis sechs Spieler im Kreis, jeder mit einem Schwimmbrett in einer Hand, ein leichter, aufgeblasener Wasserball: den Ball mit dem Brett schlagend hoch im Kreis zuspielen, Ballkontakt mit dem Wasser verhindern, Ball nicht zweimal hintereinander schlagen (Foto rechts).

Wie lange kann der Ball gespielt werden, ohne das Wasser zu berühren? Bei mehreren Mannschaften: Welche Mannschaft schafft in festgelegter Zeit die wenigsten Wasserberührungen?
– Wasservölkerball: Lehrschwimmbecken oder Nichtschwimmerteil
  quer in zwei Spielhälften geteilt mit je einer Mannschaft und einem
  Hinterspieler hinter der gegnerischen Mannschaft im Wasser: durch
  Zuspielen zwischen eigener Spielhälfte und Hintermann die Gegner
  jagen und abwerfen. Ballbesitz wechselt durch Abfangen des Balles
  in der Luft und nach Abwurf. Abgetroffene Spieler scheiden aus.

Ballspiele im Tiefwasser

– Pusteball: Einen oder mehrere aufgeblasene Luftballons nur durch
  kräftiges Blasen gegen die Beckenwand der gegnerischen Mannschaft
  treiben. Je Wandberührung des Luftballons gibt es einen Punkt für
  die treibende Mannschaft; nach jedem Punktgewinn wird der Ballon
  in der Mitte des Beckens vom Schiedsrichter eingeworfen.
– Spritzball: Wie Pusteball, jedoch leichten aufgeblasenen Wasserball
  nur durch Wasserspritzen zur gegnerischen Wand treiben.

- Strampelball: wie Spritzball, jedoch durch Strampeln mit den Beinen den Ball treiben.

  Hinweis: Die Vorwärtsbewegung und Abwehr des Balls durch Körperberührung im Puste-, Spritz- und Strampelball kann durch Punktabzug geahndet werden.

- Balltreiben: Einen großen schwimmenden Ball (60–100 cm Durchmesser) von der Mitte aus durch Würfe mit zwei kleineren Bällen zur gegnerischen Wand treiben bzw. abwehren; Zählweise wie Pusteball. Jeder Spieler darf durch Zuspiel in günstige Wurfstellung gebracht werden (Foto unten).

- Treibball: Von ihrer Spielfeldhälfte aus wirft die beginnende Mannschaft einen Ball möglichst weit in das gegnerische Feld, die gegnerische Mannschaft wirft so weit wie möglich zurück usw. Berührt der Ball eine der Rückwände oder überfliegt sie, gibt das einen Punkt. Jeder ballfangende oder bällnächste Spieler muß werfen. Bei seitlichem Aus bekommt die Gegenmannschaft von dort ihren nächsten Wurf.

  Hinweis: In kleinen Becken mit sehr leichtem oder überschwerem Ball spielen!

- Ballstaffel: Jeder Staffelschwimmer schiebt den Ball brustschwimmend mit dem Kopf zur gegenüberliegenden Wand, wo ein Kamerad ihn ablöst und ebenso zurückschwimmt usw. Zu Beginn den Ball möglichst weit in Schwimmrichtung werfen und hinterherschwimmen.

- Haltet das Feld frei: Das Schwimmbecken oder einen Teil durch eine (halbhohe) Schnur in zwei Spielhälften geteilt, die beiden Mannschaften jeweils in ihrer Hälfte an der Beckenwand, möglichst viele beliebige Bälle gleichmäßig auf die Spielhälften verteilt im Wasser: auf Kommando in das eigene Spielfeld schwimmen und alle Bälle über die Schnur in das gegnerische Feld werfen (Foto rechts). – Auf Pfiff zählen, in wessen Hälfte sich die meisten Bälle befinden (= Verlierer).

Foto: O. Wagner

– Ball über die Schnur: Das Spiel entspricht dem «Luftballon über die Schnur» im Flachwasser und kann mit leichten aufblasbaren Wasserbällen (im kleinen Spielfeld) und mit mehreren Luftballons gespielt werden. Jede Wasserberührung des Balls zählt einen Punkt für die Gegenmannschaft. Ebenso mit kleinen Schwimmbrettern spielen.
– Tigerball: Drei bis vier im Kreis schwimmende Spieler werfen sich einen Ball zu, den ein Mittelspieler (Tiger) abfangen oder berühren muß. Der erfolgreiche Tiger wechselt mit dem letzten Werfer.
Hinweis: Bei fünf und mehr Kreisspielern spielen zwei Tiger.
Tigerball läßt sich ausweiten zum Kombinationsball, wenn die Tigermannschaft jeweils mit einem Spieler in der Unterzahl bleibt.

Beobachtungshilfen

● Sind alle Teilnehmer in das Spiel einbezogen, oder bleiben einige trotz Zugehörigkeit zu einer Mannschaft unbeteiligt? Hinweis: Der Leiter sollte herausfinden, ob zu geringe Voraussetzungen die Teilnehmer hemmen oder selbstsüchtiges Verhalten der Mitspieler Regeländerungen erfordert (z. B. den Ball mehrfach zuspielen vor dem Torwurf o. ä.).

● Reißen überragende Teilnehmer das Spiel an sich, so daß man ihnen Erschwernisse wie einhändiges oder linkshändiges Ballspielen auferlegen sollte?

● Reichen die schwimmerischen und ballspielerischen Voraussetzungen einiger Teilnehmer nicht aus, um erfolgreich in das Spiel eingreifen zu können? Hinweis: Erleichterungen nur für diese Teilnehmer wie Schwimmen mit Flossen, Schutz vor direkten Angriffen oder häufigeres Auswechseln.

● Bringt man scheue Teilnehmer durch Zuteilung wichtiger Rollen ins Spiel, oder können sie durch häufige Zusatzübungen und verstärkte Betreuung zu gleichwertigen Spielpartnern werden?

Spezielle Schwimmausbildung

Werner Freitag

Wettkampfschwimmen

Zielsetzung und Methodik

Das Ziel dieses Abschnittes ist das Erlernen der Feinform bzw. der Feinkoordination der Schwimmarten sowie ausgewählter Start- und Wendetechniken. Unter Feinform sind diejenigen Bewegungen zu verstehen, die unter Berücksichtigung motorischer, biomechanischer und hydrodynamischer Erkenntnisse als allgemein optimal betrachtet werden. Allgemein bedeutet, daß es zusätzlich personenbezogene Abweichungen dieser Optimaltechnik gibt, bedingt z. B. durch Unterschiede in der Beweglichkeit. In der Regel zieht jede Technikveränderung nicht nur positive, sondern auch negative Auswirkungen nach sich – sie müssen gegeneinander aufgewogen werden.

Die Feinkoordination zeigt sich im Zusammenspiel der Teilfertigkeiten sowohl untereinander als auch miteinander. Sie auf ein Höchstmaß an Abstimmung zu bringen ist das Ziel von ausgewählten Übungen und des bewegungstechnischen Trainings, mit dem die Feinstform bzw. Feinstkoordination angestrebt wird. Das Ergebnis zeigt sich letztlich erst im Wettkampf, wenn der Schwimmer je nach Anforderung seine schwimmtechnischen Fertigkeiten einsetzen kann. Auf Grund seines zusätzlich erworbenen konditionellen Leistungsvermögens bleibt seine Aufmerksamkeit dann noch frei für taktische Maßnahmen.

Inhalt

Wettkampfschwimmen

Hinweise:

Auch die Technik ist dynamisch, sie verändert sich ständig und muß deshalb ständig kontrolliert und veränderten konditionellen und motorischen Bewegungen angepaßt werden.

Der Übungsleiter soll die Teilnehmer dazu anhalten, Reaktionen ihres Körpers auf bestimmte Übungen zu überprüfen (Bewegungsgefühl).

Merke:

Feinform/Feinkoordination lassen sich durch Sammeln vielseitiger Bewegungserfahrungen und durch Übung erreichen; das Übungsgut muß vielfältig sein und dabei viele Technik- und Koordinationsstufen durchlaufen.

Abkürzungen für einige immer wiederkehrende Begriffe:

Armbewegungen = Ar	Druckphase = DP
Antriebsphase = AP	Beinbewegungen = Be
Rückholphase = RP	Übungsvariationen = Var.
Zugphase = ZP	Wasseroberfläche = WOF

Brustschwimmen

Auch wenn das Brustschwimmen die Volksschwimmart Nr. 1 ist, so sagt dieses nichts über die Technik- und Koordinationsprobleme dieser Schwimmart im Wettkampfsport aus. In keiner anderen ergeben sich selbst in der Weltspitze so deutliche Technikschwankungen wie im Brustschwimmen.

Probleme des Brustschwimmens sind:
- Soll eine Gleitphase aufgenommen werden oder nicht?
- Sollen die Schultern weit aus dem Wasser herauskommen, oder soll dies weniger stark ausgeprägt sein?
- Soll mit enger (Knie handbreit geöffnet) oder weiterer (Knie schulterbreit geöffnet) Schwunggrätsche geschwommen werden?
- Soll der Kopf aktiv angehoben oder durch das Heben der Schultern mit angehoben werden?
- Welche Schulterstellung zum Zeitpunkt des Einatmens belastet die Lendenwirbelsäule am geringsten?
- Ist für die Innenbänder und -minisken eine kleine oder größere Bewegungsamplitude schonender?

– Soll die Unterarmstellung in der Druckphase senkrecht, waagerecht oder schräg sein?
– Welche Bedeutung kommt der Gelenkbeweglichkeit von Schulter-, Hüft-, Knie- und Fußgelenk zu?

Die *Gleitphase*, also das kurze Verharren der Arme am Ende eines gesamten Bewegungsablaufs, trägt zum ökonomischen Schwimmen bei. Inwieweit sich diese Pause nachteilig oder vorteilhaft auf die Schwimmzeit auswirkt, muß im Einzelfall probiert werden. Für die 200-m-Strecke und für den Anfänger ist diese Gleitphase eher angebracht als für kürzere Strecken und hochtrainierte Schwimmer.

Arme und Beine sollten so zusammenspielen, daß ihre Bewegungen ineinander übergehen. Günstig ist eine «aktive Pause», d. h. die wohldosierte Armöffnung am Ende der Rückholphase, verbunden mit dem Wasserfassen bzw. der Druckaufnahme durch die Handflächen. Diese Koordination gewährleistet auf Grund der wechselnden Antriebsphasen von Armen und Beinen ständigen Antrieb: In der Antriebsendphase der Beine liegt die neue Antriebsvorbereitungsphase der Arme. Sie setzt voraus

– die Spätatmung: einatmen, wenn die Schultern ihren höchsten Punkt erreicht haben = DP der Arme;
– den Beginn der Antriebsphase des Beinschlags, wenn die Ellbogen zusammengekommen sind = Ende der Arm-AP.

Die *Spätatmung* stört am geringsten die Gesamtbewegung. Die Antriebsaktionen der Arme, insbesondere die Druckphase, heben die Schultern und damit den Kopf. Das Einatmen wird ohne zusätzliches Kopfheben möglich. Damit beschränken sich die Kopfbewegungen auf ein leichtes Hineinlegen des Gesichts ins Wasser beim Strecken der Arme. Dadurch wird

– eine Phase der Entspannung erreicht und
– die bremsende Stirnfläche verringert.

Das (bewußte) *Heben der Schultern* ist so weit auszunutzen bzw. einzuschränken, daß es einerseits das Zusammenspiel von Arm- und Beinbewegungen unterstützt und andererseits die Stirnfläche nicht so weit vergrößert, daß der Körper fast zum Stillstand kommt.

Merke:
Der Oberkörper darf keinesfalls senkrecht im Wasser stehen; es ist ebenso ungünstig, wenn die Schultern überhaupt nicht aus dem Wasser kommen.

Gegen das übermäßig hohe Aufrichten des Oberkörpers spricht u. a. die Überstreckung der Lendenwirbelsäule: Rückenschmerzen sind in der Regel ein sicheres Zeichen für eine falsche Technik.

Die Weite der *Knieöffnung* ist wie folgt zu sehen:
– Die Knie dürfen nicht geschlossen bleiben, da sie sonst den Bewegungs-
  ausschlag (Amplitude) der Beine zu stark einschränken.
– Die Knie dürfen nicht über Schulterbreite geöffnet werden, weil sich
  sonst Arme und Beine nur noch schwerlich und unter Technikmängeln
  koordinieren lassen.

Bei Berücksichtigung der vorgenannten Knieführungen ergibt sich ein Bewegungsablauf, der die Häufigkeit der Bewegungen (Frequenz) und die
Amplitude optimal miteinander vereint. Die Belastung für die Knie verringert sich zu Beginn der Antriebsphase und erhöht sich auf Grund ungünstiger Hebelverhältnisse am Ende der Antriebsphase. Diese Belastung läßt
sich allerdings nicht völlig vermeiden.

Entscheidend für das Abdrücken vom Wasser ist das Auswärtsdrehen der
Füße beim Rückschwingen (Antriebsphase) der Beine. Diese Bedingung
wird zudem durch die Wettkampfbestimmung vorgegeben. Zum Auswärtsdrehen der Füße müssen noch das Anheben der Zehen (Dorsalflexion) sowie das Anheben der Fußaußenränder (Pronation) kommen. Die Fußstellung beeinflußt den Antrieb entscheidend.

Hinweise:

● Je ausgeprägter die Gelenkbeweglichkeit im Schulter-, Hüft-, Knie- und
  Fußgelenk ist, desto größer ist der Technikspielraum.
● Große Beweglichkeit erlaubt ein optimales Ausnutzen der vorhandenen
  Kraftfähigkeiten.
● Ausgeprägte Beweglichkeit erhöht die Fähigkeit zum Wechsel von
  Spannung und Entspannung und verringert die Gefahr von Verletzun-
  gen.

Die Frage nach der günstigen Stellung der *Unterarme* in der Druckphase
läßt sich folgendermaßen beantworten:
– Steht der Unterarm senkrecht, so besteht seine Einwärtsbewegung aus
  einer Schneidebewegung. Schneidende Bewegungen verschenken
  Druck und damit Antriebsweg.
– Nimmt der Unterarm eine leicht schräge Stellung ein, dann erzielt man
  damit einen zweifachen Vorteil:
  (1) Die DP bleibt bis zum Ende antriebswirksam.
  (2) Die Schultern werden aus dem Wasser gehoben und begünstigen so
      die Spätatmung, die Koordination der Arme – Beine und als Folge
      die Schwimmgeschwindigkeit.

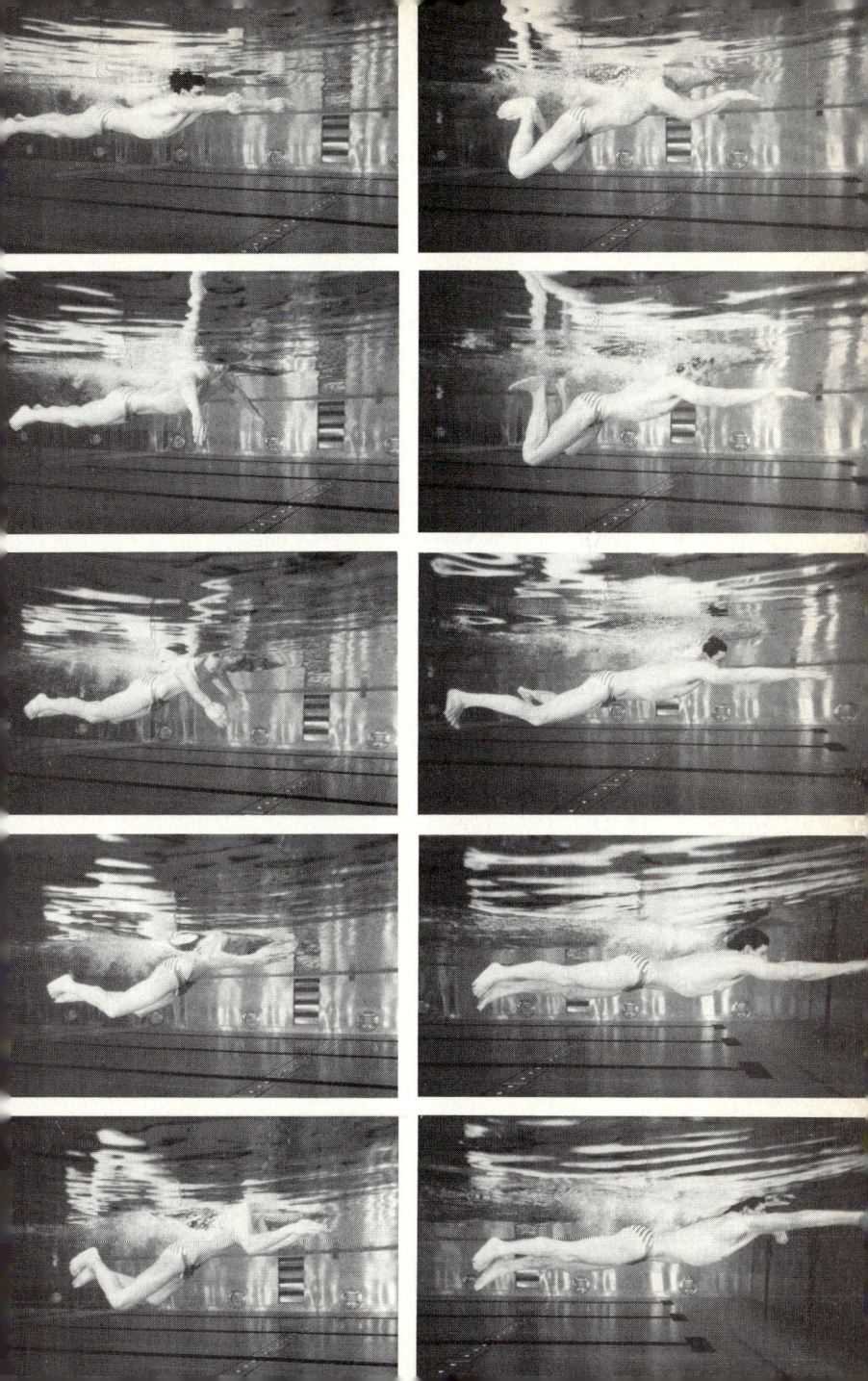

Übungen zur Armbewegung
- eng – weit;
- weder eng noch weit;
- flach (auf einer Ebene);
- mit ständig gestreckten Armen;
- mit in der Druckphase senkrechten Unterarmen;
- mit in der Druckphase schräggestellten Unterarmen;
- mit aktivem Zusammendrücken der Ellbogen am Ende der DP;
- mit am Ende der DP weit geöffneten Ellbogen;
- Armkreis bis zur Hüfte;
- Armkreis nur vor den Schultern;
- Armkreis bis im Bereich der Schultern;
- mit – ohne Untertauchen des Kopfes;
- Schultern betont anheben;
- «Stehaufmännchen»: übermäßiges Anheben der Schultern.
  (Nahezu alle Übungen lassen sich miteinander verbinden.)

Alle vorgenannten Übungen lassen sich zusätzlich variieren durch:

verschiedene Handstellungen/-formen
- als Faust,
- Finger weit geöffnet,
- leicht geschlossen (entspannt),
- fest geschlossen (verkrampft),
- Handrücken/Handfläche: Stellungen verändern.

Atmung
- mit/ohne Atmung,
- Spätatmung,
- Frühatmung.

Übungen zum Beinschlag
- Knie ganz eng/ganz weit/schulterbreit;
- Beugung durch Anziehen der Oberschenkel und dabei Fersen zum Gesäß;
- Beugung durch Anschwingen der Unterschenkel bei gleichzeitiger Abwärtsbewegung der Oberschenkel, so daß die Füße unter Wasser bleiben;
- ebenso mit den Fersen aus dem Wasser;
- Beugung mit geschlossenen/geöffneten Fersen;
- mit Füßen in Dorsal-/Plantarstellung;
- mit ungleichen Fußstellungen;
- mit ungleichen Beugungen;
- mit unterschiedlichen Kopfstellungen;

- mit Schwimmbrett:
  - vorn über Wasser tragen; – auf dem Wasser liegend;
  - senkrecht im Wasser; – auf dem Gesäß haltend;
  - in Gesäßhöhe über Wasser halten;
- mit unterschiedlichen Frequenzen auf unterschiedlichen Strecken;
- möglichst schnell in vorgegebenen Zeiten;
- in vorgegebenen Zeiten und Frequenzen;
- in Rückenlage mit unterschiedlichen Arm- und Kopfstellungen;
- Unterschenkelkreis in Bauchlage / Rückenlage mit Pull-buoy zwischen den Oberschenkeln;
- einen Partner liegend/sitzend schieben.

(Alle Übungen können miteinander kombiniert werden.)

Übungen zur Koordination von Arm- und Beinbewegung
– Beinschlag – Beinschlag – Armzug – Pause usw.;
– Armzug – Armzug – Beinschlag – Pause usw.;
– Armzug – Beinschlag – Beinschlag – Pause usw.;
– Gesamtbewegung – Armzug – Pause usw.;
– Gesamtbewegung – Beinschlag – Pause usw.;
– Armzug – Beinschlag – Gesamtbewegung – Pause – usw.;
– Beinschlag – Armzug – Gesamtbewegung – Pause – usw.;
– Gesamtbewegung mit überlanger Gleitphase;
– Gesamtbewegung mit überlagernden Antriebsphasen der Arme und Beine;
– Gesamtbewegung mit sich ablösenden Antriebsphasen der Arme und Beine.
– Alle Übungen sind variierbar durch
– Verschiebung des Atemzeitpunkts: Früh-, Spätatmung;
– wechselnde/gleichbleibende Amplitude, Frequenz, Schwimmgeschwindigkeit.

Beobachtungshilfen
● Sind die Arme am Ende der Auswärtsbewegung nicht zu weit/zu eng?
● Wird mit Spätatmung geschwommen?
● Schwingen die Unterschenkel an, und ist die Hüfte gebeugt?
● Besteht die Antriebsphase der Beine aus dem aktiven, kreisenden Zurückschwingen der Unterschenkel?
● Lösen sich die Antriebsphasen der Arme und Beine übergangslos ab? Sie sollen nicht voneinander getrennt sein und sich nicht überlappen.
● Tritt am Ende der Antriebsphase der Arme eine Pause in der Armbewegung ein? Dies darf nicht passieren! Die Druckphase betonen und sofort das Strecken der Arme einleiten lassen!
● Erfolgt beim Endabdruck der Beine mit den Armen das behutsame Wasserfassen?
● Beginnen sich die Beine mit dem Herausnehmen der Schultern aus dem Wasser zu beugen? (= zweite Hälfte der Einwärtsbewegung der Arme) (vgl. Foto 3, Bildreihe S. 127)

Kraulschwimmen

Der beträchtliche Unterschied in den Wettkampfstrecken von 50 bis 1500 Meter muß zwangsläufig zu unterschiedlichen Bewegungsabläufen und -intensitäten führen. Sie äußern sich u. a. in verschiedenartigen Trainingsanforderungen.

Merke:

Je *kürzer* die Schwimmstrecke:
- desto größer ist die Bewegungsfrequenz;
- desto höher liegt der Körper im Wasser;
- desto länger ist ein hoher Krafteinsatz möglich;
- desto intensiver verläuft die gesamte Bewegung.

- Je *länger* die Schwimmstrecke, desto variabler gestalten sich die Technik, die Bewegungsfrequenz, die Lage des Körpers (hoch, flach, tiefer, überstreckt), der Krafteinsatz und die Bewegungsintensität.

Die Merksätze spiegeln die Probleme des Kraulschwimmens wider. Einfluß auf die Kraultechnik nehmen vorrangig
- der Verlauf der Armbewegungen;
- die Koordination der Arme zueinander;
- die Stellung der Hüfte zu Schultern und Beinen;
- die Koordination von Armen und Beinen;
- der Atmungsablauf.

Armbewegungen

Merksätze für den Schwimmer
(1) Beginne den Armzug mit einer Dreh-Kipp-Beugebewegung der Hand, dem sogenannten Wasserfassen!
(2) Beachte, daß in Höhe der Schulterachse die größte Armbeugung erreicht (90°) wird,
Hand, Ellbogen und Schulter ein senkrecht stehendes Dreieck bilden,
die Hand unter der Körperlängsachse liegt!
(3) Betone die Druckphase; sie leitet die Rückholphase ein!

Ziel der Armbewegungen ist es, den Körper anzutreiben und ihn vorwärts zu bewegen. Alle Abweichungen der Körperlängsachse von der Schwimmrichtung gelten als fehlerhaft und können ausgelöst werden durch:

– übermäßige Aus-, Ein- Auswärtsbewegungen der Arme während des S-Zuges;
– weit seitlich ausladende Armbewegungen in der Rückholphase mit häufig auftretendem Überkreuzeintauchen der Arme;
– falsche Kopfbewegungen.

Übungen zur Rückholphase

Weit seitlich ausladende Rückholbewegungen lassen sich durch Übungen zum «hohen Ellbogen» abstellen. Die korrekte Bewegungsausführung ermöglicht einen optimalen Wechsel von Spannung und Entspannung zwischen Antriebs- und Rückholphase:

– Hühnchenschwimmen: Daumen in die Achselhöhle klemmen und Kreisen der Oberarme.
– Reißverschlußübung: Daumen am Ende der Antriebsphase an den Körper nehmen und dort lassen; *Ellbogen* in hohem Bogen bis zur Schulterachse vorschwingen; Hand streckt dann den Arm im Wasser nach vorn.
– Hand muß in der Rückholphase die Schulter streifen.
– In der langsamen Rückholphase pendeln die Unterarme hin und her (Entspannung).
– Schwanenübung: Ellbogen tiefster Punkt – Hand höchster Punkt.
– Während langsamer Rückholphase Hand ausschütteln.
– Arm anspannen – entspannen im Wechsel während einer Rückholphase.
– Spannung – Entspannung im Wechsel während von Rückhol- zu Rückholphase.

Variationen:
– nur mit einem Arm – Wechsel bahnweise
– halbe Bahn rechts – halbe Bahn links
– 2 × links – 2 × rechts ziehen oder andere Häufigkeiten
– Atmung: – mit Atmung   – ohne Atmung
           – regelmäßig   – unregelmäßig
           – einseitig   – beidseitig

Hinweis: Alle angegebenen Übungen und ihre Variationen werden grundsätzlich durch Beinbewegungen – im Sinne einer besseren Konzentration auf die Armbewegung – unterstützt. Es können sogar zusätzlich Flossen verwendet werden (besonders am Anfang).

Übungen zur Antriebsphase

Alle nachfolgenden Übungen sind in Form des Abschlagschwimmens unter fortlaufendem Beinschlag zu variieren:

- ausgeprägtes «S» auf einer Ebene;
- ausgeprägtes «S» auf unterschiedlichen Ebenen;
- Hundeln: Gesicht im Wasser/aus dem Wasser; Arme leicht gebeugt neben den Körper; wechselseitiges schnelles Strecken der Arme – Betonung der Druckphase;
- S-Zug mit übertriebener Einwärtsbewegung (weit über die Körperlängsachse hinaus);
- langgezogener S-Zug; Hand in Schulterhöhe in der Lotrechten zur Körperlängsachse;
- schnelle Zugphase – langsame Druckphase.

Übungen zur Koordination der Arme
Eine weitere Schwierigkeit stellt die Koordination der Arme zueinander dar. Unbrauchbare Ausführungen zeigen sich einerseits in der «Windmühlentechnik» (vertikale gestreckte Kreisbewegungen der Arme; Hände sind immer gleichweit voneinander entfernt) und andererseits in der «Catch-up-Technik» der Arme (hierbei holt ein Arm den anderen am Ende der Überwasserphase nahezu ein; Schwimmtechnik der 60er Jahre).
Die Bewegungen der Arme sind so zueinander abgestimmt, daß mit dem Ende des Einatmens und dem Beginn der Rückholphase der Gegenarm mit dem Wasserfassen beginnt. Diese Abfolge gewährleistet: eine ruhige und stabile Körperhaltung, einen fortlaufenden Antrieb der Arme, eine verhältnismäßig hohe Stellung des Körpers im Wasser.

- Mühlkreisbewegungen.
- Einer-Abschlag: Am Ende eines Armkreises berühren sich die Hände, damit beginnt der andere Arm seine Tätigkeit.
- Abschlagschwimmen auflösen: Auf einer Bahn vom Einer-Abschlag zum Mühlkreisen; der Übergang soll fließend verlaufen.
- Atem-/Stützarmkontrollübung: rechter Arm entspannt an der Körperseite; linker Arm nach vorn gestreckt.
  Atmung zur rechten Seite; Atemvorgang mit Zurückdrehen des Kopfes beenden; Armzug links usw.

Variationen:
- In dem Moment, in dem das Einatmen beendet ist, beginnt der gegenseitige Arm mit dem Wasserfassen.
- Mit dem Einleiten des Atemvorgangs erfolgt das gegenseitige Anheben der vorn liegenden Hand, die dann sofort ins Wasserfassen überleitet.
- Ein Arm in Vorhalte, Gegenarm in Rückhalte; beide Arme gleichzeitig anheben und mit Atmung zum Atemarm; Wiederholung in rhythmischem Wechsel.

Hinweis:
Alle Übungen werden mit Beinschlag durchgeführt, u. U. sogar durch die
Benutzung von Flossen erleichtert.
Ist die Atmung auf die Arme und sind die Arme aufeinander abgestimmt,
dann kommt gleichmäßiger Antrieb zustande, weil die Atmung ungehin-
dert und die Armbewegung gleichmäßig und ohne Störung durch den
Atemvorgang ablaufen.

Beinbewegungen

Die Beinbewegungen bestehen aus fortlaufenden wechselseitigen Ab- und
Aufwärtsbewegungen, ihr Bewegungsansatz liegt in der Hüfte. In der Abwärtsbewegung werden die Beine durch den Widerstand des Wassers im
Kniegelenk leicht gebeugt und schaffen somit eine günstige Ausgangsposition für die nachfolgende eigentliche Antriebsphase, die aktive Streckung
des Unterschenkels. Das Bein wird mit lockerer Fußhaltung gestreckt zum
Ausgangspunkt gehoben. In der Abwärtsbewegung sind die Füße gestreckt
(Plantarflexion) und zeigen mit den Fußspitzen nach innen (Innenrotation).

Die Bewegungen der Beine finden je nach Wettkampfstrecke mehr oder weniger an der Wasseroberfläche statt: je kürzer die Strecke, desto höher liegt der Beinschlag, d. h. im Sprint knapp über der Oberfläche. Dies hat für die Körperhaltung zur Folge, daß die Hüfte tiefer liegt als Schultern und Füße (in deren höchsten Punkt der Umlaufbahn). Die sogenannte Gleitbootlage früherer Jahre ist sowohl für Anfänger als auch für Wettkampfschwimmer unbrauchbar, weil sie neueren Erkenntnissen der Widerstandsvermeidung zuwiderläuft.

Übungen
– über Wasser; unter Wasser; um die Wasseroberfläche herum;
– unterschiedliche Amplitude;
– mit steifem Bein; mit lockerem Bein;
– unterschiedliche Fußstellungen wie dorsal/plantarflektiert, innen/außenrotiert.

Die Übungen sind durch folgende Maßnahmen variierbar:
– Armhaltung vorn, seitlich, hinten, auf dem Gesäß, im Wasser, über Wasser, abwechselnd in verschiedenen Haltungen;
– Kopfhaltung tief, mittel, hoch;
– Hüftstellung tief, mittel, hoch;
– Atmung zur Seite, nach vorn, einige Zeit aussetzend;
– Hilfsmittel: Flossen, Schwimmbrett, Widerstandsgürtel, Partner usw.

Die genannten Variationen erschweren teilweise den Beinschlag erheblich und bewirken das Training der lokalen Kraftausdauer. Besonders Übungen, bei denen Kopf oder Gliedmaßen aus dem Wasser genommen werden, führen zur Tiefstellung der Hüfte (vgl. Foto links unten), z. B. beim Kraulbeinschlag mit Armen in Vorhalte; Finger aus dem Wasser: Füße durchbrechen deutlich die Wasseroberfläche; Gesicht über Wasser.

Koordination von Arm- und Beinbewegungen

Die Koordination von Arm- und Beinbewegungen läßt sich beim Kraulschwimmen leichter lösen als z. B. beim Brust- oder gar beim Delphinschwimmen. Eine wirkungsvolle Technik ist das Kraulschwimmen mit fortlaufendem Beinschlag, dem sogenannten 6er-Schlag. Dieser kann mit unterschiedlicher Intensität durchgeführt werden und ist damit für alle Streckenlängen brauchbar. Auf eine Bewegung beider Arme kommen sechs Beinschläge. Für die Übungspraxis ergeben sich folgende Beobachtungspunkte:

(1) Taucht die linke Hand ein, dann ist der rechte Fuß unten und umgekehrt.
(2) Die Beinbewegungen laufen ohne Pause.
(3) Ein Beobachter zählt den Beinschlag, ein anderer zählt gleichzeitig die Armbewegungen.

Übungen

– Hüfte zur Hand: z. B. wenn die rechte am Ende der Druckphase ist, wird die rechte Hüfte bewußt abwärts gedrückt;
  Variationen in der Gesamtbewegung; als Abschlagübung;
– Armzug, nach vorgegebener Entfernung bewußtes Einsetzen der Beinbewegung;
– Beinschlag, nach vorgegebener Entfernung bewußtes Einsetzen der Arme;
– Gesamtbewegung mit unterschiedlicher Beinschlaghäufigkeit, bezogen auf die Armbewegung;
– Gesamtbewegung mit unterschiedlicher Schlagweite mit gleichbleibender oder veränderter Schlaghäufigkeit;
– Gesamtbewegung mit unterschiedlicher Schlagintensität.

Die bisher gesammelten Bewegungserfahrungen befähigen einen trainierten Schwimmer, im Wettkampf auf unterschiedliche Anforderungen zu reagieren oder selbst den Verlauf zu bestimmen. Dies zeigt sich deutlich auf einer 1500-m-Strecke.
Das Schwimmen der 50-m-Strecke ist gekennzeichnet durch hochfrequente und kraftvolle Arm- und Beinbewegungen mit der Folge eines hohen Energieverbrauchs. Auf einer so kurzen Strecke wirkt sich die Beinbewegung in höherer Schwimmgeschwindigkeit aus, der große Energieverbrauch läßt sich kurzzeitig verkraften. Anders auf den Langstrecken. Würde ein Langstreckler seine Beine so bewegen wie ein Kurzstreckler, wäre er nach kurzer Zeit müde («sauer»). Eine Regeneration ohne beträchtlichen Zeitverlust ist im Wettkampf nicht möglich. Der Krafteinsatz für die Beinbewegungen muß wohldosiert werden, z. B. für eine 1500-m-Strecke wie folgt: verstärkter Beinschlag auf den ersten 100 Metern, dann nachlassend und gleichmäßig zum Erhalt der flachen Körperlage, zum Ende hin wieder gesteigert bis zu höchstem Krafteinsatz.

Schmetterlingschwimmen

Die Regeln des Schmetterlingschwimmens erlauben zwei verschiedene Bewegungsabläufe der Beine:
– gleichzeitige symmetrische Horizontalbewegungen (Brustschwimmbeinbewegung),
– gleichzeitige symmetrische Vertikalbewegungen (Delphinbeinschlag).
Die nachfolgende Darstellung bezieht sich auf das Schmetterlingschwimmen mit Delphinbeinschlag, also das *Delphinschwimmen*. Die größte Schwierigkeit des Delphinschwimmens liegt nicht in den Arm- oder Beinbewegungen als Teilaktionen, auch nicht im Beinschlag am Ende der Rückholphase der Arme, sondern in der Koordination des Beinschlags am Ende der Antriebsphase der Arme. Gleichgültig, welches methodische Verfahren man wählt, keines löst diese Schwierigkeit ohne weiteres.
Probleme des Delphinschwimmens sind:
– der Beinschlag in der Druckphase der Arme;
– die Wellenbewegung des ganzen Körpers;
– die Belastung der Lendenwirbelsäule;
– das Überwinden der antriebslosen Rückholphase der Arme.

Delphinbeinschlag

Die gleichzeitige Abwärtsbewegung der Oberschenkel und der aus den in den Kniegelenken gebeugten Beinen folgende Abwärtsschlag der Unterschenkel führt zu einer Wellenbewegung des ganzen Körpers. Infolge der Körperwelle kommen die Beine gestreckt zum Ausgangspunkt an der Wasseroberfläche zurück. Zu Beginn der Ausbildung stehen Bewegungsabläufe mit größerer Amplitude wie das Delphinspringen im Mittelpunkt. Sie bieten gute Vorerfahrungen für die Körperwelle und den Delphinbeinschlag.

Beobachtungshilfen
● Ist vor dem Abwärtsschlag der Unterschenkel das Bein im Kniegelenk ungefähr rechtwinklig gebeugt?
● Befinden sich die Füße während des Abwärtsschlags in Plantarflexion mit Innenrotation?
● Wechselt in der Abwärtsbewegung die Phase der Spannung mit der Entspannungsphase in der Aufwärtsbewegung und umgekehrt?
● Betonen alle Teilnehmer die Abwärtsbewegung der Unterschenkel?
● Durchbrechen die Füße nicht die Wasseroberfläche?

Übungen

- «Flipper»: Delphinbeinbewegung in senkrechter Körperhaltung; Arme im/über Wasser;
- in Bauchlage an der Wasseroberfläche; unter der Wasseroberfläche;
- in Rückenlage an der Wasseroberfläche; unter der Wasseroberfläche.

Variationen:

- Arme in lockerer Vorhalte;
- Arme locker neben den Oberschenkeln mitpendeln oder mitpaddeln;
- ohne Atmung;
- mit Atmung, regelmäßig; unregelmäßig;
- mit/ohne Flossen;
- Betonung der Abwärtsbewegung;
- Betonung der Aufwärtsbewegung;
- Betonung der Kopfsteuerung;
- Betonung der Hüftbewegung;
- in Seitenlage: unterer Arm nach vorn gestreckt; oberer Arm im/aus dem Wasser gehalten, Schläge mit unterschiedlichen Bewegungsamplituden;
- Partner sitzend/liegend schieben.

Hinweis: Bei allen Übungen ist der Kopf an der Wellenbewegung beteiligt; er paßt sich nicht nur in die Körperwelle ein, sondern steuert sie durch vorausgehendes Heben und Senken.

Armbewegungen

Die Qualität der Armbewegungen ist eng verbunden mit der Schultergelenkbeweglichkeit: je beweglicher, desto besser. Die Bewegungsbahn der Antriebsphase entspricht der Form eines Schlüssellochs oder einer Sandeieruhr bzw. dem ausgeprägten S-Zug des Kraulschwimmens beider Arme.

Die *Antriebsphase* der Arme beginnt mit einer gestreckten Auswärtsbewegung und zunehmender Dreh-, Kippbewegung der Hand (Wasserfassen), verbunden mit einer Rückwärts-, Abwärts-, Einwärtsbewegung der Arme und zunehmender Beugung im Ellbogengelenk. In Schulterhöhe sind die Arme am stärksten gebeugt (90°), die Hände befinden sich nahe der Körperlängsachse und bilden mit Ellbogen und Schulter jeweils ein senkrecht stehendes Dreieck. Die Hände haben die Ellbogen eingeholt, die Arme werden nach hinten auswärts gestreckt; die Ellbogen verlassen zuerst das Wasser.

Beobachtungshilfen zur Antriebsphase
- Ist der Kopf den Bewegungen zeitlich immer ein wenig voraus: Kopfausheben vor Armausheben; Kopfeintauchen vor Armeintauchen?
- Sind die Hände in Schulterhöhe nahe der Körperlängsachse?
- Holen in Schulterhöhe die Hände die Ellbogen ein?
- Endet die Druckphase betont?

Hinweis:
Die Betonung der Druckphase hat folgende Vorteile:
- Sie unterstützt die Endausatmung.
- Sie gibt dem Körper viel Impuls zur Überwindung der folgenden antriebslosen Rückholphase.
- Sie unterstützt die Akzentuierung des Beinschlags in der Druckphase.
- Sie verkürzt die Zeit der antriebslosen Rückholphase.

Die *Rückholphase* beginnt mit dem Herausheben der Ellbogen aus dem Wasser. Die Schultern gelangen an den höchsten Punkt ihrer Verlaufsbahn: Es wird jetzt eingeatmet. Der Kopf wird aktiv nach unten gebeugt (Gesicht ins Wasser!) und unterstützt so das Vorschwingen der Arme. Die Arme werden entspannt, im Ellbogen leicht gebeugt, zügig nach vorn geschwungen. Die Fingerspitzen – mit leicht nach außen zeigenden Handflächen – tauchen zuerst ein. Die endgültige Streckung nach vorwärts, abwärts, auswärts, aufwärts geschieht im Wasser. Nach dem Eintauchen der Arme beginnt sofort das Wasserfassen für den nächsten Armzug (vgl. Fotos S. 142).

Beobachtungshilfen zur Rückholphase

- Wird mit dem Herausheben der Ellbogen eingeatmet?
- Wird der Kopf flach gehalten, und liegt er nicht im Nacken?
- Hilft der Kopf durch sein Vorbeugen den Armen beim Vorschwingen?
- Entspannen sich die Arme im Vorschwung?
- Tauchen zuerst die Hände mit auswärtsgerichteter Handfläche ins Wasser ein?

Übungen

- Delphinarmzug mit Kraulbeinschlag: Kopf ständig über Wasser, Kopf ständig im Wasser, mit Wellenbewegung;
- Rückholphase schnell/langsam;
- besondere Betonung der Druckphase mit/ohne Paddels bei Kraulbeinschlag/mit Brustbeinschlag;
- Delphinarmzug und Kraulbeinschlag mit Flossen:
  Arme in der RP so hoch wie möglich (Halbkreis),
  Arme streifen in der RP das Wasser;
- Bauchlage, Gesicht im Wasser, leichter Kraulbeinschlag mit Flossen, Arme machen Schlüssellochzug ohne großen Krafteinsatz, Rückholphase *unter* Wasser;
- ebenso unter besonderer Betonung der Druckphase;
- Bauchlage, Gesicht im Wasser, Schlüssellochzug mit Anheben des Kopfes und Betonung der Druckphase, Rückholphase unter Wasser;
- ebenso mit Rückholphase über Wasser.

Koordination von Arm- und Beinbewegungen

Das richtige Zusammenspiel von Armen und Beinen erweist sich immer wieder als die eigentliche Herausforderung des Delphinschwimmens. Die Schwierigkeit besteht darin, zwei Beinschläge mit einem Armzyklus so zu koordinieren, daß sich ein möglichst fließender Bewegungsablauf ergibt: Ein Beinschlag erfolgt in der Druckphase der Arme. Ein zweiter Beinschlag erfolgt im Übergang vom Ende der Rückholphase bis zum Beginn der Antriebsphase, d. h. während des Wasserfassens.

Dieses Ziel wird durch Übungen erreicht, die sich aus dem Delphinschwimmen und einer anderen Schwimmart zusammensetzen und deshalb auch *Kombinationsübungen* genannt werden.

Hinweis: Alle Delphinkombinationsübungen haben als Feinkoordinationsziel zwei Beinschläge, die bezogen auf einen Armzyklus zeitlich weit auseinander liegen: am Ende der Druckphase und am Ende der Rückholphase.

Übungen

- Alle Variationen des Kraulabschlagschwimmens mit Delphinbeinschlag;
  Hinweis: Mitsprechen «Druckphase – Beinschlag; Eintauchen – Beinschlag» usw.;
- Kraularmzug (Mühlkreisen) mit Delphinbeinschlag (Mitsprechen «Eintauchen – Beinschlag; Eintauchen – Beinschlag» usw.);
- Brustarmzug mit Delphinbeinschlag;

– Rückenarmzug mit Delphinbeinschlag;
– alle Variationen des Rückenabschlagschwimmens mit Delphinbeinschlag;
– Armzug rechts – Armzug links – Gesamtbewegung mit Delphinbeinschlag; (der Ruhearm liegt jeweils entspannt vorn und nimmt an der Wellenbewegung teil);
– ebenso mit/ohne Atmung;
– Delphin im Einerzug: eine Atmung pro Armzyklus;
– Delphin im Doppelzug: eine Atmung auf jeden zweiten Armzyklus.

Variation: durch Einsatz von Hilfsmitteln wie Flossen, Paddeln, Schwimm-
gürteln, Widerstandshosen usw.;
durch unterschiedliche Frequenzen, Amplituden, Rhythmen, Kraftein-
sätze.

Beobachtungshilfen
● Tauchen die Hände zuerst ins Wasser ein?
● Sind die Arme in der Antriebsphase in Schulterhöhe im Ellbogen 90°
   gebeugt?
● Beteiligen sich die Oberschenkel am Beinschlag und nicht nur die
   Unterschenkel?
● Geht die Wellenbewegung durch den ganzen Körper?

Die beiden Beinschläge zeichnen sich durch unterschiedliche Amplituden
und Funktionen aus, die sich bei richtiger Koordination von Armen und
Beinen automatisch ergeben. Der Beinschlag in der Druckphase unterstützt: den letzten Abdruck der Arme, das Herausheben der Schultern, das
Herausheben der Arme. Der Beinschlag am Ende der Rückholphase hin-
gegen wirkt in besonderem Maße antreibend.
Ziel des Delphinschwimmens ist es, den Körper auf einer *flachen* Wel-
lenbahn im Einer- oder Zweierzug – auch Variationen sind möglich – vor-
wärtszubewegen. Anfangs sollte im Einerzug geschwommen werden; der
Doppelzug führt bei Ungeübten häufig zum Anheben der Hüfte in der
Druckphase, so daß das Gesäß aus dem Wasser kommt. Dies erschwert die
Atmung und die Rückholphase der Arme beträchtlich.

Rückenschwimmen

Der Bewegungsablauf der Arme (S-Zug) erweist sich als besonders schwierig, bietet aber wiederum die einzige Möglichkeit, die Antriebsaktionen der Arme günstig zu gestalten. Auch die schlechtere Orientierungsfähigkeit wirkt erschwerend.

Probleme des Rückenschwimmens sind:
- die Lage des Körpers zur Wasseroberfläche;
- die Armbewegung der Unterwasserphase im S-Zug;
- die erschwerte Orientierung.

Armbewegungen

Wesentlich für den Erfolg des Rückenschwimmens ist die Qualität der Armbewegungen, besonders derjenigen der Antriebsphase, die besonders von der Beweglichkeit im Schultergürtel abhängt. Mangelnde Beweglichkeit verhindert einen ausgeprägten S-Zug und zieht eine unruhige Körperhaltung nach sich (vgl. Fotos S. 146/147). Wechselseitige Armbewegungen verbinden sich zwangsläufig mit der Rotation um die Körperlängsachse («Rollen»), ungenügende Beweglichkeit verstärkt diese Rollbewegung übermäßig; der Körper liegt unruhiger, die Widerstände erhöhen sich, das Schwimmen wird kraftaufwendiger, man ist im Endeffekt langsamer.

Mit dem Eintauchen des Arms nimmt die Spannung in der Muskulatur zu. Da das nachfolgende Wasserfassen mit einer einleitenden Abwärtsbewegung des Arms verbunden ist, ist es sinnvoll, den Impuls für diese Abwärtsbewegung aus dem Ende der Rückholphase zu übernehmen und des geringen Widerstands wegen mit dem kleinen Finger – auf gar keinen Fall mit dem Handrücken – einzutauchen. Die Steigerung des Drucks und damit des Widerstands verläuft über Handfläche – Unterarm – Oberarm. Mit dem Wasserfassen wird eine Innenrotation der Schulter bei zunehmender Beugung im Ellbogen vorgenommen. Die Hand wird während dieser Aktion in Richtung Wasseroberfläche bewegt (keine starke Einwärtsbewegung der Hand, sie «schneidet» sonst das Wasser). In Schulterhöhe ist der Arm mit 90° am stärksten im Ellbogengelenk gebeugt. Anschließend drückt die Hand mit zunehmender Unterarmstreckung fußwärts abwärts. Mit der abschließenden Abwärtsbewegung der Hand ist zugleich ein Anheben der Schulter verbunden. Der Arm bekommt durch den Abdruck der Hand vom Wasser einen Impuls für das Rückschwingen; er wird locker aus dem Wasser herausgenommen und nicht herausgerissen. Von jetzt an ist die Muskulatur weitgehend entspannt; der Arm schwingt über die Senkrechte

– bei lange hoch gehaltener Schulter – entlang der Körperlängsseite vor «seine» Schulter zurück.

Die *Einatmung* erfolgt während der Rückholphase, die *Ausatmung* während der Antriebsphase desselben Arms. Wie beim Kraulschwimmen und Delphinschwimmen wird mit dem letzten Abdruck vom Wasser intensiv ausgeatmet.

Hinweis: Die Arme dürfen beim Eintauchen auf gar keinen Fall überstreckt werden, da sonst der Körper seitlich schlingert.

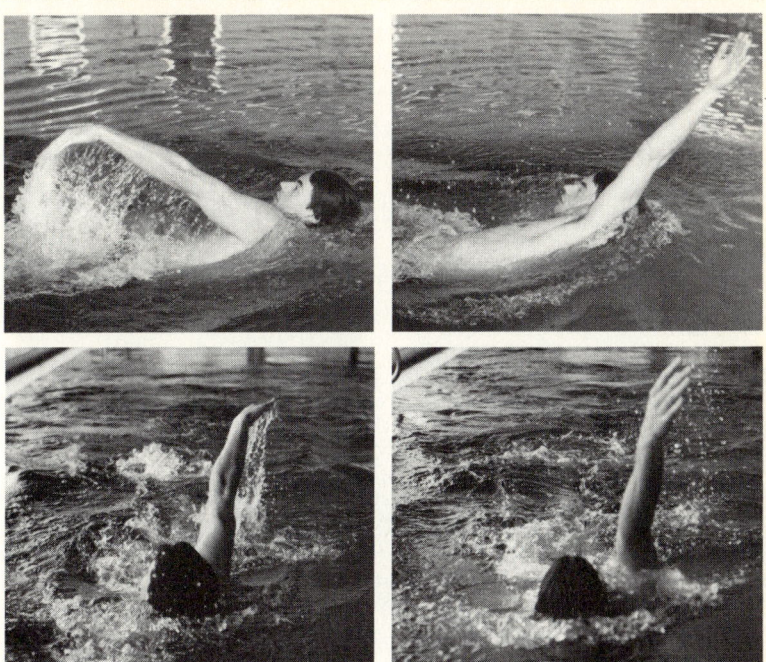

Übungen
– Enddruck: leicht gebeugte Arme neben den Körper, aktives Strecken,
  fußwärts abwärts, Anheben des Handgelenks; *Variation:* gleichzeitig mit
  beiden Armen;
  einseitig;
  wechselseitig;
– Rückengleichschlag;
– Variationen des Abschlagschwimmens wie für das Kraulschwimmen;
– Überbetonung der Rollbewegung für leichtere Armbewegung: Erleichterung der Rückholphase; Erleichterung der Beugung in der Unterwasserphase;
Hinweis: Diese Übungen sind als Technikschulung auf jeden Fall mit Beinschlag auch mit Flossenbenutzung zu schwimmen.
– mit Hilfsmittel: Pull-buoy, Paddel usw.;
– mit unterschiedlichen Kopfstellungen;
– mit abwärtsziehenden Gewichten an den Füßen.

Beobachtungshilfen
- Taucht der kleine Finger zuerst ein?
- Bilden Hand – Ellbogen – Schulter in Schulterhöhe ein senkrecht stehendes Dreieck (Hand-, Ellbogenbeugung ca. 90°)?
- Die Hand darf in der Antriebsphase die Wasseroberfläche nicht durchbrechen!
- Hebt der Endabdruck der Hand gleichzeitig die Schulter aus dem Wasser?
- Ist der Arm in der Überwasserphase gestreckt und trotzdem entspannt?

Rückenbeinschlag

Die Beinbewegungen enthalten keine besonderen Schwierigkeiten, so daß lediglich die im allgemeinen Teil (s. S. 136f) gegebenen Hinweise zur Technik bei den nachfolgenden Übungen zu beachten sind.

Übungen
- Beinschlag mit unterschiedlichen Amplituden: je Bahn wechselnd; auf der Bahn wechselnd; ansteigend, abfallend, ansteigend-abfallend-ansteigend, abfallend-ansteigend-abfallend;
- mit unterschiedlichen Frequenzen (Variationen wie oben);
- mit unterschiedlichen Amplituden und Frequenzen (Variationen wie oben);
- als Unterschenkelschlag;
- als Radfahrbewegung mit Füßen in Dorsalflexion mit Außenrotation.

Es bieten sich für die ersten drei Übungen weitere Veränderungen an:
- verschiedene Armhaltungen im/über Wasser;
- verschiedene Kopfhaltungen;
- verschiedene Hüftstellungen;
- mit/ohne Flossen;
- mit Fremdwiderständen wie Brett, Schwimmgürtel, Partner usw.;
- verschiedene Fußstellungen.

Beobachtungshilfen

- Schlagen die Beine mit locker gehaltenem Kniegelenk?
- Erfolgt der Bewegungsansatz aus der Hüfte?
- Sind die Füße in der Aufwärtsbewegung (Phase des Antriebs) gestreckt und einwärts gedreht und dabei im Fußgelenk locker und entspannt?
- Kommen die Füße nicht aus dem Wasser heraus?
- Werden die Beinbewegungen gleichmäßig ausgeführt?

Hinweis: Die Überbetonung der Auf- oder Abwärtsbewegung führt zu Ruck- oder Wippbewegungen des Körpers.

Gesamtbewegung

Die Arme ziehen neben dem Körper und erzeugen eine Abweichung der Körperlängsachse zur Seite, die sich ausgleichen läßt durch:
– den fortlaufenden und damit stabilisierenden Beinschlag;
– die Rollbewegungen des Körpers um seine Längsachse.
Ein vollständiger Bewegungsablauf beider Arme wird mit *einem* Ein-Aus-Atemvorgang sowie sechs Beinschlägen koordiniert. Dem Beinschlag kommt große Bedeutung für die Körperhaltung zu: Er verhindert das Absacken der Hüfte.
Die Haltung des Kopfes dient als Orientierung für die gesamte Körperstellung beim Rückenschwimmen. Die Ohren sollen frei vom Wasser sein. Die Bewegungen der Arme sind gleichmäßig; die Antriebsphase entspricht zeitlich der Rückholphase.

Übungen
– Schwimmen mit leichtem Gegenstand auf der Stirn, der nicht herunterfallen darf (Ziel: ruhige Kopfhaltung);
– halbe Bahn Armzug, dann Beinschlag hinzunehmen;
– halbe Bahn Beinschlag, dann Armzug hinzunehmen;
– unbetontes Mitzählen des Beinschlags: 1, … 6; 1, … 6 usw.
– betontes Mitzählen des Beinschlags: 1, 2, 3, 4, 5, 6, 1 … oder 1, 2, 3, 4, 5, 6, 1, 2 usw.
– Betonung jeweils des höchsten/tiefsten Punkts eines jeden Fußes;
– unter fortlaufendem Beinschlag nur rechts ziehen – nur links ziehen – 1, 2 oder 3 Gesamtbewegungen;
– Tandem: Vordermann schwimmt Rückenarmzug, Hintermann hält die Füße des Vordermanns und schwimmt Rückenbeinschlag.

Beobachtungshilfen
- Wenn nach dem Wasserfassen z. B. die rechte Hand ihren tiefsten Punkt erreicht, ist das linke Bein ebenfalls an seinen Tiefpunkt?
- Wenn der rechte Arm aus dem Wasser kommt, ist dann das rechte Bein an seinem tiefsten Punkt?
- Bleibt der Kopf ruhig liegen und nimmt nicht an der Rollbewegung des Körpers teil?
- Wippt der Körper nicht auf und ab?
- Liegt der Körper nicht mit Hohlkreuzhaltung im Wasser?
- Schlagen die Beine pausenlos und halten den Körper hoch und stabil?

Rollwenden für Kraul und Rückenkraul

Für beide Kraulschwimmarten gibt es keine schnellere Wendetechnik als die Rollwende. Gemeinsames Element ist die halbe Rolle vorwärts um die waagerechte Hüftachse aus der Bauchlage in die Rückenlage.

Vorher werden die Arme nacheinander zu den Hüften gezogen; der gestreckte Körper gleitet auf die Wand zu. Dann werden Kopf und Oberkörper energisch nach unten gebeugt; das Kinn bleibt auf der Brust. Beide Arme drücken von den Hüften nach unten, so daß das Gesäß an die Oberfläche gelangt und die Beine lang über Wasser zur Wand schlagen. Die Füße werden zum Abstoß gegen die Wand gesetzt.

Sowohl für die Kraul- wie für die Rückenrollwende paßt man das gemeinsame Element der halben Rolle vorwärts nur in den Rahmen der jeweiligen Schwimmart ein.

Die Rückenrollwende

Das Einpassen der halben Rolle vorwärts in das Rückenschwimmen verlangt, zuvor die Bauchlage einzunehmen und zwar während der vorletzten Armzugfolge: Ohne den Zugrhythmus zu unterbrechen, wechselt der Schwimmer aus der Rückenlage über die Seite in Bauchlage. Die Aktionen:
- zügig auf die Wand zuschwimmen
- in fortlaufendem Armzugrhythmus über die Seite in Bauchlage drehen
- nacheinander erst den linken, dann den rechten Arm an den Hüften anhalten.

- Kopf und Oberkörper zügig nach unten beugen, die Beine überwerfen
- die Beine kurz vor ihrem Eintauchen anhocken
- Die Füße in Rückenlage gegen die Wand setzen
- nach kräftigem Abstoß gleiten und durch die Nase ausatmen
- mit Armen und Kopf zur Oberfläche steuern
- mit Beinschlag und einem Arm das Rückenkraulschwimmen aufnehmen.

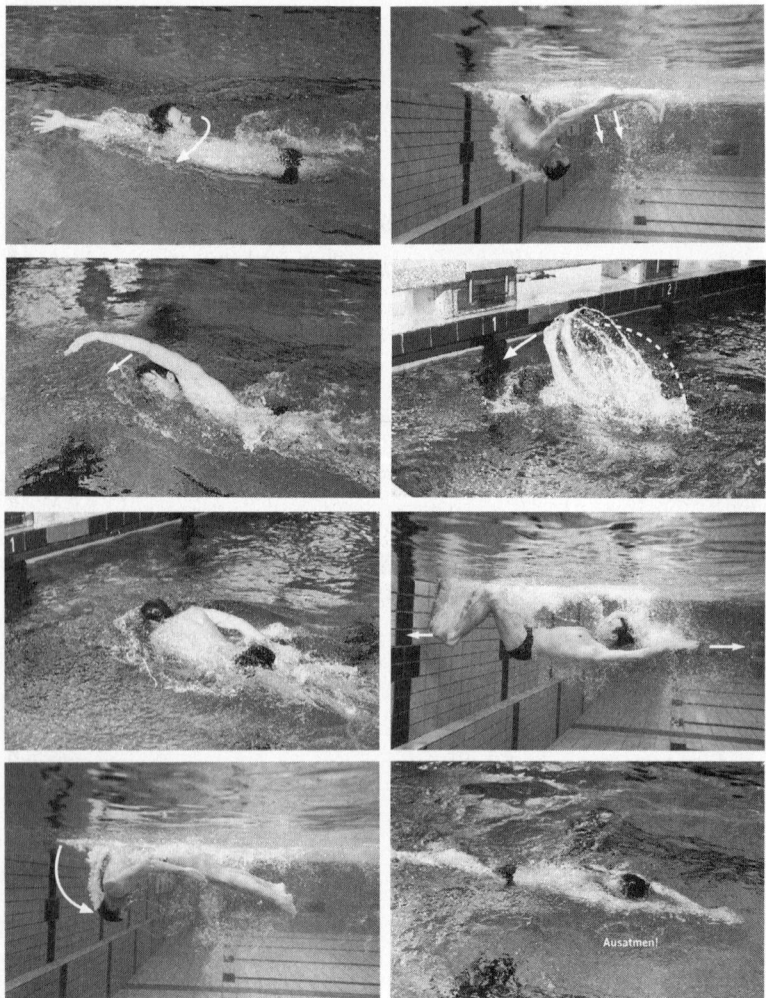

Die Kraulrollwende

Unter Anwendung des gleichen Rollwendenelements gilt es, für das Kraul-schwimmen aus dem Abstoß in die Bauchlage zurückzugelangen. Die Füße werden deshalb in Seitlage zum Abstoß gegen die Wand gesetzt; aus dem seitlichen Abstoß dreht der Körper während des Gleitens zurück in die Bauchlage. Zu diesem Zweck soll man im Augenblick des Vorwärtsrollens
– die drehungsäußere Hand (im Bild die rechte) zum Kopf hinziehen
– die Beine kurz vor dem Eintauchen anhocken
– die Füße in Seitlage gegen die Wand setzen und abstoßen
– durch Vorschieben der unteren Schulter in Bauchlage zurückdrehen
– mit einem Arm beginnend das Kraulschwimmen aufnehmen.

Beobachtungshilfen
● Erfolgt vor der Wand die rechtzeitige Orientierung?
● Gleitet der gestreckte Körper mit angelegten Armen zur Wand?
● Beugen sich Kopf und Oberkörper energisch nach unten?
● Rollen Gesäß und (gestreckte) Beine durch die Luft?
● Hocken die Beine erst kurz vor der Wand an?

Greifstart als Hockstart

Ausgangsstellung für diese am häufigsten beim Brustschwimmen zu sehende Flugphase ist die Greifstartstellung. Die Flugbahn steigt zunächst leicht an und fällt dann bogenförmig ab. Unmittelbar nach dem Absprung werden die Beine angehockt und mit dem Eintauchen der Hände gestreckt. Auf diese Weise entfällt das «Klappmesser» (siehe Foto S. 155 oben) als stark bremsendes Eintauchen. Nach dem Absprung mit aufrechter Kopfhaltung geht das Kinn auf die Brust, so daß die Drehung des Körpers unterstützt wird. Dadurch taucht der Schwimmer verhältnismäßig steil ein. Das steile Eintauchen erfordert allerdings ein sehr rasches Waagerechtsteuern; der Körper würde anderenfalls zu tief abtauchen.

Übungen

– Kopfsprung über Stab, Leine o. ä.: Ausgangsposition Greifstart, Sprung
  über das Hindernis ohne Anhocken der Beine, Partner hält Stab 1–2 m
  vom Block entfernt in Hüfthöhe des Startenden.
  Ebenso mit Durchtauchen eines Hindernisses, z. B. senkrecht unter der
  Wasseroberfläche gehaltene Reifen, ca. 4 m vom Startblock entfernt.
  Entfernung der Hindernisse variieren, um beste Lösung zu ermitteln.
– Startsprung: Im Zeitraum zwischen Absprung und Überqueren des Sta-
  bes aktives Anhocken der Beine, die beim Eintauchen angehockt blei-
  ben.
  Ebenso mit zusätzlichem Beinestrecken beim Eintauchen und Gleiten
  durch das Hindernis.
  Ebenso nach Durchgleiten des Rings Beginn des Unterwasserzuges
  (Tauchzug).

Rückenstart

Nach Einnehmen der Startstellung (siehe Foto links oben) bewirken der in den Nacken gehende Kopf und die schnell seitlich zurückschwingenden Arme die Überstreckung des Körpers. Die eingeleitete Flugphase wird durch explosives Strecken der Beine vollendet. Die nebeneinander gehaltenen Hände tauchen mit den Fingerspitzen zuerst ein, der Körper folgt entsprechend. Mit dem Eintauchen der Hände beginnt die Steuerphase vorwärts aufwärts, der Kopf wird dabei leicht angehoben; das Kinn zeigt zur Brust. Nach dem Eintauchen der Beine und einer kurzen Gleitphase setzt ein sehr intensiver Wechsel- oder Delphinbeinschlag ein, der, unterstützt durch die Zug-Druck-Phase eines Arms, den Schwimmer flach zur Wasseroberfläche zurückbringt. Die Ausatmung erfolgt langsam und gleichmäßig durch die Nase, um ein Eindringen des Wassers zu verhindern.

Hinweis: Sind in der Startstellung Hände und Füße zu weit voneinander entfernt, erhöht sich die Gefahr des Abrutschens; sind sie auf gleicher Höhe, ist kein wirkungsvoller Abdruck mehr möglich.

Übungen
– Delphinsprünge rückwärts in hüfttiefem Wasser: flach über die Wasser-
  oberfläche springen;
– Startsprung rückwärts vom Beckenrand;
– Start ohne / mit Kommando;
  ebenso unter Variation der Kopfhaltung;
– Rückenstart mit den Füßen auf einer Ebene / auf unterschiedlichen Ebe-
  nen.

Beobachtungshilfen
● Wird die Reihenfolge der Teilimpulse Kopf / Arme – Beine eingehal-
  ten?
● Ist der Körper in der Flugphase überstreckt?
● Setzt nach dem Eintauchen intensiver Beinschlag ein, um ein Absak-
  ken des Körpers zu verhindern?
● Erfolgt die Ausatmung durch die Nase?

Foto: Bongarts

Heidrun Liedtke

Wasserspringen

Inhalt

Zielsetzung und Methodik

Das Wasserspringen ist eine Form des Schwimmsports, die besonders hohe
Ansprüche an das Bewegungsverhalten des Sportlers stellt; jeder Sprung
erfordert die Auseinandersetzung mit den Eigenschaften der Absprungstelle, der widerstandsfreien Luft und dem Wasser. Zusätzlich soll der Körper in der Flugphase gestreckt, gehechtet oder gehockt gedreht werden.

Für den Springer bedeutet das:
– äußerst fein abgestimmt und kontrolliert koordinieren zu können,
– sich jederzeit orientieren zu können,
– seinen Körper in jeder Situation beherrschen zu können.
Nur ein auf das Sammeln vielfältiger Bewegungserfahrungen ausgerichte-
ter Lern- und Übungsprozeß und ein verständnisvoller Übungsleiter werden den Springer an dieses Ziel bringen.

Sprunggruppen und Ausführungsarten

Beim Wasserspringen werden die Sprünge in sechs Sprunggruppen unter-
teilt. Systematisiert werden die Gruppen I bis IV nach der Stellung des
Springers während des Absprungs (Endsilbe «-lings») und der nachfolgen-
den Drehrichtung während des Flugs (Endsilbe «-wärts»):
I   vorlings vorwärts
II rücklings rückwärts
III vorlings rückwärts (Auerbachsprünge)
IV rücklings vorwärts (auch «Delphinsprünge» genannt).

In Gruppe V sind die Schraubensprünge (Kombinationen von Drehungen
um die Körperbreiten- und Körperlängsachse) benannt, in Gruppe VI die
Handstandsprünge; hier werden mehrere Gruppen miteinander verbunden, was in der Sprungnummer deutlich wird.

Jeder Sprung erhält eine arabisch bezifferte Sprungnummer, in den Grup-
pen I bis IV eine dreistellige, in Gruppe V eine vierstellige, in Gruppe VI
eine drei- oder vierstellige.
Dabei gilt für die Gruppen I bis IV:
Erste Ziffer: möglich sind 1 bis 4 = Zugehörigkeit zur Sprunggruppe.
Zweite Ziffer: möglich sind 0 oder 1. 0 bedeutet, daß die gewählte Ausfüh-

rung (Hocke oder Hechte) direkt nach dem Absprung eingenommen wird.
1 bedeutet, daß erst eine halbe Drehung mit gestrecktem Körper erfolgen
muß, erst dann darf gehockt oder gehechtet werden; d. h., der Sprung wird
angeflogen.
Dritte Ziffer: möglich sind 0 bis 9. Die Ziffern benennen die Anzahl der
halben Drehungen um die Körperbreitenachse.
Beispiele: 305 = 2½ Auerbachsalto, 113 = 1½ Salto vorwärts angeflogen.

Für Gruppe VI gelten die Angaben zu den Ziffern 1 und 3.
Zweite Ziffer: möglich sind 1 bis 3. 1 bedeutet, daß Handstand und Sprung-
drehung vorwärts erfolgen; 2 bedeutet, daß Handstand und Sprungdre-
hung rückwärts erfolgen; 3 bedeutet, daß der Handstand vorwärts, die
Sprungdrehung rückwärts erfolgen (Auerbach).
Vierte Ziffer: möglich sind 1 bis 4. Sie bezeichnen die Anzahl der halben
Drehungen um die Körperlängsachse.
Beispiele: 612 = Handstandsalto, 623 = 1½ Handstandsalto rückwärts,
          633 = Handstand mit 1½ Auerbachsalto, 6124 = Handstand-
          salto vorwärts mit 2 Schrauben.

Für die Ziffern der Gruppe V gilt:
Erste Ziffer: möglich ist nur die 5 = Zugehörigkeit zur Gruppe der Schrau-
bensprünge.
Zweite Ziffer: möglich sind 1 bis 4; der mit einer Schraube zu kombinie-
rende Sprung gehört der entsprechenden Gruppe an.
Dritte Ziffer: möglich sind 1 bis 5. Sie bezeichnen die Anzahl der halben
Drehungen um die Körperbreitenachse.
Vierte Ziffer: möglich sind 1 bis 9. Sie bezeichnen die Anzahl der halben
Drehungen um die Körperlängsachse.
Beispiel: 5136 = 1½ Salto vorwärts mit dreifacher Schraube.

Sprünge und ihre Ausführungsarten

Sprunggruppen					
I	IV	II	III	V	VI
101 B, A	401 C	201 C	301 B, A	5132 D	612 C
102 B, A	402 C	202 B, A	302 C	5231 D	631 C
103 C	403 B	203 C	303 B	5311 A	632 B
				5333 D	

Überblick über die beschriebenen Sprünge

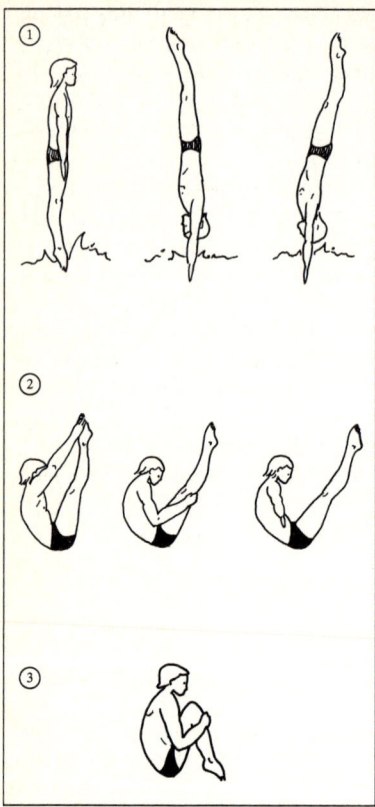

Das Wasserspringen kennt vier *Ausführungsarten.*

A = *gestreckt:* Der Körper ist angespannt; zum fußwärtigen Eintauchen werden die Arme seitlich angelegt, zum kopfwärtigen werden sie in Verlängerung des Körpers genommen; dabei bilden Körper und Arme eine Linie (Abb. 1).

B = *gehechtet:* Der Körper wird mit gestreckten Beinen eng zusammengeklappt; bei Fuß- und Kopfsprüngen werden die Hände auf den Fußrist gelegt, bei den Salti fassen die Hände die Kniekehlen, oder die Arme sind in der Seithalte (offene Hechte) (Abb. 2).

C = *gehockt:* Der Körper wird eng zusammengezogen; die Hände umfassen die Unterschenkel handbreit unter den Knien (Abb. 3).

D = *frei:* Die freie Ausführung wird bei den Schraubensalti gesprungen; dabei ist jede der drei vorher genannten Möglichkeiten erlaubt. Die Praxis beschränkt sich jedoch fast ausschließlich auf die gestreckte, offen gehechtete Ausführung.

Alle Abbildungen in diesem Beitrag:
Heidrun Liedtke

Auswahl und Darstellung der Sprungtechniken

Die Auswahl der Sprünge erfolgt mit dem Wunsch, alle Techniken des Wasserspringens in ihrer Grundstruktur darzustellen und ihren aufbauenden Charakter im Sinne der Schwierigkeitssteigerung innerhalb der Sprunggruppen zu verdeutlichen. Dies geschieht auch im Text zu den Abbildungen, indem das Neue im Bewegungsverhalten durch Kursivdruck hervorgehoben wird. In den Abbildungen wird zusätzlich der Versuch unternommen, Hinweise (+ +) auf den Einsatz der besonders benötigten Muskelspannung zu geben und aufzuzeigen, wie diese im Sprungverlauf z. B. von der Vorderseite auf die Rückseite des Körpers wechseln kann. Aus Gründen der besseren Übersicht erscheinen sie nur an den Beinen, sie gelten aber genauso für die Bauch-, bzw. Gesäß- und Rückenmuskulatur.

Wegen ihrer grundsätzlich gleichen Bewegungsverhalten – wie der Art des Einleitens der Drehung, des Drehens, des Abstoppens und des Eintauchens – werden jeweils die Sprunggruppen I und IV, II und III gemeinsam behandelt; dabei werden die zueinander gehörenden Sprünge einmal gehockt und einmal gehechtet dargestellt. Die Auswahl der Ausführungsart erfolgt zufällig und ist austauschbar.

Die gestreckten Sprünge und die Schraubensprünge werden nur aus einer der beiden Sprunggruppen dargestellt, ihre Technik ist aber im obengenannten Sinne übertragbar. Da die gestreckte Ausführung die höchsten Anforderungen an das springerische Können stellt, werden diese Sprünge als letzte in den jeweiligen Sprunggruppen behandelt.

Das Training des Wasserspringers

Stellt man die Frage nach den Einflußgrößen, die die Leistungsfähigkeit des Wasserspringers bestimmen, rücken die hohen koordinativen Anforderungen in den Vordergrund (vgl. Abb. 4, S. 164). In sehr kurzen Zeitspannen muß der Springer in der Lage sein, eine Vielzahl unterschiedlicher Bewegungen auszuführen. Das wird ihm nur gelingen, wenn er Beweglichkeit, Reaktionsschnelligkeit, den Wechsel von Spannung und Entspannung auf das genaueste miteinander abstimmen und sich gleichzeitig trotz ständiger Lageveränderungen orientieren kann. Das alles setzt das Vorhandensein der entsprechenden konditionellen Fähigkeiten voraus. Die vielseitige Beanspruchung fordert eine vielseitig arbeitsfähige Muskulatur. Im Absprung müssen die entsprechenden Muskelgruppen das Körpergewicht abfangen (exzentrische Arbeitsweise) und sich sofort wieder schnellkräftig zusammenziehen können (konzentrische Arbeitsweise). Während des Flugs müssen Teile des Körpers gehalten und andere gleichzeitig bewegt werden können, und dies oft im schnellen Wechsel (isometrische und konzentrische Arbeitsweise). Während des Eintauchens muß der gesamte Körper angespannt gehalten werden können.

Das Konditionstraining befaßt sich deshalb vorrangig mit der Verbesserung von Kraft und Schnelligkeit, wobei das *Krafttraining* im Funktionszusammenhang zum Schnelligkeitstraining steht. Eine große Maximalkraft

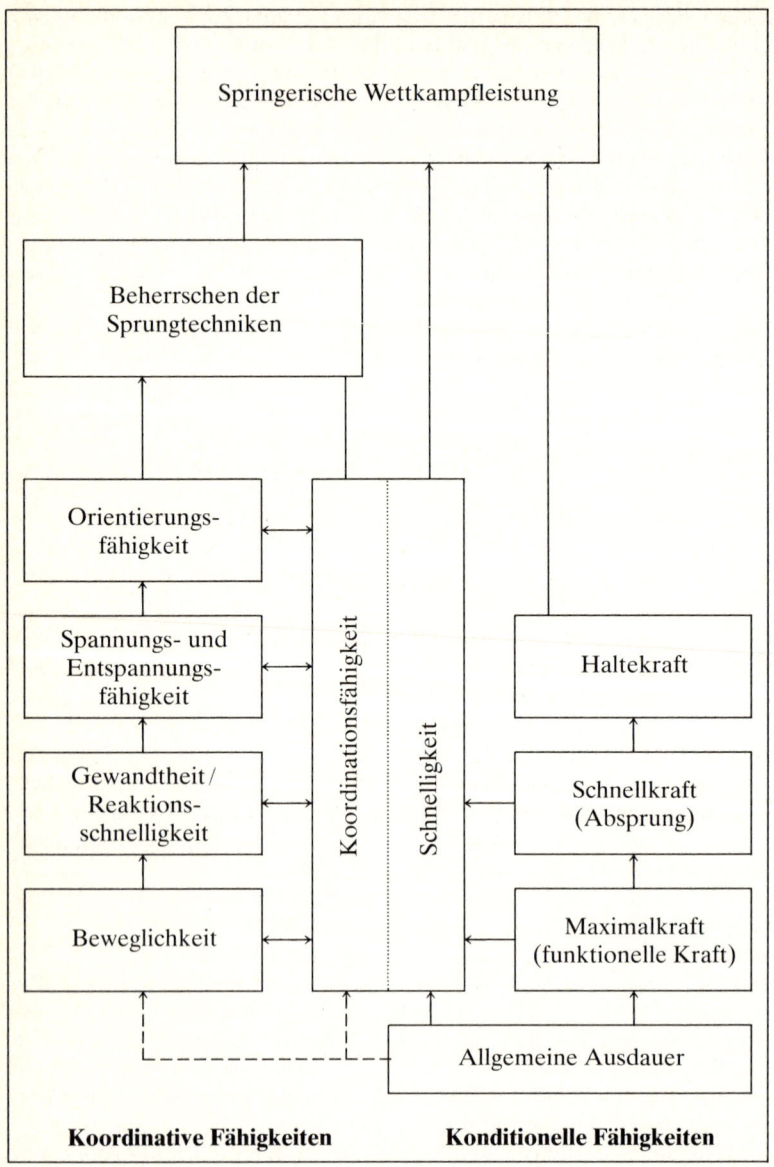

Abb. 4: Modell modifiziert nach WILKE/MADSEN (1983): Das Training des jugend-lichen Schwimmers

schafft erst die Grundlage zur Verbesserung der Schnelligkeit, deshalb muß ihre Vergrößerung zum Beginn einer Trainingsperiode erfolgen. Die Arbeitsweise soll dynamisch sein, um im Muskel möglichst viele Fasern (motorische Einheiten) zu aktivieren.

Das *Schnelligkeitstraining* muß im obengenannten Sinn vielseitig erfolgen. Zum einen muß die für den Absprung notwendige Schnellkraft entwickelt werden, zum anderen müssen Reaktionsfähigkeit, Gewandtheit, die Fähigkeit des Wechselns zwischen Spannung und Entspannung, die Fähigkeit, unterschiedliche Bewegungen auch bei Lageveränderungen in Folge ausführen zu können, die Fähigkeit, in jeder Situation das Gleichgewicht halten zu können, in sehr kurzen Zeitspannen verfügbar gemacht werden.

Daneben muß möglichst oft ein *allgemeines Ausdauertraining* stattfinden, um den Springer zu befähigen, eine Trainingseinheit, einen Wettkampf ohne Ermüdungserscheinungen durchstehen zu können.

Anregungen und Hinweise zur Trainingsplanung

Die Planung des Trainings sollte immer für einen längeren Zeitraum erfolgen. Die Jahresplanung kann sich in den ersten Trainingsjahren an den Schulferien orientieren, später wird sie durch das Wettkampfprogramm bestimmt. Der in Abbildung 5, S. 166, dargestellte *Makrozyklus* gibt Anregungen für die inhaltliche Gestaltung während der ersten zwei Trainingsjahre. Die weitere Unterteilung in *Mikrozyklen* (wöchentliche Planung) wird nach den jeweiligen Gegebenheiten vorgenommen.

Beispiele für Trainingsinhalte

- *Aufwärmen/Gymnastik:* Jede Trainingseinheit beginnt mit dem Aufwärmen; der Springer soll hier gezielt auf nachfolgende Aufgaben eingestimmt werden, ohne dabei bereits zu ermüden.

Merke:
- Zum Aufwärmen nur bekannte Bewegungsaufgaben fordern!
- Gymnastische Übungen nach dem Grundsatz «aufwärmen, dehnen, kräftigen, lockern» zusammenstellen.
- Gymnastik auf die spätere Bewegungsaufgabe abstimmen.

- *Bewegungsvielfalt:* Um die Kinder nicht von vornherein nur auf das Wasserspringen festzulegen und um Abwechslung zu schaffen, soll pro Monat in einer Trainingseinheit Wasserball, Synchronschwimmen, Wassergymnastik, Schwimmen eingeplant werden; dabei kann die Sparte pro Makrozyklus wechseln.

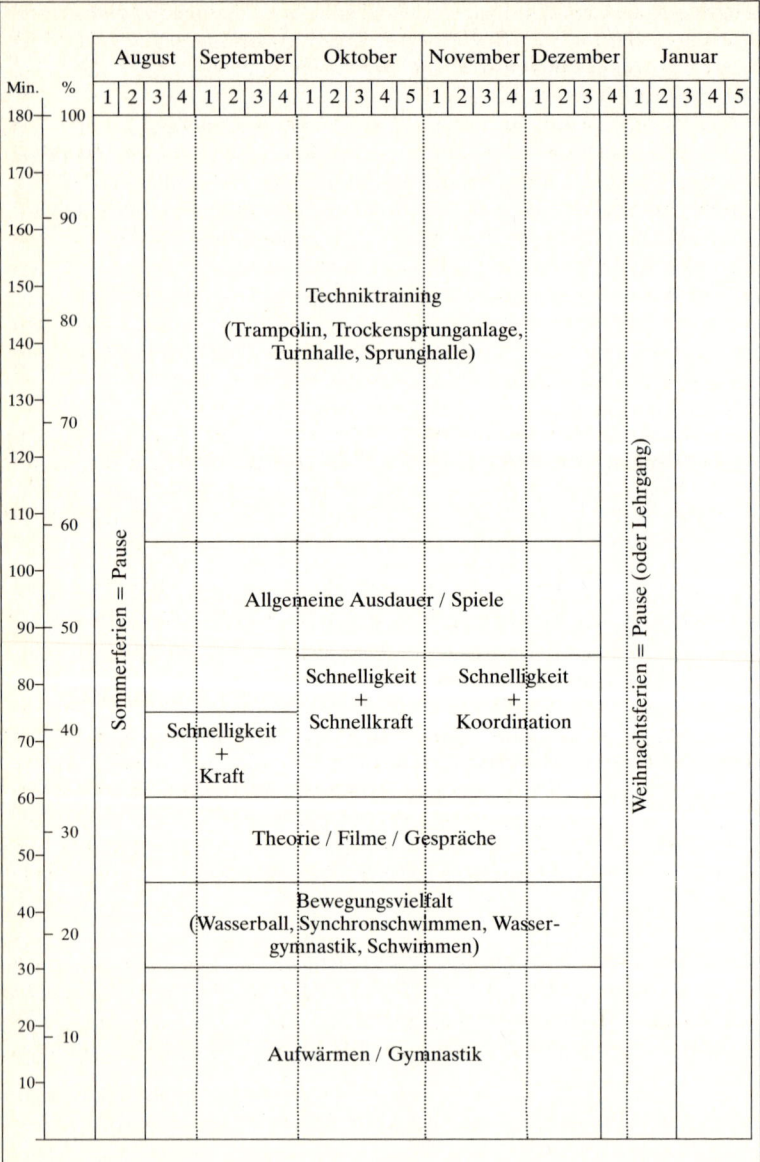

Abb. 5: Planung eines Makrozyklus für die ersten beiden Trainingsjahre

- *Theorie:* Jede zweite Woche, bzw. beim Einführen neuer Sprungtechniken, soll theoretischer Unterricht durchgeführt werden. Hier gilt es, Verständnis für die Sprungtechniken zu schaffen und Übungs- und Trainingsmaßnahmen nachvollziehbar zu machen. Außerdem ist dies eine Möglichkeit, persönliche Fragen und Probleme zu klären.

- *Konditions- und Koordinationstraining:* Das allgemeine Ausdauertraining soll zu Beginn eines Makrozyklus umfangreicher sein als am Ende, anfangs auf Langzeitbelastung zielen, später variieren. Hier bieten sich an: Waldläufe, Langstreckenschwimmen, Lauf- und Staffelspiele, Ballspiele wie Basketball, Handball, Volleyball.

  Das *Krafttraining* soll mit verhältnismäßig hoher Belastung (Widerstand, Gewicht) beginnen und zum Ende hin zugunsten der Wiederholungszahl und Bewegungsschnelligkeit abnehmen. Allerdings dürfen in den ersten Jahren des Trainings (altersabhängig) keine hohen Zusatzgewichte eingesetzt werden; es genügen leichte Hanteln oder der Partner.

  Der Umfang des *Schnelligkeitstrainings* soll sich zum Kraftzuwachstraining in Wechselwirkung verändern; dabei sollen die Übungsformen immer sprungspezifischer und komplexer in ihrem Ablauf werden.

Merke:
- Schnelligkeitstraining nur im ausgeruhten Zustand durchführen.
- Beim Schnelligkeitstraining nur fehlerfreie Bewegungen ausführen lassen.

Das *Koordinationstraining* soll einmal auf die Verkürzung der Reaktionszeit im Nerv-Muskel-Zusammenspiel zielen (intramuskuläre Koordination), zum anderen die an den Bewegungen beteiligten Muskelgruppen in ihrer Zusammenarbeit verbessern (intermuskuläre Koordination). Deshalb muß es entsprechend vielseitig gestaltet werden.
Hinweis: Das Koordinationstraining mit einfachen Bewegungsabläufen beginnen, später gegenläufige Bewegungen (wie: hoch – tief, vorwärts – rückwärts, rollen – gehen) fordern.

- *Techniktraining:* Dieses soll so aufgebaut werden, daß (je nach Möglichkeiten) zu Beginn viel in der Turnhalle, auf der Trockensprunganlage geübt wird, später der Schwerpunkt auf dem Üben in der Sprunghalle liegt. Dabei kann das Trampolin ständig begleitendes Trainingsgerät sein.

Merke:
Je variabler die Übungsbedingungen sind, desto weniger störanfällig ist das zu erwartende Bewegungsverhalten.

Trampolinspringen

Das Trampolin ist für den Wasserspringer ein ideal ergänzendes Trainings-
mittel. Die Vorteile für den Übungsbetrieb gegenüber dem Springen ins
Wasser sind im wesentlichen folgende: kein Frieren, größere Intensität und
Möglichkeiten der Hilfestellung. Deshalb sollte besonders im Anfängerunterricht nicht auf seinen Einsatz verzichtet werden.

Eine Vielzahl der beim Wasserspringen geforderten Bewegungsverhalten
läßt sich nahezu ohne Einschränkungen vorbereiten, beispielsweise: Ab-
sprungübungen aus dem Stand, Hilfen, wie die über dem Kopf gehaltene
Stange, können das Hochspringen und Feststellen der Arme in der Hochhalte verbessern; Anlauf vom Brett, hierbei beginnt der Springer auf dem
Rahmen und macht den ersten Schritt in das Tuch; Fußsprünge, hierbei
können die Ausführungsarten besonders variationsreich geübt werden;
$\frac{1}{1}$, $\frac{2}{1}$ Salti, anfangs in den Sitz gesprungen, später in den aufrechten Stand,
hier kann ein Partner z. B. mit erweitertem Drehgriff helfend eingreifen;
eine andere Möglichkeit besteht darin, dem Übenden ein Handtuch um die
Hüfte zu schlingen, dessen Enden der Helfer hält. Die beim Springen vom
Brett / von der Plattform notwendige Vorwärtsbewegung sollte direkt be-
rücksichtigt werden, indem Absprung und Landung nicht auf derselben
Stelle erfolgen; es besteht sonst die Gefahr, die Sprünge zu unterziehen.
Außerdem lassen sich so auch Auerbach- und Delphinsalti vorbereiten.

Zugeständnisse an die Technik muß man bei den kopfwärts getauchten
Sprüngen machen, da ohne Longe nur eine Bauch- oder Rückenlandung
möglich ist. Gut üben läßt sich das Abspringen und Einleiten der Rück-
wärtskopfsprünge zur Rückenlandung. Dagegen ungünstig – und das
besonders für den Anfänger – ist das Üben der vorwärts gedrehten Kopfsprünge zur Bauchlandung, da beim Öffnen der Hocke / Hechte der Oberkörper nach oben gezogen wird, ein Verhalten, das schwer wieder abzuge-
wöhnen ist. Auch der 1½ Salto vorwärts zur Rückenlandung birgt die
Gefahr, daß später beim Springen ins Wasser weitergedreht wird.

Neben den Technikübungen kann durch die große Wiederholungszahl der
Sprünge gezielt ein anpassungsfähiges Bewegungsverhalten geschult werden, indem sich z. B. bei jedem Sprung die Ausführung ändert oder Fußsprung und Salto in wechselnder Folge gesprungen werden oder der Springer erst während des Übens die neue Aufgabe zugerufen bekommt.

Außerdem ist der konditionelle Gewinn aufgrund der höheren Gesamtbe-
lastung nicht zu vergessen.

Merke:

Trampolinspringen läßt sich sowohl zur Steigerung der Übungsintensität
als auch zur Verbesserung der Kondition einsetzen.

Das Übungsangebot

Das Angebot an Übungen orientiert sich an den Forderungen, zum einen die Bewegungsverhalten unter möglichst vielen Bedingungen und in wechselnden Situationen zu üben und zum anderen die allmähliche Steigerung von Schwierigkeiten zum Prinzip des exemplarischen Lehrens und Lernens zu erheben. So werden bei den Kopfsprüngen die grundsätzlich typischen Verhalten erarbeitet, bei den nachfolgenden Sprüngen nur noch die jeweils neuen. Hier ist der Übungsleiter aufgefordert, nach eigenem Ermessen auf frühere Übungen zurückzugreifen. Die angebotene Reihenfolge ist kein «Muß». Allerdings zeigt sie in der Folge des Erarbeitens der Teiltechniken einen Weg auf, der dem Springer negative Erlebnisse ersparen kann.

Einige Übungen werden nur für eine Sprunggruppe beschrieben, sie können auch mit der anderen Art des Absprungs geübt werden; allerdings muß jedes Verletzungsrisiko – wie z. B. nicht kalkulierbares Tauchverhalten bei Delphinsprüngen vom Beckenrand wegen der Standstufe – ausgeschaltet werden. Der Einsatz der Lern- und Übungshilfen soll dem Springer eine wirkliche Hilfe sein und seine Motivation steigern; deshalb sollte ständig sichergestellt sein, daß ihr Einsatz auch so erfolgt, daß ein mit ihrer Hilfe angestrebtes Ziel erreicht werden kann.

Organisation des Übungsbetriebs

Eine gut durchdachte und sinnvolle Organisation kann die Wirksamkeit des Übungsbetriebs erheblich steigern. Alleroberstes Gebot dabei ist die *Sicherheit*. Von Anfang an sollten die Springer daran gewöhnt werden, den Einsprungbereich schnell zu verlassen, beim Springen vom Beckenrand die Absprungstelle rutschfest zu sichern, bei gleichzeitiger Benutzung mehrerer Absprungstellen nur auf Zeichen des Leiters zu springen.

Die Übungsintensität kann durch Nutzen möglichst vieler Absprungstellen wesentlich gesteigert werden. Stehen z. B. ein Brett, eine Plattform und der Beckenrand zur Verfügung, kann nach Art eines Kreisverkehrs geübt werden; an jeder Absprungstelle wird zweimal gesprungen, dann wird zur nächsten gewechselt. Der Übungsleiter steht z. B. am Brett und korrigiert oder gibt Anweisungen. So lernt der Springer auch, selbständig zu üben.

Zum Ende der Stunde sollten hin und wieder Spiele angeboten werden, wie z. B. «Eckhaschen» (gesprungen werden darf nur in eine Richtung über eine Ecke des Beckens, der Rückweg erfolgt an Land; der Fänger darf nur im Wasser abschlagen), «Turmhaschen» (3-Meter- oder 5-Meter-Plattform; der Fänger darf jederzeit abschlagen) oder «Schattenspringen» (ein Springer erfindet einen Sprung, den alle nachmachen müssen, wer Fehler macht, muß ausscheiden).

Die Sprungtechniken und ihre Vermittlung

Absprung vorlings vorwärts aus dem Stand von der Plattform (Abb. 6)

In aufrechter Haltung mit geschlossenen Beinen am Ende der Plattform stehen; dabei liegen die Zehen an der Kante, Arme seitlich anlegen. (1)
Ausholen! Dazu Arme neben dem Körper in die Seithalte und dann hinter dem Körper abwärts schwingen; gleichzeitig in die Knie gehen. (2/3)
Arme mit *steigender Intensität* an der Hüfte vorbei vor dem Körper in die Hochhalte schwingen und dort *feststellen!* Gleichzeitig Beine strecken und abspringen; Füße nach vorn drücken. (4/5)

Absprung rücklings rückwärts von der Plattform (Abb. 7)

In aufrechter Haltung mit geschlossenen Beinen am Ende der Plattform stehen; dabei Fußballen auflegen, Fersen leicht anheben und Körpergewicht über die Füße legen, Arme seitlich anlegen. (1)
Ausholen; dazu Arme neben dem Körper in die Seithalte und dann hinter dem Körper abwärts schwingen; gleichzeitig in die Knie gehen. (2/3)
Arme mit steigender Intensität an der Hüfte vorbei vor dem Körper in die Hochhalte schwingen und dort feststellen; gleichzeitig Beine strecken und abspringen, Füße nach hinten drücken. (4/5)

Absprung vorlings vorwärts aus dem Stand vom Brett (Abb. 8)

In aufrechter Haltung mit geschlossenen Beinen am Ende des Brettes stehen; dabei liegen die Zehen an der Kante, Arme seitlich anlegen. (1)
Anwippen! Dazu Fersen anheben und Arme neben dem Körper in die Hochhalte schwingen. Oberkörper aufrecht halten. (2/3)
Arme hinter dem Körper abwärts schwingen und gleichzeitig in die Knie gehen. (4)
Arme mit steigender Intensität an der Hüfte vorbei vor dem Körper in die Hochhalte schwingen und dort feststellen; gleichzeitig Beine strecken und abspringen. Füße nach vorn drücken. (5/6)

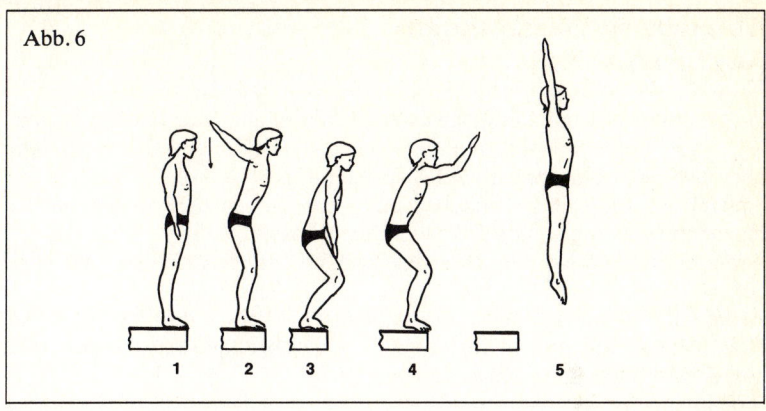

Abb. 6

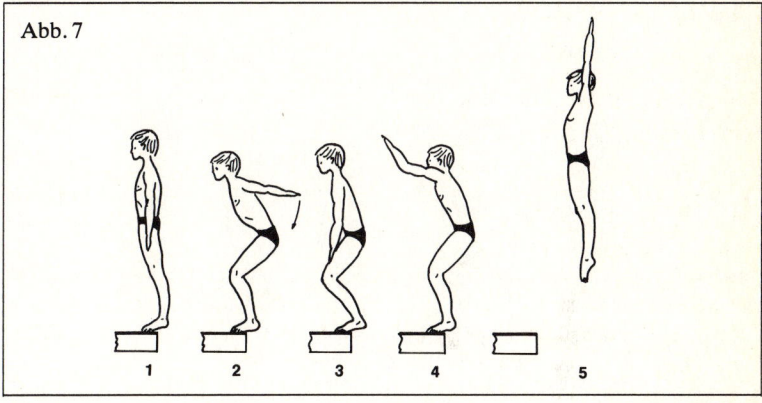

Abb. 7

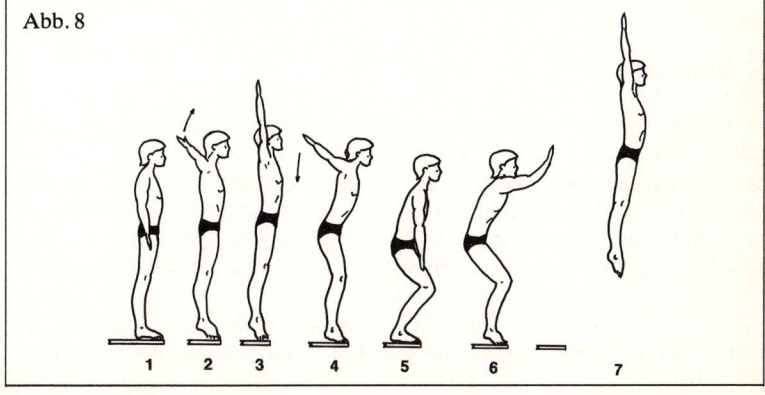

Abb. 8

Absprung rücklings rückwärts vom Brett (Abb. 9)

In aufrechter Haltung mit geschlossenen Beinen am Ende des Brettes stehen; dabei Fußballen auflegen, Fersen leicht anheben und Körpergewicht über die Füße legen, Arme seitlich anlegen. (1)
Anwippen; dazu Fersen anheben und Arme neben dem Körper in die Hochhalte schwingen, Oberkörper aufrecht halten. (2/3)
Arme hinter dem Körper abwärts schwingen und gleichzeitig in die Knie gehen. (4)
Arme mit steigender Intensität an der Hüfte vorbei vor dem Körper in die Hochhalte schwingen und dort feststellen; gleichzeitig Beine strecken und abspringen, Füße nach hinten drücken. (5/6)

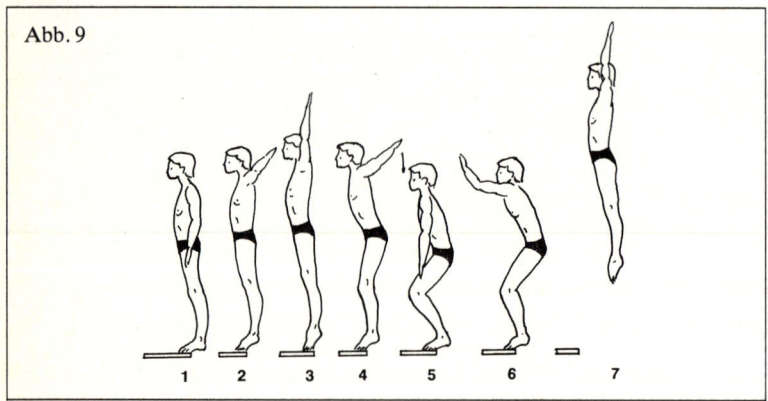

Abb. 9

1   2   3   4   5   6   7

Übungen

Der Absprung sollte zuerst von der Plattform, dann vom Brett geübt werden.
– Absprung vorlings vorwärts ohne Armschwung: Am Ende der Absprungstelle mit geschlossenen Beinen stehen; dabei Zehen auflegen, Arme seitlich am Körper halten, anwippen und abspringen. Füße sofort nach vorn drücken, ohne dabei in der Hüfte abzubeugen. Gestreckt ins Wasser hineinschlüpfen.
Ebenso: Ein Helfer hält eine Stange 15 cm über und 10 cm vor der Absprungstelle. Stange überspringen, ohne dabei die Beine abzubeugen.

- Absprung rücklings rückwärts ohne Armschwung: Am Ende der Absprungstelle mit geschlossenen Beinen beginnen: Anwippen und abspringen. Füße sofort nach hinten drücken, ohne dabei ein Hohlkreuz zu machen. Gestreckt ins Wasser hineinschlüpfen.
- Absprung vorlings vorwärts mit dem Ball: Am Ende der Absprungstelle beginnen, mit beiden Händen vor dem Körper einen Ball halten: Abspringen und gleichzeitig mit gestreckten Armen den Ball nach oben abwerfen.

Ebenso: Rücklings rückwärts abspringen.

Ebenso: Beginnen wie oben: Ball mit gestreckten Armen hochwerfen und dann so abspringen, daß der Ball im Flug wieder gefangen wird.

Unmittelbar vor dem Eintauchen Ball nach vorn oder auf die Eintauchstelle abwerfen oder den Ball mit dem Kopf oder Fuß stoßen.

Beobachtungshilfen

● Hält der Springer während des Anwippens den Oberkörper ruhig?
● Macht er keinen Doppelaufsatz?
● Beginnt der Übende den Armschwung langsam und beschleunigt ihn dann in der Aufwärtsbewegung?
● Bewegt er seine Fußgelenke?
● Legt der Springer im Stand rücklings sein Gewicht über die Füße?

Absprung vorlings vorwärts mit Anlauf von der Plattform (Abb. 10)

In aufrechter Haltung mit geschlossenen Beinen und seitlich angelegten Armen *vier Schrittlängen* vom Ende der Plattform entfernt stehen. (1)

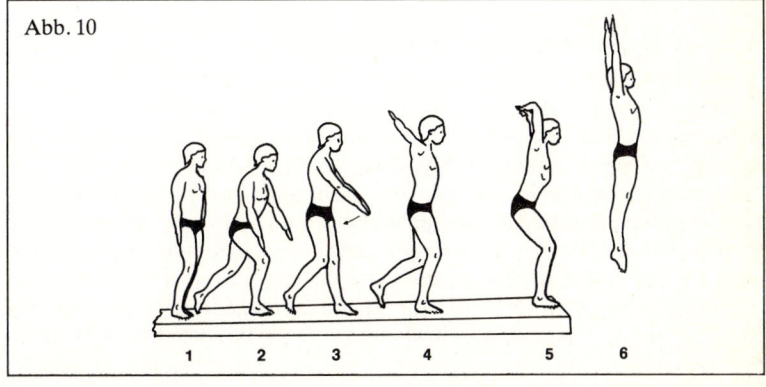

Abb. 10

1   2   3   4   5   6

Mit dem Sprungbein beginnend drei Schritte laufen! Dabei während der ersten beiden Schritte die Arme vor den Körper schwingen, mit dem dritten Schritt (Sprungbein) Arme an der Hüfte vorbei *seitlich und etwas hinter dem Körper* in die Hochhalte schwingen! Gleichzeitig abspringen. (2–4)
Mit beiden Beinen und Armen in der Hochhalte am Ende der Plattform landen. In die Knie gehen und abspringen; gleichzeitig Arme im Ellbogen beugen (Unterarme abklappen) und dann wieder strecken. (5)

Übungen
- Beidbeiniger Absprung aus dem Stand: Am Ende der Plattform mit Armen in der Hochhalte beginnen; beide Hände halten einen Ball: Abspringen und gleichzeitig Ellbogen beugen und Ball nach oben vorn abwerfen.
- Beidbeiniger Absprung aus dem Schritt: Zwei Schrittlängen vom Ende der Plattform entfernt beginnen: Die gestreckten Arme leicht vor dem Körper halten, mit dem Sprungbein einen Schritt machen und abspringen; dabei Arme an den Hüften vorbei etwas hinter dem Körper in die Hochhalte schwingen, dann mit beiden Beinen in der Absprungzone (markiert z. B. durch eine Schaumstoffmatte) landen und abspringen; dabei Arme im Ellbogen beugen und strecken.
- Anlauf: Die Schrittlängen wurden zuvor durch farbige Klebestreifen o. ä. markiert.

Beobachtungshilfen
- Beugt und streckt der Übende beim Abspringen Beine und Ellbogen gleichzeitig?
- Kann er das Anlaufen in einen hohen Absprung umsetzen, oder läuft er zu schnell?

Absprung vorlings vorwärts mit Anlauf vom Brett (Abb. 11)

In aufrechter Haltung mit geschlossenen Beinen und seitlich angelegten Armen *fünf Schrittlängen* vom Ende des Brettes entfernt stehen. (1)
Mit dem Schwungbein beginnend, vier Schritte angehen! Dabei während der ersten beiden Schritte Arme mitpendeln lassen (2/3), während des dritten Schritts Arme hinter der Hüfte zurückhalten (4), den vierten Schritt (mit dem Sprungbein) leicht anstemmen; dabei Arme mit steigender Intensität an der Hüfte vorbei in die Hochhalte schwingen und dort feststellen und das Schwungbein vor dem Körper hochziehen. Dann mit dem Sprungbein abspringen. (5)

Abb. 11

In der Luft Körper strecken und *unmittelbar vor* der Landung Arme hinter dem Körper abwärts schwingen! (6/7)

Mit beiden Beinen am Brettende landen; gleichzeitig Arme an der Hüfte vorbei in die Hochhalte schwingen und dort feststellen. Dann abspringen. (8)

Übungen
- Wippen auf dem Brettende: Dabei Arme seitlich angelegt halten oder Arme hinter dem Kopf verschränken. In der Luft Füße strecken, bei der Landung nur wenig im Kniegelenk nachgeben.
- Ebenso mit Armschwung: Unmittelbar vor der Landung Arme rückwärts kreisend aus der Hochhalte in die Hochhalte schwingen; dabei langsam beginnen und im Aufwärtsschwung beschleunigen.
- Schlußsprünge: Drei Schritte vom Brettende entfernt mit Armen in der Hochhalte beginnen. Mit vier bis fünf Schlußsprüngen das Brettende erreichen und dann abspringen, jeden Absprung durch einen Armschwung unterstützen.
- Einbeiniger Absprung aus dem Schritt: Eine Schrittlänge vom Brettende entfernt in aufrechter Haltung mit geschlossenen Beinen beginnen: gestreckte Arme hinter der Hüfte halten. Mit dem Sprungbein einen Schritt zum Brettende hin machen, Arme hochschwingen und abspringen; dabei das Schwungbein vor dem Körper hochziehen. Im Flug Körper strecken und unmittelbar vor dem Eintauchen Arme nochmals in die Hochhalte durchschwingen.
- Aufsatzschritt: Zwei Schrittlängen vom Brettende entfernt mit Armen hinter der Hüfte beginnen: Mit dem Sprungbein einen Schritt nach vorn machen, Arme hochschwingen und abspringen (s. vorige

Übung). Unmittelbar vor der beidbeinigen Landung am Brettende Arme nochmals bis in die Hochhalte durchschwingen und abspringen.
– Anlauf mit vier Angehschritten: Während des gesamten Bewegungsablaufs Arme verschränkt hinter dem Kopf halten.
Ebenso: Auf das Brett im Abstand von ca. 50 cm farbige Streifen kleben. Angehen; dabei jeweils mit den Zehen die Markierung berühren.

Hinweis: Alle Übungen außer den beiden ersten sollten zuerst vom Beckenrand oder von der Plattform geübt werden, dann vom Brett.

Beobachtungshilfen
● Geht der Springer nicht zu schnell an?
● Setzt er bei den Schritten die Ferse auf und rollt den Fuß zu den Zehen hin ab?
● Hält der Übende bei den Armschwüngen die Arme gestreckt?

Merke:
– Beim Angehen muß das Körpergewicht immer über den nach vorn gehenden Fuß verlagert werden.
– Die Kombination von einbeinigem und beidbeinigem Absprung nennt man Aufsatzschritt.
– Je höher der einbeinige Absprung erfolgt, desto größer ist die Kraft, mit der der Springer das Brett nach unten drücken kann.

Gymnastik für die Absprünge

– Im Sitzen einen Fuß an den Knöcheln halten und ausschütteln. Dann mit einer Hand auf die Zehen drücken und Fuß überstrecken, mit der anderen Hand über den Fußrist streichen.
– Im Langsitz Füße auswärts/einwärts kreisen.
– Im Fersensitz mit aufgelegten Füßen beginnen: Hände neben den Knien aufstützen, Gesäß anheben und Beine strecken.
– Im aufrechten Stand mehrfach federn; dabei die Füße abwechselnd auf dem Boden auflegen und strecken. Auf Kommando im Hochzehenstand mit zusammengedrückten Fersen stehenbleiben, ohne dabei zu wackeln.
– Im aufrechten Stand beginnen: Beine im Kniegelenk beugen und Oberschenkel zusammenpressen. So gehen; dabei nur Knie- und Fußgelenke bewegen, Füße intensiv von der Ferse zu den Zehen abrollen.
– Eine Treppe mit geschlossenen Beinen aufwärts/abwärts hüpfen.

- Seilspringen mit und ohne Zwischenhüpfer; dabei nur die Fußgelenke bewegen.
- Im aufrechten Stand oder Gehen üben: Armkreisen vorwärts/rückwärts; dabei langsam die Intensität steigern, in der Hochhalte Arme kurz feststellen.
- Unter einer hohen Reckstange mit Armen in der Hochhalte beginnen: Arme rückwärts durchschwingen und abspringen. An der Stange in den Hang kommen.

Handstand (Abb. 12)

Im Bückstand beginnen; dabei Hände am Ende der Plattform auflegen (oder mit den Fingern die Kante umgreifen), Füße dicht dahinter. Auf die Hände blicken. (1)
Drücken! Dabei Körpergewicht über die Plattformkante verlagern, Gesäß hochziehen und gestreckte Beine vom Boden lösen. (2)
Hüfte verhalten strecken und Körpergewicht zurück über die Hände verlagern. (3/4)
Im Handstand stehen; dabei durch *Gegendruck der Hände* Körper stabil halten. (5)

Variationen:
- Im Hockstand beginnen und über das Öffnen der Hocke in den Handstand kommen. (Abb. 13)
- Im Bückstand beginnen, ein Bein abspreizen, mit dem anderen abdrücken; mit gespreizten Beinen Körpergewicht stabilisieren, dann Beine schließen. (Abb. 14)

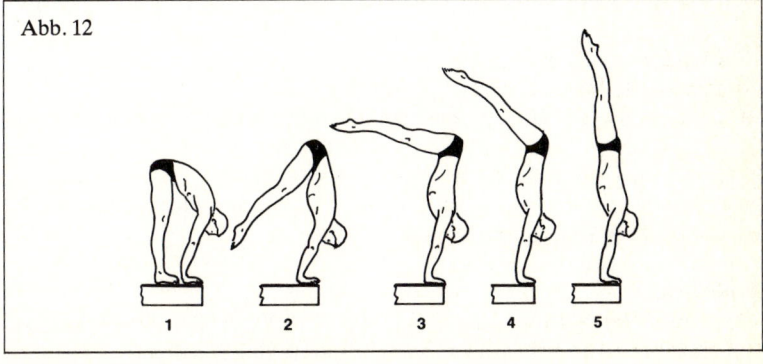

Abb. 12

1   2   3   4   5

Abb. 13

Abb. 14

Übungen
- Schubkarrelaufen: Im Liegestütz beginnen: Ein Helfer hebt die Beine an; auf den Händen gehen; dabei Körper gestreckt halten.
- Handstand mit Partnerhilfe: In den Handstand schwingen. Zwei jeweils seitlich neben dem Übenden stehende Helfer halten am Oberschenkel. Im Stand Bauch- und Gesäßmuskeln anspannen, Körper in den Schultern hochdrücken; dabei auf die Hände blicken.
- Handstand von einer Erhöhung: Quer auf dem Brett liegend den Oberkörper abbeugen und Hände aufstützen, Beine abfedern und in den Handstand kommen. Ein seitlich stehender Helfer kann am Oberschenkel sichern.
- Handstand aus dem Hockstand/Bückstand: Hände dicht vor den Füßen aufsetzen. Körpergewicht über die Hände schieben und Füße vom Boden lösen. Wer kann so 5 Sek. im Hockhandstand/Bückhandstand stehen?
- Spreizhandstand: Mit abgespreizten Beinen in den Handstand schwingen. Im Stand langsam Beine schließen, dann wieder spreizen.

Beobachtungshilfen
- Schaut der Übende auf die Hände?
- Spannt er seine Muskeln an und hängt nicht durch?

Merke:
Der Handstand kann nur gedrückt werden, wenn der Springer über eine entsprechend gekräftigte Muskulatur verfügt.

Gymnastik
- Im aufrechten Stand mit Armen in der Hochhalte beginnen: Schultern hochziehen und 5 Sek. halten, dann Schultern fallen lassen.

– Im Streckliegestütz beginnen: Füße aufsetzen und fest am Boden halten. Mit den Händen zu den Füßen «laufen»; dabei Hüfte abbeugen und Beine gestreckt halten. Dann wieder in den Liegestütz «zurücklaufen».
– Im Streckliegestütz von den Händen abdrücken, in die Hände klatschen und wieder stützen.

Kopfsprung vorwärts gehechtet (101B) (Abb. 15)

Abb. 15

Während die Beine sich strecken und die Absprungstelle verlassen, Arme und Oberkörper eher verhalten *nach unten bewegen!* (1)
Auf die Eintauchstelle blicken! Hüfte nach oben ziehen! Beine auf der Vorderseite anspannen. (2)
Füße etwas nach vorn drücken und Hände auf den Fußrist legen; weiterhin auf die Eintauchstelle blicken. (3)
Spannung auf der Vorderseite der Beine halten (gegenhalten). Arme über die Seite in Verlängerung des Körpers bringen; dabei faßt eine Hand den Daumen der anderen (Tauchposition); weiterhin auf die Eintauchstelle blicken. (4)
Oberarme an die Ohren drücken und Körper ins Wasser hineinstrecken! (5)

Kopfsprung gegen gehockt (Delphinkopfsprung) (401C) (Abb. 16)

Während die Beine sich strecken und die Absprungstelle verlassen, Arme und Oberkörper nach unten bewegen. (1)
Auf die Wasseroberfläche *unterhalb* der Absprungstelle blicken. Hüfte nach oben ziehen und *Knie zur Brust und Fersen zum Gesäß* bewegen! (2)

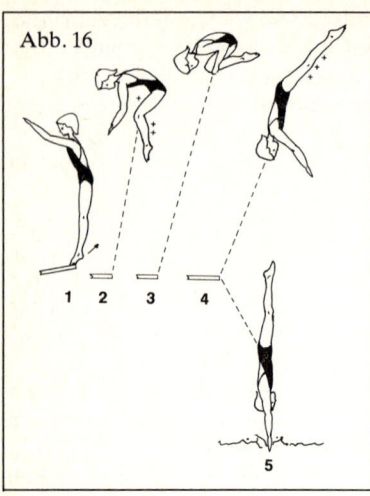

Abb. 16

Unterschenkel umfassen und Knie dicht an die Brust ziehen. Weiterhin auf die Wasseroberfläche blicken. (3)

Hände lösen und *Beine über die Hechte strecken!* Dabei Spannung auf der Vorderseite der Beine halten. Gleichzeitig Arme über die Seite in Verlängerung des Körpers bringen; dabei faßt eine Hand den Daumen der anderen. (4)

Oberarme an die Ohren drücken und Körper ins Wasser hineinstrekken. (5)

Übungen

Wenn keine besonderen Angaben gemacht werden, kann der Absprung vorwärts aus dem Stand oder Anlauf erfolgen. Gesprungen werden kann sowohl von der Plattform als auch vom Brett. Markierungen am Beckenboden, die fuß- oder kopfwärts angetaucht werden sollen, erleichtern die Orientierung.

– Fußsprung vorwärts/rückwärts (1 m): Im Absprung Arme in die Hochhalte schwingen und von dort so schnell wie möglich *vor* dem Körper zurück zur Hüfte nehmen.

  Ebenso: Nach einem kurzen Stop an der Hüfte Arme über die Seite zurück in die Hochhalte bringen.

  Ebenso: Arme in der Hochhalte: Beide Hände halten einen Ball, der *während* des Abspringens auf die Eintauchstelle geworfen wird.

– Fußsprung vorwärts aus dem Stand (vom Beckenrand oder 1 m): Arme die gesamte Zeit seitlich angelegt halten. Abspringen und sofort Füße nach vorn drücken, ohne dabei in der Hüfte abzubeugen; dann den Körper gestreckt und angespannt halten.

– Fußsprung rückwärts (Delphinfußsprung) (1 m): Den Absprung mit Armen in der Hochhalte beginnen oder durch einen Armschwung unterstützen. Abspringen und Füße sofort nach hinten drücken, ohne dabei ins Hohlkreuz zu gehen. Zum Eintauchen Arme in der Hochhalte lassen oder schulterbreit voneinander entfernt vor dem Körper zur Hüfte bewegen. Schräg ins Wasser eintauchen.

- Fußsprung vorwärts/rückwärts gehockt (1 m): Absprung mit Armen in der Hochhalte beginnen oder durch einen Armschwung unterstützen. Abspringen und in der Luft hocken. Dann über die Hechte öffnen. Zum Eintauchen Arme über die Seite in die Hochhalte bringen. Ebenso gehechtet: In der Luft Körper eng zusammenklappen. Dann die Hüfte *verhalten* strecken, so daß der Körper beim Eintauchen noch leicht gebeugt ist.

- Stützen: Auf dem Boden seitlich neben dem Brett stehen. Oberkörper abbeugen und Hände an der Kante aufstützen. Abspringen in den Stütz, dabei die Hüfte intensiv hochziehen. Dann hocken (Knie zur Brust ziehen)/hechten (Fußrist gegen das Brett drücken) und wieder auf dem Absprungpunkt landen. Ein auf dem Brett stehender Helfer kann durch Ziehen an der Hüfte die Übungswirkung verstärken.

- Abfaller (1 m/3 m): Mit abgebeugtem Oberkörper und Armen in der Seithalte am Ende der Absprungstelle stehen. Auf die Eintauchstelle blicken. In den Hochzehenstand gehen und anfallen; dazu Gewicht über die Füße nach vorn verlagern, dann Körper *verhalten* strecken und Arme in Tauchposition bringen.
  Ebenso: Im Hockstand mit Händen an den Unterschenkeln beginnen: Abfallen; dann Beine über die Hechte strecken und Arme in Tauchposition bringen.

- Sitzabfaller (1 m/3 m): In der Hocke mit Händen an den Unterschenkeln so auf dem Brettende sitzen, daß die Füße in der Luft sind. Anfallen und sofort auf die Eintauchstelle blicken. Wenn der Kopf über der Eintauchstelle ist, Hocke über die Hechte öffnen und Körper strecken; gleichzeitig Arme in Tauchposition bringen.
  Ebenso: Im Langsitz mit Armen in der Hochhalte so auf der Absprungstelle sitzen, daß der halbe Oberschenkel aufliegt. Auf die Füße blicken, Oberkörper auf die Oberschenkel drücken und Hände auf den Fußrist legen. Über die Zehen die Eintauchstelle suchen, dann Körper strecken und Arme in Tauchposition bringen.
  Ebenso: Im Hock-/Langsitz beginnen; dabei Hände seitlich auflegen und vor dem Anfallen Körper hochstützen.

- «Kopfsprung» über die Stange (zunächst vom Beckenrand, später aus 1 m Höhe üben): Mit Armen in der Hochhalte beginnen, beide Hände halten einen Ball: Ein Partner hält eine Stange dicht vor dem Bauch des Übenden. Abspringen und gleichzeitig den Ball schnellkräftig auf die Eintauchstelle werfen, ohne die Stange zu berühren, mit dem Kopf voran dem Weg des Balles folgen.

- «Delphinkopfsprung» (1 m): Mit Armen in der Hochhalte beginnen, beide Hände halten einen Ball: Abspringen und gleichzeitig den Ball dicht am Brett vorbei auf die Wasseroberfläche werfen. Mit dem Kopf voran dem Weg des Balles folgen.

 – Synchronspringen: Zwei Übende springen gleichzeitig einen Kopf-
sprung vorwärts gehockt/gehechtet aus dem Stand/dem Anlauf oder
einen Delphinkopfsprung gehockt/gehechtet. Ein Helfer kann während der Absprungbewegung die gewünschte Ausführung zurufen.
Hinweis: Die ersten vier Übungen können auf dem Trampolin vorbereitet werden, dabei endet die dritte auf dem Bauch.

Beobachtungshilfen
- Hält der Übende im Absprung während der Ausholbewegung den
  Oberkörper ruhig?
- Wird der Ball schnell und kräftig genug abgeworfen?
- Hat der Springer während des Einleitens der Drehung den Rücken
  im Bereich der Brustwirbelsäule gerundet?
- Werden zum Hocken/Hechten die Arme vor dem Körper bewegt?
- Hält der Springer nach dem Hocken/Hechten die Beine gegen, oder
  streckt er die Hüfte «aktiv» durch Hochwerfen der Beine?

Merke:
Die Drehung wird eingeleitet, *bevor* die Füße die Absprungstelle verlassen, danach drücken die Beine gegen, um die Drehung abzustoppen.

Gymnastik

- Aufrecht mit Armen in der Seithalte stehen: Auf Kommando in den
  Hochzehenstand gehen; gleichzeitig Arme in Tauchposition bringen.
  Wer kann 3 Sek. ruhig stehenbleiben?
- Auf dem Rücken liegend beginnen: Auf Kommando Füße ca. 10 cm an-
  heben und Arme in Tauchposition bringen.
- Im Hockschwebesitz beginnen: Explosiv Beine strecken und 10 cm über
  dem Boden halten; dann Oberkörper zurücklegen; dabei Arme in
  Tauchposition bringen.
- Im Langsitz beginnen: Hechten, dann Oberkörper zurücklegen; dabei
  Beine anheben und 10 cm über dem Boden halten und Arme in Tauchpo-
  sition bringen.
- Im Kopfstand stehen: Hocken, dann die Hocke über die Hechte öffnen.

1/1 Salto vorwärts gehechtet (102B) (Abb. 17)

Während die Beine sich strecken und die Absprungstelle verlassen, Arme
zu den Beinen schwingen, Kopf und Oberkörper nach unten bewegen,
dann *Beine hinten hochdrücken!* (1)

Hüfte nach oben ziehen, Kniekehlen fassen und *Oberkörper an die Oberschenkel ziehen!* Spannung auf der Rückseite der Beine halten. (2)
Über die Füße auf die gegenüberliegende Wand blicken. *Oberkörper zurückhalten!* Hände lösen und Beine weiter bis zur Wasseroberfläche bewegen. (3)
Füße über die Eintauchstelle bringen, Arme seitlich anlegen und gestreckt ins Wasser hineinschlüpfen. (4)

1/1 Salto gegen gehockt (Delphinsalto) (402C) (Abb. 18)

Während die Beine sich strecken und die Absprungstelle verlassen, Arme schnell zu den Beinen schwingen, Kopf und Oberkörper nach unten bewegen. Dann Füße hinten hochdrücken. (1)
Hüfte nach oben ziehen, *Fersen ans Gesäß drücken*, Unterschenkel umfassen und Oberkörper an die Oberschenkel ziehen! (2)
In der engen Hocke weiterdrehen. Über die Knie auf die Wand hinter der Absprungstelle blicken. (3)
Oberkörper zurückhalten. Hände lösen und Beine über die (angedeutete) Hechte zur Wasseroberfläche hin strecken. (4)
Füße über die Eintauchstelle bringen, Arme seitlich anlegen und gestreckt ins Wasser hineinschlüpfen.

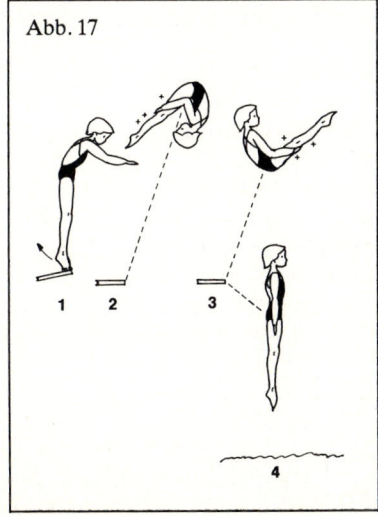

Abb. 17

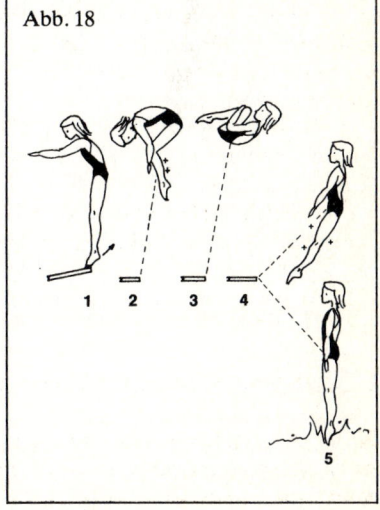

Abb. 18

Übungen

Wenn keine besonderen Angaben gemacht werden, kann der Absprung vorwärts aus dem Stand oder Anlauf erfolgen. Gesprungen werden kann sowohl von der Plattform als auch vom Brett. Markierungen am Beckenboden, die fußwärts angetaucht werden sollen, und farbige Zeichen an der jeweils gegenüberliegenden Wand erleichtern die Orientierung.

– Rolle vorwärts (vom Beckenrand oder vom 1-Meter-Brett): Ca. 60 cm vor der Kante der Absprungstelle im Hockstand beginnen: Hände und Nacken so auflegen, daß beim Überrollen die Schulterblätter die Kante treffen. Dann sofort auf die Markierung an der gegenüberliegenden Wand blicken, Körper strecken und Arme seitlich anlegen. *Hinweis:* Ein hinter dem Übenden stehender Helfer kann dessen Knöchel fassen und so korrigierend in den Bewegungsablauf eingreifen.
  Ebenso: Während des Überrollens hocken/hechten.

– Rolle vorwärts auf das Wasser: Auf dem Beckenrand im Hockstand mit Händen an den Unterschenkeln/im Bückstand mit Händen an den Kniekehlen beginnen: Auf ein von einem Partner ca. 50 cm vor der Wand gehaltenes Schwimmbrett rollen. Den Hock-/Bückstand stufenweise zum aufrechten Stand öffnen, aus dem Anfallen langsam zum Abspringen übergehen. (Wer schafft es, mit dem Gesäß auf dem Schwimmbrett zu landen?) *Hinweis:* Ein seitlich neben dem Übenden stehender Helfer kann das Einleiten der Saltodrehung mit erweitertem Drehgriff unterstützen: Steht er links vom Übenden, legt er seine linke Hand auf dessen Hinterkopf, seine rechte auf dessen Oberschenkel unterhalb des Gesäßes.

– Rolle vorwärts um eine Stange: Auf dem Beckenrand oder der 1-Meter-Plattform im halbhohen Hockstand beginnen: Ein seitlich stehender Partner hält eine Stange. Diese dicht vor der Schulter umfaßt halten, Kinn auf die Brust nehmen und dann abspringen; dann eng zusammengehockt/-gehechtet um die Stange rollen. Mit dem Blick Markierung an der gegenüberliegenden Wand suchen, den Körper strecken (soweit möglich) und dann erst die Stange loslassen.

Hinweis: Alle Übungen können auf dem Trampolin vorbereitet werden, ebenso in der Turnhalle vom Kasten.

Beobachtungshilfen
● Legt der Übende beim Rollen die Hände auf und umfaßt keinesfalls seitlich das Brett?

- Nimmt der Springer zum Einleiten der Drehung das Kinn auf die Brust?
- Wird die Stange lange genug festgehalten?
- Hält der Übende im Absprung während der Ausholbewegung den Oberkörper ruhig?

Merke:
Bei den fußwärts getauchten Salti wird zum Abstoppen der Drehung der Oberkörper zurückgehalten, während sich die Beine weiter bis zur Eintauchstelle bewegen.

Gymnastik

- Rolle vorwärts auf einer Matte, sofort aufstehen und auf einer Linie einen Fuß vor den anderen setzend balancieren.
- Im Schwebesitz beginnen: Auf Kommando hocken, dazu Unterschenkel dicht ans Gesäß drücken; Füße aufsetzen und ohne Hilfe aufstehen.
- Im aufrechten Stand beginnen: Oberkörper an die Oberschenkel drükken, Kniekehlen fassen und auf einer Matte abrollen.

1 ½ Salto vorwärts gehockt (103C) (Abb. 19)

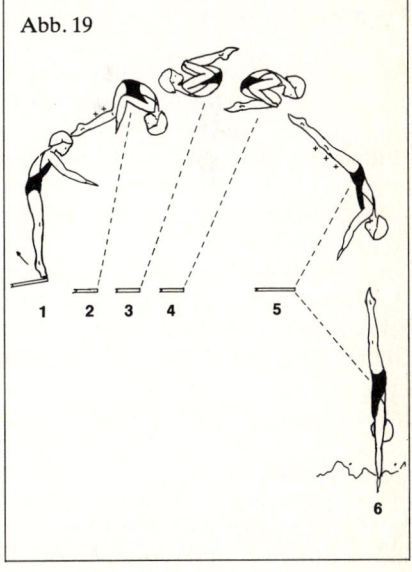

Abb. 19

Während die Beine sich strecken und die Absprungstelle verlassen, Arme schnell zu den Beinen schwingen, Kopf und Oberkörper nach unten bewegen, dann Füße *energisch* hinten hochdrükken! (1)
Hüfte nach oben ziehen, Fersen ans Gesäß drücken, Unterschenkel umfassen und Oberkörper an die Oberschenkel ziehen. (2)
In der engen Hocke weiterdrehen; dabei Fersen ans Gesäß drücken. Über die Knie auf die Eintauchstelle blicken und Hände lösen. (3/4)
Beine über die Hechte strecken

und Vorderseite anspannen; gleichzeitig Arme über die Seite in Verlängerung des Körpers bringen, dabei weiter auf die Eintauchstelle blicken. (5) Oberarme an die Ohren drücken und Körper ins Wasser hineinstrecken. (6)

1½ Salto gegen gehechtet (403B) (Abb. 20)

Während die Beine sich strecken und die Absprungstelle verlassen, Arme *so schnell wie möglich* zu den Beinen schwingen, Kopf und Oberkörper nach unten bewegen, dann Beine *energisch* hinten hochdrücken! (1)
Hüfte nach oben ziehen, Kniekehlen fassen und Oberkörper so dicht wie möglich an die Oberschenkel ziehen. Spannung auf der Rückseite der Beine halten. (2)
In der engen Hechte weiterdrehen. Über die Füße auf die Wasseroberfläche unterhalb der Absprungstelle blicken, dann Hände lösen. (3/4)
Beine langsam weiterbewegen, dabei Spannung auf die Vorderseite verlagern; gleichzeitig Arme über die Seite in Verlängerung des Körpers bringen. Dabei weiterhin auf die Wasseroberfläche blicken. (5)
Oberarme an die Ohren drücken und Körper ins Wasser hineinstrecken. (6)

1½ Salto vorwärts offen gehechtet (103B) (Abb. 21)

Während die Beine sich strecken und die Absprungstelle verlassen, Arme *aus der Hochhalte in die Seithalte* bringen, Kopf und Oberkörper nach unten bewegen! Dann Beine energisch hinten hochdrücken. (1)
Hüfte nach oben ziehen und Oberkörper so dicht wie möglich an die Oberschenkel bringen. Spannung auf der Rückseite der Beine halten und mit Armen in der Seithalte weiterdrehen. (2/3)
Über die Füße auf die Eintauchstelle blicken, dabei langsam die Spannung auf die Vorderseite der Beine verlagern. (4)
Weiterhin auf die Eintauchstelle blicken, Arme aus der Seithalte in Verlängerung des Körpers bringen. (5)
Oberarme an die Ohren drücken und Körper ins Wasser hineinstrecken. (6)

Übungen

Markierungen am Beckenboden, die kopfwärts angetaucht werden sollen, erleichtern die Orientierung.

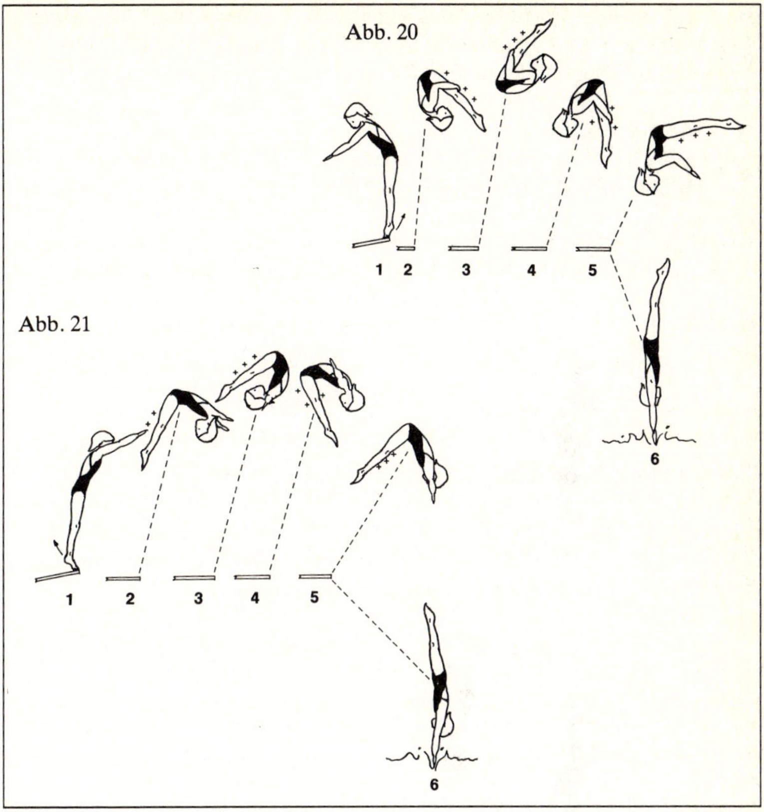

Abb. 20

Abb. 21

– 1½ Rollen vorwärts: Auf 1 m beginnen und bis auf 3 m Fallhöhe steigern. Ca. 1 m vor der Kante der Absprungstelle im Hockstand beginnen: Zum Ausmessen auf das Brettende setzen, Oberkörper zurücklegen und Hände neben dem Kopf aufstützen. Hände und Nacken
auflegen und so überrollen, daß das Gesäß noch das Brettende trifft.
Ohne Stop weiterdrehen, dazu Kopf und Oberkörper nach unten
drücken. Auf die Eintauchstelle blicken, Arme in Tauchposition bringen und sich ins Wasser hineinstrecken.
Ebenso: Während des Rollens hocken/hechten.
Ebenso: Mit zunehmender Fallhöhe immer dichter vor der Kante der
Absprungstelle beginnen, bis nur noch die Schultern aufliegen.
– Dauersalto vorwärts vom Beckenrand: In halbhoher Hocke mit Ar-

men in der Hochhalte beginnen: Arme energisch zu den Beinen schwingen und gleichzeitig abspringen. In enger Hocke ins Wasser drehen. Den halbhohen Hockstand bis zum aufrechten Stand öffnen.

Beobachtungshilfen
- Beschleunigt der Springer die Drehung, indem er die Beine in Drehrichtung drückt und den Oberkörper dicht an die Oberschenkel zieht?
- Öffnet der Übende die Hocke/Hechte erst, wenn der Kopf über der Eintauchstelle ist?

Merke:
Je mehr Saltodrehungen gesprungen werden sollen, desto intensiver müssen die sie einleitenden Aktionen ausgeführt werden.

Kopfsprung vorwärts gestreckt (101A) (Abb. 22)

Während die Beine sich strecken und die Absprungstelle verlassen, *Arme aus der Hochhalte in die Seithalte* nehmen und gleichzeitig auf die gegenüberliegende Wand blicken! Dann Beine energisch hinten hochdrücken. (1)
Gestreckt drehen; dabei Spannung auf der Rückseite der Beine halten. Blick zur Eintauchstelle wechseln. (2/3)
Körper gestreckt halten; dabei Spannung auf die Vorderseite der Beine verlagern, Arme in die Hochhalte bringen. (4)
Oberarme an die Ohren drücken und gestreckt ins Wasser hineinschlüpfen. (5)

1/1 Salto vorwärts gestreckt (102A) (Abb. 23)

Während die Beine sich strecken und die Absprungstelle verlassen, Arme aus der Hochhalte in die Seithalte nehmen und gleichzeitig Beine *sehr energisch* hinten hochdrücken, dabei auf die gegenüberliegende Wand blicken. (1)
Gestreckt drehen; dabei Spannung auf der Rückseite der Beine halten. Kopf leicht in den Nacken nehmen. (2/3)
Arme *hinter die Schultern drücken* und Oberkörper zurückhalten; dabei zur gegenüberliegenden Wand blicken! Füße über die Eintauchstelle bringen und Spannung auf die Vorderseite der Beine verlagern. (4)
Arme seitlich am Körper anlegen und gestreckt ins Wasser hineinschlüpfen. (5)

Abb. 22

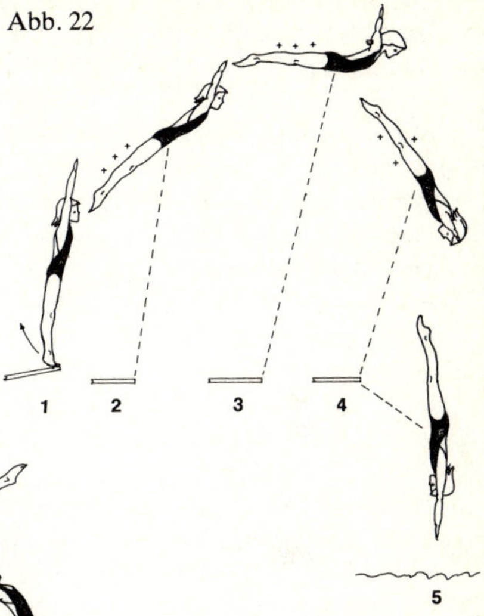

Abb. 23

⋙ Übungen

Wenn keine besonderen Angaben gemacht werden, kann der Absprung aus dem Stand oder Anlauf erfolgen, von der Plattform oder dem Brett. Markierungen am Beckenboden, die fuß- oder kopfwärts angetaucht werden sollen, erleichtern die Orientierung.
- Fußsprung vorwärts gestreckt (1 m): Abspringen und gleichzeitig Arme aus der Hochhalte in die Seithalte «drücken». Unmittelbar vor dem Eintauchen Arme zurück in die Hochhalte bringen.

- Abfaller gestreckt vom (3 m): Im aufrechten Stand mit Armen in der Seithalte beginnen, geradeaus zur gegenüberliegenden Wand blicken: In den Hochzehenstand gehen, Gewicht nach vorn verlagern und fallen; dabei Blick zur Eintauchstelle wechseln und solange wie möglich Füße an der Absprungstelle halten. Arme in Tauchposition bringen.
  Ebenso: Mit seitlich angelegten Armen beginnen: In den Hochzehenstand gehen und anfallen; gleichzeitig Arme vor dem Körper in die Hochhalte und von dort in die Seithalte schwingen.
- Kopfsprung gestreckt (1 m): Mit Armen in der Hochhalte beginnen, geradeaus zur gegenüberliegenden Wand blicken: Abspringen und Beine energisch hinten hochdrücken; gleichzeitig Arme in die Seithalte bringen. Dann Blick zur Eintauchstelle wechseln und Arme in Tauchposition bringen.

Hinweise: Die ersten vier Übungen können auf dem Trampolin vorbereitet werden; dabei endet die vierte in der Bauchlage; die erste ist auch in der Turnhalle möglich.

Beobachtungshilfen
- Macht der Springer beim Absprung aus dem Stand keinen Zwischenhüpfer (Doppelaufsatz)?
- Drückt der Übende die Beine hoch, ohne dabei ins Hohlkreuz zu gehen?
- Preßt der Springer beim Eintauchen die Arme an die Ohren; faßt er mit einer Hand den Daumen der anderen?

Merke:
Die Arme unterstützen durch Innenrotation im Schultergelenk das Einleiten der Drehung.

Gymnastik

- Auf dem Rücken liegend beginnen: Arme hinter dem Kopf verschränken oder in die Seithalte nehmen. Den Körper anspannen. Ein Partner hebt an den Füßen an; dabei Körper gestreckt halten.
- Auf dem Rücken liegend beginnen: Fersen auf einer Stufe oder Bank auflegen, Hüfte hochdrücken und dann Körper über 5 Sek. gestreckt halten.
- Von einem Kastendeckel an eine Reckstange springen; dabei Beine hinten hochdrücken. Körper anspannen und auspendeln.

– Stehend beginnen zwischen zwei Helfern, die ca. 80 cm voneinander entfernt stehen: Den Körper anspannen und nach vorn kippen. Ein Helfer
fängt den Übenden ab und drückt ihn nach hinten zum anderen Helfer.
Die gesamte Zeit Körper gestreckt halten.
– Ca. 60 cm vor einer Wand im «Liegestütz» stehen; dabei Arme auf Schulterhöhe abstützen: Ohne die Hände von der Wand zu lösen, abspringen
und Beine hinten hochdrücken; dabei Körper gestreckt halten. Danach
wieder auf dem Absprungpunkt landen.

Kopfsprung rückwärts gehockt (201C) (Abb. 24)

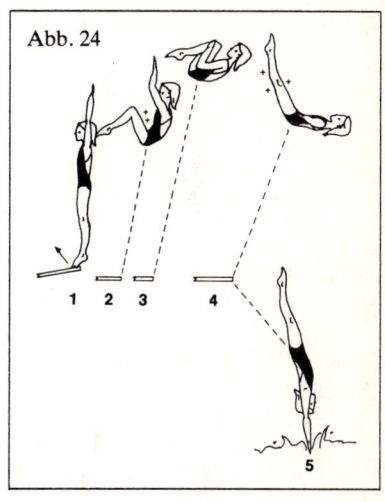

Abb. 24

Während die Beine sich strecken
und die Absprungstelle verlassen,
Arme vor dem Körper in die Hochhalte schwingen und dort *kurz feststellen!* Geradeaus oder leicht nach
oben blicken, dann *Füße vorn hochdrücken!* (1)
Knie zur Brust und Arme zu den
Beinen bewegen, dabei Oberkörper
gegenhalten, Blick zu den Knien
wechseln. (2)
Unterschenkel umfassen und zur
Brust ziehen. Weiterhin auf die Knie
blicken. (3)
Hände lösen und Beine schräg nach
oben strecken. Oberkörper zu-
rücklegen und Spannung auf die Rückseite der Beine verlagern; gleichzeitig Arme über die Seite in Verlängerung des Körpers führen; dabei Kopf
geradehalten. (4)
Kopf leicht in den Nacken nehmen, Oberarme an die Ohren drücken und
Körper ins Wasser hineinstrecken. (5)

Auerbachkopfsprung gehechtet (301B) (Abb. 25)

Während die Beine sich strecken und die Absprungstelle verlassen, Arme
vor dem Körper in die Hochhalte bis *leicht hinter die Vertikale* schwingen
und dort kurz feststellen! Dann *Beine kräftig vorn hochdrücken!* (1)
Gestreckte Beine aufwärts und Arme zu den Beinen bewegen; dabei unter-

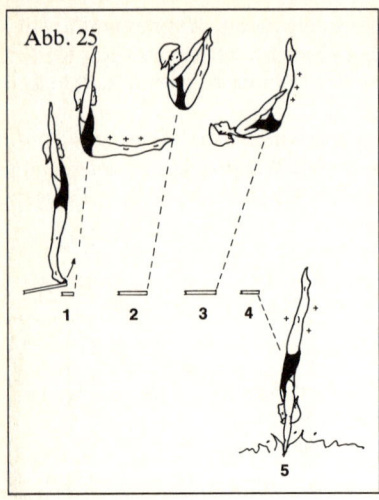

Abb. 25

1   2   3   4

5

stützt der Oberkörper die Bewegung der Arme (gegenhalten). Blick zu den Füßen wechseln. (2)

Körper eng zusammenklappen und Hände auf den Fußrist legen. Weiterhin auf die Füße blicken. (3)

Hände lösen. Beine in Position halten und Spannung auf die Rückseite verlagern. Oberkörper zurücklegen und Arme über die Seite in Verlängerung des Körpers führen; dabei Kopf geradehalten. (4)

Kopf leicht in den Nacken nehmen, Oberarme an die Ohren drücken und Körper ins Wasser hineinstrecken. (5)

Übungen

Wenn keine besonderen Angaben gemacht werden, kann der Absprung vorwärts aus dem Stand oder Anlauf erfolgen. Gesprungen werden kann sowohl von der Plattform als auch vom Brett.

– Fußsprünge vorwärts/rückwärts gestreckt (1 m): Im Absprung Arme betont und intensiv in die Hochhalte bis leicht hinter die Vertikale schwingen und dort kurz feststellen. Dann Arme schulterbreit voneinander entfernt vor dem Körper zurück zur Hüfte bringen; dabei Körper angespannt und gestreckt halten.

– Auerbachfußsprung gestreckt vom Beckenrand: Im Absprung Arme bis hinter die Vertikale hochschwingen, gleichzeitig Beine und Hüfte nach vorn oben drücken, ohne dabei ins Hohlkreuz zu gehen. Nach oben blicken. Schräg fußwärts eintauchen.

– Sitzsprung vorwärts/rückwärts vom Beckenrand: Ein Partner hält zwei Schwimmbretter quer zur Wand an der Wasseroberfläche ca. 50 cm von ihr entfernt. Abspringen und Arme in der Hochhalte feststellen. Dann Beine zum Hocken/Hechten vor dem Körper aufwärts bewegen; gleichzeitig Arme vor dem Körper zu den Schienbeinen/Füßen bringen und Oberkörper gegenhalten. In Hock-/Hechtposition auf den Schwimmbrettern landen.

– Auerbach aus dem Hang: Bis zum Bauch auf das 3-Meter-Brett legen und durch eine Rolle um das Brettende in den Hang kommen. Füße zwischen den Händen ans Brett setzen und eng zusammenhocken.

Hände lösen und im Fallen Körper strecken; dabei Kopf in den Nakken nehmen und Arme über die Seite in Tauchposition bringen.

– Abfaller rückwärts aus dem Sitz: Im Langsitz rücklings mit Armen in Hochhalte beginnen (1 bis 5 m): Dabei das Gesäß über die Kante hinausragen lassen: je geringer die Höhe, desto mehr liegt das Gesäß auf. Ein Partner hebt die Beine an den Knöcheln an; gleichzeitig Arme und Oberkörper den Beinen entgegenbewegen und hechten. Im Fallen Oberkörper zurücklegen; dabei auf die Füße blicken; Arme seitlich an den Beinen halten. Wenn der Körper gestreckt ist, Kopf in den Nacken nehmen und Arme über die Seite in Tauchposition bringen.

Ebenso: Im Hockstand rücklings mit Händen an den Schienbeinen beginnen. Gewicht nach hinten verlagern und fallen; dann Körper strecken; dabei auf die Füße blicken. Wenn der Körper gestreckt ist, Kopf in den Nacken nehmen und Arme über die Seite in Tauchposition bringen.

Ebenso: Im Langsitz rücklings beginnen: Hände seitlich auflegen, Körper hochstützen und anfallen, sofort hechten/hocken.

– Bombe rückwärts gehechtet (1 m): Im aufrechten Stand mit Armen in der Hochhalte beginnen: Anfallen und Oberkörper zu den Beinen hin abbeugen, Hände auf den Fußrist legen. In enger Hechtposition ins Wasser hineinsetzen.

Hinweis: Die ersten drei Übungen können auf dem Trampolin vorbereitet werden; dabei enden die zweite und dritte auf dem Rücken.

Beobachtungshilfen
- Hält der Übende im Absprung während der Ausholbewegung den Oberkörper ruhig?
- Drückt der Springer die Hüfte vor, ohne in den Knien abzubeugen?
- Hält er den Oberkörper beim Hocken/Hechten gegen?
- Nimmt er den Kopf erst dann in den Nacken, wenn der Körper gestreckt ist?

Merke:
Nach dem Hocken/Hechten werden die Beine in Tauchposition «gestellt», dann erst wird der Oberkörper zurückgelegt.

Gymnastik

– Auf dem Rücken liegend beginnen, mit Armen in Verlängerung des Körpers: Gleichzeitig Beine und Oberkörper anheben und hocken/hechten (Klappmesser). Dann gestreckte Beine 10 cm über dem Boden halten.

Oberkörper zurücklegen und Arme über die Seite in Verlängerung des Körpers bringen.
- Auf dem Rücken liegend beginnen: Fesseln des hinter dem Kopf stehenden Partners fassen. Gestreckte Beine anheben; der Partner stößt die Beine zurück, sie sollen kurz vor dem Boden abgefangen werden.
- Auf dem Bauch liegend mit Armen in der Seithalte beginnen: Der Partner drückt die Füße auf den Boden. Ohne ins Hohlkreuz zu gehen, Oberkörper anheben und Arme in Tauchposition bringen. Über 5 Sek. halten.
- An einer Stange hängen: Ohne Schwung zu holen, Beine vor dem Körper eng anhocken/anhechten.
- Auf dem Rücken liegend, mit Armen in Verlängerung des Körpers beginnen: Fersen auf einer Bank auflegen, Oberkörper anheben und hechten; dabei Hände auf den Fußrist legen, dann bei seitlich gehaltenen Armen Oberkörper zurücklegen und Arme über die Seite in Verlängerung des Körpers bringen.

1/1 Salto rückwärts gehechtet (202 B) (Abb. 26)

Während die Beine sich strecken und die Absprungstelle verlassen, Arme vor dem Körper in die Hochhalte bis leicht hinter die Vertikale schwingen und dort kurz feststellen. Nach vorn oben blicken, dann Beine kräftig vorn hochdrücken.(1)

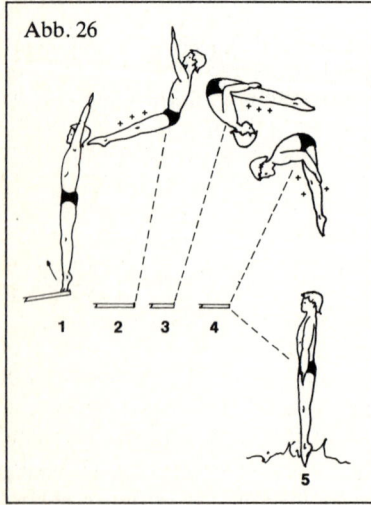

Abb. 26

1 2 3 4

5

Gestreckte Beine aufwärts und Arme zu den Beinen bewegen. *Kopf leicht im Nacken halten!*(2)
Beine in den Kniekehlen fassen und *an den Oberkörper ziehen!* Kopf weiterhin leicht im Nacken halten.(3)
Auf die Eintauchstelle blicken. Hände lösen und Beine *leicht schräg zur Eintauchstelle hin abstoppen!* Oberkörper aufrichten.(4)
Geradeaus blicken, Arme seitlich anlegen und gestreckt ins Wasser hineinschlüpfen.(5)

1/1 Auerbachsalto gehockt (302 C) (Abb. 27)

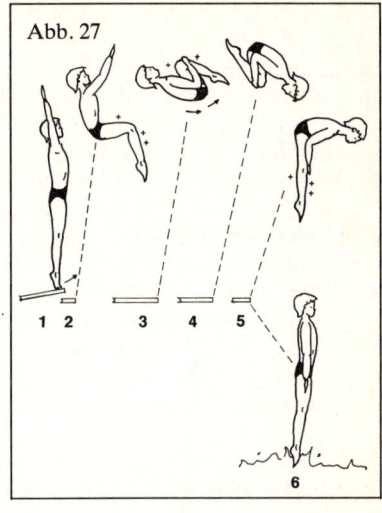

Abb. 27

Während die Beine sich strecken und die Absprungstelle verlassen, Arme vor dem Körper in die Hochhalte bis hinter die Vertikale schwingen und dort kurz feststellen. Nach vorn oben blicken. Dann Füße *kräftig* vorn hochdrücken.(1)
Knie vor die Brust bringen und Arme zu den Beinen bewegen, Kopf leicht im Nacken halten.(2)
Unterschenkel umfassen und Knie zur Brust ziehen.(3)
Auf die Eintauchstelle blicken. Hände lösen und Beine leicht schräg zur Eintauchstelle hin strecken. Oberkörper aufrichten.(4/5)
Geradeaus blicken, Arme seitlich anlegen und gestreckt ins Wasser hineinschlüpfen.(6)

Übungen

– Rolle rückwärts vom 1-Meter-Brett: In Rückenlage auf dem Brett beginnen, der Kopf ragt über das Ende hinaus: Hände umfassen vor der Schulter die Brettkante. Gehockt/gehechtet überrollen; dabei Beine *dicht* am Kopf vorbeibewegen. Füße über die Eintauchstelle bringen, geradeaus blicken und Körper ins Wasser hineinstrecken.
Ebenso: Mit Armen in Verlängerung des Körpers beginnen, während des Überrollens zum Hocken/Hechten die Beine fassen.
– Rolle rückwärts mit Armschwung: Im Langsitz rücklings so auf dem Brett beginnen, daß beim Überrollen die Schultern die Brettkante treffen: Arme in die Hochhalte nehmen und einen Armschwung rückwärts (wie im Absprung) ausführen; dabei Oberkörper zurücklegen und gehockt/gehechtet überrollen.
– Rolle rückwärts aus dem Hang: Bis zum Bauch auf das 3-Meter-Brett legen und durch eine Rolle um das Brettende in den Hang gelangen. Knie zur Brust ziehen und Arme durchhocken. Hände lösen und Füße über der Eintauchstelle abstoppen. Dann Körper fußwärts ins Wasser hineinstrecken.

– Salto rückwärts aus dem Fallen (3 m): Im Hockstand mit Händen an den Unterschenkeln beginnen: Anfallen und überrollen; dabei Knie energisch zur Brust ziehen. Füße über der Eintauchstelle abstoppen und Körper ins Wasser hineinstrecken.

Hinweis: Die ersten beiden Übungen können in der Turnhalle am Kasten vorbereitet werden, die dritte Übung am Reck oder Barren.

Beobachtungshilfen
● Unterstützt der Übende die Rückwärtsdrehung, indem er die Beine zum Körper zieht und den Kopf leicht im Nacken hält?
● Schaut der Springer so früh wie möglich auf die Eintauchstelle?

Gymnastik

– Rolle rückwärts auf einer Matte in den Hockstand/Bückstand: Sofort aufrichten und auf einer Linie einen Fuß hinter den anderen setzend balancieren.
– Im Hockstand beginnen: Rückwärts rollen, bis der Nacken aufliegt; dabei Knie dicht zur Brust ziehen. Dann Fersen ans Gesäß drücken und zurückrollen in den Hockstand.
– Im Langsitz mit Armen in der Hochhalte beginnen: Zurückrollen; dabei gestreckte Beine in den Kniekehlen fassen und dicht an den Oberkörper ziehen. Dann zurück in den Langsitz rollen.
– Laufen: Auf Kommando in den Hockstand springen und einen Strecksprung anschließen.
– Von einer Erhöhung springen; dabei Körper in der tiefen Hocke abfangen, sofort einen Strecksprung anschließen oder auf eine weitere Erhöhung springen.

1½ Salto rückwärts gehockt (203 C) (Abb. 28)

Während die Beine sich strecken und die Absprungstelle verlassen, Arme vor dem Körper *schnell* in die Hochhalte bis hinter die Vertikale schwingen und dort kurz feststellen. *Nach oben blicken!* Dann Füße energisch vorn hochdrücken.(1)
Knie vor die Brust bringen und Arme zu den Beinen bewegen, Kopf leicht im Nacken halten.(2)
Unterschenkel umfassen und Knie zur Brust ziehen. In der engen Hocke weiterdrehen.(3)
Über die Knie zur Decke über der Absprungstelle blicken.(4)

Hände lösen und Beine schräg nach oben strecken. Spannung auf die Rückseite der Beine verlagern. Oberkörper zurücklegen und Arme über die Seite in Verlängerung des Körpers bringen; dabei Kopf leicht in den Nacken nehmen.(5)
Oberarme an die Ohren drücken und gestreckt ins Wasser hineinschlüpfen.(6)

1½ Auerbachsalto gehechtet (303 B) (Abb. 29)

Während die Beine sich strecken und die Absprungstelle verlassen, Arme vor dem Körper *so schnell wie möglich* in die Hochhalte bis hinter die Vertikale schwingen und dort kurz feststellen! *Hüfte leicht vordrücken* und nach

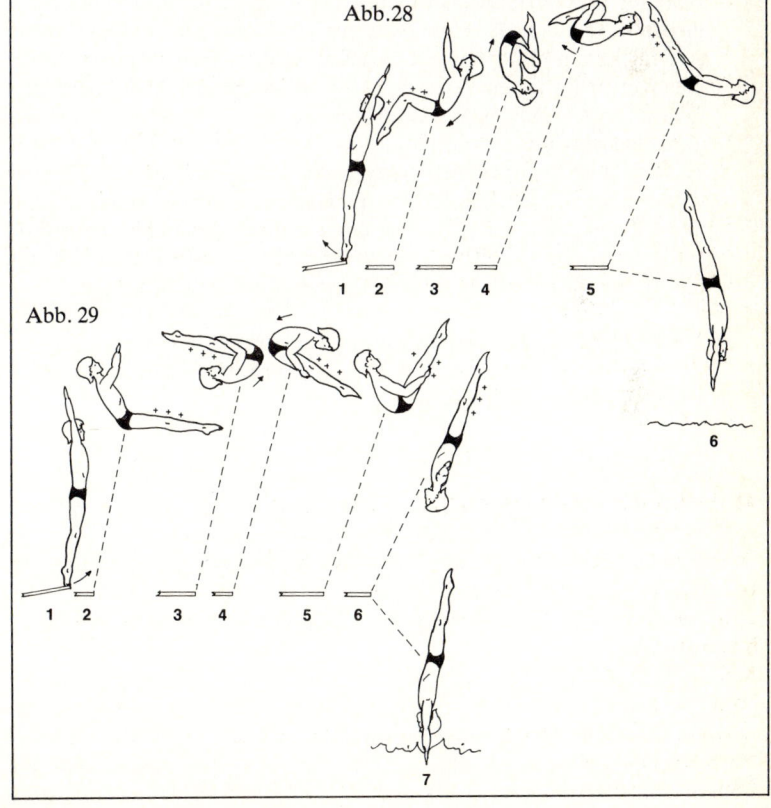

Abb.28

Abb. 29

oben blicken! Dann Beine sehr energisch vorn hochdrücken.(1)
Gestreckte Beine aufwärts (Spannung auf der Vorderseite halten) und
Arme zu den Beinen bewegen. Kopf leicht im Nacken halten.(2)
Beine in den Kniekehlen fassen und *kraftvoll* an den Oberkörper ziehen. In
der engen Hechte weiterdrehen.(3/4)
Über die Füße zur Decke blicken. Hände lösen und Beine abstoppen; dazu
Spannung auf die Rückseite der Beine verlagern. Oberkörper zurücklegen
und Arme über die Seite in Verlängerung des Körpers nehmen.(5/6)
Oberarme an die Ohren drücken und gestreckt ins Wasser hineinschlüp-
fen.(7)

Übungen

– Abfaller rückwärts aus dem Bückstand: Im aufrechten Stand rücklings mit Armen in der Hochhalte auf 3 m/5 m beginnen: Oberkörper
  zu den Beinen hin abbeugen und Kniekehlen fassen. Eng gehechtet
  Gewicht nach hinten verlagern und fallen; dann Hände lösen und
  Oberkörper zurücklegen, Arme über die Seite in Tauchposition bringen und kopfwärts eintauchen.
– 1½ Rollen rückwärts (1 m): Auf der Absprungstelle eine Rolle rückwärts so ausführen, daß man vor der Kante in den Hockstand kommt;
  dann überkippen; dabei Füße so lange wie möglich an der Absprungstelle halten. Im Fallen Körper strecken, Kopf in den Nacken nehmen
  und Arme über die Seite in Verlängerung des Körpers bringen.

Hinweis: Der 1½ Salto rückwärts kann auf dem Trampolin vorbereitet
werden; dabei endet man zunächst nach 1/1 Salto im Sitz, später nach
1¼ Salto auf dem Rücken.

Beobachtungshilfen
● Bringt der Springer nach dem Öffnen der Hocke/Hechte die Arme
  über die Seite in Verlängerung des Körpers?
● Hat der Übende beim Eintauchen kein Hohlkreuz?

Gymnastik

– Im Langsitz mit Armen in der Hochhalte beginnen: Ein im Rücken stehender Partner drückt seine Knie zwischen die Schulterblätter und faßt
  die Handgelenke. Er drückt mehrfach langsam die Arme hinter die
  Schultern.

– Auf einer Erhöhung so auf dem Rücken liegen, daß der Kopf überhängt. Arme in Verlängerung des Körpers nehmen und soweit wie möglich zurückdrücken. Mehrmals wiederholen.

Auerbachkopfsprung gestreckt (301 A) (Abb. 30)

Während die Beine sich strecken und die Absprungstelle verlassen, Arme vor dem Körper in die Hochhalte bis leicht hinter die Vertikale schwingen und dort kurz feststellen. Dabei nach vorn oben blicken. Dann *Hüfte und Beine* vorn hochdrücken!(1)

Abb. 30

Gestreckte Beine (Spannung auf der Vorderseite halten) aufwärts bewegen, *Arme in die Seithalte und Kopf in den Nacken nehmen!*(2)
Arme hinter die Schultern drücken und gestreckt weiterdrehen; dabei Spannung langsam auf die Rückseite der Beine verlagern. Kopf weiterhin im Nacken halten.(3)
Arme in Verlängerung des Körpers bringen, Oberarme an die Ohren drücken und Körper ins Wasser hineinstrecken.(4)

1/1 Salto rückwärts gestreckt (202 A) (Abb. 31)

Abb. 31

Während die Beine sich strecken und die Absprungstelle verlassen, Arme vor dem Körper schnell in die Hochhalte bis hinter die Vertikale schwingen und dort kurz feststellen. Dabei nach oben blicken. Dann Hüfte und Beine *energisch* vorn hochdrücken.(1)
Gestreckte Beine (Spannung auf der Vorderseite halten) aufwärts bewegen, Arme in die Seithalte und Kopf in den Nacken nehmen.(2)

Arme *energisch* hinter die Schultern drücken und gestreckt weiterdrehen.
Auf die Eintauchstelle blicken.(3)
Füße über die Eintauchstelle bringen und Blick zur Wand hinter der Absprungstelle wechseln. Arme seitlich anlegen und gestreckt ins Wasser hineinschlüpfen.(4)

Übungen

Wenn keine besonderen Angaben gemacht werden, kann der Absprung
vorwärts aus dem Stand oder Anlauf erfolgen. Gesprungen werden
kann sowohl von der Plattform als auch vom Brett.

– Fußsprünge vorwärts/rückwärts gestreckt (1 m): Im Absprung Arme
  betont in die Hochhalte bis leicht hinter die Vertikale schwingen und
  feststellen. Dann Arme in die Seithalte führen und hinter die Schulter
  drücken; dabei im Schultergelenk auswärtsdrehen.

– Auerbachfußsprung vom Beckenrand: Im Absprung Arme bis hinter
  die Vertikale hochschwingen und von dort in die Seithalte bringen;
  gleichzeitig Hüfte und Beine nach vorn oben drücken. Schräg fußwärts eintauchen.

– Abfaller rückwärts gestreckt (1 bis 5 m): Im aufrechten Stand mit Armen in der Seithalte beginnen: In den Hochzehenstand gehen und
  anfallen; dabei Arme im Schultergelenk auswärts drehen und nach
  hinten drücken, Kopf in den Nacken nehmen. Körper gestreckt und
  Füße solange wie möglich an der Absprungstelle halten (zur Kontrolle
  kann ein Helfer seinen Fuß auf die Zehen des Übenden stellen). Arme
  in Tauchposition bringen und gestreckt ins Wasser hineingleiten.
  Ebenso mit einem Partner: Beide Springer stehen dicht nebeneinander und legen sich auf dem Rücken mit verschränkten Armen die
  Hand auf die Hüfte, der andere Arm ist jeweils in der Seithalte. Auf
  Kommando gleichzeitig anfallen.
  Ebenso: Mit Armen in der Hochhalte beginnen: Anfallen und gleichzeitig Arme in die Seithalte bringen.

– Auerbachkopfsprung gestreckt vom Beckenrand oder der 1-Meter-Plattform: Zwei Helfer stehen jeweils seitlich vom Übenden und unterstützen *im Absprung* das Einleiten der Drehung mit erweitertem
  Drehgriff (dazu muß der links stehende seine linke Hand auf das Gesäß, seine rechte Hand mit dem Daumen nach vorn auf die Schulter
  legen). Im aufrechten Stand mit seitlich angelegten Armen beginnen:
  Mit dem Sprungbein einen Schritt (später drei Schritte) auf das Ende
  der Absprungstelle zu machen. Arme hochschwingen und mit Hilfe
  der Partner abspringen; dabei Kopf in den Nacken nehmen, Hüfte
  und Schwungbein hochdrücken.

Hinweis: Die ersten beiden Übungen und die letzte können auf dem Trampolin vorbereitet werden; dabei enden die zweite und vierte als Vorübung für den Kopfsprung auf dem Rücken, als Vorübung für den Salto auf dem Bauch.

Beobachtungshilfen
- Stellt der Springer im Absprung die Arme in der Hochhalte fest?
- Drückt er Hüfte und Beine nach oben, ohne in den Kniegelenken abzubeugen, d. h. zu unterziehen?
- Überstreckt der Übende den Rücken, ohne in der Lendenwirbelsäule nachzugeben?
- Bilden beim Eintauchen die Arme mit dem Körper eine Linie?

Merke:
- Eine Außenrotation der Arme im Schultergelenk unterstützt das Einleiten der Rückwärtsdrehung.
- Bei den Auerbachsprüngen müssen alle die Drehung einleitenden Aktionen intensiver ausgeführt werden als bei den entsprechenden Rückwärtssprüngen.

Gymnastik

- In Rückenlage quer auf einer Erhöhung (z. B. Sprungbrett) liegen, Arme und Unterschenkel herunterhängen lassen. Auf Kommando Beine in die Waagerechte anheben und Arme in die Seithalte nehmen. So den Körper über 5 Sek. angespannt halten.
- In Rückenlage Beine leicht beugen, so daß die Füße auf dem Boden aufliegen. Einem auf Kopfhöhe stehenden Partner die Arme reichen und am Handgelenk umfassen. Hüfte hochdrücken und in den Stand kommen.
- Mit Armen in der Seithalte aufrecht stehen. Arme auswärtsdrehen. Ein im Rücken stehender Partner drückt die Arme hinter dem Körper langsam zusammen. Mehrmals wiederholen.

1½ Salto vorwärts mit 1/1 Schraube (5132 D) (Abb. 32)

Während die Beine sich strecken und die Absprungstelle verlassen, Arme in die Seithalte nehmen, Kopf und Oberkörper nach unten bewegen. Dann (für Rechtsdrehung) *rechten Arm in die Hochhalte nehmen und Schulter*

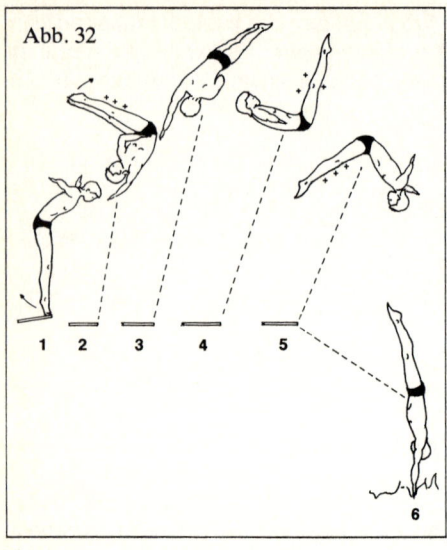

Abb. 32

nach hinten drücken, linken vor den Körper, so daß die linke Hand dann auf dem rechten Becken liegt! Gleichzeitig Beine sehr energisch hinten hochdrücken und Hüfte strecken (*schneppern*)!(1/2)

Körper gestreckt halten und in Schraubenposition weiterdrehen. *Kopf leicht zur Brust geneigt halten!*(3)

(Nach 1/1 Schraube) Beide Arme in die Seithalte nehmen; dabei den *drehungsfernen* (hier linken) *Arm hinter die Schulter drücken*; gleichzeitig Kinn zur Brust nehmen, *Rücken runden und Hüfte energisch beugen*; dann Oberkörper dicht an die Oberschenkel bringen!(4)

In offener Hechte weiterdrehen; über die Füße auf die Eintauchstelle blicken.(5)

Oberarme an die Ohren drücken und Körper ins Wasser hineinstrecken.(6)

Übungen

– Fußsprung vorwärts aus dem Stand (1 m): Im aufrechten Stand mit seitlich angelegten Armen beginnen: Abspringen und sofort die Füße nach vorn drücken, ohne dabei in der Hüfte abzubeugen; auf die Füße «schielen».
Ebenso: Mit Armen in der Seithalte beginnen.

– Fußsprungschraube gestreckt: Im aufrechten Stand mit Armen in der Seithalte beginnen: Abspringen und gleichzeitig (für eine Rechtsdrehung) den rechten Arm in die Hochhalte nehmen und Schulter zurückdrücken, den linken Arm vor den Körper schwingen; dabei Schulter nach vorn nehmen und linke Hand auf das rechte Becken legen; ständig auf die Füße blicken.
Ebenso mit Abstoppen der Schraubendrehung: Nach ½, 1/1, 1½ ... Schrauben beide Arme gleichzeitig in die Seithalte nehmen; dabei den drehungsfernen (hier linken) Arm energisch hinter die Schulter drücken. Zum Eintauchen Arme seitlich anlegen oder in die Hochhalte bringen.

– Rolle vorwärts mit Schnepper (1 m): Ca. 60 cm vor der Kante der

Absprungstelle im Hockstand beginnen: Nacken auflegen, Arme in die Seithalte nehmen und überrollen. Wenn die Schulterblätter die Kante treffen, explosiv Hüfte strecken (schneppern); dabei auf die Füße blicken. Dann Hüfte abbeugen und Körper ins Wasser hineinstrecken.

– Schneppersalto mit Anlauf (1 m): Aus dem Absprung Bewegungsablauf wie oben durchführen (Abb. 33).

– 1½ Schneppersalto (1 m/3 m): Ebenso wie oben; nach dem Schnepper Hüfte energisch abbeugen, Oberkörper an die Oberschenkel drücken und Körper kopfwärts ins Wasser hineinstrecken.

Abb. 33

Hinweise:
Schraubensalti können auch ohne Schnepperbewegung gesprungen werden. In diesem Fall wird die erste halbe Saltodrehung gestreckt ausgeführt; dabei wird der Kopf leicht zur Brust hin abgebeugt (und nicht wie bei der Grundübung «Salto vorwärts gestreckt» in den Nacken genommen).

Beobachtungshilfen
● Hält der Springer bei den Fußsprüngen den Oberkörper ruhig?
● ‹Schielt› er während des Schraubens auf die Füße?
● Kann er die Schraubendrehungen laut mitzählen?
● Streckt der Übende beim Schneppern die Hüfte, oder wirft er die Beine ins Hohlkreuz?

Merke:
– Im Absprung müssen die Arme in der Seithalte sein, *bevor* die Beine sich strecken.
– Je mehr Schraubendrehungen gesprungen werden sollen, desto intensiver muß das Einleiten der Saltodrehungen erfolgen.

Gymnastik
- In Rückenlage mit Armen in der Hochhalte beginnen: Ein Partner hält die Füße am Boden. Oberkörper anheben und auf die Oberschenkel legen; dabei Arme in die Seithalte nehmen.
- Im Stand mehrfach drehen, dann auf einer Linie einen Fuß vor den anderen setzend balancieren.
- Strecksprünge mit ½, 1/1 Schraube; dabei immer wieder auf der Absprungstelle landen.
- Strecksprünge vorwärts mit ½, 1/1 Schraube von einer Erhöhung; dabei versuchen, in einer markierten Zone zu landen.
- Strecksprünge vorwärts von einer Erhöhung mit 1/1 Schraube. Nach der Landung sofort den Oberkörper abbeugen und Arme in die Seithalte nehmen.
- Aufrecht stehen und einen Stab auf den Boden setzen. Auf Kommando Stab loslassen, auf der Stelle eine Drehung ausführen und Stab wieder greifen.

Auerbachkopfsprung gestreckt mit ½ Schraube (5311 A) (Abb. 34)

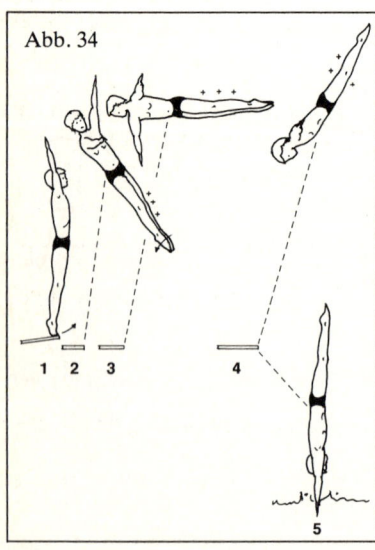

Abb. 34

1 2 3   4

5

Während die Beine sich strecken und die Absprungstelle verlassen, Arme vor dem Körper in die Hochhalte bis leicht hinter die Vertikale schwingen und dort kurz feststellen. Dabei geradeaus blicken. Dann Hüfte und Beine energisch vorn hochdrücken.(1)
Schrauben; dazu (für eine Linksdrehung) *linken Arm aus der Hochhalte vor dem Körper abwärts dicht an der Hüfte vorbei in die Seithalte schwingen*, den rechten Arm direkt in die Seithalte nehmen und leicht hinter die Schulter drücken! Gleichzeitig Blick zur Eintauchstelle wechseln und Spannung auf die Rückseite der Beine verlagern.(2)
Mit Armen in der Seithalte gestreckt

weiterdrehen; dabei Spannung auf der Rückseite der Beine halten.(3/4) Arme in Verlängerung des Körpers bringen, Oberarme an die Ohren drücken und gestreckt ins Wasser hineinschlüpfen.(5)

Übungen

– Abfaller rückwärts gestreckt (3 m): Mit Armen in der Seithalte beginnen: In den Hochzehenstand gehen und anfallen; dabei Kopf leicht zur Brust hin neigen. Unmittelbar vor dem Eintauchen Kopf in den Nacken nehmen und Arme in Tauchposition bringen.

– Abfaller rückwärts gestreckt mit ½ Schraube (3 m): Mit Armen in der Hochhalte beginnen: In den Hochzehenstand gehen und anfallen; dabei (für eine Linksdrehung) linken Arm vor dem Körper abwärts an der Hüfte vorbei in die Seithalte schwingen und Schulter zurücknehmen, den rechten Arm direkt in die Seithalte und hinter die Schulter drücken. Sofort auf die Eintauchstelle blicken.
  Hinweis: Die Übung kann auch mit ¼ Schraube begonnen werden; dazu stellt sich der Springer seitlich auf die Absprungstelle.

– Fußsprünge vorwärts/rückwärts gestreckt mit ½ Schraube (1 m): Im aufrechten Stand beginnen, den Absprung mit Armschwung ausführen; dabei müssen die Arme in der Hochhalte sein, bevor die Füße die Absprungstelle verlassen. Aus dem Absprung heraus schrauben wie oben.

– Auerbachfußsprung mit ½ Schraube vom Beckenrand: Mit Armen in der Hochhalte beginnen: Abspringen und schrauben; dabei Kinn zur Brust nehmen und sofort auf das Wasser blicken. Mit Armen in der Seithalte schräg fußwärts eintauchen.

Hinweis: Die zweite bis vierte Übung kann auf dem Trampolin vorreitet werden; dabei enden die zweite und vierte auf dem Bauch.

Beobachtungshilfen

● Hält der Springer bei den Abfallern die Füße lange genug an der Absprungstelle?
● Schwingt der Übende zum Einleiten der Schraubendrehung den Arm dicht an der Hüfte vorbei?

Merke:

– Beim Einleiten der Schraubendrehung darf der Kopf nicht in den Nacken genommen werden.

– Eine Innenrotation der Arme im Schultergelenk beim Abstoppen der Schrauben unterstützt die Vorwärtsdrehung.

Gymnastik
- Strecksprünge mit ½, 1/1 Schraube: dabei immer wieder auf der Absprungstelle landen. Vor dem Abspringen mit beiden Händen einen Ball hochwerfen und nach der Landung wieder fangen.
- Seitwärts hüpfen, nach mehreren Hüpfern ½ Drehung ausführen.
- In der Rückenlage mit Armen in der Hochhalte beginnen: Mit gestrecktem Körper seitwärts rollen.

1½ Salto rückwärts mit ½ Schraube (5231 D) (Abb. 35)

Während die Beine sich strecken und die Absprungstelle verlassen, Arme vor dem Körper schnell in die Hochhalte bis deutlich hinter die Vertikale schwingen und dort kurz feststellen. Dann sofort (für eine Linksdrehung) linken Arm vor dem Körper zur Hüfte schwingen; gleichzeitig Hüfte und Beine energisch vorn hochdrücken; Kopf in Verlängerung des Körpers halten.(1)
Linken Arm kreisend weiterschwingen bis in die Seithalte, rechten Arm in die Seithalte nehmen und hinter die Schulter drücken; dabei Kinn auf die Brust nehmen.(2)

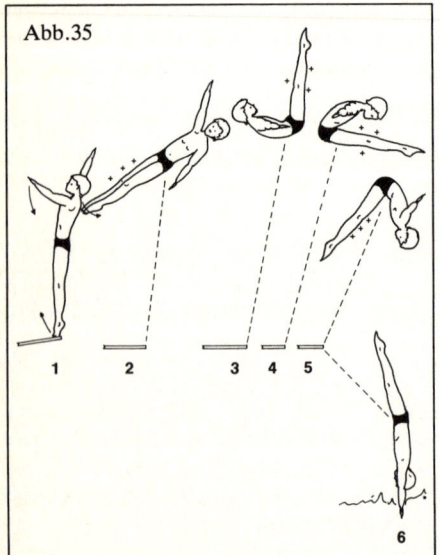

Abb.35

Rücken runden und Hüfte energisch beugen, Oberkörper so dicht wie möglich an die Oberschenkel bringen und in offener Hechte weiterdrehen. Über die Füße blickend, die Eintauchstelle suchen.(3/4)
Spannung auf die Vorderseite der Beine verlagern, Arme über die Seite in Verlängerung des Körpers bringen.(5)
Oberarme an die Ohren drücken und Körper ins Wasser hineinstrecken.(6)

Übungen
- Salto rückwärts gestreckt (1 m / 3 m): vgl. Abb. 31, S. 199. Während der ersten halben Saltodrehung Kopf in Verlängerung des Körpers halten.
- Fußsprung rückwärts mit ½ Schraube und anschließender Rolle vom Beckenrand: Im aufrechten Stand mit Armen in der Hochhalte beginnen: Abspringen mit Armschwung und schrauben. Nach ½ Schraube Arme in die Seithalte nehmen, Kinn auf die Brust drücken, Rücken runden und Hüfte energisch hochziehen. In offener Hechte ins Wasser hineinrollen.

Hinweis: Beide Übungen können auf dem Trampolin vorbereitet werden; dabei enden sie auf dem Rücken.

Beobachtungshilfen
- Leitet der Springer die Schraubendrehung erst aus dem Absprung heraus ein und nicht schon auf der Absprungstelle?
- Beugt der Übende die Hüfte erst nach der Schraubendrehung ab?

Merke:
Kopfwärts getauchte Schraubensalti der Gruppen II und III enden immer vorwärts!

Gymnastik
- Strecksprung rückwärts mit ½ Schraube von einer Erhöhung. Sofort nach der Landung eine Rolle vorwärts ausführen.

1½ Auerbachsalto mit 1½ Schrauben (5333 D) (Abb. 36)

Während die Beine sich strecken und die Absprungstelle verlassen (für eine Rechtsdrehung), *rechten Arm vor dem Körper abwärtsschwingen und gleichzeitig Oberkörper zum Brett hin verwringen!* Hüfte und Beine sehr energisch hochdrücken.(1)
Rechten Arm kreisend weiter *bis in die Hochhalte durchschwingen* und Schulter zurückdrücken, den linken vor den Körper nehmen, dabei Hand auf das rechte Becken legen. Kopf leicht zur Brust hin abbeugen.(2)
In Schraubenposition gestreckt und angespannt weiterdrehen.(3)
Nach 1½ Schrauben beide Arme in die Seithalte nehmen; dabei den drehungsfernen (hier linken) Arm energisch hinter die Schulter drücken. Gleichzeitig Kinn zur Brust nehmen, Rücken runden und Hüfte energisch beugen.(4/5)

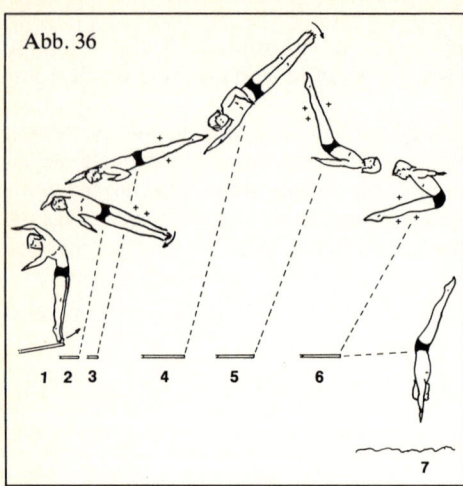

Abb. 36

Oberkörper so dicht wie möglich an die Oberschenkel bringen und in offener Hechte weiterdrehen. Über die Füße blickend, die Eintauchstelle suchen.(6)
Oberarme an die Ohren drücken und Körper ins Wasser hineinstrecken.(7)

Übungen
– Fußsprünge vorwärts/rückwärts mit Schrauben (1 m): Aus dem Stand mit Armschwung abspringen; dabei müssen die Arme in der Hochhalte sein, bevor die Beine sich strecken. Wenn die Füße die Absprungstelle verlassen, schrauben; dazu (für eine Rechtsdrehung) rechten Arm vorwärtskreisend in die Hochhalte schwingen, den linken vor den Körper nehmen und Hand auf das rechte Becken legen. Auf die Füße ‹schielen›.
  Ebenso mit Abstoppen der Schraubendrehung: Nach 1½ Schrauben beide Arme gleichzeitig in die Seithalte nehmen, den linken energisch hinter die Schulter drücken. Zum Eintauchen Arme in die Hochhalte bringen.
– Auerbachsalto gestreckt (1 m): Während der ersten halben Drehung Kopf in Verlängerung des Körpers halten.

Beobachtungshilfen
● Hat der Übende im Absprung die Arme in der Hochhalte, *bevor* die Beine sich strecken?
● Hält der Springer während des Schraubens den Körper gestreckt?

Merke:
Die Schraubendrehungen sollen abgeschlossen sein, wenn die Beine ihre höchste Position im Flug erreichen.

Handstand durchhocken (631 C) (Abb. 37)

Über 3 Sek. im Handstand stehen, dann Gewicht verlagern und überfallen.(1/2)
Beine *vor dem Körper anhocken und mit den Händen abdrücken!* Unterschenkel umfassen.(3)
Körper eng zusammenhocken und auf die Eintauchstelle blicken.(4)
Hände lösen und Beine zur Eintauchstelle hin strecken; dabei Blick zur gegenüberliegenden Wand wechseln und Oberkörper aufrichten.(5)
Arme seitlich anlegen und gestreckt ins Wasser hineinschlüpfen.(6)
(Vgl. auch: Auerbachsalto S. 195, Abb. 27)

Handstandauerbachsalto gehechtet (632 B) (Abb. 38)

Über 3 Sek. im Handstand stehen, dann Gewicht verlagern und überfallen.(1/2)
Hüfte energisch abbeugen und gestreckte Beine zum Oberkörper bewegen; gleichzeitig mit den Händen abdrücken und Kopf in den Nacken nehmen.(3)

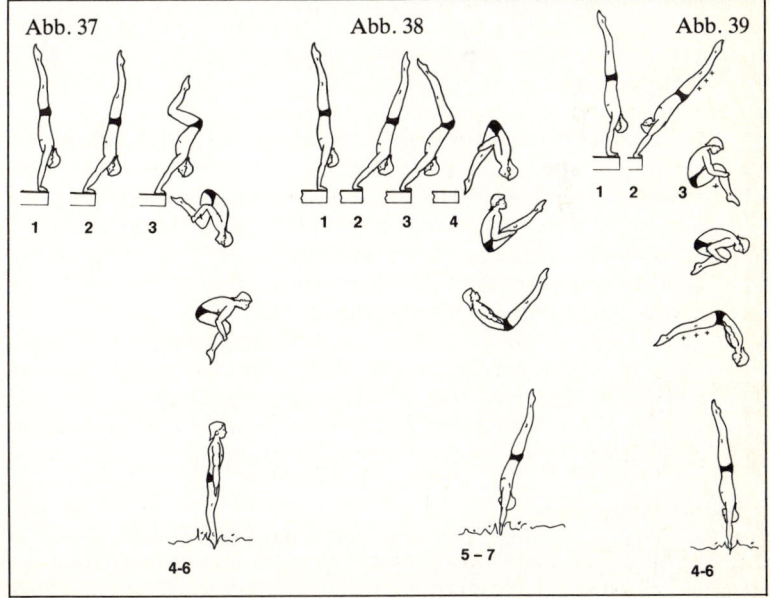

Kniekehlen fassen und in enger Hechte weiterdrehen.(4)
Über die Füße zur Decke blicken.(5)
Hände lösen und Beine abstoppen; Oberkörper zurücklegen und Arme über die Seite in Verlängerung des Körpers bringen; dabei Kopf leicht in den Nacken nehmen.(6)
Oberarme an die Ohren drücken und gestreckt ins Wasser hineinschlüpfen.(7)
(Vgl. auch: 1½ Auerbachsalto S. 195, Abb. 27)

Handstandsalto gehockt (612 C) (Abb. 39)

Über 3 Sek. im Handstand stehen.(1)
Gewicht verlagern und überfallen; dabei Kopf zur Brust hin abbeugen. Mit den Händen abdrücken und gleichzeitig *Beine nach hinten unten drücken!* Dann hocken.(2)
Unterschenkel umfassen und Oberkörper an die Oberschenkel ziehen.(3)
In der engen Hocke weiterdrehen. Über die Knie auf die Eintauchstelle blicken.(4)
Hände lösen und Beine über die Hechte strecken. Arme über die Seite in Verlängerung des Körpers bringen.(5)
Oberarme an die Ohren drücken und Körper ins Wasser hineinstrecken.(6)
(Vgl. auch: 1½ Salto vorwärts S. 185; Abb. 19)

Übungen

– Bockspringen: Ein Partner steht mit abgebeugtem Oberkörper am Ende der Plattform, mit den Händen stützt er sich auf den Oberschenkeln ab; drei bis fünf Schritte angehen und einen Grätschsprung über den Partner machen; danach fußwärts/kopfwärts eintauchen.
– Handstandkopfsprung: Im Handstand beginnen: Über 3 Sek. stehen, dann Gewicht über die Hände nach vorn verlagern und fallen. Mit gestrecktem Körper kopfwärts eintauchen.
– Handstandabgrätschen: Wie «Handstandkopfsprung; nur im Fallen Hüfte energisch beugen und Beine grätschen. Füße über die Eintauchstelle bringen und gestreckt fußwärts eintauchen.
– Handstandüberschlag: Im Handstand über 3 Sek. stehen, dann Beine nach hinten drücken und überfallen. Gestreckt fußwärts eintauchen.

Beobachtungshilfen
● Beugt der Springer beim Überfallen die Arme nicht ab?
● Macht er kein Hohlkreuz?

Irma Rosmarin

Kunstschwimmen

Inhalt

Kunstschwimmen

Abbildungen in diesem Beitrag: S. 216/217 aus: K. Jacobi (München o. J.),
S. 223–254: FINA-Handbook 1984–1986 (Vancouver 1984)

Vom Reigenschwimmen zum Synchronschwimmen

Aus dem Reigenschwimmen im Bruststil mit Blumengebinden oder Lampions entwickelte sich in den zwanziger Jahren das Figurenlegen, heute *Bilderreigen* genannt. Die Teilnehmer bilden mit ihren gestreckt auf dem Wasser liegenden Körpern geometrische Figuren und Ornamente. Zunächst diente die Musik lediglich als Untermalung, der Bilderwechsel wurde durch Zeichen am Beckenrand oder durch eine Teilnehmerin im Wasser angezeigt. Heute wird synchron zur Musik gearbeitet, wirksame Übungen, insbesondere Delphinketten und -räder, werden eingebaut. Vorführungen mit 8, 12 oder mehr Schwimmerinnen sind außerordentlich publikumswirksam und daher sehr beliebt. Diese Art des Kunstschwimmens hat ihren Ursprung in Deutschland und England. Meisterschaften wurden ab 1931 bis in die 70er Jahre ausgetragen – sie wurden Opfer des immer anspruchsvoller und zeitraubender werdenden Synchrontrainings. Als Schauvorführung findet der Bilderreigen jedoch weltweit Anklang.

Bei der olympischen Disziplin *Synchronschwimmen* werden Ausbildung und Wettkampf in zwei Teile gegliedert: Pflicht und Kür. Das Erlernen der Pflichtübungen, deren Namen und Bewegungen meist dem Bereich der Wassertiere entnommen sind, bildet die Grundlage für den zweiten Teil, die Kür. Hier wird die Musik durch Bewegungen, Übungen, Mimik und Gestik gestaltet. Während die Ausführung der Pflichtübungen und deren Schwierigkeitsgrade für die ganze Welt verbindlich durch die FINA vorgeschrieben sind, wird die Choreographie der Kür durch die Schwimmerinnen oder deren Trainer frei gestaltet.

Mit dem Synchronschwimmen wurde der Schwimmsport zweifellos durch eine sehr attraktive Disziplin erweitert. Das rein musische und tänzerische Element spricht insbesondere junge Mädchen sehr stark an, was nicht heißt, daß nicht auch junge Männer diesen Sport ausüben können; eine Teilnahme an Wettkämpfen bleibt bisher nur den Mädchen vorbehalten. Für die Zuschauer bei schwimmsportlichen Veranstaltungen bilden Kunstschwimm-Vorführungen eine willkommene Abwechslung und Entspannung. Reine Kunstschwimmveranstaltungen mit Kürvorführungen und Bilderreigen haben immer ein «volles Haus» zu verzeichnen.

Voraussetzungen

– Übungsbeginn im Alter von etwa 10 Jahren, da eine 3- bis 5jährige Aufbauarbeit erforderlich ist, wenn eine Wettkampflaufbahn angestrebt wird;
– schwimmerisches Können, d. h. möglichst Beherrschung aller vier Schwimmtechniken und des Tauchens;
– gute Körperbeherrschung und Konzentrationsfähigkeit;
– Musikalität, rhythmisches Empfinden, Gestaltungsvermögen;
– Anpassungsfähigkeit, Teamgeist;
– Leistungswillen und Ausdauer;
– Schwimmbecken mindestens 20 × 12 × 1,80 m. Für die meisten Pflichtübungen ist eine größere Tiefe erforderlich;
– Musikanlage mit Unterwasser-Lautsprecher; Cassettenrecorder, Handmikrophon;
– Gymnastikraum, besser Ballettraum mit Stange und Spiegel.

Es handelt sich hierbei um ideale Voraussetzungen. Meist muß man – vor allem zu Beginn des Aufbaus einer Kunstschwimmgruppe – mit den örtlichen Gegebenheiten vorliebnehmen.

Ausbildungsgebiete

Bilderreigen – Pflichtübungen – Kür, diese Reihenfolge sollte in der Ausbildung unbedingt eingehalten werden.

Bilderreigen

Auch wenn der Bilderreigen nicht mehr wettkampfmäßig betrieben wird, ist er aus methodischen Gründen als Aufbaustufe zu empfehlen. Hier lernen die Schwimmerinnen Körperbeherrschung und Konzentration, ganz besonders aber Teamgeist. Ein kleiner Fehler einer einzigen Teilnehmerin kann die ganze Vorführung zunichte machen. Innerhalb verhältnismäßig kurzer Zeit ist es möglich, einen leichten Bilderreigen zu erlernen und ordentlich vorzuführen. Dieses Erfolgserlebnis ist besonders für Anfänger sehr wichtig, da das Erlernen des Synchronschwimmens viel Zeit und Geduld erfordert; viele Mädchen – auch begabte – springen vorzeitig ab. Schließlich ist ein Schauschwimmen mit Bilderreigen – wie schon erwähnt –

auch heutzutage publikumswirksam und deshalb für Werbezwecke geeignet. Auch für den Schul- und Breitensport läßt er sich besonders empfehlen.

Die Grundlagen für Bilderreigen wurden bereits im Kapitel «Allgemeine Schwimmausbildung» eingeführt. Das *Fassen* der Partnerin soll aber hier noch um folgende Möglichkeiten ergänzt werden:

Auflegen der Füße auf Beine oder Arme

Am zweckmäßigsten legt man grundsätzlich den linken Vorderfuß auf, den rechten Fußrücken unter das Bein bzw. den Arm der ‹Vorderfrau›. Durch Hochdrücken des rechten Fußes von unten her wird die Figur in ihrer Stabilität unterstützt.

Handfassung

Diese erfolgt entweder durch Doppelhandgriff oder Aufeinanderlegen der Hände (Innenhandfläche der unteren Hand unter dem Handrücken der oberen Hand).

Grundsätzlich zeigen beim Bilderreigen die Innenhandflächen nach oben!

Aufbau für Anfänger

Es ist zweckmäßig und einfach, eine Vorführung mit Strichmännchen aufzuzeichnen. Am leichtesten ist ein Aufbau mit acht Schwimmerinnen; er erfolgt am besten von innen nach außen mit einem Kreuz als Zentrum.

Das Einschwimmen zur ersten Figur kann durch Fußwärtspaddeln vom Beckenrand aus mit jeweils zwei Schwimmerinnen erfolgen.

Durch Fußfassung der inneren Schwimmerinnen entsteht Figur 1. Bei geschlossenen Beinen liegen die Arme stets waagerecht (90°).

Figur 2: Spreizen der Beine der äußeren Schwimmerinnen (Hand-Fuß-Fassung). Bei gespreizten Beinen zeigen die Arme schräg nach oben (45°).

Figur 3: Schließen der Beine zu Figur 1.

Figur 4: Das innere Kreuz bleibt liegen, die äußeren Schwimmerinnen bewegen sich, fußwärts paddelnd, in die neue Position auf Lücke und spreizen gleichzeitig die Beine. Um ein Durcheinander zu vermeiden, läßt man alle Platzwechsel stets nach einer Richtung vornehmen, am besten nach rechts.

Figur 5: Die Außenschwimmerinnen schließen die Beine und paddeln fußwärts nach innen zum Kreis. Hier können die Arme entweder waagerecht gefaßt werden oder schräg nach oben liegen.

Zum Schluß paddeln alle Schwimmerinnen kopfwärts nach außen und spritzen kräftig mit den Beinen (Springbrunnen).

Bei der *Zusammenstellung von Vorführungen* mit 8 bis 10 Bildern muß darauf geachtet werden, daß die Teilnehmerinnen ihren Platz im neuen Bild auf kürzestem Weg erreichen. Der *Bildwechsel* kann je nach Ausbildungsstand der Teilnehmerinnen auf verschiedene Arten ablaufen:

- Paddeln kopfwärts oder fußwärts;
- in Hockposition, wobei wichtig ist, daß sämtliche Teilnehmer bei Erreichen ihres neuen Platzes gleichzeitig die Beine ausstrecken;
- wenn die inneren Schwimmerinnen liegenbleiben, können die äußeren mit einer Kunstschwimmübung (Ballettbein-Tauchboot, Handstand, Catalina usw.) abtauchen und dann gleichzeitig an ihrem neuen Platz auftauchen;
- Die äußeren Schwimmerinnen bleiben liegen, die Mitte (z. B. das Kreuz) dreht sich als Ganzes um 90 Grad;
- alle Teilnehmer tauchen mit einer Kunstschwimmübung ab und bilden unter Wasser die neue Figur, die dann geschlossen auftaucht (Auftrieb!).

Hinweis:

- Bewegung der Bilder und eingebaute Kunstschwimmübungen beleben die Vorführung: z. B. Drehen der Kreise und ähnlicher Figuren um 90 oder 180 Grad. 360 Grad wirken langweilig!
- Leitertauchen: Die Schwimmerin am Fußende einer Kette taucht ab, unter der Kette durch und am Kopf der ersten Schwimmerin wieder auf. Diese Übung wirkt besonders gut mit Ballettbeinab- und -aufgang.
- Zu jeder Vorführung gehört mindestens eine Delphinkette oder ein Delphinrad. Die Ausführung eines Delphins wird bei den Pflichtübungen beschrieben (S. 238).

Figuren

Die auf den folgenden Seiten abgebildeten Figuren (Bilder) sollen Beispiele und Hilfen für die Zusammenstellung eines Bilderreigens sein. Der Phantasie im Ausdenken und Zusammenstellen neuer Figuren sind keine Grenzen gesetzt.

Achter-Figuren

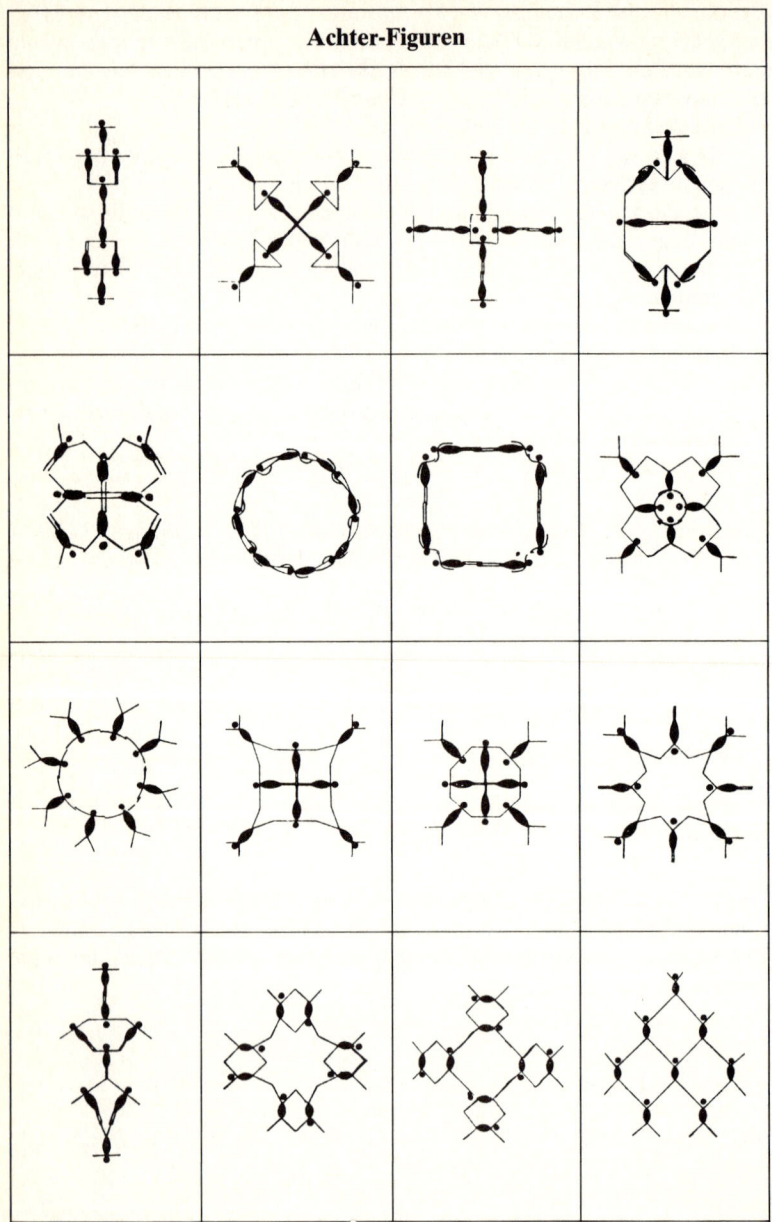

Zwölfer-Figuren

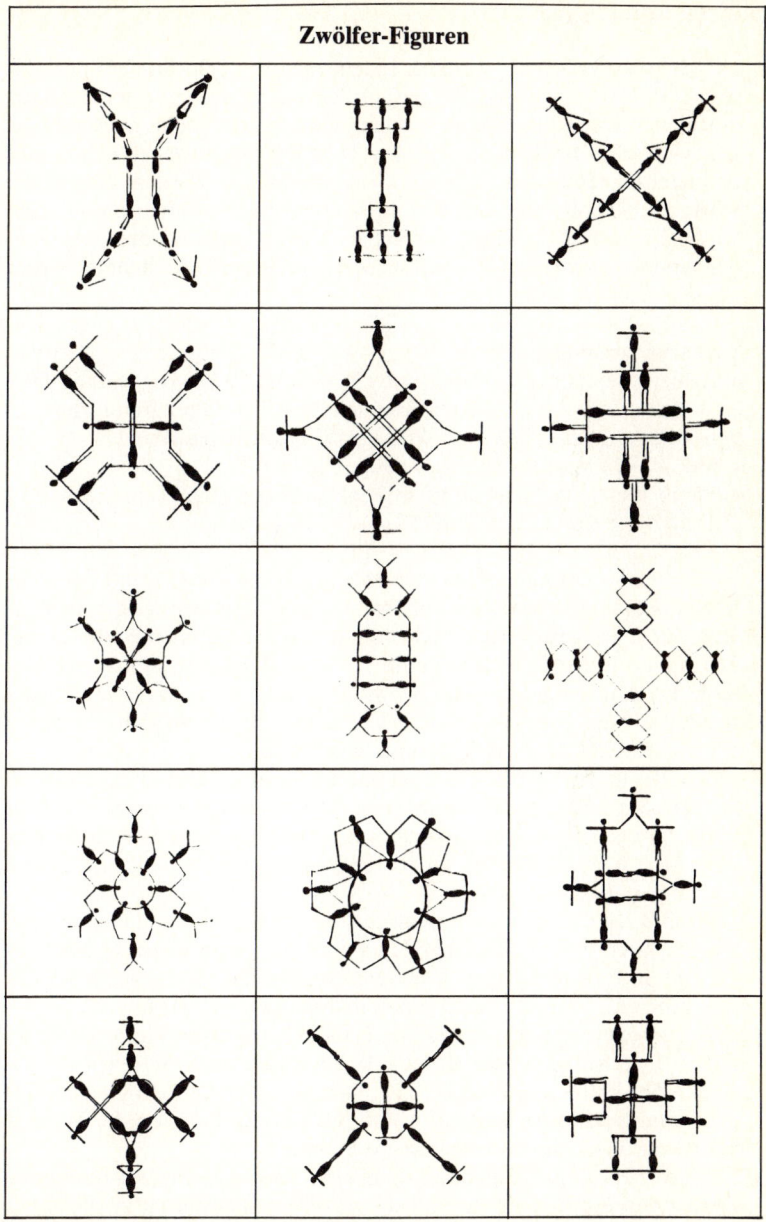

Ketten und Räder

– Die *Delphinkette* wird gebildet, indem mehrere Schwimmerinnen, jeweils am Hals eingehängt, einen großen Delphin kopf- oder fußwärts ausführen. Der Körper jeder Schwimmerin muß in leichtem Hohlkreuz gespannt sein, die Knie durchgedrückt. Die Arme bewegen sich in großen Kreisen neben dem Körper im Takt der Musik. Vor dem Abtauchen wird Luft geholt, die gleichmäßig langsam unter Wasser ausgelassen wird. Die ersten Übungen beginnt man am besten mit drei oder vier Schwimmerinnen und erweitert sie nach sicherem Durchhalten jeweils um eine Schwimmerin.

Beobachtungshilfen
● Atmen alle Teilnehmerinnen unter Wasser aus? *Hinweis:* Rötung des Gesichts oder des Hals-Brust-Bereichs deutet auf Preßatmung hin.
● Ist ein Punkt am Beckenrand für das Abtauchen markiert?
● Sind Zeichen zum Abtauchen vereinbart?
● Führt die letzte Schwimmerin kräftige Beinschläge aus, um das Tempo der Kette zu erhöhen?

– Beim *Delphinrad* muß die erste Schwimmerin genau an den Füßen der letzten auftauchen und sich einhängen, damit die Kette noch einmal als Rad durchgezogen werden kann. Beim zweiten Auftauchen der ersten Schwimmerin wird das Rad geöffnet. Sowohl bei Ketten als auch erst recht bei Rädern müssen alle Schwimmerinnen über und unter Wasser tüchtig mit den Armen arbeiten, vor allem aber vermeiden, mit ihren Füßen den Hals der Nachfolgerin zuzudrücken.
– Das *Saltorad* wird von zwei Schwimmerinnen ausgeführt, die in Rückenlage mit den Füßen zusammenhängen. Die erste zieht einen großen Delphin, die zweite vollführt entweder gespannt einen Contra-Delphin oder aber nach dem Abtauchen einen Hocksalto vorwärts und taucht dann wieder gestreckt auf.
– Beim *Mühlrad*, am wirkungsvollsten mit 12 Schwimmerinnen, liegen zwei Sechserketten nebeneinander, wobei die jeweils Gegenüberliegenden Oberarmfassung haben. Die freien Arme müssen im gleichen Rhythmus arbeiten, wodurch das Doppelrad durchgezogen wird.
– Das *Kipprad* wird als geschlossenes Rad bis zum letzten Viertel durchgezogen. Durch Drehen des Körpers in die Rückenlage mit leichtem Absinken der Hüfte sowie durch Zug nach außen zu den Längsseiten des Schwimmbeckens wird erreicht, daß das Rad als Kreis an der Wasseroberfläche erscheint und weitergedreht wird.
– Beim *Rhönrad* mit 8 Personen steigt eine Schwimmerin (am besten die vierte oder fünfte) aus dem Rad aus und erscheint während des Kippens

mit gespreizten Armen und Beinen im Kreisinneren. Beim Aussteigen unter Wasser darf keine Lücke entstehen, d. h., die Aussteigende geht zuerst in Hockposition und gibt dann die Füße ihrer ‹Vorderfrau› an den Hals der ‹Hinterfrau› weiter. Bei 12 Personen müssen vier Schwimmerinnen (Nr. 2, 5, 8, 11) auf dieselbe Weise aussteigen und in der Mitte des Kreises vier «Speichen» bilden, indem sie ihre gestreckten Beine in die Oberarme der ersten, dritten, fünften und siebten Außenschwimmerin legen. An den Köpfen liegen sie eng beisammen.

– Bei der *Achterkette* taucht die erste Schwimmerin an den Füßen der letzten auf, nachdem sie zuvor eine halbe Körperwelle ausgeführt hat, die automatisch auf die nachfolgenden Schwimmerinnen übergeht. Wenn etwa die Hälfte der Nachfolgenden aufgetaucht ist, beginnt die erste wiederum eine Achterkette und führt diese zu Ende, bis alle Schwimmerinnen wieder an der Wasseroberfläche sind.

– Gute *Ein- und Ausgänge* sind genauso wichtig wie die exakte Ausführung von Bildern und Übungen. Wenn sich die Teilnehmer im Kopf- oder Fußsprung ins Wasser begeben, muß dies möglichst spritzerlos geschehen (siehe Wasserspringen).

Zusammenstellung von Bilderreigen

– Die Auswahl der Bilder und Übungen muß dem Ausbildungsstand der Schwimmerinnen angepaßt sein. Lieber leichte Bilder und Übungen, dafür aber exakte Ausführung! Am zweckmäßigsten beginnt man bei Anfängern nach Vorübungen mit 8 Schwimmerinnen.

– Der Übergang von einem Bild zum andern muß so kurz wie möglich sein.

– Die Aufzeichnung erfolgt am besten mit Strichmännchen auf Papier, wobei jede Teilnehmerin eine Nummer zugeteilt bekommt.

– Die sichersten Schwimmerinnen liegen in der Mitte, um einem Bild den Halt zu geben.

– Die beste Schwimmerin zieht die Delphinkette oder das Rad.

Hinweis: Große und kleine Teilnehmerinnen gleichmäßig verteilen!

Einüben eines Bilderreigens

Nachdem jede Teilnehmerin eine Kopie der Aufzeichnung erhalten und studiert hat, wird mit der Arbeit an Land begonnen. Die Figuren werden auf den Boden gelegt, wobei auf richtige Fassung und Haltung der Arme bzw. Beine zu achten ist. Es ist zweckmäßig, schrittweise vorzugehen, also mit wenigen Bildern zu beginnen, und bei jeder Übungseinheit etwas Neues hinzuzunehmen. Die einzelnen Kunstschwimmübungen werden vorher im Wasser so lange geübt, bis sie einwandfrei beherrscht werden und durchgezählt werden können. Für Ketten und Räder gilt das oben Gesagte. Gute Atemtechnik kann an Land geübt werden: einatmen (Bauch, Brust), mit dem Zwerchfell stützen, ausatmen (über etwa 30–40 Sekunden).

Beobachtungshilfe
● Wurden die Vorübungen des Bilderreigens an Land synchron zur Musik und unter Durchzählen ausgeführt?

Bilderreigen mit leichten Kunstschwimmübungen für 12 Teilnehmer

Eingang an der Stirnseite: Fußsprung dreimal vier Schwimmerinnen, wobei die zweite Reihe am Kopf der ersten Reihe in Hockposition auftaucht, die dritte Reihe dahinter. Oberarmfassung, paddeln zur Beckenmitte, die Beine langsam ausstrecken. Die letzte Reihe kann spritzende Beinbewegungen ausführen.

Ausgang A (nach zwei Sechserketten): In Kettenformation wird bis zum oberen Beckenrand gepaddelt, dann aufteilen: je eine Schwimmerin nach rechts und links zu den Leitern.

Ausgang B (nach Zwölferkette): In dieser Formation zum oberen Beckenrand paddeln, dann aufteilen wie A.

Zum *Abschluß* treffen sich die Mädchen außerhalb des Beckens an der oberen Schmalseite.

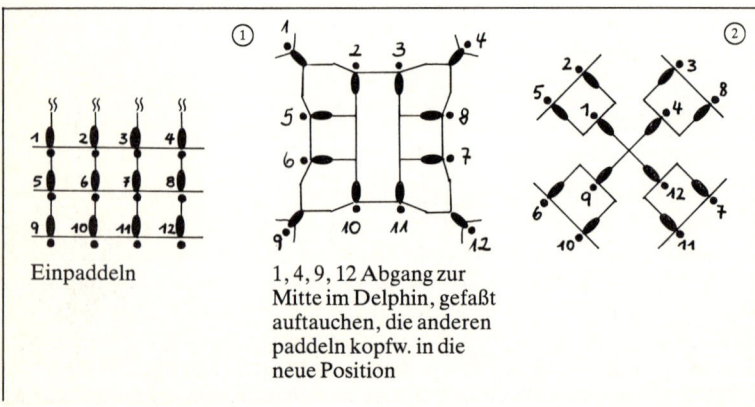

Einpaddeln

1, 4, 9, 12 Abgang zur Mitte im Delphin, gefaßt auftauchen, die anderen paddeln kopfw. in die neue Position

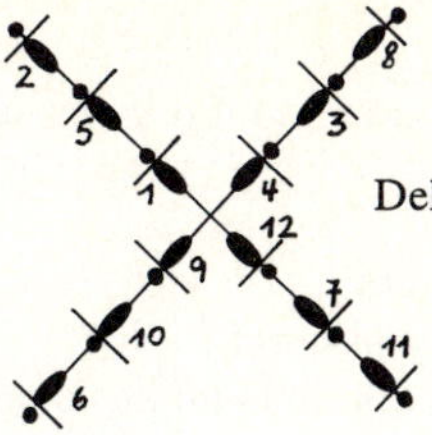

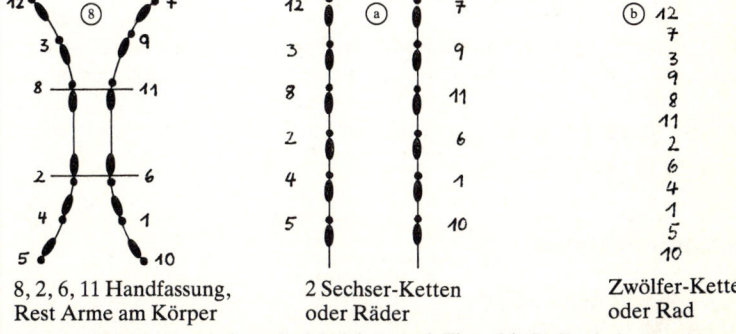

③ Delphin-Ketten

④ Nach den Ketten nochmals Fig. 3, dann dieselbe Figur gespreizt

⑤ Drehen der Figur um 90° durch Paddeln 2, 6, 11, 8

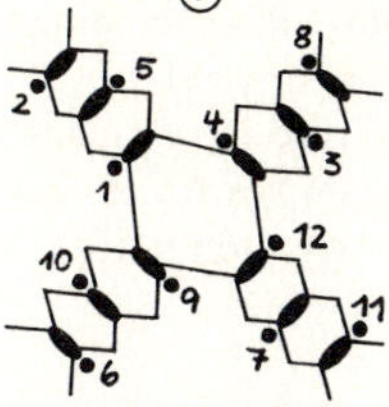

⑤a

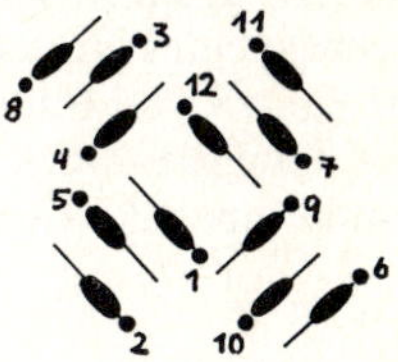

⑥ 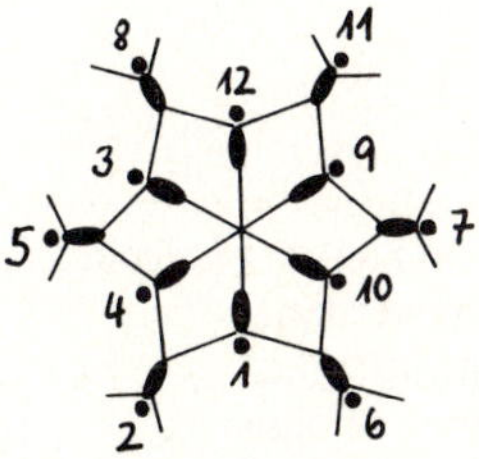 Die Inneren drehen in Hockpos. 180°, Oberarmfassung, die Äußeren paddeln fußw. zu Figur 7

⑦ Durch Abwinkeln und Strecken der Ellbogen der Inneren wird die Figur bewegt

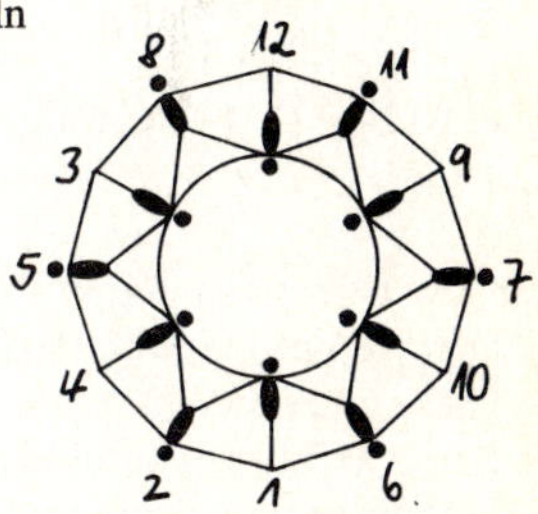

⑧ 8, 2, 6, 11 Handfassung, Rest Arme am Körper

ⓐ 2 Sechser-Ketten oder Räder

ⓑ Zwölfer-Kette oder Rad

Zur Zwölfer-Kette tauchen alle Mädchen nach Figur 8 in Ballettbein-Tauchboot ab und als Kette (in Hockpos.) auf. Ausgang siehe Beschreibung.

Hinweise zum Einüben
- Nicht zuviel auf einmal einüben!
- Vorbereitung der Figuren «im Trockenen»: die Figuren auf dem Boden «legen»!
- Von Anfang an mit Musik arbeiten!
- Figuren nur auf Beginn eines neuen Taktes wechseln!
- Soviel wie möglich synchron zur Musik üben und trainieren!
- Alle Bewegungen, z. B. Spreizen nach einer gestreckten Haltung, rhythmisch gemeinsam ausführen!
- Bei Ketten und Rädern Arme im gleichen Rhythmus bewegen lassen! Die Übungsleiterin macht am besten am Fußende im Blickfeld aller Teilnehmerinnen die Armbewegungen mit.

Pflichtübungen

Für die Bewertung einer Pflichtübung sind folgende Punkte maßgebend:
- Die gesamte Übung muß einwandfrei beherrscht werden.
- Jeder einzelne Teil einer Übung muß klar erkennbar sein.
- Die Ausführung muß in gleichmäßigem Rhythmus erfolgen.
- Je langsamer und höher über der Wasseroberfläche eine Übung dargeboten wird, um so höher wird sie bewertet.
- Bei den meisten Übungen sind die Armbewegungen freigestellt. Die gebräuchlichen und bewährten Bewegungen werden bei der Beschreibung der einzelnen Übungen aufgezeigt.

Die Pflichtübungen lernt man am besten schrittweise. Erst wenn die nachfolgend aufgeführten *Grundpositionen* und *-bewegungen* beherrscht werden, kann mit der Ausführung ganzer Übungen begonnen werden. Grundlage sind die folgenden Übungen: Ballettbein (101), Delphin (201), Tümmler (330), Handstand (405)

Grundpositionen

- Gestreckte Rückenlage.
- Gestreckte Bauchlage.
- Beugeknie in gestreckter Rückenlage; Beugeknie in Bauchlage, senkrechter und gebogener Position.

gestreckte Rückenlage

gestreckte Bauchlage

Beugeknie in gestreckter
Rückenlage

Beugeknie in Bauchlage,
gebeugter und
senkrechter Position

- *Ballettbeinposition:* In gestreckter Rückenlage befindet sich ein Bein an der Wasseroberfläche, während das andere Bein im Winkel von 90° nach oben gestreckt ist (1).

- *Flamingoposition:* Gestreckte Rückenlage, Ausführung eines Ballettbeins, Anziehen des zweiten Beines, bis die mittlere Wade das Ballettbein erreicht hat, wobei der Unterschenkel und der gestreckte Fuß sowie das Gesicht an der Oberfläche liegen (Ohren im Wasser!) (2).

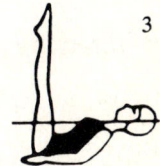

- *Doppelballettbeinposition:* Beide Beine befinden sich in Ballettbeinposition. Naturgemäß geht die Hüfte etwas unter, die Beine müssen aber einen 90°-Winkel zur Wasseroberfläche bilden. Zehen gestreckt, Gesicht an der Oberfläche (3).

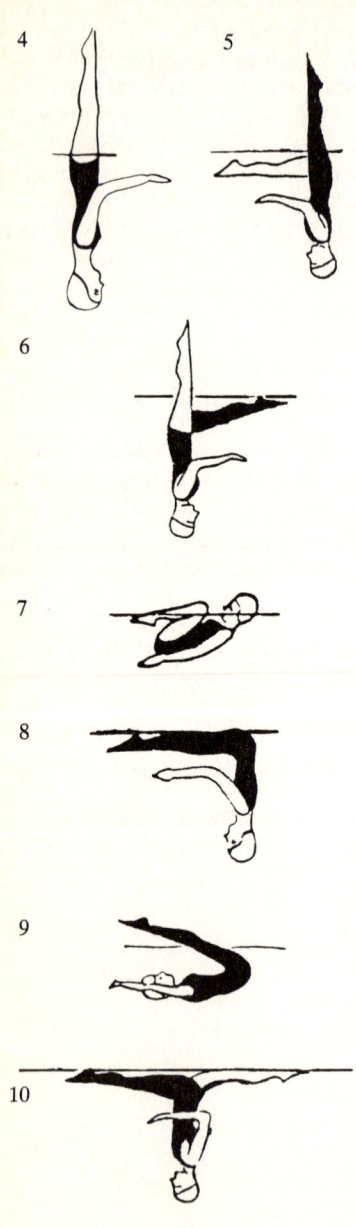

– *Senkrechte Position:* Der gestreckte Körper, Kopf nach unten, bildet eine Senkrechte zur Wasseroberfläche, wobei sich, je nach Ausbildungsstand, der Wasserspiegel zwischen Knöchel und Hüfte befindet (4).

– *Kranichposition:* Siehe senkrechte Position; ein Bein steht im rechten Winkel zur Wasseroberfläche, während das andere Bein parallel zur Wasseroberfläche liegt (5).

– *Fischschwanzposition:* Siehe Kranichposition, wobei die Fußsohle des waagerechten Beines direkt an der Wasseroberfläche liegen muß, ohne Rücksicht darauf, wie tief die Hüfte ist (6).

– *Hockposition:* Rückenlage, die geschlossenen Knie werden so weit wie möglich zum Kopf genommen, Fußrücken an der Wasseroberfläche, Fersen möglichst nahe am Gesäß, Kopf bis zu den Ohren im Wasser (7).

– *Hechtposition vorwärts:* Der durchgestreckte Körper bildet in den Hüftgelenken einen 90°-Winkel, Oberkörper nach unten (8).

– *Hechtposition rückwärts:* Die Beine werden gestreckt zur Brust gezogen, wobei der Körper in den Hüftgelenken bis ca. 45° gebeugt wird. Rumpf und Kopf sollen eine Gerade bilden (9).

– *Spagatposition:* Die Beine werden in Vorschrittstellung gleichmäßig gespreizt, Füße und Hüfte so nahe wie möglich an der Wasseroberfläche, Rumpf leicht im Hohlkreuz, Schultern unter den Hüften, Kopf senkrecht nach unten (10).

Grundbewegungen

– *Drehung:* Der senkrecht stehende Körper, Kopf nach unten, wird um die
  eigene Achse gedreht, ohne an Höhe zu verlieren. Der Wasserspiegel
  kann sich je nach Ausbildungsstand zwischen Knöchel und Hüfte befinden. Die Drehungen (180° oder mehr) müssen langsam und in gleichem
  Rhythmus ausgeführt werden.
– *Twirl:* Hierbei handelt es sich um eine schnelle 180°-Drehung.
  Voraussetzung für eine gute Drehung auf der Stelle ist eine gestreckte
  Körperhaltung bei angespannter Rumpfmuskulatur. Folgende Armbewegungen sind möglich:
  a) Oberarme seitlich am Körper, Unterarme im Winkel von 90° nach
     vorn gestreckt, Handinnenflächen zum Boden. Die Hände führen
     kleine Achterbewegungen aus, und zwar unter Berücksichtigung
     eines stärkeren Drucks gegen die Drehrichtung (Catch-Paddeltech-
     nik).
  b) Drehbewegungen mit den Armen über dem Kopf werden auf dieselbe
     Art vorgenommen, jedoch seltener angewandt.
  Hinweis: Handbewegungen für die Drehung werden zuerst an Land geübt, dann im Wasser in Handstandposition am Beckenrand. Zu Beginn
  hilft der Übungsleiter vom Beckenrand aus durch Drehung an den Fußspitzen ein wenig nach.
– *Schraube:* Es handelt sich hier um eine gleichmäßig an Höhe verlierende
  Drehung in senkrechter Position, beginnend am höchsten Punkt. Die
  Schraube muß beendet sein (180 bzw. 360°), ehe die Fersen unter die
  Wasseroberfläche sinken. Danach taucht der Körper ohne weitere Drehung ab.
  Bei einer *fortgesetzten Schraube* wird die Schraube unter Wasser fortgesetzt.
  Schrauben erfordern äußerste Kontrolle und starke Spannung des gesamten Körpers (kein Hohlkreuz!). Auch hier sind zwei Ausführungen
  gebräuchlich:
  a) Während ein Arm, über dem Kopf gestreckt, zum Beckenboden
     «bohrt», führt die andere Hand Achterbewegungen vor dem Körper
     aus.
  b) Fortgeschrittene Schwimmerinnen machen mit beiden Armen über
     dem Kopf «bohrende» Achterbewegungen. Es kann auch in Catch-
     Paddeltechnik entsprechend gearbeitet werden. Grundsätzlich wer-
     den von Könnern die Armbewegungen nur zu Beginn der Schraube
     ausgeführt, dann läßt man «es laufen».
  Hinweise: Die Armbewegungen werden zuerst an Land geübt. Um eine
  gleichmäßige Bewegung nach unten zu erreichen, wird für jede Viertel-
  schraube die Höhe des Wasserspiegels zu den Beinen festgelegt, z. B. bei

ganzer Schraube 1. Viertel = Knie, 2. Viertel = obere Wade, 3. Viertel = untere Wade, 4. Viertel = Ferse. Hilfestellung von außen kann durch entsprechende Führung an den Fußspitzen gegeben werden.

Beobachtungshilfen
- Ist während des Schraubens die notwendige Körperspannung vorhanden?
  Hinweis: Bei fehlender Rumpfmuskelspannung fallen die Beine nach hinten (Hohlkreuz) oder nach vorn (Hüftbeugung).
- Sollte gezieltes Training der Bauchmuskeln die Rumpfspannung erleichtern?

- *Delphin:* Alle Arten von Delphinen beginnen in gestreckter Rückenlage. Der Körper beschreibt einen Kreis von ca. 2½ m Durchmesser. Kopf, Hüfte und Füße passieren nacheinander dieselben Viertel des Kreisumfangs. Der Kopf taucht da auf, wo die Füße abgegangen sind (Schnittpunkt). Der Körper bewegt sich weiter in der gestreckten Rückenlage (methodische Hinweise bei Kunstschwimmübung, S. 238).
- *Ballettbein:* Beschreibung und methodische Hinweise siehe Kunstschwimmübung, S. 231 f.
- *Catalina-Drehung:* Die Ballettbeinposition beibehaltend – insbesondere die Höhe – wird eine 180°-Drehung des Körpers ausgeführt. Kopf, Schultern und Rumpf beginnen die Rotation aus der Horizontalen in die Vertikale nahe der Wasseroberfläche. Ende der Drehung ist die Kranichposition (s. S. 224).
  Hinweis: Bei rechtem Ballettbein als Ausgangsposition geht die linke Schulter zuerst nach unten. Während des Drehens müssen die Hände Wasser zum Beckenboden drücken, um die Höhe zu halten. Die Catalina-Drehung wird zuerst an Land geübt, wobei das Ballettbein auf einer Stuhllehne liegt. Dann werden Kopf und Schulter nach vorn genommen, der linke Arm geht nach hinten, während die rechte Hand mit Schaufelbewegungen die Drehung unterstützt, bis die Kranichposition erreicht ist (Hilfestellung geben!). Im Wasser läßt sich durch Führung der Fußspitzen die Drehung unterstützen.
- *Contra-Catalina-Drehung:* Aus der Kranichposition wird die Catalina-Drehung in rückwärtiger Reihenfolge ausgeführt, bis die Ballettbeinposition erreicht ist.
  Hinweis: Als Vorübung läßt man die Schwimmerin möglichst oft die Catalina-Drehung aus der Ballettbeinposition in die Kranichposition ausführen und dann sofort zurückdrehen. Erst wenn die Contradrehung klar erfaßt ist, kann von der Kranichposition (ohne Catalina-Drehung) ausgegangen werden. Auch hier empfiehlt sich Hilfestellung durch Drehen an den Fußspitzen.

– *Übergang zum Übungsende aus der gebogenen Haltung in die gestreckte Rückenlage:* Der Körper wird aus der Hohlkreuzposition fußwärts in die gestreckte Rückenlage gebracht. Füße, Hüfte und Kopf müssen an derselben Stelle auftauchen. Durch entsprechende Handbewegungen gleitet der Körper fußwärts, bis er die gestreckte Rückenlage erreicht hat (nähere Beschreibung bei den einzelnen Übungen wie Schwertfisch, S. 251f, Contradelphin, S. 240f).

Beobachtungshilfen
- Wird die Hüfte so hoch gedrückt, daß eine extreme Bogenspannung zustande kommt?
- Gleiten die Beine von vornherein an der Wasseroberfläche entlang? *Hinweis:* Keinen Kreis aus dem Wasser heraus beschreiben!
- Sinken die Füße nicht ab?
- Schiebt sich der Körper nach dem Schließen der Beine um etwa Rumpflänge fußwärts?

– *Ausschwung (Überschwungende):* Im allgemeinen beginnt diese Bewegung in der Spagatposition. Die Hüfte bleibt möglichst hoch und stets an derselben Stelle, während ein Bein in einem großen Bogen über die Wasseroberfläche geführt wird, bis es in Rücken- oder Bauchlage das andere Bein erreicht. Der Kopf taucht an der Stelle auf, an der die Hüfte zu Beginn des Ausschwungs stand.

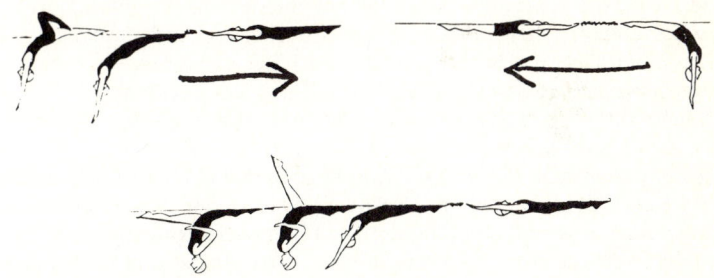

Hinweis: Einer extremen Fußwärtsbewegung kann durch leichtes Kopfwärtspaddeln entgegengewirkt werden.

– *Abrollbewegung:* Dies ist eine Bewegung des Rumpfes aus der Waagerechten in die Senkrechte und hat folgenden Verlauf: Die Arme arbeiten dicht an den parallel zur Wasseroberfläche liegenden Oberschenkeln. Das Abrollen erfolgt in drei Phasen: 1. Hochdrücken der Hüfte, d. h., die Lendenwirbelsäule schiebt unter die Beine, 2. Streckung des Oberkörpers, 3. Kopf in eine Linie mit dem Körper bringen.

Kurz vor Erreichen der Senkrechten beschreiben die Unterarme einen kleinen Kreis an den Hüften von außen nach innen, bis sie 90° vor dem Körper mit den Handflächen parallel zum Boden liegen. Die Höhe wird durch eine Achterbewegung der Unterarme und Hände mit Druck zum Beckenboden gehalten. Weitere methodische Hinweise siehe Handstand (S. 250).

Paddeltechniken

Bei allen Arten des Paddelns werden grundsätzlich Achterbewegungen ausgeführt.

- *Paddeln am Ort in Rückenlage:* Um eine ruhige Wasserlage zu erreichen, werden mit den Händen an den Hüften kleine Achterbewegungen vorgenommen, wobei die Unterarme locker mitschwingen. Die Handinnenflächen zeigen zum Beckenboden. Bei der Bewegung weg vom Körper geht die Hand an der Kleinfingerseite ein wenig nach oben, bei der Bewegung zum Körper die Daumenseite. Die Finger sind geschlossen, es darf nicht gespritzt werden.
  Hinweis: «Wandern» kann durch entsprechenden Druck der Handinnenflächen ausgeglichen werden.
- *Paddeln am Ort in Bauchlage:* Die Arme sind am Ellbogen angewinkelt, so daß die Hände etwa unter dem Gesicht liegen. Die Handinnenflächen zeigen zum Boden und führen flache Achterbewegungen aus.
- *Paddeln kopfwärts in Rückenlage:* Um die Kopfwärtsbewegung zu erreichen, wird die Acht mit abgewinkeltem Handgelenk ausgeführt, wobei jeweils Daumen bzw. kleiner Finger zum Beckenboden zeigen. Die Handinnenflächen arbeiten verstärkt nach der der Bewegungsrichtung entgegengesetzten Seite, d. h. Zug vom Kopf zu den Füßen.
- *Paddeln fußwärts in Rückenlage:* Hierzu wird der Zug weg von den Füßen mit angewinkelten Handgelenken verstärkt.
- *Paddeln über dem Kopf:* Die Arme liegen nach oben gestreckt neben dem Kopf. Beim Paddeln kopfwärts sind die Hände an den Gelenken nach außen abgewinkelt und führen Achterbewegungen aus, beim Paddeln fußwärts sind die Hände nach innen angewinkelt und führen Achterbewegungen aus.

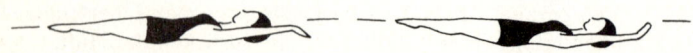

kopfwärts   *fußwärts*

– *Seitenschwimmen:* Es wird hauptsächlich in der Kür verwendet. Der gestreckte Körper befindet sich in Seitenlage, der unten liegende Arm ist nach vorn gestreckt, der andere nach hinten. Die Bewegung erfolgt in drei Phasen:

a) *Ziehen:* Beide Arme beschreiben mit abgewinkelten Ellbogen einen Halbkreis in Richtung Körpermitte.

b) *Stoßen:* Beendigung des Kreises, die Hand des vorderen Armes kreuzt unter der anderen Hand. Gleichzeitig führen die Beine eine seitliche Grätsche aus, das obere Bein stößt nach vorn, das untere nach hinten.

c) Gleiten: Der Körper gleitet in die Ausgangsposition.

Hinweis: Die Armbewegungen werden an Land geübt, die Beinbewegungen an der Beckenwand oder einer Stange. Der Übungsleiter gibt anfangs durch Führen und Zählen Hilfestellung für die Koordination von Armen und Beinen. Der Kopf der Schwimmerin kann sich in der ersten Phase nach vorn bewegen, in der Gleitphase nach hinten und umgekehrt.

– *Wassertreten (eggbeater):* Beim Wassertreten am Ort steht der Oberkörper bei langem Hals senkrecht zur Wasseroberfläche, die Schultern lokker nach unten. Die Oberschenkel werden so weit wie möglich nach außen gespreizt (90°), die Unterschenkel zeigen senkrecht nach unten (90°). Oberkörper und Oberschenkel verlassen ihre Stellung nicht, während die Unterschenkel einen Kreis beschreiben, der linke im Uhrzeigersinn, der rechte umgekehrt. Bei der Bewegung nach außen und vorn ist der Fuß abgewinkelt, nach innen und hinten gestreckt. Während der eine Unterschenkel außen ist, befindet sich der andere in Gegenbewegung innen (zwei ‹Zahnräder› greifen ineinander).

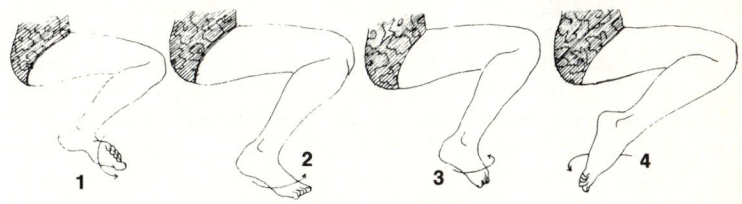

Seitenansicht rechtes Bein

Mit *Vorwärtsbewegung* ist die Technik dieselbe, nur muß mit den Fußsohlen möglichst viel Wasser nach hinten gedrückt werden. Dabei gehen die Oberschenkel an den Knien etwas tiefer, außerdem kann der Oberkörper ein wenig in die gewünschte Richtung geneigt werden.

– Der *Boost* baut auf das Wassertreten auf und wird in der Kür verwendet.
Der Körper schießt möglichst weit über die Wasseroberfläche senkrecht
nach oben. Unter Wasser werden die Eggbeater-Beinbewegungen ausgeführt, während ein kräftiger Armzug mit starkem Druck zum Beckenboden den nach vorn geneigten Oberkörper unmittelbar unter die Wasseroberfläche bringt. Der Körper richtet sich gleichzeitig mit einem starken
Brust-Bein-Schlag auf und schnellt nach oben. Sofort nach dem Brust-
Bein-Schlag muß mit schnellem Wassertreten begonnen werden, während
die Arme über Wasser zur Musik passende Bewegungen ausführen.
– Der *Boost fußwärts* besteht aus dem Hochschnellen des Körpers mit den
Beinen voraus. Hierfür nimmt man Hockposition dicht unter der Wasseroberfläche ein, mit senkrecht nach oben gerichteten Unterschenkeln.
Es erfolgt eine rasche Abrollbewegung, wobei die Beine einen Spagat
o. ä. vollführen.

Kunstschwimmübungen

Übungen aus folgenden Kategorien werden vorgestellt:
Kat. 1   Übungen mit Ballettbein-Position als Grundlage
Kat. 2   Übungen mit Delphin als Grundlage
Kat. 3   Übungen mit Salto-Grundlage
Kat. 4   Übungen mit verschiedenen Grundlagen,
                insbesondere Handstand

Dieses Buch soll eine Hilfe für Anfänger, breitensportlich Interessierte sein
oder einen ersten Einstieg in sportliches Kunstschwimmen ermöglichen.
Deshalb sind hier nicht alle 185 FINA-Übungen beschrieben (FINA 1988).
Wer Kunstschwimmen wettkampfmäßig betreiben will, findet die Beschreibung aller Übungen und die Wettkampfbestimmungen in den genannten
Büchern (s. S. 379ff). Dort läßt sich auch die Auflistung der «Schwierigkeiten» nachlesen, eine Zuordnung in Form einer Dezimalzahl, die von der
FINA je Übung festgelegt wird.
Im folgenden werden die Ausführungen einiger Übungen beschrieben und
durch Bildfolgen veranschaulicht.
Zu beachten ist folgendes: Die meisten Übungen werden am Ort ausgeführt. Wenn eine Veränderung der Position erforderlich ist, wird dies durch
eine *Wellenlinie* gekennzeichnet.
Das Paddeln an Ort und Stelle geschieht in kleinen Achterbewegungen,
wobei die Handinnenflächen zum Beckenboden zeigen. Bei einem evtl.
Absinken des Körpers wird mit den Händen ein leichter Druck zum Bek-
kenboden ausgeführt.

«Wandern» während der Übung kann durch ausgleichende Paddelbewegungen verhindert werden.

Die Bewertungskriterien (s. S. 222) sollten von Anfang an berücksichtigt werden.

Einen gleichmäßigen Rhythmus erreicht man, indem man von Anfang an die Übungen durchzählt. Auf diese Weise lassen sich die Übungen gleichzeitig von mehreren Schwimmerinnen ausführen.

Das Führen eines Trainingsbuches durch die Schwimmerinnen ist sehr hilfreich. Hier wird die genaue Beschreibung jeder Übung (möglichst mit Zeichnung) eingetragen. Während der Übungseinheit werden die wiederholt vorkommenden Fehler und Maßnahmen ihrer Behebung festgehalten. Vor einem Pflichtwettkampf sollte jede Schwimmerin das Buch zur Hand nehmen und sich die beste Ausführung einprägen.

Autogenes bzw. mentales Training, durch eine Fachkraft vermittelt, wird sich in der Ausführungsgüte der Übungen niederschlagen.

Kategorie 1

Ballettbein einzeln (Schwierigkeitsgrad 1,5)

Gestreckte Rückenlage, ein Bein bleibt gestreckt an der Wasseroberfläche (Liegebein), während das zweite Bein an der Innenseite des Liegebeins, Fuß am Wasserspiegel, in die Beugeknie-Position gebracht wird. Dann wird das Knie gestreckt, der Unterschenkel geht nach oben, so daß das gestreckte Ballettbein einen Winkel von 90° zur Wasseroberfläche bildet. Die Abnahme des Ballettbeins erfolgt entsprechend der Aufnahme. Die Übung endet in gestreckter Rückenlage.

Die Aufnahme des Ballettbeins wird zuerst auf dem Boden geübt, dann am Beckenrand, wobei die Beine frei schweben, also nirgends aufliegen können. Im Wasser stützen sich Anfänger entweder am Beckenrand oder an einer Stange mit der Hand ab. Auf Spannung der Bauch- und Gesäßmuskulatur und durchgängige Atmung (nicht pressen!) ist zu achten.

Beobachtungshilfen

- Sitzt die Schwimmerin zu tief im Wasser? – Mehr Spannung! Hochdrücken der Hüfte durch den Übungsleiter.
- Stimmt der rechte Winkel zur Wasseroberfläche, insbesondere der

des Oberschenkels in der Beugeposition? – Hier hilft Wegdrücken durch den Übungsleiter, da meist der Winkel kleiner ist.
- Sind die Knie und Zehen gestreckt?
- Wandert die Schwimmerin während der Übung kopfwärts? – Kleine Paddelbewegungen fußwärts machen!

Ballettbein im Wechsel (1,6)

Hier wird abwechselnd ein Ballettbein ausgeführt, meist zuerst rechts, dann links.

Ballettbeinrolle einzeln (1,7)

Nach der Aufnahme eines Ballettbeins taucht der Körper senkrecht ab, bis der Wasserspiegel zwischen Knie und Knöchel des Ballettbeins liegt. In dieser Position rollt der Körper zur Seite in Richtung Liegebein und führt eine volle Umdrehung um die Längsachse aus, bis die Ausgangsposition erreicht ist, d. h. der Wasserspiegel zwischen Knie und Knöchel liegt. Dann taucht der Körper zur Ballettbeinposition auf, das Ballettbein wird daraufhin abgenommen.

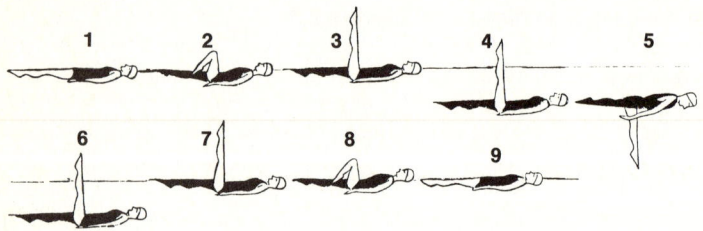

Beim Einüben ist besonders darauf zu achten, daß der Körper einschließlich des Liegebeins stets in waagerechter Position, also parallel zur Wasseroberfläche, bleibt. Starke Körperspannung, besonders im Gesäß, ist erforderlich. Meist liegt der Fuß des Liegebeins höher; er muß stark nach unten gedrückt werden. Der schwierigste Punkt ist das letzte Viertel der Umdrehung.

Beobachtungshilfen
- Ist gesondertes Training der letzten halben Rolle nötig?
- Führen die Kunstschwimmerinnen regelmäßig Gymnastik der Bauch- und Oberschenkelmuskulatur durch?
- Werden während der letzten halben Rolle die Schultern stark nach hinten gedrückt?

Doppelballettbein (1,8)

Mit beiden Beinen wird gleichzeitig eine Doppelballettbeinposition (über Beugeknie) eingenommen und wieder abgelegt.

Hier ist besonders darauf zu achten, daß bei Auf- und Abnahme die Knie nicht zu stark zur Brust angezogen werden, also der Winkel von 90° eingehalten wird. Obwohl es kaum möglich ist, die Hüfte an der Wasseroberfläche zu lassen – sie sinkt etwas ab –, sollen die Beine doch die 90° zur Wasseroberfläche halten. Vorübung: Ballettbein rechts aufnehmen, stehen lassen, das linke Bein dazunehmen, gemeinsam abnehmen. Gleichmäßig durchatmen! Kopf bis zu den Ohren im Wasser lassen!

Catalina (1,9)

Aufnahme eines Ballettbeins, Catalina-Drehung zur Kranichposition (siehe Grundbewegungen, S. 224). Das waagrechte Bein wird in die Senkrechte gebracht (Handstandposition). Die Übung endet mit dem Abtauchen der Füße.

Wichtig ist, daß alle Teile der Übung auf gleicher Höhe zur Wasseroberfläche ausgeführt werden. Hilfestellung vom Beckenrand: Halten des Ballettbeins und Führen der Körperdrehung weg vom Ballettbein. Zur Stabilisierung der Kranich- und der Handstandposition Oberarme am Körper halten, die Unterarme und Hände halten seitlich durch kleine Achterbewegungen mit leichtem Druck zum Beckenboden die Höhe des Körpers.
Der Catalina-Übung können in Handstandposition Drehungen und Schrauben angefügt werden.

Eiffelturm (1,7)

Nach der Aufnahme eines Ballettbeins rollen Kopf und Körper seitwärts, bis das Ballettbein die Wasseroberfläche der entgegengesetzten Seite erreicht hat. Der Rumpf bewegt sich abwärts zu einer Hechtposition, gleichzeitig zieht das Ballettbein entlang der Wasseroberfläche zum Liegebein. Nach dem Schließen wird das Liegebein zur Kranichposition gehoben. Die Höhe beibehaltend, wird das zweite Bein in die Senkrechte gehoben (Handstandposition). Die Übung endet mit dem Abtauchen der Füße.

Hinweis: Das Schließen der Beine und das Abtauchen des Rumpfes müssen *gleichzeitig* erfolgen. Das Liegebein bleibt in seiner ursprünglichen Position, nur das Ballettbein bewegt sich über die Wasseroberfläche: Spannung bis zu den Zehenspitzen! Knie durchdrücken! Bei Ballettbein rechts muß das linke Bein zur Kranichposition gehoben werden und umgekehrt.

Beobachtungshilfen
- Bleibt der Körper während der ganzen Übung parallel zum Beckenrand?
- Bewegt sich tatsächlich nur das Ballettbein zum Schließen in der Hechtposition?
- Sinkt der Körper bei Einnahme der Handstandposition ab? – Dann stärker mit den Händen zum Beckenboden drücken!

Eiffelüberschwung (1,7)

Ausführung eines Eiffelturms bis zur Hechtposition: Dann das Liegebein in einem großen Bogen nach vorn in die Spagatposition bringen; ein Überschwungende in die gestreckte Rückenlage ausführen (vgl. S. 227).
Hinweis: Anmerkungen Eiffelturm und Überschwungende beachten!

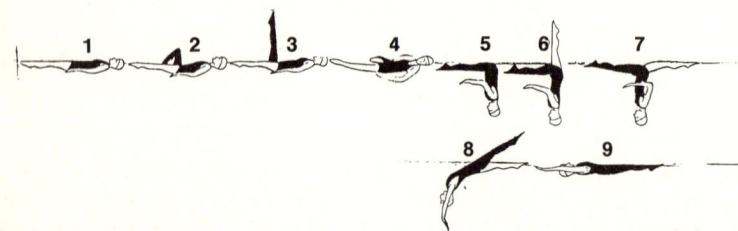

Flamingo (1,9)

Aufnahme eines Ballettbeins, Anziehen des zweiten Beines zur Flamingo-position, Strecken des Flamingobeines zum Doppelballettbein: Die senk-rechte Position der Beine beibehaltend, den Körper zur Handstandposition abrollen und die Übung mit dem Abtauchen der Füße beenden.

Hinweise: In der senkrechten Position (Handstand) können alle Drehun-gen und Schrauben ausgeführt werden. Vor Beginn der Drehungen und Schrauben darf der Körper der Stabilität wegen ein wenig absinken; die Übung ist allerdings ohne Absinken wertvoller.

Beobachtungshilfen
- Verlassen die Beine während des Abrollens ihren Platz? – Der Kör-per muß sich *unter* die Beine schieben; auf die Hüfte achten!
- Hatten die Beine vor dem Abrollen die 90°-Position?

Flamingo Beugeknie (1,8)

Ballettbein, Flamingoposition: In dieser Position den Körper abrollen, wo-bei sich der Fuß des Beugeknies neben die Wade des Ballettbeins schiebt, so daß eine senkrechte Beugeknie-Position erreicht wird. Danach das Beu-geknie zur senkrechten Position strecken (Handstand) und die Übung mit dem Abtauchen der Füße beenden.

Hinweise: Das Hochdrücken des Körpers beim Abrollen kann durch star-kes Anziehen des Beugeknies und leichten Druck auf das Ballettbein er-leichtert werden. Kein Hohlkreuz! ‹Loch› mit der Fußspitze in die Decke bohren! Nach Streckung des Beugeknies können in der senkrechten Position alle Drehungen und Schrauben angefügt werden.

Ballettbein Tauchboot (1,6)

Ballettbein; in dieser Position sinkt der Körper parallel zur Wasseroberfläche ab, bis diese zwischen Wade und Knöchel des Ballettbeins liegt. Auf demselben Weg und an derselben Stelle taucht der Körper zur Ballettbeinposition wieder auf. Die Übung endet mit dem Abnehmen des Ballettbeins.

Hinweise: Vor dem Absinken Luft auslassen, nach dem Absinken kurz verweilen! Die größte Gefahr bei dieser Übung ist eine Schräglage des Körpers und «Wandern». Zur Erhaltung der Waagrechten den gesamten Körper besonders stark anspannen, bis zu den Zehenspitzen! Zur Unterstützung einen leichten Druck der Fußspitzen nach unten von der Hüfte aus vornehmen, dabei Knie durchdrücken! Meist erfolgt «Wandern» kopfwärts; dem ist durch eine Fußwärtsbewegung mit den Händen entgegenzusteuern. Fortgeschrittene Schwimmerinnen arbeiten nicht mit beiden Armen neben dem Körper, sondern mit einem Arm über dem Kopf (Handflächen nach oben), dem anderen Arm neben dem Körper (Handflächen nach unten).

Doppelballettbein Tauchboot (1,9)

In Doppelballettbein-Position wird ein Tauchboot wie oben beschrieben ausgeführt, wobei der Rumpf unterhalb der Wasseroberfläche in die Waagrechte übergeht. Mit dem Abnehmen des Doppelballettbeins die Übung beenden.

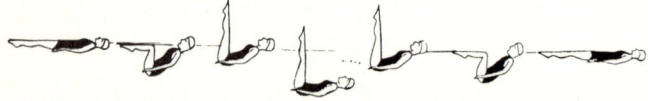

Beobachtungshilfen

● Steht das Doppelballettbein im 90°-Winkel?
● Sind beide Knie völlig durchgestreckt?
● Arbeiten die Hände unter den Oberschenkeln? – Durch Handbewegungen läßt sich das Wandern vermeiden.
● Ist die Bauchmuskulatur kräftig genug für diese Übung, oder sollten Trainingsabschnitte mit Bauchmuskeltraining absolviert werden?

Catalarc (1,8)

Bis zur Kranichposition wird eine Catalina ausgeführt, danach schwingt das Liegebein im Halbkreis zur Wasseroberfläche der entgegengesetzten Seite. Beim Passieren des senkrechten Beines geht dieses nach hinten zur Spagatposition. Die Übung endet mit einem Überschwung in gestreckter Rückenlage. Gleichzeitig mit dem Hochnehmen des waagrechten Beines durch Händedruck zum Beckenboden und Hochschieben der Hüfte eine hohe Spagatposition einnehmen.

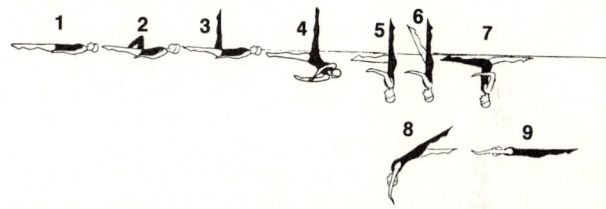

Ritter (1,9)

Aufnahme eines Ballettbeins: Während sich der Oberkörper im Hohlkreuz nach unten bewegt, bleiben beide Beine möglichst an derselben Stelle (Ritterposition). Das waagrechte Bein (Liegebein) wird senkrecht nach oben gestreckt, das Ballettbein nimmt eine Beugekniestellung ein, gleichzeitig wird der Körper durchgestreckt. Nach Ausführung einer halben Drehung geht der Körper wieder ins Hohlkreuz, das senkrechte Bein bewegt sich zur Wasseroberfläche, während die Fußspitze des Beugebeines direkt am Knie des gestreckten Beines liegt. Die Übung endet wie der Schwertfisch (S. 251 f).

Beobachtungshilfen
- Stimmt der Winkel von 90° bei Ballettbein und Oberschenkel des Beugeknies?
- Ist das Ballettbein in der Ritterposition trotz Hohlkreuz senkrecht durchgestreckt?
- Erfolgt die Drehung auf gleicher Höhe?

Kategorie 2

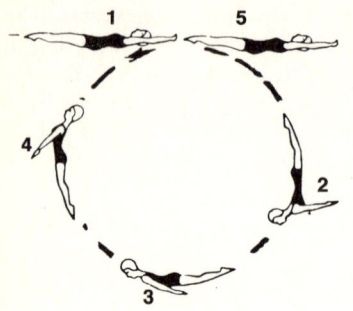

Delphin (1,5)
Beschreibung der Übung siehe bei
«Grundbewegungen» (S. 226).
Die Übung beginnt und endet in der
gestreckten Rückenlage. Bei Anfängern ist es zweckmäßig, mit Kreisbewegungen der Arme neben dem
Körper zu beginnen, später werden
kleine Paddelbewegungen über dem
Kopf ausgeführt. Der Körper beschreibt einen Kreis von ca. 2½ m
Durchmesser (je nach Körper-
größe), wobei Kopf, Hüfte und Füße nacheinander dieselben vier Viertel
des Kreisumfangs passieren müssen. Der Kopf taucht dort auf, wo die Füße
abgegangen sind (Schnittpunkt), der Körper wird langsam durchgestreckt
und weiterbewegt.
Merke: Der Kopf darf, insbesondere zu Beginn der Übung, nicht zu stark in
den Nacken genommen werden; Hüfte hochdrücken, Knie durchdrücken,
Füße sind bis zum Eintauchen an der Wasseroberfläche!
Das Auftauchen erfolgt meist zu steil, also nicht im Schnittpunkt, hervorge-
rufen durch zu frühe Streckung des Körpers: Schon vor dem Auftauchen
zur Wasseroberfläche sehen!
Bei allen Delphinen müssen die Schwimmerinnen je nach Körpergröße zwei
bis drei Schwimmzüge am Beckenboden (oder parallel dazu) ausführen.
Hinweise für Anfänger: Zunächst die Schwimmerin an den Füßen zum
Kreis schieben, dabei leicht auf die Knie drücken! Für die selbständige
Ausführung des Delphins lassen sich als Orientierungspunkte einrichten:
(1) für den Schnittpunkt von Ab- und Auftauchen ein großer roter Gegenstand (Eimer, Handtuch); (2) für die seitliche Begrenzung eine lange senkrechte Stange im Wasser. Im Fall der Unterwasserbeschallung können zusätzlich über Handmikrophon Anleitungen und Korrekturen gegeben werden, insbesondere für die Kopfhaltung.

Delphin, halbe Drehung (1,6)
Ein Delphin wird bis zum ersten Viertel ausgeführt. Wenn die Hüfte dieses
Viertel erreicht hat, wird der Körper durchgestreckt, die Hüfte nach vorn
geschoben. Der Körper treibt mit geringen Handbewegungen senkrecht
hoch zur Wasseroberfläche, bis diese zwischen Knöchel und Hüfte liegt. In
dieser Position wird eine halbe Drehung ausgeführt, dann sinkt der Körper
in dieser Position ab, bis der Ausgangspunkt (ein Viertel des Kreises) er-

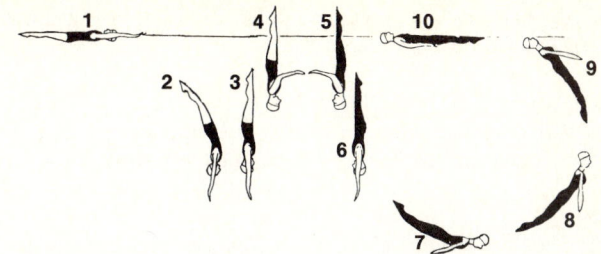

reicht ist. Daraufhin den Körper wieder ins Hohlkreuz nehmen und den Delphin nach der entgegengesetzten Seite beenden.

Hinweis: Kommandos über ein Handmikrophon oder durch Klopfzeichen an einer ins Wasser führenden Stange bieten wertvolle Hilfen, insbesondere für die Übergänge vom Hohlkreuz zur Streckung und umgekehrt.

Beobachtungshilfen
● Tauchen Kopf, Hüfte und Füße an derselben Stelle ab?
● Erfolgen Streckung und Hochkommen nicht zu hastig?
● Behält der Körper während der Drehung dieselbe Höhe?
● Wird nicht zu steil aufgetaucht?

Delphin, ganze Drehung (1,7)
Die Übung zeigt denselben Verlauf wie die vorige, mit Ausnahme der ganzen Drehung und der Fortführung des Delphins in der begonnenen Richtung.

Delphin Beugeknie (1,5)
Einleitung des Delphins: Kurz vor dem Abtauchen der Knie eine Beugeknieposition einnehmen und den Delphin in dieser Position weiterführen, bis das Knie des gebeugten Beines die Wasseroberfläche erreicht. Dann wird das Beugeknie langsam gestreckt und der Delphin beendet. Wird das Beugeknie möglichst weit zur Brust gezogen, so wird die Ausführung des Delphins erleichtert.

Delphin Beugeknie halbe Drehung (1,6)
Die Ausführung dieser Übung erfolgt wie Delphin mit halber Drehung, wobei das Beugeknie vom Abtauchen der Knie über die Drehung bis zum

Auftauchen des Knies beibehalten wird. Die Drehung erfolgt am zweckmäßigsten zur Innenseite des Knies.

Delphin Beugeknie ganze Drehung (1,7)

Die Ausführung dieser Übung erfolgt wie Delphin mit ganzer Drehung,
wobei das Beugeknie entsprechend durchgehalten wird.

Albatros (1,9)

Die Übung beginnt mit einem Delphin. Während die Hüfte an der Wasseroberfläche bleibt, wird der Rumpf bäuchlings zur Hechtposition gedreht.
Hüfte, Gesäß und Beine liegen an der Wasseroberfläche. Die Beine werden gleichzeitig in Beugeknie-Position senkrecht nach oben gebracht. In
dieser Stellung wird eine 180°-Drehung ausgeführt, dann das Beugeknie
zur Handstandposition gestreckt. Die Übung endet mit dem Abtauchen
der Füße.

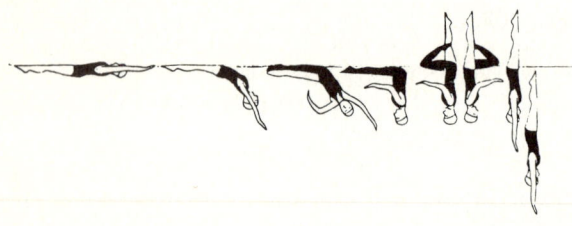

Hinweis: Für die Drehung zur Hechtlage wird die linke Schulter nach unten
gedrückt, notfalls muß die Hüfte nach oben gedrückt werden. Die Drehung
in der senkrechten Beugeknie-Position wird am besten in Richtung Innen-
knie vorgenommen. Bei der Streckung des Beugeknies zur Handstandposition mit den Handinnenflächen zum Boden drücken, damit die Höhe gehalten wird.

Beobachtungshilfen
- Sinken Hüfte oder Füße bei der Drehung in die Hechtlage ab?
- Schafft die Bauch- und Hüftmuskulatur das Hochnehmen der Beine?
  – Notfalls hilft ein kräftiger Armzug!

Contradelphin (1,5)

Ein Delphin, mit den Füßen führend, wird ausgeführt.
Hinweise: Beim Eintauchen der Füße zu Beginn des Contradelphins ist besonders darauf zu achten, daß die Knie durchgedrückt sind. Meist wird der
Beginn zu flach angesetzt, also mehr Hohlkreuz, Kopf in den Nacken! Nach
dem ersten Drittel wird der Kopf wieder etwas zurückgenommen. Beim

Auftauchen müssen die Füße direkt an der Wasseroberfläche sein (nicht darüber!) und so weitergeführt werden; also nicht absinken! Im übrigen gelten dieselben Hinweise wie für den Delphin (S. 238).

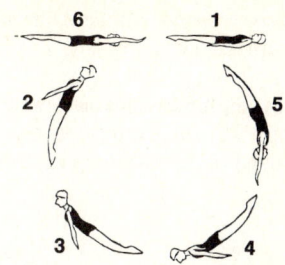

Contradelphin, halbe Drehung (1,6)

Ein Contradelphin wird ausgeführt, bis die Füße den 3/4-Punkt des Kreises erreicht haben. Ohne Stop wird der Körper gestreckt nach oben in die Handstandposition gebracht. Nach einer halben Drehung sinkt der gestreckte Körper bis zum 3/4-Punkt des Kreises ab, worauf der Contradelphin zur entgegengesetzten Seite beendet wird.

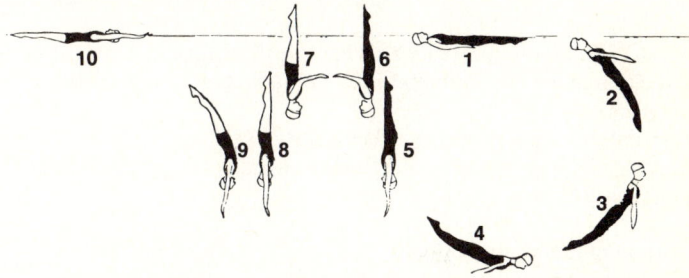

Hinweis: Klopfzeichen des Übungsleiters wie beim Delphin mit halber Drehung sind zu Beginn hilfreich.

Contradelphin ganze Drehung (1,7)

Wie vorige Übung: In Handstandposition eine ganze Drehung ausführen und den Contradelphin normal beenden.

Contradelphin Beugeknie (1,5)

Beginn eines Contradelphins: Ehe die Knie untertauchen, wird ein Beugeknie eingenommen und in dieser Position der Contradelphin fortgesetzt, bis das Beugeknie wieder die Wasseroberfläche erreicht. Das Knie langsam strecken und die Übung in der gestreckten Rückenlage beenden.

Hinweis: Das Beugeknie kann das gestreckte Bein durch leichten Druck in der Führung unterstützen.

Contradelphin Beugeknie, halbe Drehung (1,6)
Ausführung wie Contradelphin mit halber Drehung, aber mit Beugeknie, das auch bei der Drehung beibehalten wird.

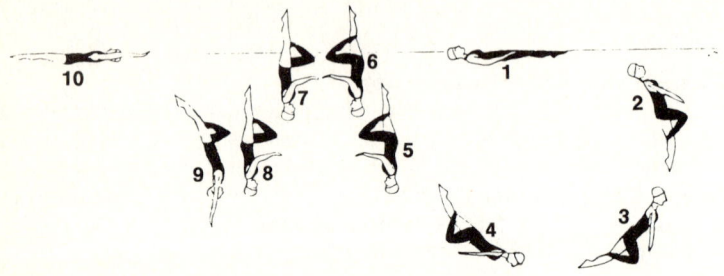

Hinweis: Hier kann das Beugeknie bzw. der Fuß für den Übergang aus der gestreckten in die Hohlkreuzposition unterstützen.

Contradelphin Beugeknie ganze Drehung (1,7)
Wie vorige Übung: In der senkrechten Beugeknie-Position wird eine ganze Drehung ausgeführt.

Contradelphin Ballettbein (1,8)
Aufnahme eines Ballettbeins; das Liegebein führt zum Beginn des Contradelphins: Wenn der Kopf untergetaucht ist, wird das Ballettbein gestreckt dem anderen Bein zugeführt. Diese Bewegung muß vor dem Erreichen des halben Kreises beendet sein. Dann den Contradelphin normal beenden.

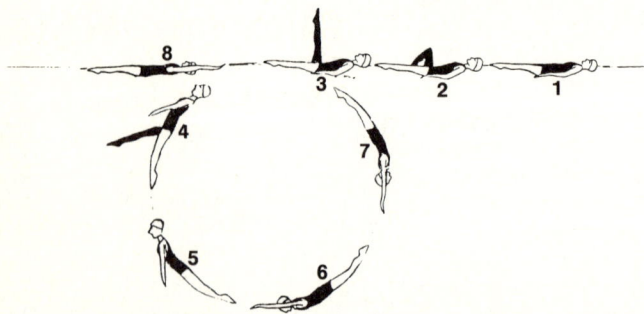

Hinweis: Für das Halten und Zurückführen des Ballettbeins ist eine starke Bauchmuskulatur und Gesamtkörperspannung erforderlich.

Contradelphin Ballettbein-Tauchboot (1,9)

Aufnahme des Ballettbeins; unter Beibehaltung des Ballettbeins wird ein Contradelphin ausgeführt: Beim Auftauchen des Ballettbeins dieses in einem Bogen über der Wasseroberfläche zum gestreckten Bein hinführen und mit einer Weiterbewegung den Contradelphin beenden.

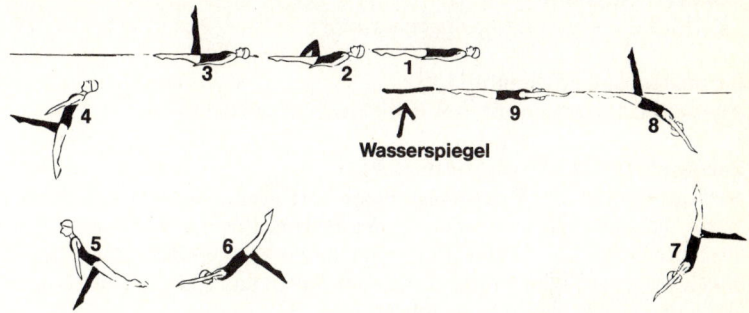

Hinweis: Während der ganzen Übung muß der rechte Winkel des Ballettbeins erhalten bleiben, wozu eine starke Bauchmuskulatur benötigt wird.

Kategorie 3

Barracuda (1,8)

Gestreckte Rückenlage: Die Beine gestreckt (nicht über Beugeknie) in die Doppelballettbeinposition bringen, während der Körper in der Waagrechten so weit absinkt, bis der Wasserspiegel zwischen Knie und Knöchel steht. In dieser 90°-Hechtposition den Körper nach oben drücken, bis mindestens die Knie die Wasseroberfläche erreichen. Durch Abrollen des Körpers Handstandposition einnehmen und die Übung mit dem Abtauchen der Füße beenden.

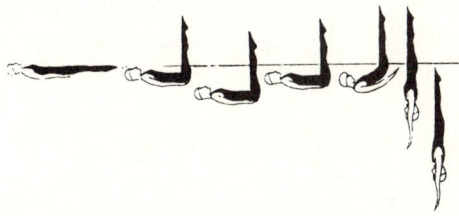

Hinweise: Die Schwierigkeit der Übung liegt im Halten der 90°-Position und im Hochkommen vor dem Abrollen. Es ist viel leichter, von unten abzurollen und hochzuschießen. Diese Form kann in der Kür Verwendung finden. Die Pflichtübungen sollen aber langsam ausgeführt werden. Als Hilfestellung vom Beckenrand aus hält man die Fußspitzen der Schwimmerin und verhindert so ein Wandern oder ein schräges Hochkommen der Beine.

Beobachtungshilfe
● Wird die Abrollbewegung beherrscht?

Barracuda, halbe Schraube (1,9)
Aus der Handstandposition wird mit einer halben Schraube abgetaucht.

Barracuda Hechtsalto rückwärts (1,9)
Aus der gestreckten Rückenlage einen Hechtsalto rückwärts ausführen. Wenn die Füße nach Beendigung des Hechtsaltos die Wasseroberfläche durchbrechen, die 90°-Position einnehmen (Doppelballettbein-Tauchboot), wobei der Wasserspiegel zwischen Knien und Knöcheln liegen muß. Dann den Barracuda zu Ende führen.

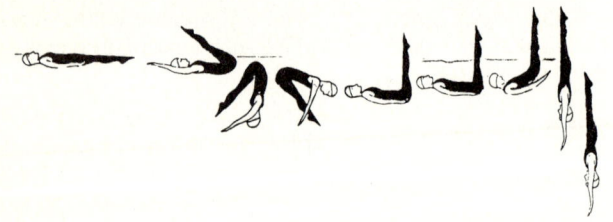

Hinweis: Der Übergang von der 45°-Position zur 90°-Position sollte zuerst gesondert geübt werden.

Gaviata (1,8)
Aus der gestreckten Bauchlage einen halben Hechtsalto vorwärts ausführen, bis die Beine senkrecht zum Wasserspiegel (zwischen Knie und Knöchel) stehen. In dieser Doppelballettbein–Tauchboot-Position wird der Körper nach oben gedrückt, bis der Wasserspiegel mindestens an den Knien ist. Daraufhin wird eine Körperdrehung ähnlich der Catalina-Dre-

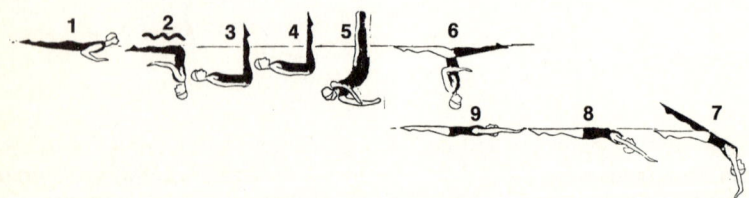

hung (aber mit beiden Beinen nach oben!) ausgeführt. Kurz vor Beendigung dieser Drehung geht der Körper ins Hohlkreuz, gleichzeitig nehmen die Beine eine Spagatposition ein. Mit dem Überschwung-Ende die gestreckte Rückenlage erreichen.

Hinweise: Zu Beginn des Hechtsaltos bewegt sich der Körper um Rumpflänge nach vorn. Die 90°-Position (zwischen Beinen und Rumpf) muß gehalten werden. Meist liegen die Schwimmerinnen in der Doppelballettbein-Tauchboot-Position zu tief, so daß vor der Gaviata-Drehung eine *Bewegung nach oben* stattfinden muß. Die Gaviata-Drehung wird in der Hüfte vorgenommen und durch Übergreifen der Arme unterstützt (siehe Catalina, S. 233). Beim Übergang zum Spagat muß die Hüfte stark nach oben gedrückt werden, ebenso beim Überschwung.

Beobachtungshilfen
- Stimmt die 90°-Position?
- Befinden sich die Beine mindestens bis zu den Knien an der Wasseroberfläche, ehe die Drehung vorgenommen wird?
- Liegt der Spagat genau in Längsrichtung zum Körper? – Wenn nicht, dann muß die Hüftstellung korrigiert werden.

Reiher (1,6)

Aus der gestreckten Bauchlage einen halben Hechtsalto vorwärts ausführen, bis die Beine senkrecht zum Wasserspiegel zwischen Knie und Knöchel stehen (siehe Gaviata). Die Flamingoposition einnehmen und hochdrücken, bis der Wasserspiegel mindestens am Knie des senkrechten Beines liegt. Beine und Hüfte in einer Abrollbewegung nach oben drücken. Während des Abrollens bewegt sich der Fuß aus der Flamingoposition in die Reiherposition an der Innenseite des gestreckten Beines. Die Übung endet mit dem Abtauchen in dieser Position, wenn der Fuß des gestreckten Beines unter der Wasseroberfläche ist.

Hinweise: Wichtig ist auch hier wieder das Hochgehen, ehe der Körper die Abrollbewegung beginnt. Unter Wasser ist das gebeugte Bein in Flamingoposition (Unterschenkel waagerecht!); in der Reiherposition liegt der Oberschenkel waagerecht.

Nach Erreichen der Reiherposition lassen sich Schrauben anfügen.

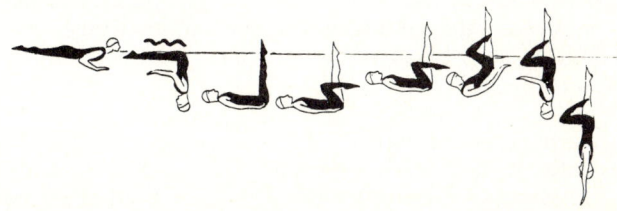

Tümmler (1,7)

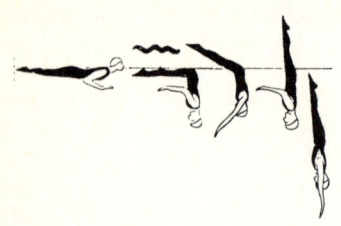

Die Übung beginnt in der gestreckten Bauchlage. Der Rumpf geht nach unten zur Hechtposition, indem sich Gesäß, Beine und Füße entlang der Wasseroberfläche um etwa Rumpflänge nach vorn schieben. Die Beine zur senkrechten Position heben und die Übung mit dem Abtauchen der Füße beenden.

Hinweise: Für diese Übung ist eine starke Bauchmuskulatur erforderlich. Das Heben der Beine nach Erreichen der Hechtposition wird durch leichtes Absinken und Vorschieben des Beckens sowie große Kreisbewegungen mit den Armen erleichtert. Hechtposition und Handstandposition müssen deutlich erkennbar werden. Langsames Abtauchen (!) wird unterstützt durch eine kleine und eine große seitliche Armbewegung mit leichtem Druck zum Boden. Alle Drehungen und Schrauben lassen sich nach Erreichen der Handstandposition anfügen.

Contra-Catalina (1,7)

Gestreckte Bauchlage; nach Erreichen eines halben Hechtsaltos ein Bein zur Kranichposition heben. Nach Ausführung einer Contra-Catalina-Drehung die Ballettbeinposition einnehmen. Das senkrechte Bein muß während dieser Bewegung die 90°-Position und die Höhe beibehalten. Mit der Abnahme des Ballettbeins die Übung beenden.

Hinweise: Es empfiehlt sich, die Catalina-Drehung und die Contra-Catalina-Drehung miteinander zu verbinden. Die Schwimmerin führt eine Catalina-Drehung bis zur Kranichposition aus und geht dann sofort zur Ballettbeinposition zurück. Der Leiter kann die Fußspitze des senkrechten Beines vom Beckenrand aus führen. Die Drehung des Körpers zum senkrechten Bein hin zuerst mit dem Körper, dann in den Knöcheln ausführen, die Hüfte nicht beugen.

Salto rückwärts gehechtet (1,4)

Gestreckte Rückenlage, nach Einnahme einer Hechtposition rückwärts (Winkel ca. 45°!) wird in dieser Position eine ganze Umdrehung möglichst nahe am Wasserspiegel vorgenommen, bis Kopf und Füße gleichzeitig die Wasseroberfläche erreichen. Dann wieder die gestreckte Rückenlage einnehmen.

Hinweise: Die Saltodrehung wird durch große Armbewegungen erleichtert. Ehe Füße und Kopf die Wasseroberfläche erreichen, wird der Winkel von 45 auf 90° erweitert. Zum Hochgehen in die gestreckte Rückenlage am Ende der Übung die Hüfte nach oben drücken, so daß sich der Oberkörper kopfwärts, die Beine fußwärts bewegen.

Salto rückwärts gehockt (1,1)

Nach Einnahme einer Hockposition rollt der Körper unter Beibehaltung dieser Position dicht an der Wasseroberfläche rückwärts, bis nach 360° die Ausgangsposition in Hockstellung erreicht ist. Dann geht der Körper in die gestreckte Rückenlage.

Hinweise: Die Drehung wird durch große Kreisbewegungen der Arme, in Richtung der Beine beginnend, erreicht. Ein Wandern muß durch entsprechenden Druck mit den Händen ausgeglichen werden.

Salto vorwärts gehechtet (1,4)

Die Übung beginnt in der gestreckten Bauchlage. Während der Rumpf nach unten geht, um eine 90°-Hechtposition zu erreichen, bewegen sich Hüfte, Beine und Füße entlang der Wasseroberfläche nach vorn. In dieser Position wird eine Rolle nahe der Wasseroberfläche ausgeführt, bis der Rumpf diese wieder (waagerecht) erreicht hat. Mit dem Hochnehmen der Beine endet die Übung in gestreckter Bauchlage.

Hinweise: Durch große Armbewegungen die Drehung bewirken und den Winkel von 90° beibehalten. Beim Hochnehmen der Beine nur noch kleine Armbewegungen ausführen.

Salto-Tauchboot (1,6)

Aus der gestreckten Bauchlage einen halben Hechtsalto vorwärts ausführen, bis die Beine senkrecht nach oben den Wasserspiegel zwischen Knie und Knöchel erreichen. Dann wird ein Bein in die Waagrechte parallel zum Wasserspiegel abgenommen. In dieser Ballettbein-Tauchboot-Position bewegt sich der Körper zur Wasseroberfläche. Mit der Abnahme des Ballettbeins die Übung beenden.

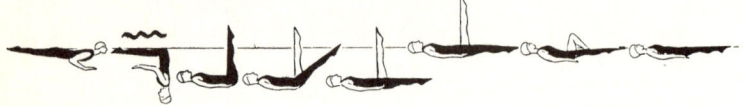

Hinweise: Bei der Abnahme eines Beines in die Waagrechte ist darauf zu achten, daß der ganze Körper von Kopf bis zum Fuß des waagrechten Beines stark gespannt ist und parallel zum Wasserspiegel liegt (siehe Ballettbein-Tauchboot!). Das Auftauchen wird durch starkes Wegdrücken der Füße (nach vorn bzw. nach oben) erleichtert. Meist wandern die Schwimmerinnen kopfwärts; also etwas mehr fußwärts paddeln!

Beobachtungshilfen
- Bleibt der 90°-Winkel während der ganzen Übung erhalten?
- Liegt der Körper unter Wasser waagrecht? Wenn nicht, dann die Hüfte nach oben drücken und Körper anspannen.
- Liegt beim Auftauchen der Kopf bis zu den Ohren im Wasser? Blick zur Decke!
- Liegt die Schwimmerin schräg im Wasser? An der Hüfte ausgleichen!
- Wandert die Schwimmerin?

Subalina (Salto-Tauchboot-Catalina) (1,8)

Ein Salto-Tauchboot wird bis zur Abnahme eines Beines in die Waagrechte ausgeführt: Unter starkem Druck der Hände zum Beckenboden schließt sich eine Catalina-Drehung an, so daß die Kranichposition direkt an der

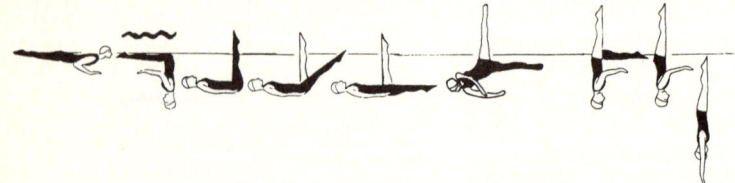

Wasseroberfläche erreicht wird. Durch Hochnehmen des waagrechten Beines den Handstand einnehmen und die Übung mit dem Abtauchen der Füße beenden.

Hinweise: Wie für Salto-Tauchboot und Catalina, wobei durch Hochdrücken der Hüfte und kräftige Armarbeit die Kranichposition erreicht wird: Mit der Fußspitze des Ballettbeins ‹Loch› in die Decke bohren!

Subilarc (1,8)

Ausführung einer Subalina bis zur Kranichposition. Dann wird das waagrechte Bein in einem großen Bogen nach hinten geführt. Beim Passieren des senkrechten Beines geht dieses nach vorn, so daß eine Spagatposition entsteht. Die Übung schließt mit einem Überschwung-Ende.

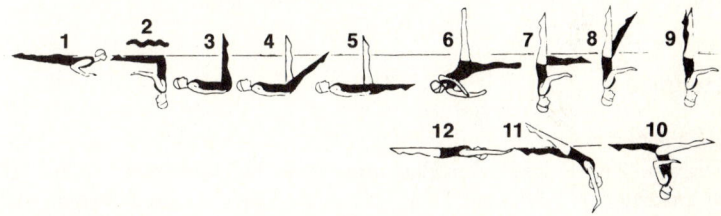

Hinweise: Wichtig ist, daß während der ganzen Übung das senkrechte Bein am gleichen Platz bleibt, bis es die Spagatstellung einnimmt. Das Hochdrücken der Hüfte ist in der Spagatposition und beim Überschwung-Ende notwendig.

Aurora (1,9)

Ein halber Hechtsalto vorwärts wird ausgeführt, bis der Wasserspiegel zwischen Knien und Knöcheln des Doppelballettbeins liegt. Ein Bein geht senkrecht nach oben, während sich das andere Bein parallel zur Wasseroberfläche bewegt. Die so entstandene Ritterposition mit Hohlkreuz muß klar ersichtlich sein. Durch eine Körperdrehung um 180° entsteht die Fischschwanzposition (Körper gestreckt!). Das waagerechte Bein wird zum Handstand gehoben. Die Übung endet mit dem Abtauchen der Füße.

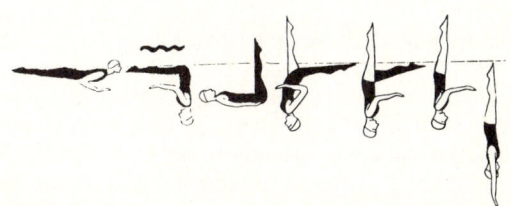

Hinweise: Die einzelnen Positionen, insbesondere Ritter- und Fisch-schwanzposition, müssen klar ersichtlich sein. Das senkrechte Bein darf seinen Platz nicht verlassen. Für das Hochgehen aus der Doppelballett-bein-Tauchboot-Position in die Ritterposition sind neben dem Hochdrük-ken der Hüfte die Druckbewegungen der Hände zum Beckenboden verant-wortlich.

Merke:
Ritterposition mit Hohlkreuz; Fischschwanzposition durchgestreckt!
Kranichposition = Liegebein parallel zur Wasseroberfläche;
Fischschwanzposition = Fußsohle an der Wasseroberfläche ohne Rück-sicht auf die Hüftstellung (meist wird das Liegebein etwas schräg nach oben geführt).

Kategorie 4

Handstand (1,7)
Gestreckte Rückenlage: Zur Einnahme einer Hockposition werden die Knie entlang der Wasseroberfläche zur Brust geführt, Unterschenkel und Fußrücken bleiben an der Wasseroberfläche. Einen Hocksalto rückwärts so weit ausführen, bis die Unterschenkel und Füße senkrecht zum Wasserspie-gel stehen. Durch Abrollen des Körpers die Handstandposition einneh-men, wobei der Wasserspiegel zwischen Hüfte und Unterschenkel liegen muß. Die Übung mit dem Abtauchen der Füße beenden.

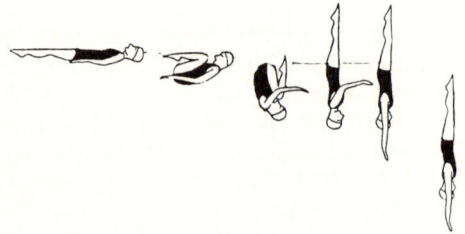

Hinweise: Die wichtigste Phase ist das Abrollen. Beim Hochnehmen der Beine wird die Hüfte nach vorn gedrückt, und zwar kurz bevor die Ober-schenkel das Wasser verlassen. Die kleine Kreisbewegung der Arme nach vorn in Richtung Körper («Catch») muß im richtigen Augenblick erfolgen; am zweckmäßigsten übt die Schwimmerin den Handstand im Wasser zuerst an der Beckenwand, um sich zu orientieren. Von außen lassen sich die Beine an den Fußspitzen führen.

Beobachtungshilfen
- Beginnt das Hochnehmen der Beine erst, wenn die Oberschenkel am Körper und die Unterschenkel senkrecht sind?
- Steht in der gestreckten Körperposition auch der Kopf senkrecht?
- Wird die Hüfte beim Öffnen nach vorn geschoben, und bewegen sich die Beine senkrecht nach oben?
- Wird der Handstand ruhig ohne Bewegung zur Seite oder nach unten gestanden?
- Setzen Drehungen und Schrauben am höchsten Punkt an? – Es ist günstiger, den Handstand nicht zu hoch auszuführen, anstatt vorher abzusinken!

Handstand Spagat (1,8)

Ein Handstand wird bis zur senkrechten Position ausgeführt: Auf dieser Höhe die Beine zum Spagat spreizen und dann wieder schließen. Die Übung mit dem Abtauchen der Füße beenden.

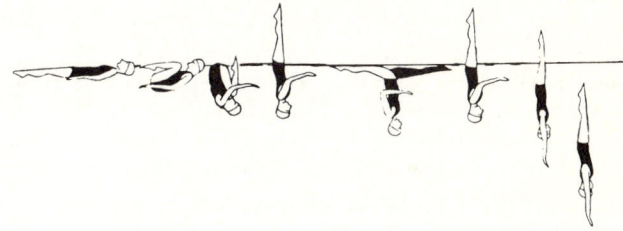

Hinweise: Um einen sauberen, hohen Spagat zu erreichen, ist es wichtig, die Hüfte beim Spreizen so weit wie möglich nach oben zu schieben. Beide Beine müssen im gleichen Winkel gespreizt werden. Meist liegt das hintere Bein höher als das vordere. Der Leiter kann durch Druck auf das hintere Bein nachhelfen. Der Spagat muß täglich an Land geübt werden.

Schwertfisch (1,7)

Gestreckte Bauchlage: Nach Einnahme einer Beugeknie-Position geht der Körper ins Hohlkreuz. Der Fuß des gestreckten Beines beschreibt einen Bogen über der Wasseroberfläche. Wenn dieser Fuß die gegenüberliegende

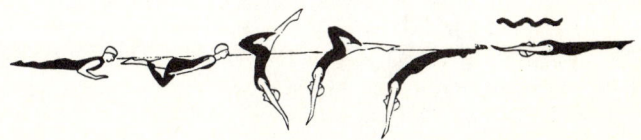

Stelle der Wasseroberfläche erreicht hat, das Beugeknie strecken und den
Körper in die gestreckte Rückenlage bringen.

Hinweise: Das Beugeknie wird so weit wie möglich nach oben zum Körper
gezogen, dann nimmt man den Kopf in den Nacken und geht in die Hohlkreuzposition. Es folgt ein großer, kräftiger Armzug von vorn nach hinten
bei gleichzeitigem Hochdrücken der Hüfte. Am Ende der Übung ist besonders darauf zu achten, daß die Füße nicht untergehen (Spannung!). Schräges Auftauchen ist meistens die Folge ungleichmäßiger Armbewegungen.
Manchmal liegt die Hüfte auf einer Seite höher, so daß man durch entsprechenden Druck mit den Händen ausgleichen muß. Beim Schließen der
Beine darf die Hüfte ihren Platz nicht verlassen. Erst beim Hochbringen
des Oberkörpers läßt man langsam fußwärts auslaufen, aber nicht mehr als
um Rumpflänge.

Schwertfisch gestreckt (1,7)

Aus der gestreckten Bauchlage: Im Hohlkreuz wird ein Bein in einem großen Bogen gestreckt über die Wasseroberfläche zur Spagatposition geführt. Es folgt ein Überschwung-Ende zur gestreckten Rückenlage.

Hinweise: Der Oberkörper darf in der Spagatposition und beim Schließen
mit dem zweiten Bein seine Position nicht verlassen. Wie beim Schwertfisch ist ein kräftiger Armzug und das Hochdrücken der Hüfte wichtig.

Swordalina (Schwertfisch gedreht) (1,8)

Aus der gestreckten Bauchlage wird ein Schwertfisch so weit ausgeführt,
bis der Fuß des gestreckten Beines mit dem Kopf eine senkrechte Linie
bildet: Aus dieser Hohlkreuzposition den Rumpf seitlich in die Waagerechte drehen und dabei das Beugeknie in die Flamingoposition bringen.
Der Körper geht nach oben, wobei gleichzeitig das Flamingobein zur
Waagerechten gestreckt wird, so daß die Schwimmerin in Ballettbeinposition auftaucht. Mit der Abnahme des Ballettbeins die Übung beenden.

Hinweise: Das gestreckte Bein sollte möglichst seinen Platz nicht verlassen, es darf also kein Wandern zustande kommen. Das läßt sich durch kleine Fußwärts–Paddelbewegungen verhindern. Wenn – wie üblich – das rechte Bein gestreckt ist, muß die Drehung nach links erfolgen.

Pirouette (1,9)

Die Übung beginnt in der gestreckten Rückenlage mit der Aufnahme des Ballettbeins. Der Körper wird knapp unter der Wasseroberfläche bäuchlings ins Hohlkreuz gedreht. Die Beine behalten zwar ihre Stellung, werden jedoch infolge der Rumpfdrehung ebenfalls gedreht. Das waagerechte Bein beschreibt einen Bogen über der Wasseroberfläche, wobei das Ballettbein beim Passieren des anderen Beines eine Beugeknieposition einnimmt. Die Übung endet wie der Schwertfisch (S. 251 f).

Hinweise: Während der Rumpfdrehung ins Hohlkreuz bleibt der rechte Winkel zwischen den Beinen durch Anspannen im Schritt erhalten. Bei Beginn mit Ballettbein rechts dreht der Körper nach links ins Hohlkreuz. Hier kann der Übungsleiter Anfängern die Fußspitze des Ballettbeins drehen und führen.

Überschwung rückwärts (1,6)

Aus der gestreckten Rückenlage gelangt der Körper nach unten ins Hohlkreuz, bis sich der Kopf in einer senkrechten Linie mit der Hüfte befindet. Ein Bein geht gestreckt in einem großen Bogen zur Spagatposition. Dann schließt das zweite Bein in einem Bogen zur Hechtposition. Das Auftauchen in die gestreckte Bauchlage erfolgt mit einer Fußwärtsbewegung. Die einzelnen Positionen müssen klar erkennbar sein (siehe deren Beschreibung).

Überschwung vorwärts (1,5)

Gestreckte Bauchlage: Nach Einnahme der Hechtposition vorwärts beschreibt ein Bein einen großen Bogen über der Wasseroberfläche zur Spa-

gatposition. Mit Überschwung-Ende schließt die Übung in der gestreckten Rückenlage.

Hinweis: Der Überschwung vorwärts unterscheidet sich deutlich vom Schwertfisch gestreckt: Der Schwertfisch gestreckt wird im Hohlkreuz ausgeführt, der Überschwung vorwärts bis zum Spagat in Hechtposition.

Zusammenfassung wesentlicher Aufmerksamkeitsschwerpunkte für die Kunstschwimmübungen

Kategorie 1: Ballettbein

1. Jedes Ballettbein zu Beginn der Übungen wird über das Beugeknie aufgenommen.
2. Der Oberschenkel des Beugekniebeins bildet einen Winkel von 90° zur Wasseroberfläche, die Fußsohle des Beugeknies liegt auf der Wasseroberfläche.
3. Beim Hochnehmen des Unterschenkels zum Ballettbein wird der Oberschenkel nicht zur Brust gezogen.
4. Das Ballettbein bildet bei allen Übungen einen Winkel von 90° zur Wasseroberfläche.
5. Körper und Liegebein sinken nicht ab.

Kategorie 2: Delphin

1. Jeder Delphin bildet einen Kreis mit Schnittpunkt in der oberen Mitte.
2. Übungen, die mit Delphin beginnen oder enden, sind als Teil eines Kreises zu erkennen.
3. Bei Beendigung der Delphine sinken die Füße nicht ab.

Kategorie 3: Salto

1. Zu Beginn und am Ende des Hechtsaltos vorwärts bewegt sich der Körper um Rumpflänge nach vorn.
2. Der Winkel zwischen Rumpf und Beinen beträgt beim Hechtsalto vorwärts 90°, beim Hechtsalto rückwärts 45°.

Kategorie 4: Verschiedene
1. Das Abtauchen in Handstandposition geschieht langsam im Rhythmus der Übung.
2. Bei Übungen, die mit Überschwung enden, taucht der Körper wie beim Contradelphin auf, d. h., der gedachte Schnittpunkt an der Wasseroberfläche wird von Füßen, Hüfte und Kopf passiert. Man darf also den Oberkörper nicht einfach hochdrücken.

Die Kür

Anforderungen
Eine Kür besteht aus Schwimmzügen, Kunstschwimmübungen oder Teilen davon sowie aus frei gestalteten Übungen und Bewegungen. Bewertet werden Perfektion, d. h. saubere Ausführung der Bewegungen und Übungen, ihre Vielfalt und Schwierigkeit sowie Exaktheit der Formationen, die Gestaltung der Musik und die Synchronisation der Bewegungen zur Musik und unter den Schwimmerinnen.

Planungsfragen vor der Gestaltung einer Kür
– Sind die schwimmerischen, kunstschwimmerischen, musikalischen und rhythmischen Grundlagen vorhanden?
– Reicht bei allen Schwimmerinnen die Kondition für das Durchstehen einer Kür?
– Welche Übungen und Bewegungen können eingebaut werden?
– Passen die Schwimmerinnen, insbesondere beim Duett, figürlich zusammen?
– Richtet sich der Schwierigkeitsgrad der Kür nach der leistungsschwächsten Schwimmerin?

Musik
Für Anfänger ist leicht zählbare Musik ohne Taktwechsel zu verwenden. Am besten eignet sich Musik im 4/4-Takt. Die allgemein übliche Zusammensetzung von Einzelteilen (schnell, langsam, schnell) erfolgt ohne wahrnehmbaren Schnitt.

Choreographie
Im allgemeinen werden Soli und Duette von fortgeschrittenen Schwimmerinnen selbst choreographiert. Auch die Musik sollten sie sich möglichst

selbst auswählen, denn sie können nur die Musik gut gestalten, die ihnen
zusagt. Selbstverständlich wird der Übungsleiter hier beratend mitwirken,
die letzte Entscheidung sollte aber den Schwimmerinnen überlassen bleiben.

Für die Choreographie einer Gruppe dagegen legt der Übungsleiter mindestens ein Gerippe fest; Änderungsvorschläge der Schwimmerinnen können
berücksichtigt werden. Für Anfänger ist es allerdings notwendig, daß vor
Beginn eine fertige Choreographie vorliegt, was nicht ausschließt, daß sich
auch hier noch die eine oder andere Änderung ergibt.

Merkmale einer guten Kür
- Die ganze Kür muß in einem ‹Fluß› durchgeschwommen werden. Die
  Schwimmerinnen bleiben immer in Bewegung.
- Alle Grundpositionen müssen klar zu erkennen sein, die Übungen sind
  exakt auszuführen.
- Es darf kein Leerlauf entstehen. Die Übergänge zwischen den Übungen
  verlaufen fließend.
- Viel Abwechslung in Bewegungen und Übungen erhöht den Wert.
- Das ganze Becken ist für die Kür auszunutzen, und zwar in Länge, Breite
  oder Diagonale. Als Faustregel für die Gruppe gilt: Je Vorführungsmi-
  nute eine lange Bahn!
- Insbesondere bei Solo und Duett ist die Ausdrucks- und Gestaltungsfä-
  higkeit in Mimik und Gestik zu betonen.
- Das Gesicht schaut bei Handbewegungen über Wasser zu den Händen.
  Gute Kopfbewegungen beziehen durch die Gesichtswendung aber auch
  die Zuschauer und Wertungsrichter (insbesondere am Ende) mit ein.
- Höhepunkte und Überraschungseffekte sorgen für Spannung. Sowohl
  am Anfang als auch am Schluß, möglichst auch in der Mitte der Vorführung, sollte je ein Höhepunkt liegen und in der Mitte des Beckens ausgeführt werden.
- Die Gruppe bildet unbedingt mehrere Formationen, die deutlich erkennbar sein müssen. Der Übergang von einer Formation zur andern
  kann entweder schwimmerisch oder nach einer abgetauchten Übung unter Wasser erfolgen. Die schwierigsten Formationen sind Linien und
  Diagonalen. Wenn der Abstand zwischen den Schwimmerinnen größer
  ist, fallen kleine Ungenauigkeiten nicht so sehr auf.
- In der Gruppe dürfen nicht mehrere Soli geschwommen werden; meist
  haben alle Teilnehmer dieselben Bewegungen.
- Im allgemeinen beginnen die Vorführungen mit Bewegungen an Land,
  die bei Wettkämpfen 20 Sekunden nicht überschreiten dürfen. Anfänger
  und weniger ausdrucksvolle Schwimmerinnen sollten diese Bewegungen
  sehr kurz halten.

Vorschlag für Wege bei Solo und Duett

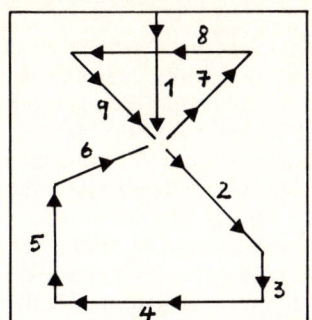

Vorschlag für Formationen in einer Gruppe mit vier Schwimmerinnen

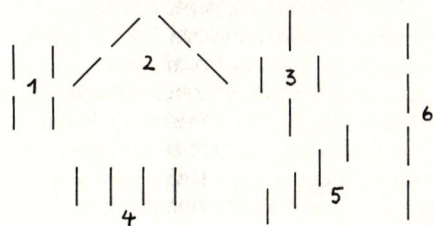

mit acht Schwimmerinnen

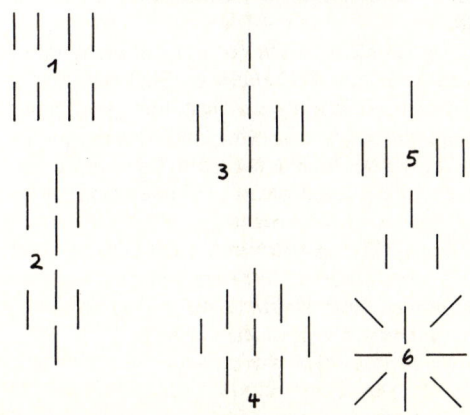

Einüben einer Kür

Vorübungen im Wasser ohne Musik: Figuren, Bewegungen, Kombinationen.

Vorübungen an Land: Anhören und Durchzählen der Musik, zuerst in kleineren Abschnitten, dann als Ganzes. Jede Schwimmerin lernt, die Takte sauber durchzuzählen. Ausführen der Bewegungen von Armen und Kopf sowie Andeuten der Übungen im Takt der Musik.

Übungen im Wasser: Abschnittweise Gestaltung der Kür ohne Formationen und ohne Musik. Der Übungsleiter klopft den Takt an eine Metallstange, die ins Wasser führt, die Mädchen müssen aber mitzählen. Es ist zweckmäßig, beim Klopfen den ersten Schlag eines Taktes zu verstärken.

In der nächsten Stufe setzt die Musik ein; der Übungsleiter kann anfangs dazu noch klopfen. Nach vorausgegangener Stehprobe an Land werden nun auch die Formationen im Wasser gestaltet.

Merke:
- Von Anfang an auf genaues Durchzählen an Land und im Wasser achten!
- Alle Bewegungen synchron (zur Musik und untereinander) ausführen!
- Übungen, Arm- und Kopfbewegungen aller Schwimmerinnen in gleicher Höhe und in gleicher Richtung ausführen!
- Alle Bewegungen von Anfang an übertrieben deutlich vollführen!
- Schwierige Partien mehrmals hintereinander schwimmen!
- Stehproben an Land gelegentlich mit geschlossenen Augen durchführen!
- Das Durchschwimmen der ganzen Kür kostet viel Kraft. Daher ist es zweckmäßig, sie im Verlauf einer Übungsstunde einmal nur mit Arm- und Kopfbewegungen, dann nur in der Ausführung der Übungen, insbesondere der Beinbewegungen, zu gestalten. Zum Schluß der Übungsstunde sollte sie jedoch möglichst vollständig durchgeschwommen werden.
- Die Formationen sind zunächst einzeln unter Zuhilfenahme von Markierungen am Beckenrand oder von Linien am Beckenboden anzuschwimmen, ehe sie in der Kür vollständig zur Gestaltung kommen.
- Wenn abwechselnd immer wieder eine andere Schwimmerin aus der Gruppe die Kür von außen beobachtet, erhalten mit der Zeit alle Teilnehmerinnen einen Gesamteindruck und können manche Verbesserung vorschlagen.
- *Korrekturen* nimmt der Übungsleiter entweder nach Abbruch der Musik an Ort und Stelle vor, oder er bespricht eine Cassette während des Übens. Videoaufnahmen leisten gute Dienste, insbesondere, weil sie beliebig angehalten und wiederholt werden können.

Beobachtungshilfen
- Werden alle Bewegungen und Übungen synchron ausgeführt?
- Wo gibt es Schwachstellen oder Leerlauf?
- Ist die Raumaufteilung in Ordnung?
- Liegen die Höhepunkte in der Mitte des Beckens?
- Werden die Zuschauer in die Blickrichtung der Schwimmerinnen einbezogen?
- Lassen sich die Formationen klar erkennen?
- Endet die Vorführung in bewegungsmäßig sauberem Herausschwimmen?
- Bedanken sich die Mädchen nach dem Ausstieg aus dem Wasser gemeinsam für den Applaus (Verbeugung o. ä.)?

Training

Konditionstraining im Wasser
Auf langen Bahnen:
- In allen Schwimmtechniken trainieren, wobei das Schwergewicht auf dem Kraulschwimmen liegt.
- Paddeln kopfwärts und fußwärts in Rückenlage, Propellern in Rückenlage, Paddeln kopfwärts in Bauchlage.
- Wassertreten in Vorwärtsbewegung, wobei der Oberkörper möglichst weit aus dem Wasser ragen sollte.
- Eine Bahn Kraul, eine Bahn Tauchen im Wechsel und ohne Pause. Je eine Bahn Ballettbein rechts, links, Doppelballettbein schwimmen.
- Zur Kräftigung der Bauchmuskulatur während des Paddelns in Rückenlage ein Ballettbein auf halbem Weg zwischen Beugeknie und Streckung (45°) halten.
- Kraul oder sonstige Armbewegungen schwimmen unter Einbau von Pflichtübungen oder von deren Teilen.

Am Ort:
- Schwierige Einzelteile und Übergänge von Pflichtübungen mehrfach wiederholen,
- Wassertreten mit Armbewegungen,
- hohe Teile aus Pflichtübungen mit Beinbewegungen,
- Boost kopfwärts und fußwärts (S. 230).

Konditionsgymnastik an Land
Gymnastik sollte jeweils den Beginn einer Übungsstunde darstellen; ohne vorheriges Aufwärmen darf die Schwimmerin gar nicht ins Wasser gehen!

Die Gymnastik gliedert sich in *Dehnungs-, Kräftigungs-* und *isometrische* Übungen. Nach jeder Dehnung wie Kräftigung folgt unbedingt eine Lockerungsphase. Konditionsgymnastik mit leichten Gewichten (z. B. Gewichtsgürtel) dient der Kräftigung, aber auch der Vorbereitung des hohen Standes im Wasser (Pflicht, Boost). Vorrang erhält die Kräftigung der Rumpfmuskeln, besonders der Bauchmuskeln.

Ballettunterricht sollte durch eine Fachkraft (Ballettmeister o. ä.) erteilt werden. Haltung und Gestaltungsvermögen lassen sich nicht erst bei Fortgeschrittenen, sondern schon bei Anfängern fördern.

Aufbau einer Übungsstunde

Für alle Kunstschwimmer ist es wichtig, die Übungsstunde mit *Aufwärmen*, also mit Gymnastik und Einschwimmen, zu beginnen, um Muskulatur, Kreislauf und Bewegungsabläufe einzustimmen. Das Einschwimmen läuft in langen Bahnen ab, und zwar möglichst in allen Schwimmtechniken einschließlich Tauchen, Paddeln, Wassertreten und Ballettbein-Durchhalten.

Das *Pflichttraining* bildet die Grundlage für die Gestaltung einer Kür und die Vorbereitung auf eine spätere Teilnahme an Wettkämpfen. Der Übungsleiter tut gut daran, anfangs die Übungen nur in Teilen zu lehren, wenn die Grundübungen beherrscht werden. Selbstverständlich geht man vom Leichten zum Schwierigen, also keinesfalls in der Reihenfolge der nach Kategorien und Ziffern eingeteilten FINA-Übungen. Entsprechende methodische Hinweise und Beobachtungshilfen finden sich bei den einzelnen Übungen und im Kapitel «Der Übungsleiter» (S. 360 ff).

Nach einer kurzen Erholungs- und Lockerungspause (auch Schwätz- oder Spaßpause) wird die Übungsstunde mit dem *Kürtraining* fortgesetzt.

Ein derartiger Stundenaufbau erfordert günstige Übungszeiten, d. h. Übungseinheiten von mindestens 1½ Stunden. Im Falle kürzerer Übungseinheiten müssen die Trainingsabschnitte gekürzt werden. Die Vorbereitung auf Wettkämpfe oder Vorführungen verlagert den Schwerpunkt auf die wichtigsten Übungsteile. Keinesfalls dürfen Gymnastik und Einschwimmen wegfallen. Anfänger ersetzen die Kür durch Schwimmen langer Bahnen nach Musik unter Einbau von leichten Kunstschwimmübungen.

Auch im Kunstschwimmen gilt, die Übungsstunden so abwechslungsreich wie möglich zu gestalten, insbesondere für Anfänger. «Spiele im Flach- und Tiefwasser» (s. S. 111 ff), die auch der Konditionsverbesserung dienen, werden gern angenommen: Staffeln aller Art wie Wasserball über Kopf von einer Schwimmerin zur anderen (Wassertreten), Ballettbeinstaffeln (in Beckenbreite), Tauchwettbewerbe, Tauchen nach Gegenständen, Schwimmstaffeln u. ä.

Bildet das Kürprogramm den Abschluß des Übungsabends, ist es zweckmäßig, die gesamte Kür (oder den gerade erst erlernten Teil) ohne Korrektur durchschwimmen zu lassen, gewissermaßen als «Erfolgserlebnis».

Jürgen Kozel

Wasserball

Inhalt

Zielsetzung und Methodik

Wasserball hat in der Bundesrepublik Deutschland nicht annähernd die Bedeutung wie die großen Sportspiele Fußball, Handball, Volleyball oder Basketball.
In den Schul- und Freizeitsport ist es kaum einbezogen, im Bereich des Spitzensports rückt es nur bei nationalen und internationalen Großereignissen in das öffentliche Interesse.
Gerade für den Schul- und Freizeitsportbereich ist diese Randstellung des Wasserballspieles kaum verständlich, vereinigt es doch die Vorzüge des Spielens mit denen des Schwimmens. So besitzen das Ballspiel einerseits und das Wasser andererseits einen hohen Aufforderungscharakter, was an Stränden und Bädern in Form vielfältiger Spielereien im Wasser sichtbar ist. Dennoch findet diese Sportart in den wenigsten Lehrplänen Berücksichtigung.

So stellt sich zwangsläufig die Frage nach den Ursachen dieser mangelnden Popularität. Häufig gestatten die Anlagen und die damit verbundenen Ge- bzw. Verbote in den Schwimmbädern gar nicht, Wasserball zu spielen. Dies führte in der Vergangenheit zu einem Besucherrückgang in den Bädern, dem nunmehr mit alternativen Angeboten wie z. B. Abenteuerlandschaften und breitgefächerten Spielangeboten entgegengewirkt wird.

In den Schwimmvereinen erinnert man sich gern an Clubkämpfe in den fünfziger und sechziger Jahren. Das Wasserballspiel im Anschluß an ein Schwimmtraining reizte gerade die älteren Aktiven, die heutzutage oft schwer zu motivieren sind, «nur noch» in einer Schwimmannschaft sportlich tätig zu sein. Damals ging es nicht um die Vermittlung und das Üben spieltechnischer Fertigkeiten und Fähigkeiten, sondern um das Spielen selbst. Natürlich erkannte jeder sehr schnell, daß gewisse Grundvoraussetzungen vonnöten waren, um überhaupt spielen zu können. Aber das Bedürfnis, die Technik zu schulen, entsprang in erster Linie dem Wunsch, besser Wasserball *spielen* zu können. Vielfach machen Übungsleiter und Trainer den Fehler, isoliert technische Elemente, z. B. das Fangen und Werfen mit dem Ball, zu schulen und konditionelle Voraussetzungen zu schaffen, bevor schließlich am Ende einer Stunde noch ein wenig gespielt wird. Dabei kommt der Anfänger, sowohl der geübte als auch der weniger geübte Schwimmer, zunächst einmal des Spielens wegen in die Wasserballstunde.

Wasserball gehört zu den Spielsportarten, die schwierig zu erlernen sind. Dies wird bereits deutlich bei der Betrachtung des Regelwerkes. Es gilt z. B. bereits als Fehler, den Ball mit beiden Händen gleichzeitig zu berühren (Fangen). Allein zum einhändigen Ballspiel benötigt der Aktive ein besonders gutes Koordinationsvermögen, da die Handhabung des Balls ohne Einfluß auf die Schwimmtechnik erfolgen sollte. Dies mag ein Grund dafür sein, daß im methodischen Ablauf bei der Einführung des Wasserballspiels das Üben spieltechnischer Fertigkeiten einen derart großen Umfang beanspruchte und dabei das Spiel in den Hintergrund rückte. Hier ist ein Ansatz zu suchen, in Verein und Schule das Wasserballspielen wieder populärer zu machen.

Merke:

Laß den Anfänger vor allem mit vereinfachten Regeln spielen, um das Interesse am Spiel zu wecken bzw. zu erhalten. Das Bedürfnis, spieltechnische Fertigkeiten zu üben, wächst mit dem Wunsch, besser spielen zu können. Die in den folgenden Kapiteln angebotenen Übungsformen sollten erst dann zum festen Angebot einer Trainingsstunde zählen, wenn dieser Wunsch bei den Aktiven vorhanden ist.

Ballspiele im Wasser

Wasserball stellt hohe Anforderungen an konditionelle, koordinative und taktische Fähigkeiten sowie an spieltechnische Fertigkeiten. Dem Anfänger sollte daher zunächst ein Angebot an Spielformen im Wasser unterbreitet werden, so daß er erst allmählich mit dem eigentlichen Regelspiel Wasserball in Berührung kommt. Im folgenden nun ein Angebot an vereinfachten Spielen, die sowohl im hüfthohen als auch im schwimmtiefen Wasser durchgeführt werden können:

- Feld freihalten: Zwei gleichstarke Mannschaften, getrennt durch einen beliebig breiten ‹Sicherheitsstreifen›, verfügen über die gleiche Anzahl von Gummi- oder Wasserbällen. Jede Mannschaft ist nun bemüht, zu bestimmten Zeitpunkten während einer vorher festgelegten Spielzeit, möglichst wenig Bälle im eigenen Feld zu haben. Auf Pfiff eines Spielleiters wird das Spiel unterbrochen und die Bälle in dem jeweiligen Feld gezählt. Wer die geringste Anzahl von Bällen in seinem Feld aufzuweisen hat, ist Sieger.

- Wasservolleyball: Es gelten die gleichen Regeln wie beim Volleyball. Das Netz wird ersetzt durch eine Zauberschnur, die in 1,50 m Höhe über dem Wasserspiegel zwei Felder voneinander trennt. In hüfthohem Wasser können die normalen Volleyball-Regeln Anwendung finden, in schwimmtiefem Wasser wird an Stelle des Pritschens mit einer Hand gefangen und geworfen, wobei – wie beim Volleyball – lediglich drei Ballkontakte auf jeder Seite erlaubt sind.

- Ball halten: In einem relativ eng begrenzten Feld stehen sich zwei gleich starke Mannschaften gegenüber, dazu kommt ein «Libero», der mit der jeweils ballführenden Mannschaft gemeinsam spielt. Gezählt wird die Zahl der Ballkontakte, die eine Mannschaft erreicht, ohne daß die gegnerische Partei den Ball berührt. Gelingt dies der gegnerischen Partei, wird das Spiel unterbrochen, und der Ball wechselt die Mannschaft. Die Größe des Feldes und die Aufgabenstellung, ob z. B. der Ball lediglich berührt oder fest unter Kontrolle gebracht werden muß, kann dabei variiert werden.

- Wasserbasketball: Für dieses Spiel werden ein oder zwei Körbe benötigt, die im Fachhandel zu erwerben sind. Notfalls genügen auch zwei große Eimer auf dem Beckenrand, die durch Tauchringe beschwert werden. Die Spielidee schließt sich an das Freispielen eines Mannschaftskameraden an und mündet im gezielten Korbwurf. Auch hier kann später als zusätzliche Aufgabenstellung darauf geachtet werden, daß der Ball grundsätzlich nur mit einer Hand gespielt werden darf.

- Wasserfußball: Dieses körperlich anspruchsvolle Spiel verlangt von den Teilnehmern eine erhebliche Gewandtheit im Wasser. Der Ball darf nur mit den Füßen bzw. dem Kopf gespielt werden. Ein Torerfolg ist dann erzielt, wenn der Ball eine bestimmte Markierungslinie, die für jede Mannschaft festgelegt wird, überschritten hat.
- Treibball: Zwei Spieler stehen sich im gleichen Abstand zur Mittellinie gegenüber. Jeder bemüht sich nun, als erster die Mittellinie dadurch zu erreichen, daß er den Ball möglichst weit in das gegnerische Feld wirft. Der Rückwurf darf nur von dort erfolgen, wo der Ball gefangen wurde oder wo er das erste Mal die Wasseroberfläche berührte. Mit der gleichen Aktion versucht der Gegenspieler, seinerseits das gleiche Ziel zu erreichen.
- Jägerball: Ein großer Gummiball (ca. 1 m Durchmesser) muß mit gezielten Würfen bewegt werden. Jede Mannschaft versucht, den Großball mit Wasserbällen so zu treffen, daß er über eine vorher festgelegte Markierungslinie getrieben wird.
- Wasserball mit vereinfachten Regeln: Auch ohne Wasserballtore ist ein Spiel zweier Mannschaften jederzeit möglich. Ein Tor ist dann erzielt, wenn der angreifende Spieler mit dem Ball in der Hand die Seitenwand berührt. Eine wesentliche Aufgabe des Leiters, der zugleich als Schiedsrichter wirken sollte, ist das Unterbinden von stärkeren Körperkontakten, um gerade schwächeren und körperlich unterlegenen Teilnehmern gleiche Chancen einzuräumen.

Weitere Spielangebote sind der empfohlenen Literatur zu entnehmen (S. 379 ff). Dem Einfallsreichtum sind keinerlei Grenzen gesetzt. Solange das Spiel im Vordergrund steht und die Aktiven Spaß an der Betätigung mit dem Ball im Wasser haben, sind eine Vielzahl von Variationen auch der genannten Spiele möglich.

Wasserballspezifische Schwimmfertigkeiten

Für den Wasserballspieler sind alle Bewegungstechniken wichtig, die ihn schnell und beweglich im Wasser handeln lassen, einschließlich einer hohen Wasserlage. Als Grundvoraussetzung sollte er daher alle vier Schwimmarten beherrschen. Von untergeordneter Bedeutung ist dabei die Schmetterlingstechnik. Allerdings stellt die alte Butterflytechnik, bei der ein Schmet-

terlingsarmzug mit der Brustschwimmbeinbewegung kombiniert wird, eine
wesentliche Bewegungsform auch für Wasserballspieler dar.
Betrachtet man einmal beim Schwimmtraining das Verhältnis der Armarbeit zur Beinarbeit, so muß man mit dem Vorurteil aufräumen, der Wasserballer brauche eine besonders große Kraft in den Armen. Diese An-
nahme hat in der Vergangenheit dazu geführt, daß sehr stark mit Armarbeit
geschwommen und dabei die Beinarbeit sträflich vernachlässigt wurde. Die
Beweglichkeit im Wasser, das Herausheben des Oberkörpers aus dem Wasser, z. B. um Bälle abzufangen, das Dribbling mit dem Ball und nicht zuletzt
jeder einzelne Wurf werden in ihrer Qualität jedoch geprägt von einer guten Beinarbeit. Die «Arbeit am Mann», sowohl in der Centerposition als
auch in Abwehrpositionen kann nur dann erfolgreich sein, wenn die Bein-
technik stimmt und die dafür notwendige Kraft vorhanden ist. Dies bedeutet folglich für das Schwimmtraining, daß überwiegend der Kraulbeinschlag, Brustbeinschlag und eine spezifische Beinarbeit, das Wassertreten,
auch «Torwartbeinschlag» genannt, trainiert werden müssen.
Der Brustbeinschlag ist die Grundlage für den Torwartbeinschlag, der von
allen Wasserballspielern beim Positionsspiel angewendet wird. Der Bewegungsablauf ist bei beiden Beinschlägen identisch. Im Gegensatz zu den
symmetrischen Bewegungen des Brustbeinschlags besteht der Torwartbeinschlag aus einer ständigen Wechselbewegung des rechten und linken
Beines. Oftmals wird diese Bewegung von Anfängern so zweckmäßig
durchgeführt, daß ein besonderer Hinweis nicht erforderlich ist. Erst bei
fehlerhafter Ausführung sollte der Übungsleiter gezielt auf den richtigen
Bewegungsablauf hinweisen.
Während die schwimmerischen Grundlagen durch entsprechendes schwimmerisches Training verbessert werden können, sollen nachfolgend Übungen beschrieben werden, die sich an besonderen Erfordernissen des
Wasserballspiels ausrichten. Sie sollen in erster Linie die Beweglichkeit im
Wasser verbessern und auf die vielfältigen Situationen des Wasserballspiels
vorbereiten.

Beinschlagübungen

– Brust- bzw. Kraulbeinschlag mit den Armen in Vorhalte.
– Torwartbeinschlag mit den Armen in Vorhalte.
– Brust- bzw. Kraulbeinschlag mit hinter dem Rücken verschränkten
  Armen.
– Torwartbeinschlag mit hinter dem Rücken verschränkten Armen.
– Brust- bzw. Kraulbeinschlag in Seitlage, wobei auf jeder Bahn die
  Seite gewechselt wird.

- Torwartbeinschlag in Seitlage, wobei auf jeder Bahn die Seite gewechselt wird.
- Torwartbeinschlag senkrecht in der Vorwärtsbewegung, Schultern dabei senkrecht zur Schwimmrichtung.
- Torwartbeinschlag senkrecht, Schultern dabei parallel zur Schwimmrichtung.
- Brustbeinschlag-Schmetterlingsarmzug, wobei eine bestimmte Anzahl von Armzügen pro Bahn absolviert wird.
- Brustbeinschlag und Kraularmzug: Der Kopf wird so gehalten, daß der Aktive sofort auf ein sichtbares Zeichen des Übungsleiters reagieren kann. Beispiel: Armheben rechts bedeutet Sprint nach rechts bis zum Pfiff, Armheben links Sprint nach links.
- Brustbeinschlag und Rückenkraularmzug: Der Kopf wird so gehalten, daß jederzeit auf ein sichtbares Zeichen des Übungsleiters wie oben reagiert werden kann.
- Kraulbeinschlag und Delphinarmzug.
- Torwartbeinschlag: Auf Zeichen gleichzeitig die Hände über dem Kopf zusammenschlagen.
- Zwei Spieler liegen sich in Schwimmlage mit dem Blick zueinander und vorgestreckten Armen gegenüber: den Partner mit Hilfe des Torwartbeinschlags aus seiner Position herausdrängen.
- Bockspringen: Das Bestreben der Spieler muß es sein, nicht vom Partner untergetaucht zu werden.
- Torwartbeinschlag senkrecht über eine bestimmte Zeitdauer. Dabei ist darauf zu achten, daß die Ellbogen über der Wasseroberfläche sind. Diese Übung ebenso mit Intensitätswechsel durchführen.
- Fußsprung vom Beckenrand oder vom Startblock ins Tiefwasser: darauf achten, daß der Kopf nicht unter die Wasseroberfläche gerät.

Beweglichkeitsübungen

- Während des Brust- oder Kraulschwimmens auf Zeichen eine Rolle vorwärts ausführen.
- Brustbeinschlag und Rückenkraularmzug, auf Zeichen blitzschnell in die Bauchlage drehen.
- Brustbeinschlag und Kraularmzug, auf Zeichen blitzschnell in die Rückenlage drehen; vollständig um die Körperlängsachse wieder in die Bauchlage drehen.
- Brustbeinschlag und Kraularmzug, auf Zeichen blitzschnell die Richtung um 90° ändern.
- Während der Vorwärtsbewegung auf Zeichen blitzschnell um 180° drehen.

- Brustbeinschlag und Kraularmzug, auf Zeichen sofortige Rückwärts-
  bewegung mit Brustbeinschlag und Rückenkraularmzug; bei jedem
  Zeichen die Richtung und die Bewegungsart ändern.
- Torwartbeinschlag, auf Zeichen blitzschnell den Oberkörper aus dem
  Wasser heben.
- Torwartbeinschlag, auf Zeichen blitzschnell um 180 bzw. 360° dre-
  hen.
- Zwei Spieler bewegen sich hintereinander, wobei der zweite alle Be-
  wegungen des ersten Spielers nachvollziehen muß (Schatten).
- Zwei Spieler schwimmen hintereinander, wobei der vordere in Rük-
  kenlage den nachfolgenden Partner beobachtet. Dieser versucht mit
  schnellen Richtungsänderungen am Partner vorbeizuschwimmen.
- Mehrere Spieler versuchen sich in einem engbegrenzten Raum mög-
  lichst schnell zu bewegen: keinen Mitspieler berühren!
- Die Spieler einer Mannschaft bewegen sich frei in der Hälfte eines
  Spielfeldes und müssen auf bestimmte Handzeichen mit vorher ver-
  einbarten Bewegungen oder Richtungsänderungen reagieren.
- Wenden im freien Wasser: Zwischen zwei gespannten Leinen, deren
  Abstand beliebig gewählt werden kann, müssen 10 Bahnen möglichst
  schnell zurückgelegt werden: vor jeder Wende die Leine berühren.

Armzugübungen

- Brust, Rücken, Schmetterling und Kraularmzug einzeln oder verschieden kombiniert schwimmen.
- Durch Paddelbewegung der Arme und Hände den Körper möglichst
  hoch aus dem Wasser heben.
- Rückenlage, Beine in Vorhalte: nur mit Brustarmzügen vorwärtsschwimmen.
- Ein Spieler läßt sich von seinem Partner durch das Wasser ziehen,
  indem er dessen Beine festhält: vorwiegend Brust- oder Kraularmzug
  schwimmen.
- Der Spieler wird von einem Gummiband festgehalten: möglichst weit
  von der Wand wegschwimmen und dann möglichst lange den gleichen
  Abstand zur Wand halten.

Kombinierte Übungen

- Zwei Spieler schwimmen nebeneinander: schwimmend den Partner
  zur Seite abdrängen.
- Zwei Spieler schwimmen nebeneinander: durch überraschendes

Stoppen und Starten eine vorher festgelegte günstige Ausgangsposition gegenüber dem Partner einnehmen.

– Zwei Spieler schwimmen nebeneinander: schwimmend den Partner zur Seite abdrängen, um dann mit einer blitzschnellen Richtungsänderung um 90° einen genügend großen Abstand zu gewinnen.

– Ein Spieler liegt ungefähr einen halben Meter vor seinem Partner. Durch geschicktes schwimmerisches Verhalten versucht der vordere Spieler seine Position während einer Bahn zu halten.

– Beide Spieler schwimmen dicht nebeneinander: den Partner während des Schwimmens behindern, indem beim Armzug unter Wasser mit Ellbogen und/oder Hand der Rhythmus des Partners gestört wird.

– Der vordere Spieler schwimmt Brustbeinschlag kombiniert mit Kraularmzug. Der hintere läßt sich ziehen, indem er die Hüfte des vorderen Partners mit beiden Händen nach unten drückt.

– Torwartbeinschlag in der Vorwärtsbewegung: auf ein Zeichen blitzschnelles Antreten.

– Torwartbeinschlag in der Vorwärtsbewegung: auf ein Zeichen Grätsche nach rechts, anschließend Grätsche nach links, danach weiterspurten.

– Wasserballkraulen: auf ein Zeichen die Vorwärtsbewegung unterbrechen, den Oberkörper blitzschnell aus dem Wasser heben und anschließend sofort weiterschwimmen.

– Die ganze Mannschaft bewegt sich schwimmend in einem abgegrenzten Feld: auf ein Zeichen die angezeigte Bewegungsausführung nachvollziehen.

Hinweis: In einer Trainingseinheit sollten möglichst viele verschiedene Übungen angeboten werden, um Eintönigkeit zu vermeiden und Bewegungsgleichförmigkeiten zu verhindern.

Feldspieler

Fangen und Werfen

Zu den Grundfertigkeiten jedes Spielers gehört das Fangen und Werfen mit dem Ball. Das Gefühl für die richtige Ballannahme und -abgabe läßt sich bereits an Land erarbeiten, wobei die vorbereitenden Übungen mit dem Ball gleichermaßen mit der rechten wie mit der linken Hand durchzuführen sind. Auf ein *lockeres Handgelenk* soll besonders geachtet werden.

Übungen
- Bei angewinkelten Unterarmen den Ball aus dem Handgelenk mehrfach von der einen in die andere Hand spielen.
- Ebenso mit gestreckten Armen über Kopf und vor dem Körper.
- Den Ball hochwerfen; Unterarm und Hand um 180° drehen, in dieser Position den Ball auffangen, und die Hand mit dem Ball wieder in die Ausgangsposition drehen.
  Ebenso in umgekehrter Bewegungsfolge.
- Den Ball aus dem Handgelenk auf den Fußboden prellen.
- Den Ball gegen eine Wand werfen, abwechselnd mit der linken und der rechten Hand. Die Entfernung variiert dabei von 1–6 Meter Abstand zur Wand.
- Fangen und Werfen als Partnerübung zu zweit, zu dritt und zu viert.

Die eigentliche Schwierigkeit im Umgang mit dem Ball beginnt im Wasser. Der Ball muß schnell und sicher von der Wasseroberfläche gelöst werden. Mit Hilfe von zwei Techniken, die im folgenden beschrieben werden, ist dies möglich:

Der Schöpfgriff: Der Ball ist so weit vom Körper entfernt, daß ihn die Hand mit leicht gebeugtem Arm problemlos erreichen kann. Die gespreizte Hand geht nun unter den Ball, «schöpft» diesen aus dem Wasser und bringt ihn in eine günstige Ausgangsposition für einen Schuß oder einen Paß. Eine Unsicherheit entsteht, weil sich in der Regel zwischen Hand und Ball vor der Ballaufnahme ein «Wasserkissen» bildet. Dadurch bekommt der Spieler den Ball möglicherweise nicht sofort unter Kontrolle. Ein Vorteil besteht jedoch darin, daß bei der Ballaufnahme Arm, Hand und Ball nicht unter Wasser gedrückt werden können (Regelverstoß).

Der Drehgriff: Die Hand wird von oben auf den Ball gelegt. Durch leichtes Niederdrücken und gleichzeitiger Drehung der Hand kann der Ball schnell in die Wurfauslage gebracht werden. Um dem Anfänger zu vermitteln, wie die Technik dieser Ballaufnahme aussieht, bietet sich folgender Hinweis an: «Nimm den Ball so aus dem Wasser, als wolltest du mit der Hand über den Kopf eines Kindes streicheln.»

Fangen und Werfen im Wasser

Eine wesentliche Voraussetzung für das Wasserballspiel ist das Fangen und Werfen im Wasser. Auch hier sollte wieder darauf geachtet werden, daß beide Hände gleichermaßen geschult werden. Der Bewegungsablauf entspricht dem *Schlagwurf*.

Übungen

- Zwei Spieler stehen sich gegenüber; Fangen und Werfen sowohl mit der rechten als auch mit der linken Hand.

  Hinweis: Die Schulter des Wurfarmes soll frei aus dem Wasser kommen.

- Zwei Spieler stehen sich gegenüber; den Ball mit der linken Hand fangen und mit der rechten Hand wieder dem Partner zuspielen und umgekehrt.

- Drei Spieler stehen hintereinander; der mittlere fängt den Ball, dreht sich um 180° und spielt ihn dem Partner zu. Die Drehung des Mittelmannes sollte sowohl mit als auch gegen Uhrzeigersinn erfolgen.

  Hinweis: Vor der Ballannahme soll die Hüfte bereits die vorgesehene Drehrichtung vorwegnehmen.

- Mehrere Spieler bilden einen Kreis; zwei Bälle werden in oder gegen Uhrzeigersinn gespielt.

- Mehrere Spieler bilden einen Kreis; ein Spieler geht in die Mitte des Kreises. Während ein Ball immer wieder zur Mitte gespielt wird, wandert ein zweiter Ball in oder gegen Uhrzeigersinn. Der Mittelmann kann beim Zuspiel eine bestimmte Reihenfolge einhalten oder den Ball in beliebiger Reihenfolge seinen Partnern zuspielen.

- Mehrere Spieler bilden einen Kreis, zwei Bälle werden beliebig gespielt. Bei dieser Übungsform ist größte Aufmerksamkeit erforderlich!

Wurfarten

Weitere Möglichkeiten des Zuspiels ergeben sich aus den verschiedenen Wurfarten. Neben dem Bewegungsablauf des Schlagwurfs werden weitere Wurfarten erlernt:

- Schraubenwürfe (halbe Schraube, ganze Schraube),
- Druckwurf,
- Doppler (Selbstdoppler oder Veränderung der Flugbahn eines bereits erfolgten Torschusses),
- Bogenwurf,
- Schockwurf.

Schraubenwürfe

Schraubenwürfe (oder Rückhandwürfe) können sowohl aus der waagerechten als auch aus der senkrechten Schwimmlage erfolgen. Im Gegensatz zur Ballaufnahme beim Schlagwurf («Kopfstreicheln», Daumen zeigt nach oben) wird die Hand so gedreht, daß der Daumen ins Wasser zeigt. Da gleichzeitig der Arm ein wenig angewinkelt wird, kann aus dieser Spannung heraus der Ball sehr wirkungsvoll auf das Tor geworfen (geschleudert) oder dem Partner zugespielt werden. Je weiter sich der Rücken der Wurfrichtung zuwendet, desto mehr verändert sich die Schwimmlage von der waagerechten in die senkrechte Position. Solange der Spieler den Ball noch in halbwegs waagerechter Schwimmlage spielt, spricht man von «halber Schraube». Bei einem Rückhandwurf aus senkrechter Schwimmlage spricht man in der Regel von «ganzer Schraube».

Übungsformen

- Zwei Spieler stehen sich gegenüber. Nachdem der Ball gefangen ist, dreht sich der Spieler um 180° und spielt dem Partner mit ganzer Schraube den Ball wieder zu.
- Drei Spieler bilden ein Dreieck; ein Spieler fängt den Ball und legt ihn in Verlängerung der Flugbahn auf das Wasser. Der Ball wird dann mit einer halben Schraube dem dritten Partner zugespielt.
- Mehrere Spieler bilden einen Kreis, der Ball wandert entgegen dem Uhrzeigersinn. Ein Spieler fängt den Ball, legt ihn aufs Wasser und spielt ihn anschließend mit einer halben Schraube dem rechten Partner zu.
  Ebenso, der Spieler fängt jedoch den Ball in der Luft.
- Zwei Spieler schwimmen im Abstand von ca. 2 Metern nebeneinander und spielen sich während des Schwimmens den Ball mit einer halben Schraube zu.
- Ein Spieler schwimmt im Abstand von 4 m parallel zur Torlinie und versucht mit halber Schraube einen Torwurf.
- Ein Spieler (Rechtshänder) startet vom linken Torpfosten in Richtung Spielfeldmitte und versucht aus einer Entfernung von ca. 4 m mit einer ganzen Schraube zum Torerfolg zu kommen.
  Hinweis: Linkshänder starten vom rechten Torpfosten.

Druckwurf

Der Druckwurf erfolgt in der Regel aus der waagerechten Schwimmlage. Während des Kraulens legt sich beim Vorbringen des rechten Armes (beim Linkshänder des linken Armes) die Hand auf den Ball. Die Hand wird nun

so gedreht, daß der Daumen ins Wasser zeigt. Durch die gleichzeitige Vorwärtsbewegung des Körpers kommt der Ball in eine dem Kugelstoßen ver-
gleichbare Ausgangsposition. Nun wird der Ball mit voller Kraft in die gewünschte Richtung «gestoßen». Der Wurf wird dabei gleichzeitig durch
einen Kraul- oder Brustbeinschlag unterstützt.
Übungsformen siehe unten.

Selbstdoppler

Der Selbstdoppler wie der Druckwurf wird in der Regel dann angewendet,
wenn ein Spieler nicht mehr ausreichend Zeit oder Bewegungsfreiraum
hat, den Ball aufzunehmen, um ihn zu spielen, zu passen oder zu schießen.
Druckwurf wie Selbstdoppler haben den Vorteil, daß sie durch eine sehr
kurze Vorbereitungsphase den Gegner überraschen, zumal der Gegner nur
sehr geringe Störungsmöglichkeiten hat. Während des Kraulschwimmens
wird der Ball mit der linken Hand (beim Rechtshänder) leicht aus dem
Wasser gehoben und gleichzeitig zur rechten Schulter geführt. Der andere
Arm stößt, ohne die Kraulbewegung zu verändern, während der Schwung-
phase den Ball mit voller Kraft in die gewünschte Richtung. Der Schuß wird
gleichzeitig durch den Kraul- oder Brustbeinschlag unterstützt.

Übungsformen (zum Druckwurf und Selbstdoppler)
- Zwei Spieler spielen sich die Bälle in der gewünschten Form zu.
- Der Spieler schwimmt mit dem Ball auf das Tor und versucht im Abstand von 3–4 m zum Torerfolg zu kommen. Wichtig bei diesen Wurfarten ist der richtige Abstand zum Tor.
  Hinweis: Eine zu große Entfernung vermindert die Wirksamkeit. Ist
  der Spieler zu nahe am Torwart, werden seine Möglichkeiten ebenfalls sehr stark eingeschränkt.
- Zwei Spieler schwimmen im Abstand von 2 m nebeneinander und
  passen sich den Ball mit Hilfe des Druckwurfes oder des Selbstdopplers zu.

Verlängern

Eine Variante des Selbstdopplers ist das Verlängern eines bereits erfolgten
Wurfes. Ein Schuß auf das Tor wird vom eigenen Mitspieler mit dem Rük-
ken der Hand oder dem Arm so abgelenkt, daß der Torwart keine Abwehr-
reaktion mehr zeigen kann. Der Schütze zielt dabei auf den Kopf des Mitspielers.
Eine weitere Variante ist das verstärkte oder beschleunigende Verlängern

eines Passes. Auch dabei wird der Ball nicht gefangen, sondern nur kurz berührt und in die gewünschte Richtung weitergeleitet. Dieses Weiterleiten geschieht in der Regel mit der Handfläche, womit eine recht gute Präzision beim Abschluß des Wurfes erzielt werden kann.

Übungsformen
- Drei Spieler stehen in einer Reihe; der mittlere verlängert den Paß des ersten zum dritten Spieler.
- Zwei Spieler stehen sich gegenüber; der doppelnde Spieler befindet sich dabei auf Höhe der 4-m-Linie. Auf Zuspiel wird der Ball ins Tor verlängert.
- Der Paß kommt auf einen schwimmenden Spieler, der sich kurz vor der Ballannahme in die Rückenlage dreht und den Ball aus dieser Position ins Tor weiter verlängert.

Bogenwurf

Der Bogenwurf ist im technischen Ablauf mit dem Schlagwurf identisch. Lediglich die Flugbahn des Balles verläuft nicht wie beim Schlagwurf parallel zur Wasseroberfläche, sondern bogenförmig. Diese Wurfart ist eine taktische Variante des Schlagwurfes, abhängig vom Stellungsspiel des Torwartes. Die Übungsformen für den Bogenwurf sind identisch mit denen, die wir beim Fangen und Werfen (S. 271) kennengelernt haben. Es sollte jedoch Wert darauf gelegt werden, diese Variante ebenfalls ständig zu schulen, da sie sehr viel Ballgefühl vom Spieler verlangt.

Auch die anderen bisher beschriebenen Wurfarten können bogenförmig ausgeführt werden. Dies wird in der Praxis jedoch weniger häufig angewendet.

Schockwurf

Beim Schockwurf schwimmt der Spieler am Ball vorbei, bis dieser sich ungefähr in Höhe der Hüfte befindet. Der Ball wird dann mit nahezu gestrecktem Arm seitlich auf das Tor geschleudert. Die Bewegung läßt sich in etwa mit der beim Diskuswerfen vergleichen. Die Wucht des Wurfes wird durch eine zusätzliche Beingrätsche unterstützt. Der Vorteil dieses Wurfes liegt darin, daß der abwehrende Spieler nur sehr schwer die Ausführung regelgerecht verhindern kann.

Dribbeln

Zu den technischen Voraussetzungen jedes Spielers zählt selbstverständlich das Dribbeln. Man versteht darunter den Transport des Balles durch einen schwimmenden Spieler. Dieser soll sich nicht nur schnell vorwärts bewegen, sondern auch gleichzeitig den Ball immer unter Kontrolle haben. Das Dribbeln unterscheidet sich nicht wesentlich vom Kraulschwimmen, lediglich der Kopf wird angehoben, so daß der Ball mit der Nasenspitze und der sich zwangsläufig bildenden Bugwelle vor dem Kopf vorwärts transportiert wird. Die Armzugfrequenz sollte gleichzeitig erhöht werden. Seitliche Abweichungen des Balles können durch die Oberarme korrigiert werden. Der Ball sollte aber möglichst nicht in einer Zickzackbewegung zwischen den Armen hin und her pendeln.

Das Dribbeln sollte Bestandteil jeder Trainingsstunde sein. Es kann bereits beim Einschwimmen geschult werden, wenn mehrere Partner sich einen Ball teilen und diesen nach jeder Bahn dem Mitspieler übergeben.

Hinweis: Auch in Staffelform kann im Verlauf einer Trainingseinheit das Dribbeln geübt werden.

Komplexübungen

Die folgenden komplexen Übungs- und Spielformen eignen sich zur Schulung von *Fangen, Werfen* und *Dribbeln*:

- Ein Spieler dribbelt aus unterschiedlichen Positionen mit dem Ball auf das Tor und versucht, mit verschiedenen Wurfarten zum Erfolg zu kommen.

- Die gleiche Übungsform jedoch mit Partner, wobei dieser den ballführenden Spieler ständig zu stören versucht.

  Hinweis: Der störende Spieler darf seine Kraulbewegung nicht unterbrechen und während der Überwasserphase mit dem Arm auf den Rücken des ballführenden Partners kommen. Wirkungsvolles Stören erfolgt während der Unterwasserphase!

- Ein Spieler spurtet auf das Tor zu und dreht sich ca. 6 m davor in die Rückenlage. Unmittelbar danach bekommt er den Paß eines Mitspielers auf die Hand gespielt, dreht sich in Wurfrichtung wiederum auf den Bauch und dribbelt weiter auf das Tor. Der Torschuß kann auch unmittelbar nach dem Zuspiel erfolgen.

- Je ein Spieler ist an der rechten bzw. linken Seitenbegrenzung des Spielfeldes im Abstand von ca. 4 m von der Torauslinie entfernt postiert. Die übrigen Spieler schwimmen nacheinander von der Spielfeldmitte auf das Tor zu und erhalten abwechselnd von rechts bzw.

von links den Paß. Dieser wird entweder direkt auf die Hand oder dem schwimmenden Angreifer vor den Kopf gespielt.

– Die gleiche Übung wie vorher. Der angreifende Spieler wird jedoch durch einen mitschwimmenden Partner ständig gestört.

– In einem verkleinerten Feld stehen sich zwei Mannschaften mit jeweils zwei bis drei Spielern gegenüber. Der Ball wird vom Übungsleiter wahllos in das Spielfeld geworfen. Jede Mannschaft bemüht sich, den Ball sofort unter Kontrolle zu bekommen und mit einem Torerfolg auf das nächstgelegene Tor abzuschließen.

– Zwei Spieler schwimmen im Abstand von 3–4 m nebeneinander. Nach Zuspiel oder Doppelpaß erfolgt direkt der Torschuß.

– Ein Spieler nimmt den Ball in die erhobene Wurfhand. Durch mehrfaches Aufziehen bei gleichzeitiger Vorwärtsbewegung versucht er den Torwart zu täuschen.

– Ein Spieler dribbelt mit dem Ball auf das Tor. Ca. 4 m vor dem Tor knickt er um 90° nach rechts oder nach links und versucht mit einem Schuß aus der Seitenlage oder halber Schraube zum Torerfolg zu kommen.

– Die gleiche Übung mit einem Gegenspieler, der fortwährend stört.

– Ein Spieler bewegt sich in Rückenlage auf das Tor zu. Im Abstand von ca. 4 m vor dem Tor erhält er einen Ball und versucht, diesen direkt in das Tor weiter zu verlängern. Er kann dies einmal tun, indem er die Bewegung dabei nicht unterbricht, was den paßgebenden Spieler dazu zwingt, einen mit dem Schwimmrhythmus gut koordinierten Paß zu geben; andererseits kann der Spieler die Rückenschwimmbewegung unterbrechen, den Oberkörper, unterstützt durch eine starke Beingrätsche, aus dem Wasser heben, um den Ball aus dieser Position in das Tor zu verlängern.

– 4 bis 5 Spieler befinden sich im Abstand von 5–8 m vor dem Tor. Nach einer bestimmten Anzahl von vorher festgelegten Pässen muß direkt auf das Tor geschossen werden. Achte darauf, daß die Pässe direkt gespielt werden.

– Zwei Spieler passen sich den Ball zu. Während der Paßfolge vergrößert sich der Abstand der beiden sich gegenüberstehenden Spieler bis auf ungefähr 15 m.

Merke:

Ein technisch guter Spieler ist in der Lage, einen Paß von über 10 m mehr als 10mal ohne Abbruch der Bewegung einem Mitspieler genau zuzuspielen.

– Zwei Spieler schwimmen nebeneinander. Auf Pfiff tauchen beide Spieler. Unmittelbar danach wird der Ball ins Wasser geworfen.

Beide Spieler bemühen sich nach dem Auftauchen, möglichst schnell in Ballbesitz zu kommen.

- Ein Spieler steht im Abstand von ca. 4 m mit dem Rücken vor dem Tor. Der Paß kommt von der Mittellinie:

a) Wird der Ball auf das Wasser gespielt, versucht der Spieler mit einem Rückhandwurf zum Erfolg zu kommen.

b) Wird der Ball direkt auf die Hand gespielt, versucht der Spieler den Ball durch eine starke Vor-Hochbewegung, unterstützt durch einen Brustbeinschlag, den Ball zu fangen und nach einer Drehung von 180° um die Körperlängsachse direkt ins Tor zu schießen. Dies kann sowohl mit als auch ohne Abwehrspieler geübt werden.

- Zwei Spieler stehen sich im Abstand von 6 m gegenüber. Jeder schießt mit einem gezielten Schuß auf den Kopf des Mitspielers, der Schlagwurf wird durch eine starke Beingrätsche unterstützt. Der Partner versucht, den Ball mit beiden Händen abzuwehren bzw. zu fangen.

- In einem begrenzten Feld bewegen sich mehrere Spieler. Der Ball muß immer auf die Hand gespielt werden und sollte nicht die Wasserfläche berühren. Wichtig dabei ist, daß alle Spieler in Bewegung sind.

- Die gleiche Übung: Der Ball muß jetzt vor den Kopf des Mitspielers auf das Wasser gespielt werden. Das unmittelbare schnelle Weiterleiten erfolgt durch Selbstdoppler oder Druckwurf.

Hinweise:
- Um eine Trainingseinheit abwechslungsreich zu gestalten, sollten möglichst viele Übungen auch in Wettkampfform angeboten werden.
- Wenn festgestellte Technikmängel häufiges Wiederholen der gleichen Übungen notwendig machen, ergeben Änderungen der Gruppenzusammensetzung und der räumlichen Aufteilung sowie die Durchführung in Wettkampfform Abwechslung.

Merke:
Balltechnische Übungen führen um so mehr zur Verbesserung der notwendigen Fertigkeiten, je freudiger die Spieler bei der Sache sind.

Abwehr und Angriff

Wirkungsvolle Abwehrarbeit sowie ein erfolgreicher Angriff können nur von Spielern praktiziert werden, die bewegungsbereit und waagerecht in einer Art «Froschhaltung» im Wasser liegen (siehe Abb. S. 278). Aus dieser

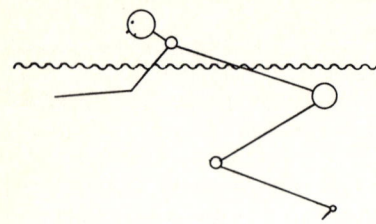

Startposition heraus kann man den Oberkörper plötzlich aus dem Wasser heben, mit einer starken Grätsche Ball und Gegner angreifen und nicht zuletzt nach allen Seiten hin blitzschnell starten. Der Gegner hat zudem keine Möglichkeit, sich regelwidrig unter Wasser festzuhalten oder abzustoßen.

Verzeichnis der Abkürzungen und verwendeten Symbole für alle folgenden Abbildungen
(Alle Abbildungen in diesem Beitrag: Jürgen Kozel)

Symbol	*Bezeichnung*
 △	Angreifer
 △ (gestrichelt)	Position des Angreifers vor der Ortsveränderung
 ○	Verteidiger
 ○ (gestrichelt)	Position des Verteidigers vor der Ortsveränderung
 ⟶	Schwimmweg
 ------►	Ballweg (Paß)
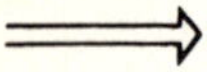 ⟹	Torschuß

Alle arabischen Zahlen in den Symbolen, z. B.  △1   — 2 ⟶
bezeichnen eine zeitliche Reihenfolge.

Alle römischen Zahlen in den Symbolen, z. B. 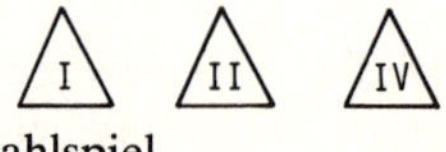 △I △II △IV
bezeichnen die Position beim Überzahl-/Unterzahlspiel.

Individualtaktik in der Abwehr

Der Abwehrspieler muß durch sein Stellungsspiel versuchen, dem Angreifer den direkten Weg zum Tor zu versperren. Grundsätzlich muß er sich immer zwischen dem Gegner und dem eigenen Tor befinden. Die Deckungsarbeit bei einem Zenterspieler ist zudem abhängig von der Torentfernung (siehe Abb.).

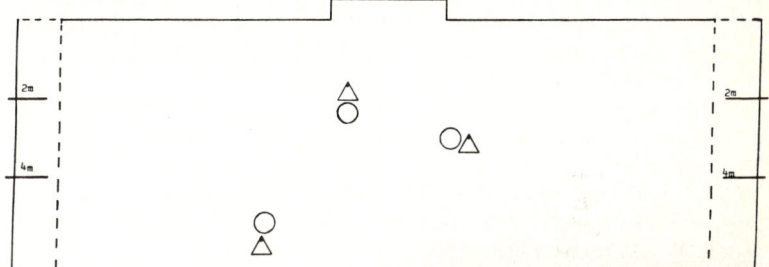

In der Regel wird der Rechtshänder von links gedeckt, der Linkshänder von rechts. So können Rückhandwürfe mit der rechten bzw. der linken Hand abgeblockt, gleichzeitig aber auch Vorhandwürfe durch eine schnelle Reaktion mit der linken Hand zum Ball bzw. zum Unterarm des Gegners verhindert werden.

Ist ein direktes Eingreifen nicht möglich, kann der Abwehrspieler einen Torschuß auch mit seinem erhobenen Arm abwehren. Dabei wird der Schuß des Rechtshänders mit der linken Hand abgeblockt, der Schuß des Linkshänders mit der rechten Hand. Der Abwehrspieler nimmt hierzu eine seitliche Position ein, so daß er mit dem gesamten Arm sämtliche Schußmöglichkeiten des Gegenspielers einschränken kann (siehe oberes Foto). Auf dem unteren Foto wehrt der Abwehrspieler mit der Hand nur mangelhaft ab.

Fotos: Nicolai Firoin

Einen ballführenden schwimmenden Gegner kann der Verteidiger nicht nur in seinen Bewegungen behindern, sondern gleichzeitig versuchen, selbst in Ballbesitz zu kommen. Ein Eingreifen sollte jedoch erst dann erfolgen, wenn sich beide Spieler mindestens auf gleicher Höhe befinden. Der Verteidiger versucht den Ball von unten wegzuschaufeln. Dies kann u. a. dadurch geschehen, daß er sich seitlich unter den Gegner schraubt und versucht, von unten an den Ball zu kommen. Sicherer ist es jedoch, den Gegner erst zu überholen, um ihn dann von vorn seitlich anzugreifen.

Bei Schuß- oder Paßversuchen sollte der Verteidiger immer mit einer Hand nach dem Ball greifen, während er mit der anderen Hand den Gegner durch Drücken oder Ziehen regelgerecht behindert.

Die technischen Voraussetzungen eines abwehrenden Spielers können jedoch nur dann voll zur Geltung kommen, wenn auch seine *Wahrnehmungsfähigkeit* und die Analyse der *Wettkampfsituation* unter Einbeziehung aller inneren und äußeren Faktoren (z. B. Wettkampfbedingungen, Schiedsrichter, Zuschauer usw.) mit den technischen Voraussetzungen Hand in Hand gehen. Wie hart und konsequent z. B. bei einer Manndeckung zu decken bzw. einzugreifen ist, hängt u. a. ab von der Auslegung des Regelwerkes durch den Schiedsrichter, der Antizipationsfähigkeit des Spielers, seinem Zeitgefühl für die 35-Sekunden-Regel sowie der Fähigkeit, eine schnelle Entscheidung zu treffen. Erst dann kann der Spieler seine vorhandenen konditionellen Fähigkeiten und technischen Fertigkeiten wirkungsvoll einsetzen. Wie aber kann ein Trainer diese sogenannte taktische Handlungsfähigkeit beeinflussen bzw. lehren?

Nur wenige Spieler sind in der Lage, taktische Anweisungen, die während eines Spieles gegeben werden, umzusetzen. Ebensowenig kann eine Besprechung unmittelbar vor Spielbeginn allein die Verhaltensweisen der Spieler entscheidend beeinflussen, da sich bekanntlich in schwierigen Situationen nur langfristig eintrainierte Verhaltensmuster durchsetzen.

Einfach formulierte und häufig wiederholte *Merksätze* dringen schneller in das Bewußtsein des Menschen ein und erleichtern die Merkfähigkeit und praktische Anwendung. Diese Art der Schulung wird deutlich in schwierigen Situationen, in denen eine schnelle Entscheidung verlangt wird. Für das Wasserballspiel bedeutet dies: Ein Trainer muß seine Spieler mit gleichbleibenden Wiederholungen von einfachen taktischen Anweisungen so beeinflussen, damit die in diesen Merksätzen zum Ausdruck kommenden Verhaltensweisen in spielentscheidenden Situationen jederzeit verfügbar, d. h. abrufbereit sind. Die nachfolgenden Merksätze sind daher einfach, verständlich, fast schon selbstverständlich gehalten.

▷ *Merksatz 1: Laß dich nicht herausfordern!*
Wer auf Täuschungsmanöver oder schauspielerische Leistungen seines Gegenspielers hereinfällt und unangemessen oder falsch reagiert, wird unter

Umständen mit einer Hinausstellung bestraft. Derartige Situationen entstehen häufig in der «toten Zeit», das heißt, wenn der Schiedsrichter das Spiel unterbrochen hat. Viele Angreifer versuchen gerade in dieser Zeit, den Abwehrspieler durch Finten und verstärkter Bewegung vor dem Tor herauszufordern. Wer hier die Übersicht verliert und den Gegner regelwidrig behindert, erhält in der Regel eine Zeitstrafe.

In einer ebenso schwierigen Situation befindet sich der Verteidiger, wenn er mit einer halben Körperlänge hinter einem angreifenden Spieler herschwimmen muß. Dieser versucht, durch «Unterschwimmen» in die Bahn des Verteidigers zu kommen, um ein Foul herauszufordern.

Hinweis: Der Verteidiger muß den angreifenden Spieler beobachten und auf dessen Bewegungen blitzschnell reagieren. Nur dadurch kann er das Unterschwimmen vermeiden. Regelgerechtes Eingreifen in dieser Situation ist nur durch schwimmerische Schnelligkeit oder durch die Unterstützung eines Mitspielers möglich.

▷ *Merksatz 2: Bleibe immer zwischen Tor und Gegner!*

Der Abwehrspieler muß durch sein Stellungsspiel dem Angreifer den direkten Weg zum Tor versperren, um ihn so in eine ungünstige Ausgangsposition zu bringen. Der Verteidiger sollte sich daher immer auf der gedachten Linie zwischen Angreifer und Tormitte bewegen. Dabei ist die richtige Froschhaltung des verteidigenden Spielers entscheidend. Je mehr der angreifende Spieler auf seine eigene Schnelligkeit und Beweglichkeit im Wasser angewiesen ist und nicht so sehr auf die «Mithilfe» des Verteidigers, desto größer sind die Erfolgschancen des abwehrenden Spielers.

▷ *Merksatz 3: Dränge deinen Gegenspieler nach außen!*

Je weiter der Gegner vom Tor entfernt und je ungünstiger sein Winkel zum Tor ist, desto ungefährlicher ist er für die verteidigende Mannschaft. In dieser ungünstigen Position braucht der Angreifer nicht mehr so hart bedrängt zu werden, so daß ein Eingreifen des Schiedsrichters vermieden und ein Zeitvorteil erzielt werden kann.

▷ *Merksatz 4: Beobachte stets Gegner und Ball!*

Die Möglichkeit der Bewegungsvorwegnahme (Antizipation) ist dann gegeben, wenn der Ball und damit das Spielgeschehen ständig beobachtet werden. Dabei spielt das periphere Sehen eine entscheidende Rolle. Wenn der unmittelbare Gegenspieler, der Ball und gegebenenfalls weitere angreifende Spieler beobachtet werden können, läßt sich daraus leichter das Vorhaben des Angreifers erahnen (Situationsantizipation), was ein schnelleres Reagieren des Verteidigers ermöglicht.

▷ *Merksatz 5: Sei aufmerksam – störe immer!*

Bei gleichwertigen Mannschaften werden Tore in der Regel dadurch erzielt, daß die angreifende Mannschaft eine Konzentrationsschwäche oder
Unachtsamkeit der verteidigenden Mannschaft – häufig ein Zeichen fehlender oder nachlassender Kondition – zum eigenen Vorteil ausnutzt. Daher muß der Verteidiger ständig aufmerksam sein. Überläßt man dem Gegner beim Aufbau seines Angriffs zu sehr die Initiative, so wird ihm die
Durchführung seines Vorhabens erleichtert. Deshalb sollte der Verteidiger
seinen unmittelbaren Gegenspieler schon während der Ballannahme stören.

▷ *Merksatz 6: Informiere deine Mitspieler!*

Das Wissen von gegnerischen Stärken und Schwächen hilft dem Verteidiger bei der Lösung einer taktischen Aufgabe. In der Regel versuchen Spieler mit nahezu immer den gleichen Mitteln erfolgreich zu spielen. Wenn
man sich unmittelbar vor dem Spiel, in den Spielpausen und gegebenenfalls
auch bei Spielunterbrechungen die Verhaltensweisen des Gegenspielers
bewußt macht und den Mannschaftskameraden mitteilt, kann dies die Abwehrarbeit verbessern.

▷ *Merksatz 7: Greife erst den Ball, dann den Gegner an!*

Alle Abwehraktionen richten sich zunächst auf den Ball. Erst wenn es dem
Verteidiger nicht gelingt, den Ball abzufangen oder dessen Richtung zu
verändern, sollte der Gegenspieler angegriffen werden.

Individualtaktik im Angriff

Das individuelle Angriffsverhalten des Feldspielers hängt grundsätzlich
von seinen körperlichen Voraussetzungen und seinen technischen Fertigkeiten ab. Der Angreifer muß versuchen, sich von dem verteidigenden
Spieler zu lösen, um den Ball ungehindert spielen zu können. Er versucht,
diese Aufgabe durch Körpertäuschungen und ein dadurch herausgeforder-
tes Fehlverhalten des Verteidigers zu lösen. Der Vorteil des Angreifers liegt
darin, daß er die Aktionen bestimmt und der Verteidiger lediglich reagieren kann.

Die Körpertäuschungen werden in der Regel unterstützt durch entsprechende Zug- und Druckbewegungen am Verteidiger. Diese Aktionen
entsprechen zwar nicht dem Regelwerk, sind aber, da sie unter Wasser erfolgen, nur schwer vom Schiedsrichter zu erkennen. Grundsätzlich sind folgende *Merksätze* für das Angriffsspiel zu beachten:

▷ *Merksatz 1: Trage den eigenen Angriff blitzschnell vor!*

Das moderne Wasserballspiel ist geprägt von einem schnellen Wechsel von Verteidigung und Angriff. Ein möglicher Schnellangriff soll ohne Zögern bis vor das gegnerische Tor vorgetragen werden. Erst wenn es dann nicht zu einem erfolgreichen Abschluß kommt, wird man dem Gegner ein Positionsspiel aufzwingen.

▷ *Merksatz 2: Fordere durch Bewegung gegnerische Fehler heraus!*

Ein sich bewegender Spieler ist in der Regel schwerer zu decken als ein Spieler, der in einer bestimmten Position verharrt. Besonders wenn der Mannschaft ein Positionsspiel aufgezwungen wird, ergeben sich durch geschickte Körpertäuschungen günstige Abspielpositionen für den ballführenden Mitspieler. Zugleich aber wird der Verteidiger, vor allem in Torraumnähe, zu möglichen Fehlreaktionen herausgefordert, die einen Freiwurf oder gar seine Hinausstellung zur Folge haben.

▷ *Merksatz 3: Vermeide «Hoffnungsschüsse»!*

Solche Schüsse erfüllen fast nur die Hoffnung des Gegners. Eine Mannschaft, die auf einen unvermuteten Torschußversuch des eigenen Mitspielers nicht vorbereitet ist, gerät durch den zu erwartenden gegnerischen Konter in eine ungünstige Verteidigungsposition.

▷ *Merksatz 4: Spiele für die Mannschaft!*

Ein Spieler, der unüberlegt, egoistisch und nur der Torschützenliste wegen den Erfolg sucht, schadet der Mannschaft. Eine genaue Ballabgabe zum rechten Zeitpunkt oder ein unterstützender Paß sind in der Regel wirkungsvoller. Spieler müssen immer bemüht sein, bedrängten Mitspielern zu helfen.

▷ *Merksatz 5: Spiele stets mit vollem Einsatz!*

Einer Mannschaft stehen genügend Auswechselspieler zur Verfügung. Auch wenn diese oftmals nicht über die gleiche Spielstärke verfügen wie die Stammspieler, sind sie dennoch in der Regel noch gut genug, ein bisher erzieltes Ergebnis zu halten. Dies bedeutet auch für die taktische Trainingsarbeit eine gezielte Aufgabenstellung.

▷ *Merksatz 6: Beobachte deinen Gegenspieler und informiere deine
   Mitspieler über dessen Deckungsweise!*

Kenntnisse über das Gegnerverhalten verbessern die taktische Handlungsfähigkeit.

Beobachtungshilfen
- Ist der Gegner schnell oder langsam?
- Deckt er eng oder hält er Abstand?
- Bleibt er beim Mann oder wechselt er?
- Wie konditionsstark ist er?
- Läßt er sich täuschen oder herausfordern?
- Verläßt er den Mann, um an den Ball zu kommen?
- Neigt er zum Foulspiel? ·
- Ist er ein beweglicher Spieler?

Situationsbedingt, abhängig vom Gegner, muß der Übungsleiter Maßnahmen ergreifen, die dem eigenen Spieler und damit der Mannschaft Vorteile verschaffen.

Beispiele:
- Der Gegenspieler ist langsam, aber körperlich stark. Setze auf ihn einen Spieler an, der schnell und beweglich ist.
- Die Gegenspieler decken nicht konsequent und eng. Veranlasse die eigene Mannschaft zu schnellen Paßfolgen, um den gegnerischen Torwart auszuspielen.
- Der Gegenspieler ist leicht reizbar und läßt sich herausfordern. Setze auf ihn einen Spieler an, der erfahren ist und in unübersichtlichen Situationen einen klaren Kopf behält.
- Der Gegenspieler neigt zum Foulspiel. Versuche durch mehrfaches Anspielen eine Hinausstellung zu erwirken, um so in Überzahl zu kommen.

Der Torwart

Wenn man das Training einer Wasserballmannschaft beobachtet, stellt man sehr häufig fest, daß sich der Torwart allein und losgelöst von der Mannschaft auf seine Aufgaben vorbereitet. Der Übungsleiter arbeitet überwiegend mit den Feldspielern und beschränkt sich nur auf wenige Hinweise für den Torwart, die er aber im weiteren Verlauf des Trainings oft nicht überprüft. Da jedoch der Torwart in einem Spiel zwischen gleich starken Mannschaften maßgeblich das Ergebnis bestimmt, sollte der Übungsleiter in jedem Trainingsabschnitt seine Aufmerksamkeit diesem ebenso wie den Feldspielern schenken.

Eine wesentliche Entscheidungshilfe für die Auswahl eines Torwarts sind

die *anthropometrischen Merkmale* wie Körpergröße, Spannweite, Bein-
länge und Fußgröße. Aber auch die motorischen Fähigkeiten wie Reaktionsschnelligkeit, Schnellkraft und Kraftausdauer sowie *psychische Fähigkeiten* wie Konzentrationsvermögen, seelisches Gleichgewicht, Initiative
und Mut sind wichtig für einen guten Torwart. Man kann den prozentualen
Anteil der Voraussetzungen in etwa wie folgt einschätzen: körperliche
Merkmale 40 %, motorische Fähigkeiten 30 %, psychische Fähigkeiten
30 %.
Da einige der psychischen Fähigkeiten nur sehr schwer im Training schul-
bar sind und auch die körperlichen Merkmale weitgehend festliegen, soll
im folgenden vorwiegend auf die *Ausbildung der motorischen Fähigkeiten*
des Torwarts eingegangen werden.

Stellung

Die *Grundstellung* des Torwarts ist die «Froschhaltung», wie wir sie bereits
beim abwehrenden Feldspieler kennengelernt haben (S. 277f). Dabei benötigt er eine ausgeprägte Beinarbeit, eine schnellkräftige Rumpfmuskulatur und eine gut ausgebildete Unterarmmuskulatur. Je näher der Gegner
vor das Tor kommt, desto intensiver wird die Beinarbeit, und auch die
Armtätigkeit verstärkt sich so sehr, daß der Oberkörper weit aus dem Wasser ragt. In torgefährlichen Situationen, d.h. wenn sich der Angreifer unmittelbar vor dem Torwart befindet, ist die *hohe Stellung* des Torwarts nur
noch durch Beinarbeit zu erhalten. Die Unterstützung des Körpers durch
die Arme ist dann sehr gering, da sie jederzeit blitzartig aus dem Wasser
genommen und zusammen mit dem Kopf und Körper sprungartig in Richtung Ball gebracht werden müssen.
Neben der Entwicklung der Bein- und Armkraft sowie der Rumpfmuskulatur an Land (siehe Konditionsübungen S. 321f) bieten sich folgende
Übungsformen im Wasser an.

Übungen
– Torwartbeinschlag senkrecht mit hochgehobenen Armen. Ellbogen
  und Kinn sind deutlich über der Wasseroberfläche (z.B. 5 Serien à 30
  Sek. Beinschlag und 30 Sek. Pause). Je nach Ausbildungsstand mit
  Hanteln von 1–5 kg oder Gewichtsweste oder Bleigürtel durchführen.
– Der Torwart wandert zwischen den Torpfosten hin und her und be-
  rührt dabei mit den Fingerspitzen ständig die Torlatte.
– Aus der Grundstellung Aufrichten des Oberkörpers und gleichzeiti-
  ges, blitzschnelles Hochreißen der Arme. In dieser Position sollte der
  Torwart möglichst lange verweilen. Dann wieder Einnehmen der
  Grundstellung.

- Aus der Grundstellung in der Tormitte versucht der Torwart befestigte Markierungen jeweils an der rechten und linken oberen Torecke zu erreichen.
- Der Torwart steht in Grundstellung am rechten Torpfosten. Auf ein Zeichen des Übungsleiters reißt er Oberkörper und beide Arme hoch aus dem Wasser, kippt seitlich nach links ab und unterstützt den hochgehobenen Oberkörper und den ausgestreckten rechten Arm durch Paddelbewegung mit der linken Hand. In dieser Position wandert er möglichst schnell bis zum linken Torpfosten. Die gleiche Übung dann zur anderen Seite.
- Zwei Torleute stehen sich gegenüber, halten beide Arme über dem Kopf und spielen sich den Ball mit beiden Händen zu.
- Der Torwart bewegt sich mit Torwartbeinschlag und Brustarmzug möglichst schnell vorwärts. Der Partner drückt dabei von hinten auf seine Schultern. Nach 20–30 m wechseln die Partner.
- Zwei Torleute stehen sich gegenüber, die Arme gestreckt auf den Schultern des Partners. Beide versuchen, durch starke Beinschlagbewegung den Gegner von der Stelle zu schieben.
- Der Torwart steht in Grundstellung in der Mitte des Tores. Er reagiert ausschließlich auf Zeichen des Übungsleiters, der ihm die jeweilige Richtung und Torecke anzeigt. Nach der Bewegung muß der Torwart sofort in die Ausgangsposition zurückkommen.
- Simultanübung: Zwei Torleute bewegen sich hintereinander, wobei der Hintere jeweils die Bewegung des Vordermannes nachahmt. Dabei sollten sämtliche Abwehrreaktionen in wahlloser Reihenfolge durchgeführt werden.
- Mehrere blitzschnelle Sprints von einem Torwartpfosten zum anderen, dabei ist auf eine hohe Grundstellung zu achten.
- Reaktionsschulung: Der Torwart muß möglichst viele Bälle mit einer Hand oder beiden Händen abwehren. Entscheidend ist dabei nicht die Härte des Schusses, sondern die Schnelligkeit der Ausführung.
- Der Torwart versucht, mit beiden Händen scharfe Schüsse aus ca. 5–6 m zu fangen und diese sofort an die Brust zu nehmen. Anschließend wird der Ball mit beiden Händen dem Partner zugespielt, der sofort erneut schießt.
- Mehrere Spieler stehen im Halbkreis um das Tor. Es wird eine Reihenfolge der Schützen festgelegt. Der Torwart ist bemüht, durch sein Stellungsspiel den jeweiligen Schußwinkel einzuengen.
- Die Spieler geben vorher die Schußrichtung an, so daß sich der Torwart auf die Ecke konzentrieren kann. Ausgangsposition ist jeweils die Tormitte.
- Zwei Torleute passen sich den Ball über eine Entfernung von ca. 20 m zu.

- Mehrere Spurts seitwärts, vorwärts und rückwärts, jeweils über Strecken von 5 bis max. 10 m in sehr hoher Grundstellung.
- Hohe Grundstellung: Der Torwart wechselt ständig zwischen Torwartbeinschlag und Brustbeinschlag. Bei jedem Brustbeinschlag reißt er abwechselnd den rechten bzw. den linken Arm nach oben.
- Die Spieler schießen aus Extrempositionen (spitzer Winkel, große Torentfernung, geringe Torentfernung etc.) auf das Tor. Dabei können gezielte Aufgabenstellungen dem Torwart die Konzentration auf bestimmte Abwehrreaktionen erleichtern.

Der Torwart sollte grundsätzlich folgendes beachten:

▷ *Merksatz 1:*
Ist die gegnerische Mannschaft im Ballbesitz, nimm eine hohe Grundstellung ein.
So kann man als Torwart jederzeit das Spiel überblicken. Je näher Gegner und Ball auf das Tor kommen, desto intensiver müssen Bein- und Armarbeit durchgeführt werden.

▷ *Merksatz 2:*
Bringe den Körper nach Reaktion auf einen erfolgten oder auch nur angetäuschten Torschuß durch verstärkte Arm- und Beinarbeit blitzschnell wieder in eine hohe Grundstellung.

▷ *Merksatz 3:*
Versuche sofort, den Ball unter Kontrolle zu bekommen.
Der Ball sollte, sofern möglich, immer mit beiden Händen gefangen werden. Die Hände sind dabei so zu halten, daß sich jeweils Daumen und die Zeigefinger berühren.

Die Taktik des Torwarts

Das taktische Verhalten des Torwarts ist geprägt von seinem Stellungsspiel (*Abwehrtaktik*) und gewissen Möglichkeiten, auch als zusätzlicher Feldspieler (*Angriffstaktik*) in das Spielgeschehen eingreifen zu können.

Abwehrtaktik
Der Torwart sollte sich grundsätzlich immer auf der gedachten Winkelhalbierenden bewegen, die von den beiden Torpfosten und dem ballführenden Angreifer gebildet wird. Je weiter er sich nach vorn begibt, desto mehr

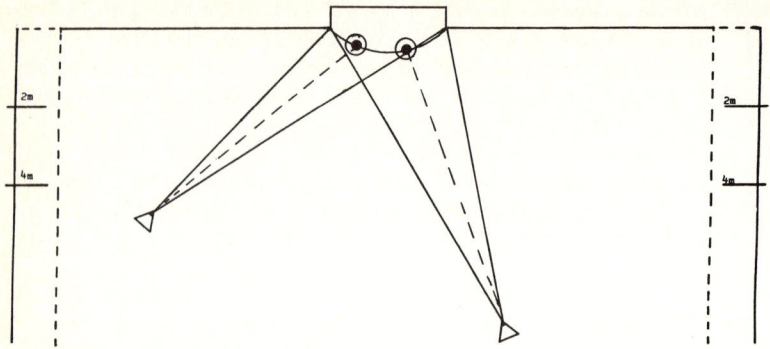

kann er den Schußwinkel verkürzen, wobei er jedoch Gefahr läuft, durch einen Bogenwurf überlistet zu werden (siehe Abb.).

Durch bewußtes Anbieten einer «freien» Ecke kann sich der Torwart auf diese Seite einstellen und so seine Reaktionszeit verkürzen (Antizipation). Auch das Antäuschen in eine bestimmte Richtung verleitet den ballführenden Spieler häufig zu einem Fehlschuß und ruft genau die Reaktion hervor, die der Torwart letztendlich erwartet.

Ein weiterer, wesentlicher Punkt ist die Zusammenarbeit mit den Abwehrspielern. Da der Torwart aufgrund seiner hohen Grundstellung und seines Stellungsspiels das gesamte Spielgeschehen vor dem Tor besser überblicken kann als jeder andere Abwehrspieler, kommt ihm zwangsläufig auch eine ‹Dirigentenrolle› zu. Absprachen untereinander können bereits vor dem Spiel oder während der Pausen erfolgen. Deshalb sollte jeder Abwehrspieler sofort auf Anweisungen seines Torwarts reagieren. Dies setzt Vertrauen in die Übersicht und die Entschlußfähigkeit des Torwarts voraus.

Die Abwehrtaktik eines Torwarts beschränkt sich allerdings nicht nur auf seine Tätigkeiten im Tor. Mit demjenigen Verteidiger, der sich überwiegend mit dem gegnerischen Center auseinanderzusetzen hat, kann z. B. abgestimmt werden, wann der Torwart aus seinem Tor herausschwimmt, um den Ball – gedacht als Vorlage für den Center – abzufangen. Dies geschieht in der Regel dann, wenn der Verteidiger den Center seitlich deckt und alle anderen Mitspieler (ebenfalls nach Absprache) ihre Gegenspieler «preßdecken». Diese Aktion verlangt vom Torwart ein sicheres Augenmaß und eine große Entscheidungsfreudigkeit.

Möglichkeit für taktische Abwehrarbeit bietet dem Torwart auch die Beobachtung der gegnerischen Stürmer. Fast alle Feldspieler bevorzugen bestimmte Wurfarten und Schußrichtungen, sowohl aus dem Spiel als auch bei Strafwürfen. Die Kenntnis dieser bevorzugten Aktionen der torgefährlichsten gegnerischen Feldspieler, unterstützt durch eigenes geschicktes Stellungsspiel, erhöht die Abwehrchancen des Torwarts.

Angriffstaktik

Da ein gefoulter Spieler den Freiwurf nicht mehr selber ausführen muß, kann dies auch vom Torwart übernommen werden. Erfolgt ein Foul in Torraumnähe, können alle Spieler bereits den Schnellangriff vortragen, während der Torwart den Freiwurf ausführt. Dabei ist wichtig, daß sich der Torwart unmittelbar nach dem Pfiff zum Ball bewegt, damit keine regelwidrige Spielverzögerung entsteht. Dieses plötzliche Umschalten von Abwehr auf Angriff kann die eigene Mannschaft kurzfristig in eine vorteilhafte Überzahlsituation bringen.

Auch bei einer in der Unterzahl spielenden Mannschaft bzw. bei harter Manndeckung über das ganze Feld kann der Torwart als freier Spieler immer wieder Anspielpunkt sein und dabei eine Verteilerfunktion übernehmen. Der Torwart sollte den Torschuß nicht nur abwehren, sondern den Ball nach Möglichkeit unter Kontrolle bringen bzw. ihn fangen, um einen schnellen Gegenangriff einzuleiten. In all diesen Situationen muß der Torwart einen genauen und langen Paß über nahezu 20 m spielen können.

Die Darstellung der Aufgaben und der Bedeutung des Torwarts beim Wasserball zeigt eindeutig, daß der Übungsleiter oder Trainer sich intensiv um diesen bemühen muß. Da einer Wasserballmannschaft meistens nur ein Übungsleiter zur Verfügung steht, sollte dieser sich während des Schwimmtrainings und der Ballarbeit der Feldspieler auf den Torwart konzentrieren.

Mannschaftstaktik

Sinn und Zweck eines Mannschaftsspieles ist es, den gegnerischen Angriff erfolgreich abzuwehren und durch eigene gruppen- oder mannschaftstaktische Maßnahmen Tore zu erzielen. Wir wollen uns zunächst mit dem Angriff beschäftigen.

Angriff

Überzahlspiel

Merke:
Aus einer Überzahlsituation lassen sich leichter Tore erzielen!

Mit Hilfe von gruppen- oder mannschaftstaktischen Übungsformen wird der erfolgreiche Abschluß einer kurzfristigen Überzahlsituation geschult.

Übungen

- 2:1. Zwei Angreifer starten mit dem Ball von der Mittellinie und versuchen, gegen einen Abwehrspieler zum Torerfolg zu kommen. Die Übung wird dadurch erschwert, daß nach 2–3 Sekunden ein zweiter Verteidiger von der Mittellinie aus den beiden Angreifern folgt. Dadurch sind diese zu schnellen Entscheidungen gezwungen.
- 3:2. Drei Angreifer starten von der Mittellinie mit dem Ball, wobei die Ballführung ständig wechselt. Die Angreifer sollen möglichst schnell ein Dreieck bilden (siehe Abb.).

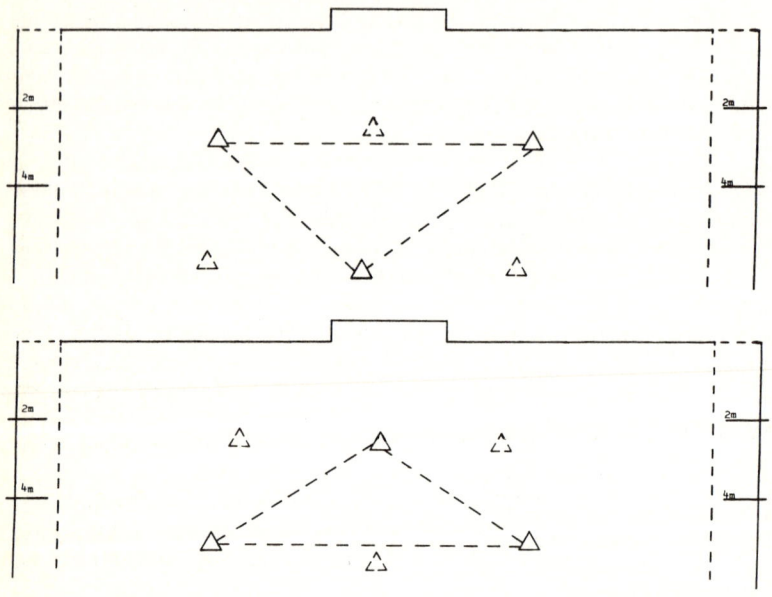

Die Übung wird erschwert, wenn nach ca. 5 Sek. ein dritter Verteidiger in das Geschehen eingreifen darf.
- Bei den Überzahlspielen 4:3 bzw. 5:4 ist immer darauf zu achten, daß möglichst schnell von den angreifenden Spielern Dreiecksformationen aufgebaut werden (siehe Abb. rechts).
  Der Ball sollte in der Regel außen vorgetragen werden!
- Zwei gleich starke Mannschaften und ein neutraler Mitspieler (mit roter Torwartmütze gekennzeichnet und künftig als «Libero» bezeichnet) stehen sich in einem engbegrenzten Spielfeld gegenüber. Der Libero spielt jeweils mit der ballführenden Mannschaft. Diese ver-

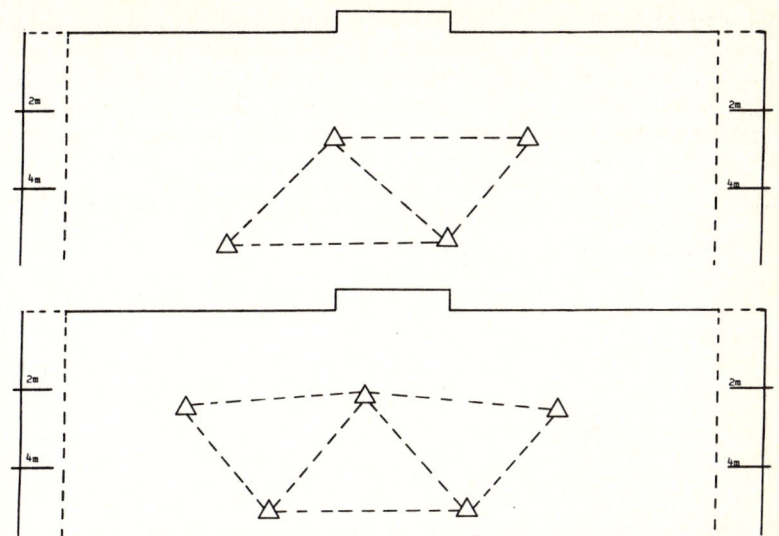

sucht den Ball möglichst lange in den eigenen Reihen zu halten. Dabei ist darauf zu achten, daß der Ball nicht länger als 2–3 Sekunden bei einem Spieler verbleibt. Kommt die in Unterzahl spielende Mannschaft in Ballbesitz, spielt nunmehr sie mit dem Libero zusammen. Diese Spielform schult die Übersicht und zwingt zu schnellem Reagieren.

Hinweis: Die Überzahl soll nicht durch ein starres Positionsspiel, sondern durch ständiges Wechseln der Positionen, geschicktes Freischwimmen und häufiges Anbieten möglichst lange aufrechterhalten bleiben.

– Zwei zahlenmäßig gleich starke Mannschaften stehen sich in einem verkürzten Spielfeld gegenüber. Die angreifende Mannschaft muß nach einem Torschuß sofort auf Abwehr umschalten. Der Torschütze – egal ob erfolgreich oder nicht – darf nicht mehr in das Spielgeschehen eingreifen. Der Angriff der nunmehr in Überzahl spielenden Mannschaft wird durch einen langen Paß des Torwarts eingeleitet. Zur gleichen Zeit startet auf der Torlinie des paßgebenden Torwartes ein Spieler der nun kurzfristig in Unterzahl verteidigenden Mannschaft. Die Angreifer haben somit nur wenig Zeit, ihr Überzahlverhältnis erfolgreich zu nutzen. Nach Abschluß des Angriffs durch einen Torschuß erfolgt eine Spielumkehrung nach dem gleichen Schema.

Eine *Sondersituation* des Überzahlspiels entsteht durch die Hinausstellung eines gegnerischen Feldspielers. Dadurch kommt es zu Standardsituationen mit einem Spieler in der Überzahl (6:5). Die Ausgangsposition der in Überzahl spielenden Mannschaft ist in der Regel eine 4-2-Formation, wie in der Abbildung dargestellt.

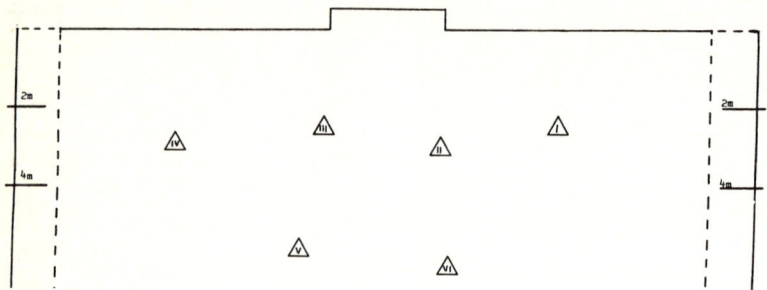

Die Numerierung der einzelnen Positionen entspricht den internationalen Gepflogenheiten. Die Positionen 1 (nach Möglichkeit Linkshänder) und 4 werden in der Regel von balltechnisch sehr sicheren Spielern eingenommen. Gute Schützen nehmen die Positionen 5 und 6 (sollte nach Möglichkeit ebenfalls ein Linkshänder sein) ein, und die Spieler auf den Positionen 2 und 3 müssen beweglich und in der Lage sein, schnell zu schießen. Alle Spieler sollten so postiert sein, daß sie jederzeit einen Paß erhalten können.

Hinweis: Jeder muß sich auf seiner Position so bewegen, daß er immer torgefährlich ist.
So darf z. B. die vordere Reihe keine gerade Linie bilden, sondern sollte versetzt Aufstellung nehmen (Dreieckformation!). Des weiteren sollte der lange Paß von Position 1 auf Position 4 oder umgekehrt vermieden werden. Erfolgreicher und sicherer sind kurze bzw. halblange Pässe. Die nachfolgenden Abbildungen zeigen einige Beispiele, wie das *Überzahlspiel in der 4-2-Formation* mit einem erfolgreichen Torschuß abgeschlossen werden kann (siehe Abb. rechts). Selbstverständlich sind eine Vielzahl anderer Möglichkeiten denkbar.

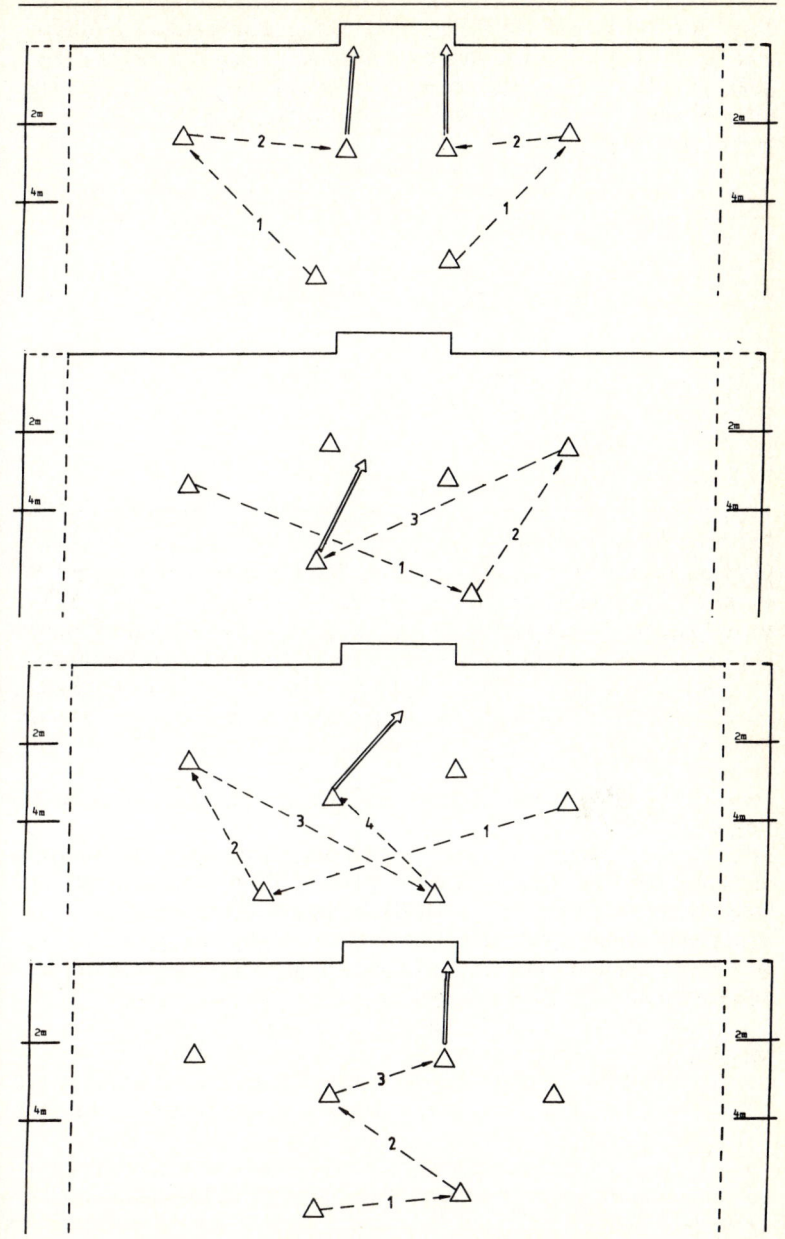

Eine Variante ist der *Wechsel* von der 4-2-Aufstellung zu einer 3-3-Aufstellung. Dazu ist erforderlich, daß die Rückraumspieler ihre Positionen so verändern, daß sich ein Spieler auf den Positionen 1 bis 4 in die zweite Reihe bewegt. Folgende Möglichkeiten sind denkbar (siehe Abb.).

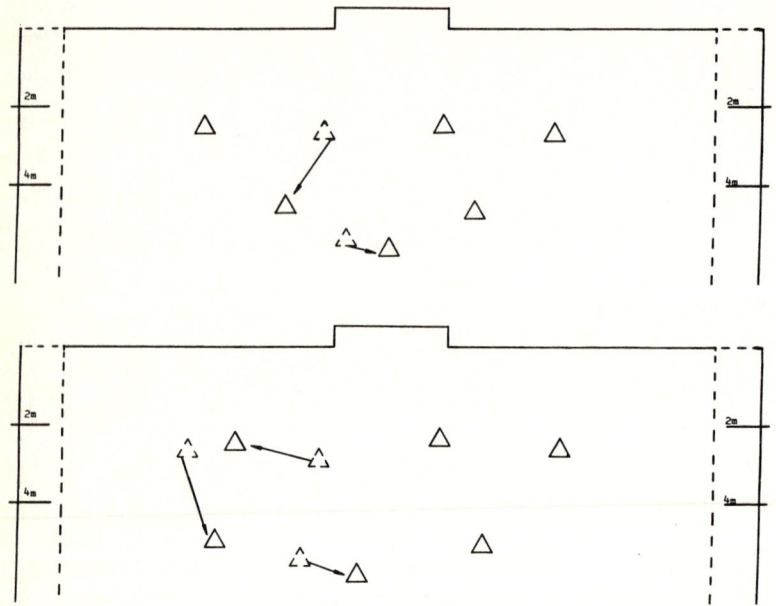

Selbstverständlich kann auch von Beginn der Überzahl in einer 3-3-Aufstellung gespielt werden. Dies bietet sich vor allem dann an, wenn das Spielfeld enger als vorgesehen ist (z. B. in einem Hallenbad mit nur 12,5 m Breite) oder wenn Spieler balltechnische Schwierigkeiten haben. Die Abbildungen zeigen Möglichkeiten, wie man in der *3-3-Aufstellung* zum Erfolg kommen kann (siehe Abb. rechts).

Hinweise:
– Jede Mannschaft sollte grundsätzlich zwei oder drei Varianten möglichst sicher beherrschen, ohne dabei auch andere Möglichkeiten aus dem Auge zu verlieren.
– Die Frage, wie es zu kurzfristigen Überzahlsituationen (Schnellangriff) kommen kann, klärt sich im Zusammenhang mit dem Abwehrverhalten einer Mannschaft.

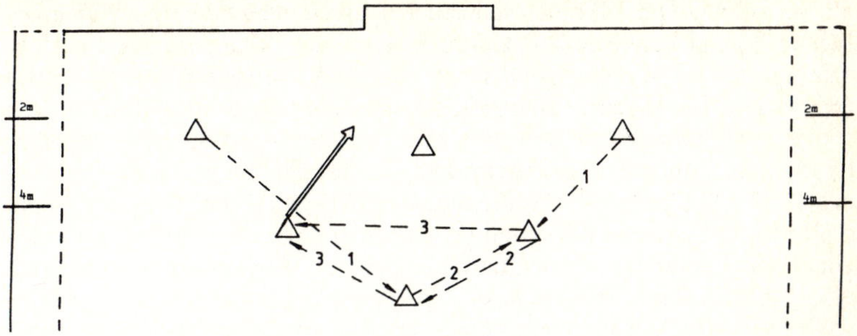

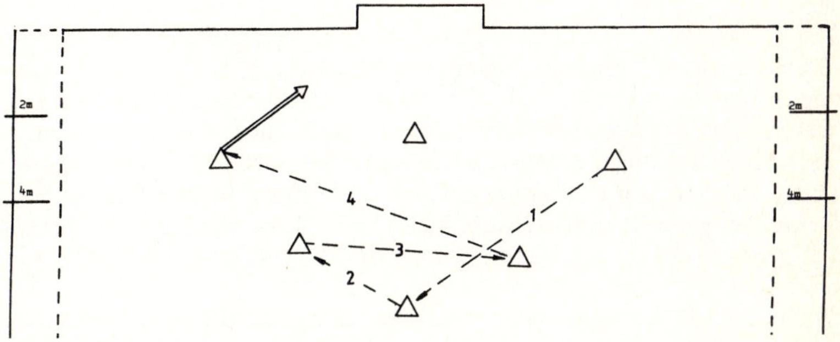

Positionsspiel

Wenn ein Schnellangriff nicht erfolgreich abgeschlossen werden kann oder aufgrund des Abwehrverhaltens der gegnerischen Mannschaft gar nicht erst zustande kommt, entwickelt sich in der Regel ein *Positionsspiel*. Dabei ist von folgender Standardsituation auszugehen (siehe Abb.).

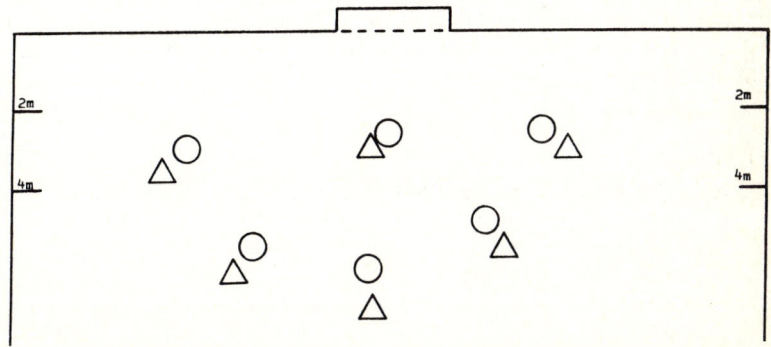

Ca. 3–4 m vor dem Tor bietet sich ein Centerspieler an, der selbstverständlich bei einer Unachtsamkeit seines unmittelbaren Gegenspielers den Torerfolg suchen soll, vorwiegend jedoch die Aufgabe als Ballverteiler übernimmt. Durch eine starke Beinarbeit und das Bemühen, sich selbst und den Ball in eine günstige Schußposition zu bekommen, wird der Abwehrspieler häufig zum Foulspiel herausgefordert, so daß der Center einen Freiwurf erhält. Der fällige Freiwurf sollte schnell und genau einem Mitspieler zugepaßt werden. Dieser muß situativ entscheiden, ob er den Ball dem Center zurückspielt oder mit einem Querpaß eine neue Möglichkeit zu einem Torerfolg öffnet. Bei mehrfachem Foulspiel am Center kann es zu einer Hinausstellung des Abwehrspielers kommen, was ein Überzahlspiel 6:5 ermöglicht.

Daher werden starke Centerspieler gern von der gegnerischen Mannschaft doppelt gedeckt. Wenn die angreifende Mannschaft über sehr gute Schützen verfügt, kann sie infolge des Überzahlspiels in der hinteren Reihe durch schnelle Querpässe den Torwart ausspielen und zum Torerfolg kommen.

Eine Möglichkeit, die *Doppeldeckung* aufzulösen, besteht darin, diagonal in den Torraum einzuschwimmen und so die Aufmerksamkeit des vor dem Center liegenden Abwehrspielers abzulenken. Dabei werden Positionsverschiebungen auf der gegenüberliegenden Seite erforderlich, die jedoch der angreifenden Mannschaft neue Möglichkeiten eröffnet.

Weitere Möglichkeiten, einen Mitspieler in torgefährlicher Situation frei zum Schuß kommen zu lassen, bieten der *Zweier-* und der *Dreierblock* (siehe Abb. unten und rechts).

Das Risiko beim Blocken liegt im ungestümen oder ungeschickten Verhalten der Angreifer. Schiedsrichter neigen in derartigen Situationen dazu, Stürmerfoul zu pfeifen.

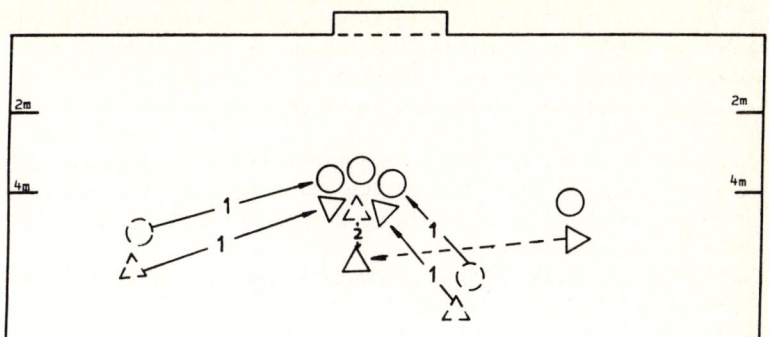

Abwehr

Unterzahlspiel

Die Abwehrtaktik einer Mannschaft richtet sich am Angriffsverhalten des Gegners aus. Bei einem kurzfristigen *Überzahlverhältnis* der gegnerischen Mannschaft (z. B. 2:1, 3:2, 4:3) zieht sich eine Mannschaft sofort in die eigene Spielhälfte zurück und spielt eine Raumdeckung, bis das Überzahlverhältnis wieder ausgeglichen ist. Dabei gilt folgender Grundsatz:
Hinweis: Der ballführende Gegner ist zu stören: Das Hauptaugenmerk jedoch gilt den übrigen Gegenspielern. Der Raum vor dem eigenen Tor sollte möglichst eng gemacht werden, um eine dichte Abwehrkette aufzubauen.

Zwei Abwehrmöglichkeiten bieten sich für die Abwehr in Unterzahl an:
(1) Eine *3-2-Aufstellung* mit folgenden Varianten: Die Dreier-Reihe der Abwehrspieler ist ständig in Bewegung, so daß dem Gegner nur der lange Paß, von Position 1 zu Position 4 und umgekehrt offenbleibt. Die Rückraumspieler sind eng gedeckt (siehe Abb.).

Wenn sich die Rückraumspieler weiter vom Tor entfernen, sollte die vordere Reihe zur Unterstützung der hinteren Dreier-Reihe verstärkt die Positionen 2 und 3 beachten und erst die Rückraumschützen angreifen, wenn diese sich wieder dem Tor nähern.

Von einer körperlich starken, aber weniger beweglichen Mannschaft wird häufig eine feste 3-2-Aufstellung bevorzugt. Hierbei muß jeder Abwehrspieler in der Lage sein, mit ausgestrecktem Arm einen Schuß des Gegners abzuwehren.
Hat die angreifende Mannschaft keinen Linkshänder, kann so gedeckt werden, daß nur der Spieler auf Position 1 in der eigentlich ungünstigen Schußposition zum Torwurf kommt. Der Torwart konzentriert sich fast ausschließlich auf diesen Spieler.

(2) Eine andere Abwehrmöglichkeit gegen das Überzahlspiel 6:5 bietet die *4-1-Formation*: Sie wird bevorzugt gegen Mannschaften, die über keine starken Rückraumschützen verfügen. Die Positionen 5 und 6 werden von einem Spieler gedeckt. Dessen Hauptaugenmerk richtet sich allerdings auf den Spieler in Position 5. Bei der Bewegung des Spielers auf der Position 6 in Richtung Tor wird dieser von dem Abwehrspieler, der die Position 2 von vorn abdeckt, angegriffen (siehe Abb.).
Bei einem Wechsel der in Überzahl spielenden Mannschaft von der 4-2- zu einer 3-3-Aufstellung, muß auch die Abwehr auf die dann günstigere 3-2-Abwehrformation umschalten.

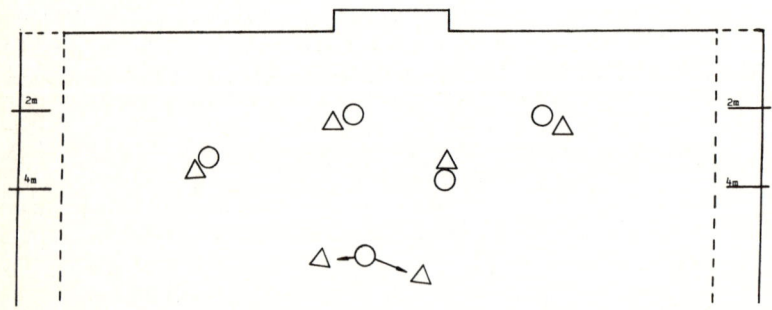

Übungen
Methodische Schritte zum richtigen Abwehrverhalten bei kurzfristigem Überzahlspiel des Gegners:
(1) Ein Abwehrspieler steht zwei Angreifern gegenüber. *Bis* ungefähr 8 m vor dem eigenen Tor versucht er, den ballführenden Spieler zu

stören, ohne sich dabei gänzlich von seinem unmittelbaren Gegenspieler zu entfernen. *Ab* 8 m bleibt er dann bei diesem. Der Torwart kann sich so auf den ballführenden Gegner konzentrieren.

(2) 2 : 3. Die beiden Verteidiger ziehen sich bis ca. 6 m vor das Tor zurück, unter ständigen Störversuchen des ballführenden Gegners. Das Hauptaugenmerk der beiden Abwehrspieler richtet sich dann auf die beiden Angreifer, die dem Tor am nächsten liegen. Die Abwehr kann aber auch – wenn die gegnerische Mannschaft bekannt ist – sich den beiden torgefährlicheren Schützen zuwenden, um den Schwächeren zum Torschuß herauszufordern. Die endgültige Entscheidung trifft der eigene Torwart mit klaren Anweisungen an seine Verteidiger.

(3) 3 : 4. Auch hier ziehen sich die Verteidiger vor das eigene Tor zurück und spielen so lange eine aggressive Raumdeckung, bis das Gleichzahlverhältnis wiederhergestellt ist. Gleiches Abwehrverhalten gilt für das Spiel 4 : 5.

Da in allen Übungen nur die *kurzfristige* Unterzahlsituation geschult werden soll, empfiehlt es sich, die Zeit für den Abschluß des Angriffs zu begrenzen.

Normalabwehr

Bei einem *Normalangriff* gibt es grundsätzlich zwei Möglichkeiten der Abwehr:

(1) *Mann- oder Preßdeckung*

Eine einfache und zugleich wirkungsvolle Abwehrform ist die *Manndeckung*. Jeder Abwehrspieler steht einem Angriffsspieler unmittelbar gegenüber und greift diesen sofort bei der Ballannahme an. Dabei gelten die Grundsätze der individuellen Abwehrtaktik (s. S. 279 ff). Dadurch wird der Spielfluß einer angreifenden Mannschaft ständig gestört. Bei der Manndeckung ist eine vorherige Abstimmung erforderlich, wer welchen gegnerischen Spieler zu decken hat. Von Vorteil ist dabei die Kenntnis über Stärken und Schwächen des Gegners. So kann z. B. darauf geachtet werden, daß ein beweglicher Spieler einem unbeweglicheren Spieler gegenübersteht, der Konditionsstärkere dem Konditionsschwächeren, der Schnellere dem Langsameren, der erfahrene Spieler dem unerfahrenen.

Die *Preßdeckung* ist eine enge und körperbetonte Manndeckung. Sie ist besonders erfolgreich gegen konditionsschwächere Mannschaften. Außerdem engt die Preßdeckung die Torschußmöglichkeiten des Gegners ein. Preßdeckung bietet die Möglichkeit zum Konterspiel. Folgende Abwehrspieler können durch geschicktes Stellungsspiel kurzfristig ein Überzahlverhältnis herstellen: die Außenverteidiger sowie der Verteidiger, der den Center deckt. Die Einleitung des Schnellangriffs erfolgt über den Torwart.

(2) *Raumdeckung*

Eine wirkungsvolle Raum- oder Zonendeckung kann nur von einer einge-
spielten Mannschaft mit einem guten Torwart angewandt werden. Sie bedarf einer klaren Aufgabenteilung und Absprache der Spieler untereinander. Jeder Verteidiger muß mindestens zwei Angreifer im Blickfeld haben,
die er nicht nur beobachtet, sondern auch bei jeder Ballannahme zu stören
versucht. Je mehr sich ein Angreifer dem Tor nähert, desto enger muß
dieser gedeckt werden. Eine ausschließliche Raumdeckung während der
gesamten Angriffszeit wird nur selten vorkommen.

Die Gegebenheiten der gegnerischen Mannschaft (besitzt sie einen starken
Center? Verfügt sie über schnelle, bewegliche Spieler? Hat sie mehrere
starke Schützen?) machen Varianten der Raumdeckung erforderlich.

Ein starker Centerspieler wird im Normalfall doppelt gedeckt. Die beiden
Außenverteidiger werden gegen Ende der Angriffszeit (35 Sekunden-Re-
gel) ihre Gegenspieler in Manndeckung nehmen, so daß sich der Torwart
ausschließlich auf gegnerische Fernschüsse konzentrieren kann.

Wenn nur der Center preßgedeckt wird, stellen sich alle übrigen Verteidiger vor dem Torraum so auf, daß der vermeintlich schwächste Torschütze
des Gegners so lange ungedeckt bleibt, bis dieser torgefährlich wird. Erst
dann wird er von dem am nächsten stehenden Verteidiger angegriffen,
während die anderen Verteidiger nur unmerklich ihre Position verändern.
Diese Raumdeckung läßt den Angreifern nur wenig Möglichkeiten des
Einschwimmens. Der Centerverteidiger wiederum kann, weil die Frei-
räume vor dem Tor sehr eng sind, schnell mit einem anderen Verteidiger
wechseln, um eine Hinausstellung zu vermeiden.

Beispiele
mannschaftstaktischer Spielmöglichkeiten

(1) Ein Angriff ist ohne Torerfolg abgeschlossen. Die nunmehr verteidigende Mannschaft schaltet sofort um auf Manndeckung. Dadurch kann
der Gegner nicht ins Spiel kommen und verliert Zeit. Eine aggressive
Preßdeckung sollte dabei vermieden werden, um nach Möglichkeit
keine Regelwidrigkeit zu begehen. Die Abwehr geht dann kurzfristig
über zu einer Raumdeckung, bevor sie gegen Ende der Angriffszeit
(35 Sekunden) wiederum auf Manndeckung umschaltet.

(2) Eine Mannschaft zieht sich nach Ballverlust unmittelbar in die eigene
Torhälfte zurück, um aus einer höchst aufmerksamen Abwehr heraus
immer aggressiver den Gegner zu stören. Kurz vor Ablauf der Angriffszeit werden die Angreifer preßgedeckt.

Beobachtungshilfen
- Bemühen sich alle Spieler, die vorgegebene Taktik einzuhalten, oder gefährdet jemand durch eigenmächtiges Handeln das spieltaktische Konzept?
- Ist das Zeitgefühl bei allen Spielern gleichermaßen ausgeprägt, so daß das Umschalten von der Raum- zur Preßdeckung zum gleichen Zeitpunkt erfolgt?

(3) Auch bei der Ausführung eines gegnerischen Freiwurfs sollten – je nach Spielsituation – alle übrigen Angreifer preßgedeckt werden. Der Angreifer kann durch Hochwerfen des Balles den Freiwurf ausführen, ist aber anschließend auf eigene Aktionen angewiesen, die vom Verteidiger auch nicht unterbunden werden sollten. Erst wenn der Ball gespielt wird, muß der Angreifer sofort manngedeckt werden.

(4) Eine schwierige Aufgabe hat in der Regel der Centerverteidiger zu lösen. Er kann diesen torgefährlichen Angriffsspieler oft nur mit Foulspiel an einem Torschuß hindern. Die Gefahr einer drohenden Hinausstellung nach wiederholtem Foulspiel kann durch Wechsel des Centerverteidigers mit einem anderen Verteidiger vermieden werden: Der *Zweierwechsel* vollzieht sich hinter dem Rücken des Centerspielers.
Hinweis: Alle übrigen Spieler müssen während der Wechselphase ganz eng gedeckt werden.
Eine gefährliche Situation kann dadurch entstehen, daß sich die beiden wechselnden Verteidiger gegenseitig behindern. Dies ist nicht der Fall beim *Dreierwechsel* (siehe Abb.).

Beim *Dreierwechsel* müssen auf Zuruf des Centerverteidigers die beiden beteiligten Abwehrspieler blitzschnell ihre Stellung wechseln. Er selbst wechselt im zeitlichen Ablauf als letzter seine Position! Die übrigen Verteidiger praktizieren derweil Preßdeckung. Dies muß sorgfältig eingeübt und energisch durchgeführt werden. Halbherzige Wechsel eröffnen der angreifenden Mannschaft unverhoffte Torchancen und verunsichern die eigene abwehrende Mannschaft.

Hinweis: Ein Spiel zwischen zwei gleich starken Mannschaften wird durch Abwehrleistungen entschieden. Aus diesem Grunde ist die Schulung der individuellen und mannschaftlichen Abwehrtaktik von besonderer Bedeutung. Gute Abwehr und blitzschnelles Umschalten von Abwehr auf Angriff können weit eher ein Spiel entscheiden als eingeübte Angriffsvariationen.

Die athletische Grundausbildung

Wasserball zählt zu den Ausdauersportarten. Neben einer guten aeroben Ausdauerfähigkeit als Grundlage zeigt die Analyse eines durchschnittlichen Spielverlaufes, welche weiteren konditionellen Fähigkeiten besonders trainiert werden müssen:
So muß ein Athlet, der während des ganzen Spiels im Einsatz ist, 60 bis 80 Sprints von 5 bis 20 m zurücklegen. Dies erfordert ein Training zur Erhöhung der *anaeroben Ausdauerfähigkeit.*
Neben der Ausbildung der aeroben und anaeroben Ausdauer, die sich mit den Trainingsmethoden des Wettkampfschwimmens verbessern lassen, ist die Steigerung der *Kraft* eine wesentliche Aufgabe für das Konditionstraining des Wasserballers. Daher soll im folgenden schwerpunktmäßig das *spezifische Krafttraining* beschrieben und erläutert werden.

Beinmuskulatur

Ausgangspunkt der Überlegungen muß sein, welche Muskelgruppen besonders intensiv auf Maximalkraft und Kraftausdauer trainiert werden müssen, um den Aufgaben eines Wasserballspielers oder Torwartes gerecht zu werden. Das Wassertreten, das Herausheben des Oberkörpers, verlangen die intensive *Beinarbeit.* Waden-, Oberschenkel- und Gesäßmuskulatur werden in besonderem Maße beansprucht. Diese Muskulatur muß nicht nur ausdauernd, sondern auch schnellkräftig trainiert werden.

 Übungen
– Kniebeugen mit Eigengewicht oder Fremdgewichten.
– Strecksprünge aus der tiefen Hocke.

- Bauchlage: Der Unterschenkel wird gegen Widerstand gebeugt.
- Ein Fuß wird in die Schlaufe eines Zugseiles (oder Zuggerätes) einge-
  hakt. Der Spieler kreuzt nun das Bein gegen den Widerstand des Zug-
  seiles vor dem Standbein.
- Im Sitzen werden die Unterschenkel gegen Widerstand gestreckt.
  Hinweis: Die drei letztgenannten Übungen lassen sich hervorragend
  mit handelsüblichen Kraftmaschinen durchführen. Sofern diese Ge-
  räte nicht vorhanden sind, können auch Zugseile oder die Hilfe eines
  Partners in Anspruch genommen werden.
- Der Spieler steht mit seinen Fußspitzen auf einem Sockel: Auf seinen
  Schultern liegt ein Gewicht. Die Fersen werden nun angehoben.
- Kniestand: Ein Partner hält den Spieler am Fußgelenk fest. Dieser
  bemüht sich nun, möglichst weit mit seinem Körper nach vorn zu gehen.

Rumpfmuskulatur

Die Rumpfmuskulatur (Rücken- und Bauchmuskulatur) wird beim Wasserballer ebenfalls sehr stark beansprucht. Das Aufrichten des Oberkörpers aus der Froschhaltung, um einen Ball abzufangen, die damit gleichzeitig verbundene Seitwärtsbewegung des Torwarts, um einen Schuß auf die
Torecke abzuwehren, und nicht zuletzt jeder gezielte Schlagwurf zwingt zu
einem verstärkten Einsatz der Rumpfmuskulatur.

Übungen
- Sit-up: Ein Spieler liegt in der Rückenlage mit angewinkelten Beinen
  auf dem Boden. Ein Partner hält den Spieler an den Fußgelenken
  fest. Der Oberkörper wird angehoben, wobei Fremdgewichte die Belastung erhöhen können.
- Gleiche Ausgangsposition: Der Oberkörper wird leicht angehoben
  und nach rechts bzw. nach links gedreht.
- Ein Spieler liegt in Bauchlage auf einer Bank, wobei der Oberkörper
  über das Bankende hinausreicht. Der Partner hält die Beine fest. Der
  Oberkörper wird angehoben, wobei die Belastung durch Fremdgewichte erhöht werden kann.
- Gleiche Ausgangsposition: Der Oberkörper wird bis zur Waagerechten angehoben und nach rechts bzw. nach links gedreht.
- Ein Spieler liegt auf dem Rücken und hält sich mit seinen Händen an
  den Fußgelenken des hinter ihm stehenden Partners fest. Die gestreckt angehobenen Beine werden nun nach rechts bzw. nach links
  bis kurz vor den Boden abgesenkt und dann in die andere Richtung
  bewegt.

- Seitenlage: Ein Partner fixiert die Beine des Spielers. Dieser versucht, den Oberkörper möglichst weit anzuheben.
- Zwei Spieler sitzen sich mit gestreckten oder angewinkelten Beinen gegenüber. Ein Spieler hält in den erhobenen Armen einen Medizinball, senkt den Oberkörper nach hinten ab, bis der Medizinball den Boden berührt, richtet den Oberkörper wieder auf und überreicht dem Partner den Medizinball. Dieser führt die gleiche Übung durch.
- Ein Spieler wirft aus der Rückenlage einen Medizinball gegen eine ca. 2 bis 3 m entfernte Wand, wobei während des Wurfes gleichzeitig der Oberkörper angehoben wird. Der Ball kann auch von einem Partner gefangen werden.
- Ein Spieler liegt in Bauchlage ca. 2 bis 3 m von der Wand entfernt. Ein vor ihm liegender Medizinball wird gegen eine mindestens 50 cm hohe Markierung an der Wand geworfen. Während des Wurfes ist darauf zu achten, daß der Oberkörper angehoben wird.
- Ein Spieler liegt in Bauchlage ca. 2 bis 3 m von einer Wand entfernt. Der Partner fixiert die Beine. Ein leichter Medizinball, der sich auf Hüfthöhe befindet, wird abwechselnd mit der rechten bzw. linken Hand bei gleichzeitigem Aufrichten des Oberkörpers gegen die Wand geschleudert (wie Diskuswurf).
- Zwei Spieler sitzen mit dem Rücken zueinander. Ein Medizinball wird seitlich mit beiden Händen angenommen und auf der anderen Seite dem Partner wieder übergeben.
- Ein Spieler liegt in Rückenlage auf einer Schrägbank und hebt den Oberkörper an. Diese Übung kann durch Fremdgewichte erschwert werden.

Die Effektivität von Zug- und Druckbewegungen unter Wasser und die Erhöhung der Wurfkraft sind in erheblichem Maße von der *Arm- und Schulterkraft* abhängig. Die geeigneten Übungen und die Trainingsmethoden gelten gleichermaßen für alle schwimmsportlichen Sparten (siehe Gymnastik und Krafttraining, S. 321 f, 328 f, 333–337).

Jahresplanung des Trainings

Der Wasserballspieler muß während einer Wettkampfsaison über mehrere Monate eine gleichbleibend gute Form zeigen. Dies verlangt eine sehr sorgfältige und intensive Vorbereitung, um einen Leistungsabfall während der Wettkampfphase zu verhindern.

Dies wäre einfach, wenn das Training den Leistungszustand des Spielers bzw. der Mannschaft in kürzester Zeit herstellen und über einen längeren Zeitpunkt halten könnte. Die physiologischen und psychologischen Gesetzmäßigkeiten lassen eine derartige unmittelbare und geradlinige Trainingswirkung nicht zu. Die Tatsache, daß z. B. in den höheren Spielklassen die Mannschaft an fast jedem Wochenende «in Form» sein muß, erfordert ein entsprechendes Periodisierungsmodell, das den Wochentrainingsplan (Mikrozyklus) während der Wettkampfsaison in den Mittelpunkt rückt. Aufgrund der häufig unregelmäßigen Abstände zwischen zwei Punktspielen kann der Trainer seine Mannschaft nicht nur auf den unmittelbar bevorstehenden Gegner vorbereiten. Er hat die Form der Spieler zu festigen bzw. zu erhöhen. Wenn man davon ausgeht, daß Technik- und Taktiktraining gedankliche und nervenphysiologische Prozesse in Gang setzen und dem Spieler hohe Konzentrationsfähigkeit abverlangen, so sind diese Inhalte zu Beginn einer Trainingseinheit durchzuführen. Erst danach schließt sich das Konditionstraining an. Die Reihenfolge kehrt sich hin und wieder um, wenn keine neuen Inhalte hinzugelernt werden, denn die Einhaltung eines taktischen Konzeptes oder die korrekte Bewegungsausführung sollte trotz nachlassender Kondition während eines Spieles gewährleistet bleiben.

Grundlage für die Erstellung einer Jahresplanung ist die Erstellung einer Liste der wichtigsten Trainingsziele. Inhalte und Methoden werden schriftlich den Trainingszielen zugeordnet. Nachfolgender Übersichtsplan (siehe S. 306) soll ein Anhaltspunkt sein.

Unbestritten in der Jahresplanung ist sicherlich die Aufteilung in Aufbau-, Vorbereitungs-, Wettkampf- und Übergangsphase. Bei einer Wettkampfsaison von März bis Juli ist folgender Aufbau denkbar:

Aufbauphase: September, Oktober, November, Dezember;

Vorbereitungsphase: Januar, Februar;

Wettkampfphase: März bis Juli

Übergangsphase: August.

In der *Aufbauphase* sollte die Grundlage für das spätere Leistungsvermögen durch intensives Konditionstraining an Land gelegt werden. Die Wasserarbeit beschränkt sich wesentlich auf technisch-taktische Elemente und die Verbesserung der aeroben Ausdauer (lange Strecken!).

In der *Vorbereitungsphase* wird unter leichter Verringerung des Landtrainings die Wasserarbeit intensiviert, wobei zur spielspezifischen Schulung bereits häufiger Trainingsspiele durchgeführt werden sollten. Turniere in dieser Phase geben sehr schnell Auskunft über den Konditionsstand und das technisch-taktische Leistungsvermögen der Mannschaft.

Als Richtlinie für die Aufbau- und Vorbereitungsphase kann die folgende Übersicht dienen (siehe S. 307).

Ziele, Inhalte und Methoden der *Wettkampfphase* sind dem Plan auf S. 308 zu entnehmen.

Trainingsziel	Trainingsinhalte	Trainingsmethoden

Physischer Bereich
Verbesserung
– der Schnelligkeit
– der Kraftausdauer
– der Beinkraft/Wurf-
  kraft
– der Beweglichkeit
– des Reaktions-
  vermögens
– der Schnelligkeits-
  ausdauer
– der spez. Schwimm-
  technik
	– allgemeines und spezi-
	  fisches Schnelligkeits-
	  training
	– Krafttraining
	– Ausdauertraining
	– lokales Muskelkraft-
	  training
	– lokales Wurfkraft-
	  training
	– Beweglichkeitstraining
	– Schnelligkeits-
	  ausdauertraining
		Intervallmethode
		– extensiv
		– intensiv
		Wiederholungsmethode
		Dauermethode

Technischer Bereich
Verbesserung
– der Wurf- und Fang-
  technik
– der Ballführung
– des Torwurfes
– des Fintierens
	– Werfen/Fangen
	– Ballführung
	– Torwurf, Täuschen
	  (Fintieren)
		Übungsformen
		Spielformen
		Komplexübungen
		Wettkampfübungen

Taktischer Bereich
Verbesserung des
– individuellen Abwehr-
  verhaltens
– individuellen Angriffs-
  verhaltens
– der verschiedenen
  Angriffsarten
– der verschiedenen
  Abwehrarten
	– individuelles Abwehr-
	  verhalten
	– individuelles Angriffs-
	  verhalten
	– Konter-Normal
	  -Überzahl
	  -Minderzahl
	– Blockvarianten
	– Überzahl-Unterzahl
	– Preß-, Zonen-,
	  Doppeldeckung
		Prinzip:
		vom Leichten zum
		    Schweren
		vom Einfachen zum
		    Komplexen
		vom Bekannten zum
		    Unbekannten
		induktiv
		deduktiv

Übersicht über die Jahresplanung im Wasserball

Die *Übergangsperiode* dient der vollständigen körperlichen und psychischen Wiederherstellung. Ihre inhaltliche Gestaltung richtet sich hauptsächlich nach den vorhergegangenen Belastungsmaxima und kann unterschiedliches Aussehen haben:
– Übergangsphase als unmittelbarer Übergang zu einem Training nach Art der Vorbereitungsperiode unter Fortfall einer aktiven Erholung.
– Übergangsphase als vollständige Erholung in der Zeit von vier bis sechs Wochen.

Aufbau-/Vorbereitungsphase		
Trainingsziel	Trainingsinhalte	Trainingsmethoden
allgemeine Kondition 1. Verbesserung der allgemeinen Kraftausdauer 2. Verbesserung der Maximalkraft 3. Verbesserung der Kraftschnelligkeit 4. Verbesserung der allgemeinen Beweglichkeit	Hanteltraining Hanteltraining Hanteltraining Circuittraining Sportspiele	extensive Intervallarbeit Wiederholungsmethode intensive Intervallmethode, Circuitmethode, Komplexmethode
spezifische Kondition 1. Verbesserung der allgemeinen Ausdauer 2. Verbesserung der Schnelligkeitsausdauer 3. Verbesserung der spezifischen Kraftausdauer 4. Verbesserung der spezifischen Beweglichkeit, Gewandtheit 5. Verbesserung der Schnelligkeit	Schwimmtraining Schwimmtraining Schwimmtraining Schwimmtraining Schwimmtraining	Dauerleistungsmethode, extensive Intervallmethode extensive bis intensive Intervallarbeit Übungen mit extensivem und intensivem Charakter unter Zusatzbelastung *Intervallmethode* Schwimmen mit Richtungswechsel in verschiedenen Lagen Wiederholungsmethode
Technik 1. Verbesserung der Ballführung 2. Verbesserung der Wurfgenauigkeit 3. Verbesserung des Torschusses	Dribbling mit und ohne Richtungswechsel, mit und ohne Gegner Passen und Fangen, verschiedene Distanzen, verschiedene Winkel mit und ohne Gegner	Übungsreihen
Taktik Erlernen 1. des Angriffsverhaltens 2. des Abwehrverhaltens	Konter-Normal-Überzahl-Unterzahlangriff, Normal-Unterzahl-Überzahlabwehr. Die einzelnen Elemente sollen in Grobform beherrscht werden.	Spielreihen Schwerpunktspiele

Übersicht über die Aufbau- und Vorbereitungsphase im Wasserball

Wettkampfphase		
Trainingsziel	Trainingsinhalte	Trainingsmethoden
Kondition Verbesserung der spezifischen Beweglichkeit und Gesundheit	Wettkampf	Komplexübungen
Verbesserung speziell der Schnelligkeit der Schnelligkeitsausdauer der Kraftausdauer	speziell auf den Wettkampf ausgerichtete Schwimmstrecken mit entsprechenden Intervallen	Wiederholungstraining intensives Intervalltraining extensives Intervalltraining
Erhaltung der allgemeinen Ausdauer		
Technik Verbesserung der Wurfgenauigkeit	Passen und Fangen über verschiedene Distanzen	Übungsreihen
Verbesserung des Torschusses	sämtliche Schußarten aus verschiedenen Positionen, aus dem Stand, aus der Bewegung, 4 m-Schießen	
Verbesserung der Ballführung	Dribbling mit und ohne Richtungswechsel, wechselnde Belastungen	
Taktik Verbesserung des Angriffsverhaltens	Konter-Normal-Überzahl-Unterzahl-taktische Varianten	Spielreihen
Verbesserung des Abwehrverhaltens	Normal-Unterzahl-Überzahl -Preßdeckung -Doppeldeckung -Zonendeckung	

Übersicht über die Wettkampfphase im Wasserball

– Übergangsphase als aktive Erholung.

Es hat sich herausgestellt, daß die aktive Erholung, hauptsächlich mit Mitteln der allgemeinen körperlichen Ausbildung, die zweckmäßigste Übergangsform ist. Sie beinhaltet vielfältige Übungen aus Ergänzungssportarten und beansprucht andere Muskelgruppen. Die wasserballbezogene Ausbildung verringert sich während der Übergangsphase auf ca. 15–20%, so daß auch Gesamttrainingsumfang und -intensität um ca. die Hälfte abnehmen.

Leistungssteigernde Ausbildung

Inhalt

Kurt Wilke

Einführung in das Schwimmtraining

Zielsetzung und Methodik

Werden die grundlegenden schwimmerischen Bewegungstechniken wie Kraul-, Brust-, Rückenschwimmen, Start und Wende beherrscht, so tritt neben das Neulernen anderer schwimmsportlicher Bewegungsabläufe, neben abwechslungsreiches Üben das Schwimmtraining, auch *Konditionstraining* genannt. Es hat zum Ziel, die für Schwimmen erforderliche Energie bereitzustellen, sie zu erhöhen und alle Körperfunktionen zu verbessern, die dem ausdauernden und schnellen Schwimmen sowie der anschließenden Erholung dienen.

Der Weg dahin führt über die *regelmäßige schwimmerische Trainingsbelastung*. Sie fordert stets ein wenig mehr (*Trainingsreiz*), als der Körper augenblicklich erbringen kann, ohne «Schulden» einzugehen, die durch «Nacharbeiten» getilgt werden. Diese Nacharbeit des Körpers führt zu seiner *Anpassung an den vorangegangenen Trainingsreiz* und erhöht so die Leistungsfähigkeit (*Trainingswirkung*). Sie verlangt aber auch angemessene Pausen für die Erholung.

Einen Schwimmer ins Training einzuführen bedeutet, das biologische Wechselspiel von Anforderung und Anpassung seines Körpers, also von Trainingsreiz und Trainingswirkung, langsam steigernd und regelmäßig in

Gang zu setzen (*Trainingssystematik*). Es bedeutet aber auch, den Schwimmer die ungewohnten körperlichen Belastungen und Ermüdungszustände erfahren zu lassen und dafür zu sorgen, daß er die damit verbundenen Unlustgefühle psychisch gut verarbeitet: zu erleben, wie man infolge des Trainings die gleiche Anforderung beim nächsten Mal bewältigt, und daraus den Mut zu schöpfen, neue Trainingsaufgaben anzupacken.

Da der Trainingsanfänger, insbesondere der junge Mensch, den erwähnten Zusammenhang nicht so deutlich sieht, da ihn manchmal trainingsbedingte Ermüdung und Unlust mehr beeindrucken, wird die Unterstützung des Übungsleiters/Trainers in dieser Zeit wichtig für die künftige Trainingseinstellung. Er muß durch Lob, Erklärung, Anerkennung und Belohnungen den Trainingseinsatz seines Sportlers verstärken. Das trifft vor allem dann zu, wenn der Erfolg nicht unmittelbar eintritt oder die Geduld, ihn abzuwarten, fehlt. Erleichterung schafft aber auch das *Training in der Gruppe*. Zum einen, weil das Gespräch, ein Scherz, gemeinsame Übungen Abwechslung bieten, zum anderen, weil die Trainingskameraden Maßstäbe für die eigene Anstrengung und Leistung setzen. Nicht zuletzt hilft über auftretende Schwierigkeiten die Feststellung hinweg, daß die Kameraden die Belastung ebenso empfinden und daß die gemeinsame Vorbereitung überhaupt erst die Mannschaftsfahrt, die Staffel, das Gemeinschaftserlebnis ermöglicht.

Schließlich tut der Übungsleiter/Trainer gut daran, gerade in der Einführungszeit oft Trainingsformen zu verwenden, die nur in Zusammenarbeit mehrerer Schwimmer durchzuführen sind, z. B. das Vorantreiben eines Balkens oder einer beladenen Luftmatratze durch Beinschlag zu dritt usw.

Ausdauertraining

Erstes und immer wiederkehrendes Trainingsziel im Schwimmen ist die Erhöhung der (aeroben) *Grundlagenausdauer*. Sie ermöglicht das ruhige bis zügige Langstreckenschwimmen; sie bildet die Grundlage für erfolgversprechendes Training der schwimmerischen Grundschnelligkeit und Schnelligkeitsausdauer, also derjenigen Fähigkeiten, die kurze Strecken sehr schnell und mittlere Strecken schnell durchschwimmen lassen. Sie schafft erst die Voraussetzung dafür, Trainingseinheiten von 60 bis 90 Minuten durchzuhalten, sich davon ebenso wie von einem Wettkampf schnell und gründlich zu erholen. Die Grundlagenausdauer zu verbessern, ist die erklärte Zielsetzung für jeden Wettkampfsportler; sie hat auch unter gesundheitlichen oder unter fitnesssportlichen Gesichtspunkten Bedeutung.

Am Anfang steht das Bemühen, überhaupt eine längere Schwimmstrecke von 300–400 m zurückzulegen und allmählich auf 800–1000 m zu verlängern. Dazu muß auf mäßiges Anfangstempo und regelmäßige Atmung geachtet werden. Kinder tun sich manchmal leichter, wenn sie die Gesamtstrecke in Teilstrecken aufteilen dürfen: z. B. 800 m = 400 m = 200 m + 200 m. Im nächsten Schritt geht es darum, eine längere Gesamtstrecke in gleichmäßiger Geschwindigkeit zu durchschwimmen (Dauerbelastungsmethode), was sich an den Durchgangszeiten je 100 m und den Pulsfrequenzen überprüfen läßt. Diese Art des Dauerschwimmens endet nach mehrwöchigem Training im 1000-m-Schwimmen mit Zeitnahme (*Dauerbelastungsmethode*).

Merke:
Die Dauerbelastungsmethode verlangt gleichmäßig ruhiges bis zügiges Schwimmen über wenigstens 5 Minuten.

Eine andere Art des Ausdauertrainings erfolgt nach der *extensiven Intervallmethode*: Die umfangreiche (extensive) Gesamtstrecke wird in Teilstrecken aufgeteilt, die alle etwas schneller als gemäß der Dauerbelastungsmethode zurückgelegt werden, zwischen denen aber kurze Erholungspausen (Intervalle) liegen.
Die *extensive Intervallmethode* im Schwimmen hat als
Ziel des Trainings: Steigerung der Grundlagenausdauer,
Anzahl der Teilstrecken: 5–40 Wiederholungen,
Streckenlänge: 25–200 m,
Form der Bewegungen: Bein-, Arm-, Gesamtbewegung
(außer Schmetterling),
Intensität = Zeit je Teilstrecke: 8–12 % kürzer als Dauerbelastung,
Pausenlänge: 10–45 Sekunden.
(*ZASFIP*).

Hinweise:
– Die Intensität des Intervalltrainings wird ermittelt, indem aus der gestoppten 1000-m-Strecke die Durchschnittszeiten für die vorgesehenen Teilstrecken errechnet und um 8–12 Prozent verringert wird. Beispiel: 1000 m in 17:30 min. = 100 m in 105 sec.; Intensität = 105 sec. – 10 % = 105 sec. – 10,5 sec. = 1:34,5 min.; programm: 10 × 100 m jeweils in 1:34,5 min. und 25,5 sec. Pause.
– Je kürzer die Teilstrecke (S), desto größer die Wiederholungszahl (A); je länger die Teilstrecke (S), desto länger die Pause (P).
– Die angegebenen Größen für ZASFIP gelten nur für die ersten zwei Trainingsjahre.
– Als Organisationsform für die Dauerbelastungs- und extensive Intervallmethode bietet sich das «laufende Band» an (vgl. S. 371). Erforderlich ist eine große Uhr mit Sekundenanzeige.

Beobachtungshilfen
- Haben sich die Schwimmer vor dem Grundlagenausdauertraining aufgewärmt und beweglich gemacht?
- Wechseln Dauerbelastungs- und extensive Intervallmethode? Wechseln auch die Serien: $10 \times 100\,m$, $20 \times 50\,m$, $5 \times 200\,m$, $40 \times 25\,m$, $7 \times 150\,m$, $14 \times 75\,m$?
- Überprüft der Übungsleiter/Trainer trotz genauer Berechnung anhand des Aussehens, der Pulsfrequenz und der Befragung der einzelnen Sportler, daß er sie nicht über- oder unterbelastet?
- Erfordern die Ergebnisse wiederholter Tests über 1000 m neue Intensitätsberechnungen?
- Ordnet der Übungsleiter/Trainer regelmäßig solche Trainingsabschnitte neben Bewegungslernen, Üben und Spielen in die Übungsstunde ein?
- Ergänzen ruhige Waldläufe und Radfahren ab 30 min. aufwärts gelegentlich das Schwimmtraining?

Training der Grundschnelligkeit

Die schwimmerische Grundschnelligkeit ist die Höchstgeschwindigkeit, die ein Schwimmer über 10–12 sec. erbringen kann. Sie zu steigern heißt, in 10–12 sec. mehr Meter zurückzulegen oder die gleiche Kurzstrecke in kürzerer Zeit zu schaffen. Für den Wettkampfsportler, aber auch für den Anfänger spielt die Verbesserung dieser Fähigkeit eine wichtige Rolle, für den Gesundheitssportler hingegen kaum.

Die einfachsten Steigerungsmaßnahmen sind verschiedene Formen von Nachlaufen, Abschlagen und Reaktionsspiele, die selbstverständlich schwimmend und auf kleinen Wasserflächen von etwa $50–100\,m^2$ durchgeführt werden. Die Betonung der Schnelligkeitsübungen liegt auf dem Beschleunigungsvorgang, d. h. auf dem Starten aus ruhender Körperstellung, Spurten aus langsamem Schwimmtempo auf die größtmögliche Schwimmgeschwindigkeit. Diese Geschwindigkeit läßt sich im Sprint nur 8–15 m aufrechterhalten; sie erfordert Konzentration und großen Einsatz, weil trotz der hohen Belastung die Qualität der Schwimmtechnik erhalten bleiben soll. Deshalb werden Starts mit kurzem Schwimmen, Spurts und Sprints nicht zu oft wiederholt und haben ihren Platz am Anfang einer Übungsstunde nach dem Einschwimmen.

Z: Steigerung der Grundschnelligkeit,
A: 4–10 Wiederholungen,
S: 8–15 m,
F: alle beherrschten Schwimmtechniken,
I : Höchstgeschwindigkeit (unter Erhaltung der Technik),
P: 1,5–2,5 min.

Hinweise:

– Eine Voraussetzung für die Trainierbarkeit der Grundschnelligkeit ist die Kraft bzw. Schnellkraft der Antriebsmuskeln, so daß sich durch deren Ausbildung die Trainingswirkung unterstützen läßt.
– Als Organisationsform empfiehlt sich das Schwimmen in *Wellen* oder im *Frontalbetrieb* (vgl. S. 371).
– Im Lehrschwimmbecken oder Flachteil des Mehrzweckbeckens läßt sich das *Strömungssprinten* durchführen: Eine Gruppe erzeugt die Strömung durch Laufen im Kreis (Oval), jeweils 3 oder 4 Teilnehmer sprinten eine gerade Kurzstrecke mit der Strömung.

Beobachtungshilfen
● Führt die Gruppe das Grundschnelligkeitstraining gelegentlich wettkampfmäßig auf der Querbahn durch: Jeweils der Erste scheidet aus?
● Berücksichtigt der Übungsleiter/Trainer für diesen Wettkampf die schnellsten und die langsamsten Teilnehmer durch Spätstart und Vorgabe?
● Hält er bei Pendelstaffeln auf der Querbahn genügend lange Pausen je Schwimmer ein?
Hinweis: Jede Mannschaft umfaßt wenigstens sechs Teilnehmer.
● Lassen sich in großen Becken für Nachlaufen, Abschlagen, Reaktionsspiele durch Leinen kleinere Flächen abgrenzen?

Training der Schnelligkeitsausdauer

Die (anaerobe) Schnelligkeitsausdauer befähigt den Schwimmer, eine hohe Schwimmgeschwindigkeit aufrecht zu halten, z. B. auf der 50-m- bis 200-m-Wettkampfstrecke. Die vollständige Trainierbarkeit dieser Fähigkeiten ist an die körperliche Entwicklung (Abschluß der Pubertät) und das vorhergehende Grundlagenausdauertraining über ein bis zwei Jahre und zu

Beginn jeder Saison gebunden. So gehört das systematische Schnelligkeits-
ausdauertraining nicht in die Einführungsphase des Schwimmtrainings,
sondern in die nachfolgenden Trainingsjahre.

Trotzdem soll die Schnelligkeitsausdauer schon vorher ein- oder zweimal
pro Woche angesprochen werden, auf Strecken von 25 bis 50 m. Diese
Strecken sind in großer Geschwindigkeit zu schwimmen, die erheblich über
der Ausdauergeschwindigkeit, aber unterhalb der Grundschnelligkeit
liegt. Sie werden nur ein- bis zweimal wiederholt mit mehrminütigen Pausen. Eine Strecke von 75 m oder mehr wird in solch hoher Geschwindigkeit
nur einmal in einer Übungsstunde gefordert. Jede Schnelligkeitsausdauer-
beanspruchung zieht einen Abschnitt lockeren Ausschwimmens in einer
anderen Schwimmart nach sich.

Hinweise:
– Als Anhaltspunkt für die anzustrebende Schwimmgeschwindigkeit
  dient: 25-m-Zeit $= 2 \times$ die Zeit für 12,5 m aus dem Abstoß $+ \frac{1}{2}$ sec.;
  50-m-Zeit $= 2 \times$ 25-m-Zeit $+ \frac{1}{2}$ sec.
– Schnelligkeitsausdauerbelastungen verlangen eine ungewohnte Energiebereitstellung und großen Willenseinsatz; beides ist bei Kindern noch
  gering entwickelt. Solche Anforderungen mehrfach hintereinander beantworten Kinder zwangsläufig mit langsamerem Schwimmen, starker
  Unlust oder Verweigerung. Sie dienen deshalb weder der trainingsmäßi-
  gen Zielsetzung noch dem Selbstvertrauen der Kinder, noch dem Ansehen des Übungsleiters.
– Aus genannten Gründen kommen selbst kleine Abschnitte höchster In-
  tensität wie 4×25 m, 2×50 m, 1×75 und 1×25 m oder 1×100 m
  höchstens zweimal pro Woche in zwei- bis dreitägigem Abstand vor.
– Zur gelegentlichen Herausforderung der Schnelligkeitsausdauer können
  auch kleine Serien harten Beinschlagschwimmens am Brett eingesetzt
  werden: z. B. 4×25 m Kraulbeinschlag mit aller Kraft.

Trainingsplanung

Zur Einordnung von Trainingsabschnitten in die Übungsstunde finden sich
Hinweise auf S. 372 ff. Während der ersten eineinhalb bis zwei Jahre stehen
das Lernen schwimmsportlicher Bewegungsabläufe, vielseitiges Üben und
Spiele im Vordergrund. Beweglichkeits-, Grundlagenausdauer- und
Grundschnelligkeitstraining kommen nach und nach hinzu, so daß man im
dritten Jahr durchaus schon von Trainingsplanung sprechen kann.

Grundsätzlich benötigt man für die Trainingsplanung als Eckdaten die Zahl der verfügbaren Trainingswochen, die trainingsfreien Ferienzeiten, die in Betracht kommenden Wettkämpfe und Veranstaltungen sowie die sportlichen Richtziele in der Saison. Die sportlichen Richtziele beinhalten Entscheidungen wie die Ausrichtung eines Clubkampfes mit einem befreundeten Verein, ein vereinsinternes Jugendschwimmen, den Aufbau einer Mannschaft z. B. in der D- und E-Jugend oder die Teilnahme im Mannschaftswettbewerb auf Landesverbandsebene für B- oder C-Jugend.

Jeweils ein solches Ereignis stellt den Höhepunkt einer Saison dar, woraufhin dann die verfügbaren Trainingswochen geplant werden. Das Training der schwimmerischen Grundlagenausdauer nimmt von vornherein die meiste Zeit in Anspruch. Jedes zweite Mal geht Grundschnelligkeitstraining dem Ausdauertraining voraus. Schließlich wird noch die Schnelligkeitsausdauer angesprochen. Auf einen Zeitraum von 14 Tagen bezogen, bei drei Übungsstunden von 75 min. (davon 30 min. als Trainingsteil) pro Woche, kann die Trainingsplanung beispielsweise folgendermaßen aussehen:

Montag	Dienstag	Mittwoch	Donnerstag	Freitag	Samstag	Sonntag
BÜ, AS SGS SGA: D-M		BÜ SGA: Ex-M SSA		BÜ, AS SGS SGA: D-M		
Montag	Dienstag	Mittwoch	Donnerstag	Freitag	Samstag	Sonntag
BÜ, AS SGA: D-M SSA		BÜ, AS SGS SGA: Ex-M		BÜ SGA: D-M SSA		

Abkürzungen:

BÜ	= Beweglichkeitsübungen	SSA	= Schwimmerische Schnelligkeitsausdauer
AS	= Aufwärmschwimmen		
SGA	= Schwimmerische Grundlagenausdauer	D-M	= Dauerbelastungsmethode
		Ex-M	= Extensive Intervallmethode
SGS	= Schwimmerische Grundschnelligkeit		

Je näher die Wettkämpfe kommen, desto größere Bedeutung erlangt die Grundschnelligkeit in allen Schwimmarten, ebenso die zugehörigen Start- und Wendetechniken. Außerdem werden die Staffelwechsel in der vorgesehenen und in veränderter Reihenfolge geübt. Die Schnelligkeitsausdauerbelastungen und umfangreiche Intervallserien treten zurück, um ausgeruht zum Wettkampf anzutreten. Jedem Hauptwettkampf sollten ein bis zwei weniger wichtige Wettkämpfe vorausgehen.

Die Wochen zu Beginn der Saison und eventuell die Ferienwochen enthalten vermehrt allgemeinsportliches Training möglichst im Freien, z. B. Radfahren, Waldläufe, Gymnastik und Spiele. Dies sind außerdem günstige Zeiten für theoretischen Unterricht, für Film- und Videovorführungen.

Entscheidungshilfen für Konditionstraining oder Technikverbesserung

In der Ausbildung junger Schwimmsportler genießt die Förderung der Bewegungstechnik grundsätzlich Vorrang vor dem Konditionstraining, um zu verhindern, daß im Verlauf des umfangreichen Konditionstrainings Bewegungsfehler ständig wiederholt und bis zur Korrekturunmöglichkeit eingeprägt werden (motorisch-technischer Stereotyp).

Andererseits hängt die Qualität schwimmsportlicher Bewegungsabläufe von einem konditionellen Mindestleistungsstand ab. Stehen die erwähnten 75 min. je Übungsstunde zur Verfügung, finden sowohl Bewegungslernen und -üben als auch Training und Spiel ihren Platz. Sind die Übungszeiten kürzer oder seltener, muß der größere Zeitanteil auf den Ausgleich von Schwächen verwandt werden. So zeigt sich z. B. die genügende schwimmerische Grundlagenausdauer im gleichmäßigen Durchschwimmen längerer Strecken, im erschöpfungsfreien Durchhalten jeder Übungsstunde, in der vollständigen Erholung bis zum nächsten Belastungsabschnitt. Die Pulsfrequenz sinkt rasch nach jeder Trainingsbelastung; der Sportler empfindet keine Atemnot; die Pausen lassen sich verkürzen.

Klagt ein Schwimmer häufig über schwere Arme oder Beine, dann ist die Betonung auf das schwimmerische Kraftausdauertraining zu legen. Voraussetzung dazu bildet die Kraft der Antriebsmuskeln, die im Bedarfsfall erst erworben werden muß (vgl. S. 333 ff). Bringen Muskelausbildung und Kraftausdauertraining keine Erleichterung, ist zu überprüfen, ob seine Schwimmtechnik den gleichmäßigen Wechsel von Muskelspannung und -entspannung aufweist. Unterstützend kommen Beweglichkeits- und Lockerungsübungen an Land hinzu.

Solche Schwerpunkte der Technikverbesserung verlangen vielseitige schwimmerische Übungen (S. 36 ff u. 50 ff) und die gezielte *Korrektur von Bewegungsfehlern*. Unbedingten Vorrang erhält die Bewegungskorrektur, wenn ein Schwimmer seinen Körper durch Kopf oder Gliedmaßen seitlich aus der Längsachse herausbewegt oder eine Gesamtbewegung beider Arme und Beine (Zyklus) ihn weniger weit vorantreibt als die Strecke seiner zweifachen Armlänge.

Hinweis: Die Armlänge wird bei gestrecktem Arm von der Spitze des Mittelfingers bis zur Mitte der Achselhöhle gemessen und mal zwei genommen. Zur Feststellung der Wegstrecke eines Zyklus teilt man eine 50-m-Strecke durch die Zahl der benötigten Zyklen, nachdem zuvor der Abstand zwischen Startwand und dem ersten Zug von den 50 m abgezogen wurde.

W. Günter Lingenau

Korrektur von Bewegungsfehlern

Szene im Schwimmbad: «Tim, komm mal raus!» Das Mienenspiel des Übungsleiters läßt nichts Gutes erahnen. Der 12jährige Tim verläßt das Wasser und geht zu seinem Übungsleiter. Ob er denn nicht aufgepaßt habe, fragt dieser. Er habe ihm eben doch noch genau erklärt, wie die Kraularmbewegung richtig ablaufe, also: «Hände in Schulterbreite vorn einsetzen, ins Wasser ausatmen und erst dann einatmen, wenn der Arm an der Atemseite das Wasser verläßt.» Gesagt habe er ihm doch auch, ihn bei der Seitwärtsdrehung des Kopfes anzusehen, weil dann die Bewegung in Ordnung sei. Und wohl ganz vergessen habe er, den Ellbogen hochzunehmen. Da erkläre man alles tausendmal, und nichts käme dabei heraus.

Nun, die Standpauke sitzt, und der junge Bursche schaut ziemlich bedröppelt drein. Aber ob er alles verstanden hat und nun besser machen wird, dürfte zu bezweifeln sein.

Eine kleine Szene, sicherlich übertrieben; aber hat nicht mancher von uns schon einmal ähnliches erlebt und dabei ungute Gefühle gehabt? Zweifellos ist der hier geschilderte Übungsleiter ein engagierter Lehrmeister. In seinem Übereifer vergißt er jedoch einige wesentliche Regeln, die für das Korrigieren von Fehlern mehr Erfolg versprechen. Denn das Korrigieren ist eine Hilfe. Sie soll zum Bessermachen ermuntern.

Der Übungsleiter kann sich bei der Korrektur folgender Hilfsmittel bedienen:
– Gegenüberstellung von «falsch und richtig» anhand einer Demonstration.
  In der Übungsgruppe gibt es häufig Teilnehmer, die den gleichen Fehler machen, und solche, die den gewünschten Bewegungsablauf zeigen. Deren Demonstration kommt besonders gut an.
– Verdeutlichen eines Fehlers mit leichter Übertreibung.
– Demonstration einer guten Bewegungstechnik mit Hilfe von Filmen.
– Einen Lernschritt zurückgehen, das dort Erlernte wiederholen, von der beherrschten Bewegung ausgehend, die Korrektur des Fehlers ansetzen. Das gibt dem Teilnehmer neues Selbstvertrauen, schafft Erfolgszuversicht.

Beispiel: Gesamtbewegung Kraulschwimmen ohne Atmung wiederholen lassen, wenn die Atmung fehlerhaft ist und nicht so recht klappen will.
– Üben unter erleichterten Bedingungen.
Beispiel: Üben aus dem Abstoß von der Wand, weil dadurch Vortrieb über eine gewisse Strecke gesichert ist.
– Aufnahme des Fehlers mit der Video-Kamera. Besonders wirksam, da der Schwimmer sich selbst sieht.
– Üben unter Bedingungen zur Wahrnehmungsverstärkung.
Beispiel: «Gegenhalten» beim Brustschwimmbeinschlag an Land (Verstärken der Druckwahrnehmung an der Fußsohle).

Beobachtungshilfen
● Hat der Übungsleiter mehrere festgestellte Fehler aufgelistet und nach Wichtigkeit eine Reihenfolge erstellt?
● Korrigiert er zunächst nur einen Hauptfehler bis zum sichtbaren Erfolg, ehe er zum nächsten Fehler übergeht?
● Beachtet er die Korrekturreihenfolge, also Lagefehler vor Atemfehler vor Rhythmusfehler?
● Wurde der Fehler so anschaulich beschrieben, daß der Schwimmer wirklich versteht, was er falsch macht?
● Übt der Schwimmer die korrigierte Bewegungsausführung zunächst nur über kurze Teilstrecken?
● Übertreibt der Übungsleiter nicht die Häufigkeit der Korrekturübung, damit die Aufmerksamkeit des Teilnehmers erhalten bleibt?
● Läßt er nach gelungener Korrektur den richtigen Bewegungsablauf auch unter zunehmender Belastung üben, d. h. nach und nach
– im harten Training
– in Trainingstests
– in kleineren Wettkämpfen?

Kurt Wilke

Beweglichkeitsgymnastik an Land

Zielsetzung und Methodik

Schwimmsportler aller Sparten können durch regelmäßige Beweglichkeitsübungen ihre Bewegungsreichweite vergrößern, die Bewegungsabläufe mechanisch zweckmäßiger und kraftsparender gestalten. Dies kommt sowohl der meßbaren Leistung der Wettkampfschwimmer, der Ball- und Schwimmtechnik der Wasserballspieler als auch der funktionellen sowie ästhetischen Ausführung des Wasserspringens und Kunstschwimmens zugute. Grundsätzlich gehen beweglichkeitsgeübte Sportler ein geringeres Verletzungsrisiko ein. Beweglichkeit hängt ab von der Dehnfähigkeit der über die Gelenke hinweg ziehenden Muskeln und von der Gelenkigkeit, d. h. vom Umfang des Bewegungsausschlages in den Gelenken. Deshalb sind zur Verbesserung der Beweglichkeit zuerst ruhige aktive und passive Dehnübungen erforderlich, denen einige schwunghafte Gelenkigkeitsübungen folgen.

Wie vor jedem sportlichen Übungs- und Trainingsvorgang darf der Sportler die Beweglichkeitsübungen erst beginnen, nachdem er sich intensiv aufgewärmt hat.

Nach Beendigung des Beweglichkeitsprogramms vermindern einige Lokkerungsübungen, z. B. das Ausschütteln der Arme und Beine, das Spannungsempfinden und führen in einen Bereitschaftszustand für nachfolgende Tätigkeiten über. Lockerungsübungen kann man mit den Schwungformen für die Gelenkigkeit verbinden.

Für ein umfangreiches Beweglichkeitsprogramm oder dessen Verbindung mit nachfolgendem Krafttraining soll der Trainingsanzug oder wenigstens ein langes T-Shirt getragen werden.

Merke: Übungsreihenfolge und Mindestumfang des Beweglichkeitsprogramms sind:

- Aufwärmen mindestens 5 Minuten: Federn, Laufen, Hüpfen,
- aktives/passives Dehnen 10 bis 12 Minuten (mit eigenem Körpergewicht),
- Schwungformen für die Gelenkigkeit 2 bis 3 Minuten,
- lockerndes Ausschütteln 1 bis 2 Minuten.

Beweglichkeitsübungen des Schultergürtels und der Füße sind für alle Schwimmsportarten besonders wichtig und sollten deshalb doppelt so oft wie die übrigen durchgeführt werden.

Die nachfolgenden Übungen sind in drei Serien abgestuft. Die erste Serie
(I) bietet sich als Programm im ersten Jahr an, die Serien (II) und (III) zur
Programmerweiterung in den Folgejahren.

Übungen (I)

- Langsitz: Körper zurückrollen und Knie neben den Ohren auf den
  Boden legen, Füße strecken.
- Rückenlage: Handflächen hinter den Schultern und Fußsohlen auf
  den Boden setzen, in die Brücke heben.
- Stand mit Vorderfüßen auf einer Stufe oder doppeltem Schwimmbrett: abwechselnd Fersen tief
  senken und heben.
- Kniestand mit lang gestreckten
  Füßen (Handtuch o. ä. weiche
  Unterlage): auf die Fersen setzen;
  Hände aufstützen, ruhiges Knie-
  anheben.
- Grätschsitz und Hochhalte der
  auswärts gedrehten und gestreckten Arme, deren Handinnenflächen aufeinandergelegt sind:
  Arme langsam zurück und nach
  hinten oben strecken (Foto).
- Stand: locker gestreckte Arme
  gleichzeitig langsam vorwärts bzw.
  rückwärts kreisen lassen; Ab-
  wärtsschwung unter Kniefedern
  betonen und Tempo wechseln.

Fotos: Jörg Behling

Übungen (II)

- Langsitz: Oberkörper vorbeugen und auf die Oberschenkel legen;
  zwischendurch aufrichten und mit den Armen nach oben strecken.
- Sitz mit aufgesetzten Händen und
  Füßen (dicht am Gesäß): Hüfte
  anheben und die Knie möglichst
  weit nach vorn schieben (Foto).
- Schneidersitz, Fußsohlen gegeneinander gelegt: mit den Händen
  die Knie zum Boden drücken.
- Hürdensitz: mit einer Hand die
  vordere Fußspitze zurückbeugen
  und mit der anderen die hintere

– Fußspitze lang nach oben zum Körper ziehen (Beine wechseln).
– Seitgrätschstand: langsam federnd zur Seite beugen, inneren Arm am Unterschenkel hinunterführen, äußeren Arm über den Kopf zur Beugeseite schwingen (Seite wechseln).
– Stand: mit einer Hand den anderen Ellbogen fassen und hinter dem Kopf zur anderen Seite ziehen (Arme wechseln).

Übungen (III)
– Grätschsitz: Oberkörper vorbeugen und langsam zwischen die Beine legen.
– Fersensitz: unter seitlichem Abstützen der Arme den Oberkörper rücklings ruhig auf den Boden legen.
– Aus dem weiten Seitgrätschstand in die tiefe Kniebeuge auf dem linken Bein: bei aufrechtem Oberkörper das Gewicht auf rechtes Bein verlagern, ohne den Oberkörper anzuheben; mehrfach langsam von einer zur anderen Seite wechseln.
– Grätschsitz: Handtuch (in Armlänge) mit beiden Händen gefaßt und bei gestreckten Armen über oben rückwärts zum Boden führen.
– Rumpfsenkhalte im Grätschstand mit Armen in Seithalte; langsam den Rumpf drehen und mit jeder Hand zum entgegengesetzten Fuß fassen.
– Stand in Vorschrittstellung: Arme gegenläufig schwingen und kreisen lassen (Richtung wechseln).

Beobachtungshilfen
● Überzeugt sich der Übungsleiter anhand von Gesichtsrötung, Stirnschweiß und gesteigerter Atmung davon, daß die Sportler genügend aufgewärmt sind, bevor sie ihre Beweglichkeit üben?
● Tastet er stichprobenartig den Puls derjenigen Teilnehmer, die äußerlich keine Zeichen von Aufwärmung zeigen? – Hinweis: Die Herzfrequenz 100 bis 120 deutet auf Aufwärmzustand hin.
● Fangen die Fußspitzen das Körpergewicht beim Laufen, Federn, Hüpfen, Springen weich auf, und rollen die Füße bis zu den Fersen ab?
● Führen die Sportler ihre Dehnübungen ruhig, in den Endpositionen verharrend durch und vermeiden ruckartige Bewegungen?
● Weichen sie nicht mit dem Körper aus, um mit den Armen oder Beinen in die gewünschte Dehnstellung zu gelangen?
● Umfaßt das Programm den ganzen Körper: Vorderseite, Rückseite, Flanken, Kopf, Schultern/Arme, Hüfte, Beine, Füße und noch einmal Schultern/Arme?
● Enden die Beweglichkeitsübungen mit Lockerungsübungen?

Barbara Hammerer

Konditionsgymnastik im Wasser

Wassergymnastik als Bestandteil einer speziellen Konditionsgymnastik für Schwimmer, Wasserballer und Kunstschwimmerinnen wird den meisten Lesern so gut wie unbekannt sein, obwohl folgende Erfahrung gängig sein dürfte: Holger, der Wasserballtrainer, ergeht sich in ausschweifenden Erklärungen am Beckenrand. Seine Schützlinge hängen an demselben, und schon nach kurzer Zeit geht's los... sie frieren. Schon eine kleine Maßnahme könnte den Kältereiz entschärfen: Die Spieler lösen sich von der Wand und hören ihrem Trainer beim Wassertreten zu.

Diese ‹Weisheit› bildet den Ansatzpunkt zum Verständnis der Absicht, über die Zweckgymnastik im Wasser der speziellen schwimmsportlichen Ausbildung neue Impulse zu verschaffen. Was bei Springern nicht fraglich ist, denn sie führen ihre wichtigsten Bewegungsphasen «an Land» oder «in der Luft» aus, sollte bei Schwimmern, Wasserballern und Kunstschwimmerinnen selbstverständlich sein: die Schulung bewegungsspezifischer Anforderungen im Wasser.

Die schwimmsportlichen Sparten könnten auf diesem Weg reichhaltige und abwechslungsreiche Übungsangebote entwickeln. Zunächst in die Grundlagengymnastik im Wasser aufgenommen, lassen sich solche Ansätze in der speziellen Konditionsschulung weiterführen. Dabei stellt sich die Kernfrage: Welche spartenspezifisch notwendigen Übungen eignen sich zur Verwendung an Land, nicht aber im Wasser, welche sind im Wasser durchführbar, an Land aber nicht?

Im Wasser besitzen gymnastische Übungen grundsätzlich andere Umfeldbedingungen, wobei neben Auftriebs- und Druckwirkungen der Wasserwiderstand und die Wassertemperatur zu den wesentlichen zählen. Sollte man sich vorstellen, die allgemein bekannten Gymnastikübungen ins Wasser zu übertragen, hätte man im vorhinein deren Sinn und Zweck zu überprüfen. Der falsche Weg wird verfolgt, wenn während der Übungen ein Großteil des Körpers untätig im doch relativ kalten Wasser verharrt. Bei einer Häufung von Übungen, deren Hauptaktion sich über Wasser abspielt, während der Unterkörper passiv bleibt und reine Standfunktion erfüllt, sind das eigentliche Ziel und der Zweck der Wassergymnastik verfehlt.

Vor Übungsübertragung vom Land ins Wasser ist also folgendes zu bedenken:

- Beachte und nutze ich die Eigenschaften des Wassers, den Auftrieb, den Druck, den Widerstand und die Temperatur!
- Ist Frieren möglichst ausgeschlossen?
- Bilden Wasserdruck und -widerstand genügend Reize, um das Wasser einerseits spürbar, andererseits aber auch übungs- und trainingswirksam zu machen?

Verfolgen wir in diesem Zusammenhang das zweite Beispiel. Sie wollen hohe Koordinations- und Kraftansprüche an die Hüft-Bein-Muskulatur stellen (z. B. für Wasserballer) und entscheiden sich für den «Kosakentanz». Bei dieser Übung gestaltet sich die an Land erzielte Wirkung anders als im Wasser, da der Auftrieb das Körpergewicht auf ⅙ verringert. Sie können die unterschiedlichen Belastungsgrade leicht nachvollziehen, wenn Sie den Kosakentanz (a) im hüfttiefen Wasser, (b) in bauch- und (c) in brusthohem Wasser ausprobieren, denn schon hier ergeben sich Auftriebsunterschiede.

Zur Frage, welche funktionell oder konditionell ausgerichteten gymnastischen Übungen im Wasser einen besonderen Wert erhalten, sei schwerpunktmäßig auf die spartenspezifischen Bewegungsanforderungen verwiesen. Über einzelne oder wesentliche Bewegungsanforderungen der Sparten lassen sich gymnastische Übungen am besten erarbeiten. Als Einführung stellt der folgende Teil solche Übungen für wesentliche Bewegungsanforderungen dar. Sie sind als beispielhafte Auswahl anzusehen, wobei Anregungen zur variablen oder gestalterischen Abänderung dem Beitrag «Grundlagengymnastik im Wasser» entnommen werden können (S. 77 ff).

Innerhalb des allgemeinen oder speziellen Konditionstrainings im Wasser sei auf die motivierende Möglichkeit der Konditionsgymnastik mit Musik verwiesen. Ihre Wirkung insbesondere in gefühlsmäßiger Hinsicht muß gerade bei Schwimmsportlern, deren Training eine – verglichen mit anderen Sportarten – gewisse Eintönigkeit nicht vermeiden kann, hervorgehoben werden.

Hinweis: Bis hin zu einem discoähnlichen Spaß im Wasser lassen sich Bewegungsangebote auf Popmusik gestalten. Die Teilnehmer gehen freudvoll Bewegungsintensitäten ein, die im üblichen Konditionstraining eher von außen, d. h. vom Übungsleiter, gefordert werden.

Zu den musikalisch angeregten Bewegungsmöglichkeiten im Tiefwasser sowie im Flachwasser gehören Bewegungsformen, die vor allem für höhere Belastungsansprüche geeignet sind. Es geht letztendlich aber darum, solche Belastungsarten anzustreben, die ausdauer- bzw. kraftausdauerwirksam werden. Vom Wassertreten und dynamischen Arm- und Beinschwüngen, Box- und Schlagbewegungen ins Wasser hinein, Drehungen, Schrauben und Hock-Streck-Bewegungen im Tiefwasser über Zug- und Schiebebewegungen am Beckenrand bis zum Laufen, Federn und Springen im Flachwasser ist alles möglich, was sich rhythmisch mit der (schnellen) Musik vereinbaren läßt.

Vier Schwerpunkte für spezielle Konditionsgymnastik im Wasser sind im folgenden aufgeführt:
– Herz-Kreislauf-System (muskelgruppenübergreifend),
– Hüft-Bein-Muskulatur,
– Rumpfmuskulatur,
– Arm-Schulter-Muskulatur.

Herz-Kreislauf-System

– *Tempolauf:*
   Unter Betonung der Laufschnelligkeit, bei Armeinsatz mit Drücken des Wassers nach hinten in mindestens bauchtiefem Wasser Bahnen laufen: 20/30/40 Bahnen, je nach Streckenlänge in einer bestimmten Zeit. Diese Zeit, je nach Belastungsanspruch, in den Wiederholungen gleichhalten (verringern, erhöhen) oder unter Minutenvorgabe die Bahnenzahl feststellen, in der Wiederholung erhöhen (halten, senken).

Beobachtungshilfen
● Halten die Teilnehmer pro Streckeneinheit in etwa das gleiche Tempo? Sollte der Übungsleiter/Trainer zur selbständigen Zeit- bzw. Zwischenzeitkontrolle eine Trainingsuhr aufstellen?
● Welche Belastungsintensität erreicht die Übung, wenn die Teilnehmer DLRG- oder Trainingsbekleidung dabei tragen oder anstelle der Armbewegungen schwere Tauchringe festhalten?

– *Tempolauf mit Richtungswechsel:*
   In mindestens bauchtiefem Wasser mit Armeinsatz (s. o.) laufen, auf Signal eine halbe Drehung und in Gegenrichtung weiterlaufen.

Hinweis:
– Strömungen und Gegenströmungen verändern den Wasserwiderstand, so daß die Richtungsführung von Körperteilbewegungen eine höhere Aufmerksamkeit erfordert. Nicht nur Wasserballspieler und Kunstschwimmerinnen, sondern auch Wettkampfschwimmer können aus dieser Übung Nutzen ziehen.

– Verlegt man die gleiche Aufgabe ins Tiefwasser, geht die Bewegung naturgemäß schnell ins Wassertreten über. Die muskuläre Übungswirkung
verlagert sich bei den Drehungen vom Hüft-Bein-Bereich in den Rumpf-
bereich.

– *Kombinationsübungen:*
   Wassertreten vorwärts, seitwärts oder rückwärts, in der Bahnenmitte
   Rolle vorwärts oder rückwärts, bis zur Wand Hock-Streck-Sprünge, an
   der Wand 10–12 Stützsprünge, zurück in einer Schwimmtechnik.

Beobachtungshilfen
● In welchen Beckenbereichen ist diese Übungskombination möglich?
   Spielt die Bahnengesamtlänge eine für die Belastungsart entschei-
   dende Rolle?
● Wie groß sollte der Abstand zwischen hintereinander startenden
   Teilnehmern sein?
● Hebt eine Zeitkontrolle die Motivation der Teilnehmer?
● Welche anderen Kombinationen kann man für seine Gruppe finden?

– *Springen und Herausstützen:*
   Hock-, Grätsch-, Drehsprünge vom Beckenrand und beidarmiges,
   schnelles Herausstützen bis zum erneuten Stand. Ziel ist vornehmlich die
   Armkräftigung beim Herausstützen, andererseits aber auch die Beherrschung regelmäßig veränderter Körperanspannungen im Sprung, so daß
   auch für den fortgeschrittenen Wettkampfschwimmer oder Wasserspringer verschiedene Sprungformen und deren technische Veränderung besser umsetzbar bleiben.

Beobachtungshilfen
● Wie wäre es, wenn der Übungsleiter bei Unmut der Teilnehmer
   («Das haben wir als Anfänger gemacht!») die erste sachliche Über-
   zeugung anhand von 5 Serien à 10 Übungswiederholungen demon-
   striert?
● Wann und wie oft schleichen sich doch eher unkontrolliert gesprun-
   gene Starts ins Trainingsgeschehen ein?

Einen ziemlich engen Bezug zu Bewegungsanforderungen im Wasserball,
Kunstschwimmen und zu den Wendetechniken des Schwimmens besitzen
alle Lagewechselübungen (vgl. Grundlagengymnastik, S. 77ff). Wettkampfsportler sollten diese mit höherer Belastung durchführen und aus der
vollständigen Gleitlage mit Armstreckung wieder in die Gleitlage gelangen.

– *Lagewechselübungen:*
  – mit hohen Wiederholungszahlen,
  – mit Zeitvorgabe und Feststellen der Wiederholungszahl,
  – mit Angabe der Wiederholungszahl und Feststellen der Übungszeit,
  – mit Erschwernis durch Bleigürtel oder (DLRG-) Kleidung,
  – mit erzwungener tiefer Hocke durch Ausführung in flacherem Wasser.

Zusätzlich sei unter gleicher methodischer Gestaltung auch auf folgende Übungen verwiesen:

– *Delphinsprünge:*
  Delphinsprung, ½ Drehung mit Zusatzaufgabe.

– *Freie Rollwenden:*
  freie Rollwende, minimales Anschwimmen (mit Zusatzaufgabe).

– *Hochsteigen:*
  «hohes» Wassertreten in schnellem Wechsel mit Bauch- oder Rückenlage.

– *Hochreißen:*
  eines Armes in schnellem Wechsel mit Seitlage rechts und links.

Der Schwerpunkt Herz-Kreislauf-System umfaßt die nachfolgend behandelten Muskelbereiche bereits in einer Weise, die den Übungsleiter schnell zur bevorzugten Anwendung eben dieser Übungen verleitet. Spezielle Körperteilbewegungen erfordern jedoch häufig Fähigkeiten, die nur durch entsprechend spezielle Beanspruchungsformen zu schulen sind. Dazu im folgenden einige Beispiele:

Hüft-Bein-Muskulatur

– *Unterschenkelschlag:*
  Unterschenkelschlagtechniken aus einer gesamten Beinschlagtechnik herausnehmen und im einbeinigen Stand mit dem freien Bein nachvollziehen.
  Hinweis: Es ergeben sich hier besondere Möglichkeiten für die Veränderung (Variation) von Bewegungsgeschwindigkeit und -ausmaß (Amplitude).

– *Einbeiniger Wandabstoß:*

Übung wie «Grundlagengymnastik (siehe S. 96) oder als gehäuft wiederholter einbeiniger Abstoß innerhalb üblicher Wendetechniken; anderes
Bein passiv mitschleppen.

– *Wassertreten:*

mit Erschwernis durch Tragen schwerer Tauchsteine, sandgefüllter Kani-
ster, Gegendruck rückseitig durch einen Partner (Schiebekampf); mit
ständigem Richtungswechsel (vorwärts, seitwärts, rückwärts) auf Signal.

– *Strecksprünge:*

In mindestens bauchtiefem Wasser zunächst niedrige Sprünge und dann
allmählich bis zur ganzen Streckung steigern.

Schwerpunkt: Rumpfmuskulatur

Neben allen obengenannten Lagewechselübungen gibt es

– *Gegendrehungen:*

Aus der Rückenlage mit leichter Hüftbeuge den Oberkörper mit gestreckten Armen nach links (rechts) drehen und gleichzeitig den Unterkörper mit gestreckten Beinen zur Gegenseite führen; Anforderungen
wie bei Lagewechselübungen.

Beobachtungshilfen
● Ist dem Übungsleiter aufgefallen, wie viele Schwimmer eine Hohl-
  kreuzhaltung aufweisen? Zu gegensteuernden Übungen zählt die
  Kräftigung des Rumpfbereiches.

Schwerpunkt: Arm-Schulter-Muskulatur

– *Tauchringschleuder:*

Einen leichten Tauchring bei senkrecht ins Wasser gehaltenem Arm ums
Handgelenk schleudern: in hoher oder sich verändernder Geschwindigkeit, mit langärmeligem Hemd.

– *Balldribbling:*

Einen schwimmenden Ball auf der Wasseroberfläche dribbeln: im Tiefwasser mit Lagewechsel und Positionswechsel; mit Tiefdrücken des eigenhändig gehaltenen Balles im Wechsel.

Beobachtungshilfen
- Welche Teilnehmer beklagen sich schnell über das «Hartwerden» des Unterarms?
- Liegt dies an ihrer ungünstigen Bewegungstechnik oder ungenügend trainierter Unterarmmuskulatur?
- Lassen sich diese Übungen im üblichen Schwimm-, Wasserball- oder Kunstschwimmtraining sinnvoll zwischenschalten?

– *Flossenschwung:*

Die auf die Hand gesetzte mittlere bis große Flosse unter Wasser führen / schwingen.

Beobachtungshilfe
- Welche Unterschiede erzeugen Ausführungen im Stand (Hockstand / Grätschstand) im Flachwasser und der freien Schwebe im Tiefwasser?

– *Druckführung:*

Ein bei gestrecktem Arm mit der Hand unter die Wasseroberfläche gehaltenes Schwimmbrett im ¼ bis ½-Kreis hin- und herführen. Ebenso im Wechsel von Anspannung und Entspannung der schwerpunktmäßig beanspruchten Muskulatur, also durch Auftauchen und wieder Untertauchen des Schwimmbretts an den Wendepunkten der Bewegung.

– *Streckstütz:*

Beidarmig langsam / schnell bis zur Armstreckung am Beckenrand hochstützen.

Die wichtigsten Punkte auf einen Blick

Übungsarten
– Einzelübungen
– Übungsvariationen: Einzelübungen unter veränderten Bedingungen
– Übungskombinationen: Verbindung unterschiedlicher Einzelübungen
– Übungsprogramme

Belastungsarten
Zusammenhang von Belastungsintensität (in Prozent) und Wiederholungszahl

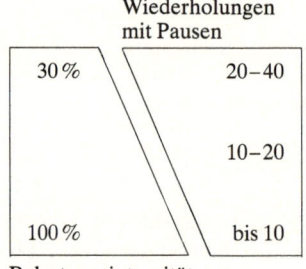

Innerhalb der speziellen Konditionsgymnastik im Wasser kommen belastungsbedingt in der Regel unvollständige Pausen (aktiv oder passiv) in Frage. Vollständige Pausen sind hier allein nach lang andauernden und höchsten Belastungsformen anzusetzen.

Belastungswiederholungen
– Wiederholungsmaximum
– Wiederholungen mit Pausen (Intervallprinzip)
– Wiederholungen (mit Pausen) in zunehmender/abnehmender Zahl (Pyramide)
– «optimales» Wiederholungsminimum
– testähnliche, festgelegte Wiederholungen (Ergebnisfixierung zum Vergleich)

(Kurt Wilke)

Krafttraining

Allgemeine und vorbereitende Muskelausbildung

Ähnlich wie für die Beweglichkeit trifft für die Muskelkraft zu: Zu ihrer sportlich angemessenen Ausbildung genügt es nicht, nur zu schwimmen, nur zu springen oder nur Wasserball zu spielen, sondern muß gezielt geübt werden.

Da jede Schwimmsportsparte bestimmte Bewegungsabläufe und somit auch bestimmte Muskelgruppen besonders beansprucht, ergibt schon das gleichzeitige Ausüben mehrerer Sparten eine umfassende Muskelausbildung. So fordern beispielsweise der Schwimmer und die Kunstschwimmerin die Kräftigung ihrer Beinstreckmuskeln für Abstöße und sonstige plötzliche Beschleunigungen ihres Körpers durch gelegentliches Springen von Plattform und Brett weit mehr heraus als allein durch schwimmerische Übungen. Umgekehrt fördert zügiges Schwimmen die Ausbildung der Arm-Schulter-Muskeln des Springers eher als Sprungübungen allein.

In den ersten Jahren schwimmsportlicher Ausbildung – vor allem von Kindern vor der Pubertät – erübrigt vielseitiges, häufiges Üben und Trainieren ein spezielles Krafttraining. Günstig auf die Kraftentwicklung wirken sich außerdem die Konditionsgymnastik im Wasser und die Dehnübungen an Land aus. Da das Wasser alle Schwimmsportler während eines großen Teils ihrer Sportausübung trägt, besteht die Gefahr, daß sich die Rumpfmuskeln am wenigsten ausbilden. Kräftigungen des Rumpfes, also Übungen für die Bauch-, Hüft-, Rücken- und Gesäßmuskulatur, haben demzufolge Vorrang. Dazu einige Beispiele:

Übungen zur Rumpfkräftigung

– Wechselhockstütz vorlings/seitlings/rücklings: Hockstand mit seitlich aufgestützten Händen: mit den Beinen in den Liegestütz vorlings springen, den Rumpf federnd durchwippen und wieder zurück in den Hockstand springen.
Ebenso in den Liegestütz seitlich springen/gehen und durchwippen.

Ebenso aus dem Hockstand die Füße in kleinen Schritten nach vorn setzen bis zum gestreckten Liegestütz rücklings.

Hinweis: Die Übungswirkung nimmt zu, wenn bei durchgestrecktem Körper im Liegestütz abwechselnd ein Bein gestreckt und ruhig angehoben, zur Seite gespreizt und wieder angestellt wird.

– Radeln in der Sitzwaage: Langsitz mit seitlich aufgestützten Händen: Beine anhockend vom Boden heben und langsam/schnell radfahren. Ebenso Radeln ohne Abstützen mit den Händen.

Ebenso mit einem gegenübersitzenden Partner bei gegeneinander gesetzten Fußsohlen radeln.

– Oberkörper-/Unterkörper-Anheben: Bauchlage mit schulterbreit vorgestreckten Armen: nacheinander Arme, Kopf, Oberkörper anheben, halten und wieder ablegen; bei aufliegendem Oberkörper dann die gestreckten Beine samt Becken anheben und halten.

Ebenso gleichzeitig rechten Arm und linkes Bein bzw. gegengleiche Gliedmaßen anheben.

Ebenso gleichzeitig Ober- und Unterkörper anheben und auf den Bauch vor-/zurückschaukeln (große Bauchschaukel) (Foto).

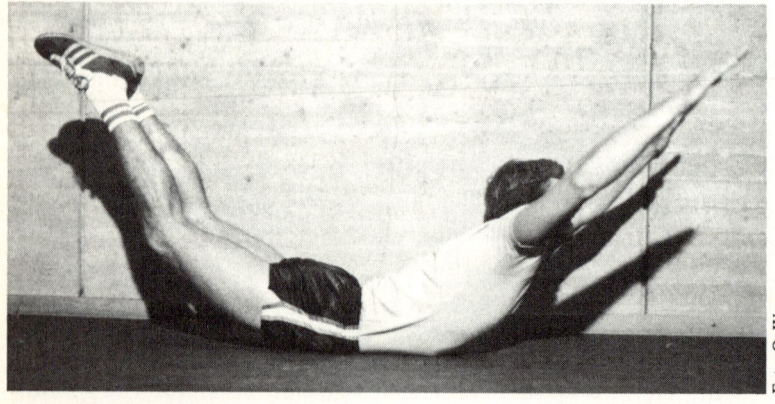

Foto: O. Wagner

Merke:

Jedes Rumpfkräftigungsprogramm enthält Übungen für den vorderen, hinteren und seitlichen Rumpf. Je Übungsausführung muß wenigstens einmal aus- und eingeatmet werden.

Hinweise:

– Oberkörper-/Unterkörper-Anheben lassen sich anatomisch angemessen ausführen, indem man sich auf eine erhöhte Fläche legt (Turnkasten,

Mattenstapel, Bank o. ä.), den jeweils anzuhebenden Teil des Körpers vorher absenkt und dann nur bis zur Waagerechten hebt.

– Die Übungen können rasch (dynamisch) oder unter Einhalten der Endposition über mehrere Sekunden (statisch) ausgeführt werden. Ratsam sind 10–20 Wiederholungen je Übung, teils dynamisch, teils statisch.

– Klettern und Winden durch Leitern, Schwingen, Über- und Unterklettern von hintereinandergestellten Turngeräten (Taue, Reck, Barren) dienen ebenfalls der Rumpfkräftigung und machen insbesondere Kindern viel Spaß.

Beobachtungshilfen
- Wird vor der Kräftigung aufgewärmt und gedehnt?
- Wechseln sich Übungen für Bauch-Hüft-Muskeln und Rücken-Gesäß-Muskeln nach einigen Wiederholungen ab?
- Gibt es zwischendurch und vor allem nach der Kräftigung Lockerungsübungen?
- Setzt der Übungsleiter gelegentlich sowohl Partnerübungen als auch Musikbegleitung ein?
- Werden als rumpfkräftigende Partnerübungen für Kinder auch einmal gegenseitiges Schieben, Ziehen, Tragen durchgeführt?
- Welche Muskelgruppen lassen sich durch Schieben, Ziehen, Tragen außerdem kräftigen?

Ausbildung der Antriebsmuskeln

Kinder zeigen häufig ein reines «Zug-Schwimmen», d. h., sie ziehen beim Kraul-, Rückenkraul- und Schmetterlingschwimmen die Arme nur bis knapp hinter die Schulterlinie. Die Druckphase vernachlässigen sie deshalb, weil weder die Alltagsmotorik noch die Schulsportübungen Bewegungsabläufe des Armstreckens unter gleichzeitiger Innenrotation enthalten. Dementsprechend werden die Streckmuskeln und vor allem die einwärtsdrehenden Muskeln der Arme kaum ausgebildet.

Die Armstrecker lassen sich verhältnismäßig einfach kräftigen: Vierfüßlergang, Schubkarrenfahren, Stützsprünge an Reck und Barren, Zappelhandstand, Sitzfußball, Aufschwingen in den Handstand unter Partnerhilfe oder gegen die Wand.

Für die gezielte Beanspruchung der innenrotierenden Muskeln kann man Zugübungen mit dem Gummiseil einsetzen, bei denen die Kraul- und Schmetterlingsarmbewegung einschließlich des Einwärtsdrehens beim

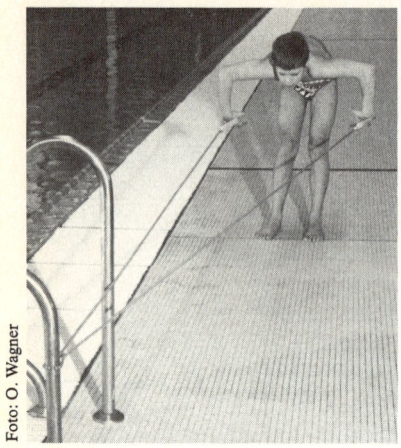

Foto: O. Wagner

Armstrecken nachgeahmt werden. Die beiden Enden des in der Mitte befestigten Gummiseils befinden sich in der Zugphase nur unter schwacher Spannung. Die Spannung nimmt jedoch zu, je weiter das Seil am Ende der Bewegung gedehnt wird (Foto). Wirkungsvoll sind auch Übungen in Rückenlage auf dem Boden, wenn die Seilenden bei aufliegenden Ellbogen gefaßt sind und neben den Oberschenkeln zum Boden geklappt werden.

Hinweise:

– Die ersten Versuche jeder Art von Handständen sollten auf Matten ausgeführt werden, zum Schutz für Kopf und Wirbelsäule.
– Zugseilübungen beginnen in kleineren Serien von 5 bis 8 Wiederholungen; sie wechseln ab mit anderen Übungen an Land.
– Würfe und Parteispiele mit schweren Medizinbällen gehören zu den hervorragenden Kräftigungsmöglichkeiten für junge Schwimmsportler.

Die Muskelausbildung betrifft auch die Beine. Kraftausdauer der Beine benötigen die Schwimmsportler für den Beinschlag und die Schwunggrätsche, Schnellkraft für jeden Sprung ins Wasser, den Abstoß nach einer Wende, das Herausschnellen aus dem Wasser im Kunstschwimmen und Wasserballspiel. Bevor das Beinkrafttraining an Kraftmaschinen oder mit der Scheiben- bzw. Jochhantel in Betracht gezogen wird, sollten – ganz besonders für Kinder – zunächst alle Arten von *Sprungübungen* auf dem Land genutzt werden. Da bieten sich leichtathletische und turnerische Sprünge genauso an wie Ballspiele mit schnellen Körperstreckungen und Strecksprüngen, z. B. Ball über die Schnur, Volleyball, Basketball, Kopfball. Auch Sprintläufe, schnelles Radfahren, kurze Treppen- und Bergaufläufe gehören zu den beinkräftigenden Übungen. Für den Fall, daß die genannten Maßnahmen weder die Schnellkraft noch den Umfang der Beinmuskulatur erhöhen, helfen zusätzliche Serien von Kniebeugen: beidbeinige und einbeinige, Kniebeugen mit leichten Zusatzgewichten, Strecksprünge aus der tiefen Kniebeuge, Tiefsprünge von erhöhten Flächen in die Kniebeuge.

Beobachtungshilfen
- Wer kann von Plattform und Federbett am höchsten springen?
- Wie oft in einem Spiel beschleunigt der Wasserballer von Null auf Sprinttempo?
- Wer schnellt am weitesten aus dem Wasser heraus?
- Wie oft hintereinander berührt ein(e) Sportler(in) Schnur, Ball oder Wimpel, die ca. 15 cm unter der persönlichen Reichhöhe hängen?
- Wissen die Schwimmer, daß auf einer 25-m-Bahn ein 400-m-Rennen 15, ein 800-m-Rennen 31 und ein 1500-m-Rennen 59 Wendeabstöße erfordert?
- Wer schafft in einer Minute die meisten Wiederholungen: auf den Boden setzen und wieder aufstehen?

Spezifisches Krafttraining

Das eigentliche spezifische Krafttraining für den Schwimmsport setzt erst nach bzw. gegen Ende der Pubertät ein, nämlich dann, wenn das natürliche Muskelwachstum in Verbindung mit den üblichen Bewegungsanforderungen im Wasser und an Land keinen Kraftzuwachs mehr bewirkt. Um dann kurze Strecken schneller zu durchschwimmen, einen hohen Ball noch zu erreichen, die Sprunghöhe zu vergrößern, den Körper explosiver zu hechten, das Ballettbein weiter über die Oberfläche zu strecken, ist mehr Kraft nötig. Um diese Bewegungsabläufe vielfach kraftvoll wiederholen zu können, ist mehr Kraftausdauer erforderlich. Dies sind die Ziele des *schwimmsportlichen Maximalkrafttrainings* und *Kraftausdauertrainings*.

Übungen

- Bankdrücken: Rückenlage auf einer Bank bei aufgesetzten Füßen, Hebelenden der Kraftmaschine oder Langhantel über jeder Schulter gefaßt: Arme nach oben durchstrecken und dem Gewicht nachgebend beugen (Foto 1, S. 337).
- Handgelenk-Bizeps-Einrollen: Sitz auf Turnkasten, Bank, Stuhl bei waagerechten Oberschenkeln und darauf abgestützten Ellbogen: die beidhändig gefaßte Langhantel durch Anbeugen zuerst der Handgelenke, danach der Unterarme zum Hals führen und absenken (Foto 2, S. 337).
- Beinstrecken: Sitz mit angehockten Beinen, Fußsohlen gegen Fuß-

platte der Kraftmaschine oder mehrfach übereinandergelegtes (befestigtes / gehaltenes) Expanderseil gesetzt: Knie durchstrecken und nachgebend beugen (Foto 3).

– Trizepsstrecken-über-Kopf: Sitz auf einer Heberbank, einem Turnkasten vor der Wand, einem Stuhl, die Lendenwirbelsäule fest angelehnt, Langhantel beidhändig ca. 20 cm breit gefaßt bei nach oben gestreckten Armen (ein Helfer hat die Hantel angegeben): Hantel hinter den Kopf senken und wieder hochstrecken, dabei die Ellbogen stets neben dem Kopf stehenlassen (Foto 4).

– Armeinwärtsdrehen: Rückenlage bis zu den Achseln auf einer Matte, Schultern und Kopf auf dem Boden, Oberarme zur Seite hinter Mattenkante aufgelegt, Langhantel bei senkrecht gewinkelten Unterarmen im Ristgriff gefaßt: Hantel ohne Veränderung der seitlichen Oberarmposition hinter dem Kopf zu Boden lassen und wieder hochdrehen bis über die Schultern (Foto 5).

– Latissimus-Ziehen: Kniestand oder Schneidersitz unter dem reichhohen Bügel eines Zuggeräts (Latissimusmaschine), Bügelenden mit den Händen gefaßt: bei möglichst hoher Ellbogenstellung einmal vor der Brust bis Bauchhöhe, einmal hinter dem Kopf bis an die Schultern ziehen usw. (Foto 6).

Merke:

Je größer das Gewicht / der Widerstand bei wenigen Wiederholungen, desto eher nimmt die Maximalkraft zu; je mehr Wiederholungen bei geringem Gewicht / Widerstand, desto eher nimmt die Kraftausdauer zu.

Hinweise:

– Um die Trainingsbelastung genau zuzumessen, wird in jeder Krafttrainingsübung ausprobiert, wieviel Gewicht / Widerstand der einzelne Sportler gerade noch bewältigt (= 100 Prozent).

– Für das Maximalkrafttraining empfehlen sich 2 bis 3 Serien von 3 bis 8 Wiederholungen mit 75 bis 95 Prozent (Pausen bis 30 Sek.).

– Für das Kraftausdauertraining empfehlen sich 2 bis 4 Serien von 15 bis 50 Wiederholungen mit 45 bis 65 Prozent (Pause ein Atemzug).

– Pausen zwischen den Serien beliebig bis zu mehreren Minuten.

Beobachtungshilfen
● Tragen alle Teilnehmer Trainingsanzüge oder lange T-Shirts?
● Haben sich die Sportler vor dem Krafttraining aufgewärmt und die Muskeln gedehnt?
● Werden schwere Geräte und Gewichte nur von Teilnehmern herbei- und weggeschafft, die fest geschnürte Sportschuhe tragen?

Fotos: K. Wilke

- Ordnet der Übungsleiter für größere Gruppen die Geräte in Kreisform an, so daß sich Übende und Pausierende abwechseln?
- Beenden stets Lockerungs- und Beweglichkeitsübungen das Krafttraining?

Breitensportliches Schwimmen

Inhalt

Barbara Hammerer

Wassergymnastik für Senioren

Eigentlich ist der Titel verfehlt gewählt, denn die Erfahrung beweist: Es sind die Seniorinnen, die regelmäßig Wassergymnastik betreiben. Dieses wirft drei Fragen auf:

Was bedeutet Wassergymnastik für Senioren im allgemeinen Verständnis?

Im ursprünglichen Sinn wird Wassergymnastik als kurative Gymnastik begriffen. Ihre in speziellen Krankheitsfällen heilende (therapeutische) Wirkung – sie nutzt die besonderen Eigenschaften und Vorteile des Wassers – prägt auch heute noch häufig das allgemeine Bild der Wassergymnastik. Da mit zunehmendem Alter Kuraufenthalte häufiger werden, erhält auch die Gymnastik im Wasser dann einen höheren Bekanntheitsgrad und auch Stellenwert.
Gelegenheiten, sie unter anderen Schwerpunkten, z. B. sportlich-gesellig orientiert, kennenzulernen, verbreiten sich erst allmählich. Bisher wenden nur wenige Senioren Wassergymnastik in üblichen Schwimmbädern selbständig als Fitness-Sportart an.

Warum wird Wassergymnastik eher von älteren Frauen angenommen?

Die Lösung dieser Frage erscheint vordergründig ganz einfach: Es gibt derzeit mehr Seniorinnen! Die Statistik sagt, daß aus den Kriegsjahrgängen mehr Frauen als Männer in das Rentenalter eintreten.
Die läßt sich aber auch anders erklären: Wassergymnastik wird von älteren Herren häufig als «Wasserballett» aufgefaßt. Ein sportliches Verständnis fehlt dann gänzlich. Wollen oder können ältere Herren an bestehenden Wassergymnastikangeboten nicht teilnehmen? Diese Frage sollte man sich gegebenenfalls stellen und die Ursachen prüfen.

Beobachtungshilfen
- Fehlt das allgemeine Verständnis für diese Bewegungsart?
- Fehlt der (männliche) Anspruch, leistungsbezogen gefordert zu werden?
- Fehlt eine verhältnismäßig ausgewogene Teilnehmerschaft: zu viele Frauen, zu wenig Männer?

Wie «alt» ist eine Seniorin / ein Senior?

Gesellschaftlich gesehen, beginnt das Seniorenalter mit dem Eintritt in das Pensionsdasein. Der Sport kennt hierfür andere Gesetzmäßigkeiten. Ein Schwimmer kann bereits im Alter von 20 Jahren zum sportlichen Senior werden, andere Sportverbände siedeln diese Grenze im 30.–50. Lebensjahr an. Die hier umschriebene Seniorengymnastik kennt Altersgrenzen nicht im engeren Sinne. Unter nachfolgenden Gesichtspunkten soll eine Wassergymnastik gerade altersübergreifend durchführbar sein.

Gemessen am derzeitigen Aufbau der Bevölkerungspyramide, richteten die Schwimmvereine in der Vergangenheit ihre Angebote zumeist auf Jugendliche und Kinder aus. Inzwischen scheint es ratsam, eine betont sportive Betreuung auch für ältere Bürger zu schaffen, um den aus der Bevölkerungsentwicklung zu erwartenden erheblichen Mitgliederschwund im Jugendbereich ausgleichen zu können. Dabei sollten die z. T. hohen Aufwendungen für den Jugend- und Wettkampfsport nicht in Zweifel gezogen, aber sorgfältig überdacht werden.

Beobachtungshilfen
- Welche Strukturen sind in der Vereinsorganisation so eingefahren, daß man sie kaum noch aufbrechen kann?
- Können neue Angebote überhaupt Platz finden? Warum eigentlich nicht?

Ältere Vereinsmitglieder suchen Geselligkeit, freudvolle und ernsthafte Kontakte, eine sportlich und persönlich ansprechende Betreuung. Nicht selten muß dabei die heute fehlende Großfamilie ersetzt werden. Seniorenbetreuung bewegt sich häufig zwischen Sportpraxis und Lebenshilfe.

Es gilt, Festgefahrenes aufzubrechen, ein falsches Altersbild (Inaktivitätsdenken) zu durchbrechen, falsche Einstellungen zu korrigieren.

Sport treiben im Alter heißt auch, seine Leistungsfähigkeit zu verbessern und zu festigen, Leistungsverminderung zu verzögern. Mögliche Trainingswirkungen werden häufig unterschätzt und deshalb nicht angestrebt. Mit positiven Erfahrungen im aktiven Sport wächst das Selbstbewußtsein und -vertrauen, das Wohlbefinden und auch der Aktivitätsdrang.

Eine Vielzahl von Sportarten, darunter bekannterweise auch das Schwimmen und die Wassergymnastik, lassen sich bis ins hohe Alter sehr gut durchführen. Sicherlich gehören zum Seniorenprogramm eines Vereins aber auch noch andere Angebote.

Beobachtungshilfen
- Gibt es im Verein genügend Übungsleiter, die sich um die sportlichen Belange der Senioren kümmern?

● Gibt es innerhalb der Übungsabende beispielsweise folgende Aktivitäten?
   – Seniorenanfängerschwimmen,
   – Organisiertes Trimm-Schwimmen,
   – Schwimmtechnische Ausbildung für Senioren,
   – Aufwärmgymnastik für Senioren,
   – Spielformen,
   – Senioren-Wassergymnastik,
   – Organisiertes Wettkampftraining für Senioren.

Vielleicht zeigen diese Überlegungen, daß mit einem «volkstümlichen Schwimmen» allein eine zeitgemäße sportliche Betreuung nicht geleistet ist.

Bedingungen, Organisation und Planung

Im Grunde können nahezu alle im Kapitel «Grundlagengymnastik im Wasser» aufgeführten Übungen auch im Seniorenbereich eingesetzt werden. Allerdings sind alters- und leistungsentsprechende Einschränkungen zu beachten. So ändern sich Zielstellungen und auch die methodische Gestaltung.
Zur Frage der allgemeinen *organisatorischen* Voraussetzungen gehört die Vereinspolitik. Diese zu beeinflussen, kann um so leichter fallen, je mehr Betroffene ihren berechtigten Anspruch bei den entscheidenden Vorstandsmitgliedern darstellen.
Innerhalb der *sportlichen* Aktivität treten körperliche Voraussetzungen in den Mittelpunkt. Zu den biologischen Veränderungen kommen Auswirkungen von Krankheiten hinzu und verschwimmen mit zunehmendem Alter zumeist auf eine Weise, die es immer schwieriger macht, aktuelle Leistungsfähigkeiten bzw. Belastungsvoraussetzungen zu beurteilen. Der Übungsleiter steht vor der anspruchsvollen Aufgabe, seine Teilnehmer allgemein, aber auch in ihrer jeweiligen Tagesform richtig zu erfassen und «zu bewegen».

Beobachtungshilfen
● Wie, wann und warum äußern sich übermäßiger Ehrgeiz, unangebrachtes Leistungsdenken oder Bewegungslust in der Seniorengruppe?

● Welche Teilnehmer überspielen offensichtlich einige Probleme? Wie
  helfe ich ihnen?
● Wie groß ist der Unterschied in den allgemeinen Leistungsvoraussetzungen?

In diesen Rahmen fällt die besondere *pädagogische* Aufgabe des Übungsleiters: genaues Beobachten, allgemeine Aufklärung über die körperlichen Voraussetzungen sowie die Wirkungsweisen des Sports im Alter, Einzelgespräche. «Offene Ohren» und angemessenes Handeln gelten als Voraussetzungen für den guten Übungsleiter. *Hinweis:* Aufschluß über die speziellen körperlichen Voraussetzungen des einzelnen erhält man oft ganz nebenbei im Gespräch unter der Dusche.

Die *Eingangsvoraussetzungen* für den Seniorensport sind sehr unterschiedlich: Anfänger, Wiederbeginner, Langzeitsportler, Untrainierter, Wiedertrainierender, Langzeittrainierender, Risikogruppenangehöriger, Therapiegruppenangehöriger.
Fragt sich der Übungsleiter, wie er solche Unterschiede, die natürlich auch innerhalb einer Gruppe auftreten können, sinnvoll bewältigt, bietet sich als Antwort die *Differenzierung* (verschieden gestaltete Übungsformen) an.

Merke:
Gerade in Seniorengruppen dürfen sich nicht alle Teilnehmer dem gleichen Übungsprogramm unterziehen. Gemäß den unterschiedlichen Voraussetzungen sollten gymnastische Übungen zumindest über zwei Belastungsgrößen differenziert angeboten werden:
– *Reizintensität*, die sich im Bewegungsausmaß, in der Bewegungsgeschwindigkeit und der Größe des zu bewältigenden Widerstandes ausdrücken läßt.
– *Reizhäufigkeit* als Zahl der Übungswiederholungen oder auch Übungen insgesamt.

Beispiel: Der Übungsleiter kündigt als Aufgabe die Armführung (direkt unter der Wasseroberfläche) an. Die Teilnehmer beginnen mit mittlerem Ausschwungausmaß und geringem Tempo. Allmählich ist das Ausschwungausmaß zu steigern. Der Übungsleiter erklärt: «Wir erproben nun die gleiche Bewegung mit langsamem, mittlerem, schnellem oder auch sehr schnellem Tempo. Jeder sucht sich dabei ‹sein Tempo› heraus und führt die Übung auf diese Art weiter.»
Zur erneuten Intensitätssteigerung lassen sich Geräte mit kleinen bis großen Widerstandsflächen verwenden:

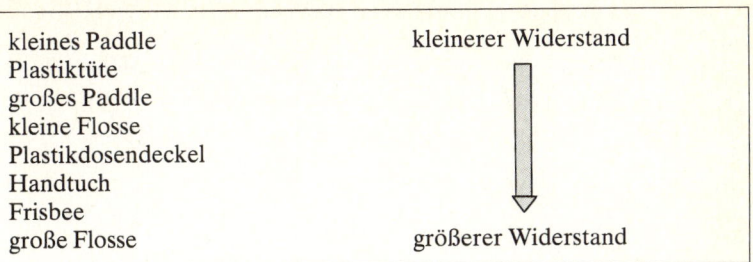

kleines Paddle	kleinerer Widerstand
Plastiktüte	
großes Paddle	
kleine Flosse	
Plastikdosendeckel	
Handtuch	
Frisbee	
große Flosse	größerer Widerstand

Die Teilnehmer finden gemeinsam mit dem Übungsleiter das ihnen angemessene Gerät heraus.

Hinweis: Eine über die Reizhäufigkeit gesteuerte voraussetzungsangepaßte Belastung erfolgt über die Angabe einer Wiederholungsspanne. Es heißt also nicht: «Wir führen diese Übung 15mal aus», sondern: «Diese Übung sollte 12 – 20mal durchgeführt werden, jeder wählt ‹seine› Wiederholungszahl.»

Um Belastungen richtig einschätzen zu können und auch den Teilnehmern zu einem neuen Körperbewußtsein zu verhelfen, sollten zwei *Belastungskontrollmethoden* gerade für sportlich aktive Senioren selbstverständlich werden: die Pulskontrolle, die regelmäßige (sport)ärztliche Untersuchung. Die Faustregel besagt, den Belastungspuls (vgl. Schwimmen als Fitnesstraining, S. 350) im Rahmen des Wertes «170 minus Lebensalter» zu halten. Eine mindest einmal jährlich ärztlich durchgeführte Belastungsuntersuchung und Besprechung der betriebenen Sportart empfiehlt sich darüber hinaus für jeden Sportler «über 40».

Der Erholungspuls, 1, 2 bzw. 3 Minuten nach der Belastung gemessen, gilt als wichtiges Leistungsmaß. Schnell fallende Werte zeugen von guter Ausdauer. Der Erholungspuls sollte stets niedriger als der Belastungspuls sein. Ist dies nicht der Fall, ist ein Arztbesuch anzuraten.

Wie kommt man aber zu einem gruppenbezogenen Belastungsgesamtüberblick? Einzelabfragen wirken schulmäßig und ziehen sich häufig in die Länge.

Hinweise: Der Übungsleiter fertigt ein Plakat (Abb. 1, S. 344) an und bittet die Teilnehmer, in entscheidenden Übungsphasen ihren Belastungspuls direkt einzutragen (dicke Malstifte und Klebeband zum Aufhängen des Plakates vorab bereithalten). Wie Abbildung 2, S. 344 zeigt, ergibt sich durch die Abweichungen vom Hauptwert («170 minus Lebensalter») ein wichtiges Belastungsgesamtbild für die weitere Planung.

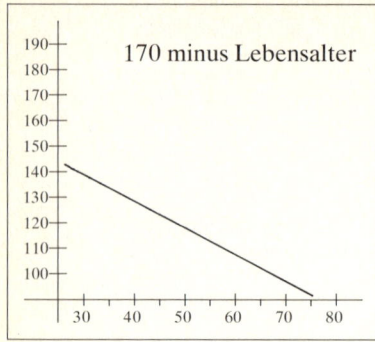

Abb. 1: Belastungspuls-Schaubild

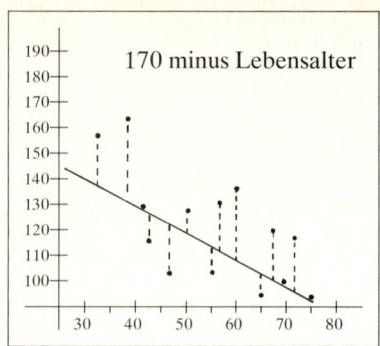

Abb. 2: Angewandtes Belastungspuls-Schaubild

Beobachtungshilfen
● Weichen viele Teilnehmer vom Hauptwert (Diagonale des Schaubildes) ab? War die Belastung insgesamt zu hoch, zu niedrig, zu unterschiedlich?
● Welche Teilnehmer sind zu angemesseneren Belastungen anzuleiten?
● Erkennen die Teilnehmer selbständig, ob sie sich unterfordern oder überfordern?

Eine vielseitig angelegte Wassergymnastik für Senioren kann folgende *Sinngebungen* und *Zielsetzungen* erfüllen:

Sinngebungen der Wassergymnastik
– Freude an der Bewegung im Wasser,
– Erholungswert,
– Spaß am Erlernen neuer Bewegungen (und Kenntnisse),
– Kontakte mit Menschen,
– Auseinandersetzung mit gegenüber dem Alltag veränderten Umweltgegebenheiten,
– Gesundheitswert,
– Leistungswert.
Zielsetzung der Wassergymnastik
– Gewinnen, Erhalten, Steigern der Kondition,
– Aneignen, Beherrschen und Erweitern gymnastischer Bewegung/Übungen,
– schwimmsportbezogene Erfahrung, bewußtes Verarbeiten, Bewältigen und Nutzen der Eigenschaften des Wassers,

– durch zweckbezogene Übungszusammenstellungen: Wassergewöhnung, Vorbereitung auf das Anfängerschwimmen, spezielle Vorbereitung für Seniorenwettkampfteilnehmer,
– Schaffen des Selbstverständnisses, auch im Alter aktiv Sport zu betreiben.

Abschließend sei noch auf die attraktive Form der *Wassergymnastik mit Musik* eingegangen. Neben einem freudvollen – z. T. entspannteren Bewegungserlebnis bietet die musikalische Begleitung eine gute methodische Hilfe, gymnastische Bewegungen rhythmisch und dynamisch zu gestalten. Dabei ist zu beachten, daß die gewählte Musik einen Schrittmacher mit Zwangscharakter darstellt und einzelne Teilnehmer überfordern kann. Ein 60jähriger, der sich bei Rock-and-Roll-Musik in seine jungen Jahre versetzt fühlt, läßt sich schnell durch die schwungvoll und leicht erlebten Bewegungen (Auftriebswirkung des Wassers) täuschen.
Er verursacht durch seine ausgiebige Aktivität sowie die gern ertragene Übungsgesamtdauer Belastungsintensitäten, die die gewünschte Schwelle übersteigen.
Hinweise: Der Übungsleiter sollte als Faustregel bei der Musikauswahl berücksichtigen: Nicht die Teilnehmer müssen sich der Musik fügen, sondern die Musik, d. h. die Art ihrer Zusammenstellung, muß den Voraussetzungen der Teilnehmer entsprechen.
Für Senioren eignen sich insbesondere volkstümliche Melodien, Schlagermelodien, klassische Tanzmelodien. Es bietet sich geradezu an, auch einmal einen Walzer, Cha-Cha-Cha oder sogar Schuhplattler im Lehrschwimmbecken zu versuchen. Durch getragene Melodien lassen sich Armführungen und Armschwünge sowie Beinführungen und Beinschwünge sinnvoll unterstützen.

Beobachtungshilfen

● Führt gehäufter Musikeinsatz – man beachte auch den zusätzlichen Geräuschpegel in einem Schwimmbad – nicht zu Überbelastungen?
● Hat der Übungsleiter die Grenzen des Musikgebrauchs für seine Gruppe und die Umgebungsbedingungen herausgefunden?

Spritzwasser zu ertragen gehört auch im fortgeschrittenen Alter zu den grundlegenden Voraussetzungen des Wasseraufenthaltes. So sollte der Übungsleiter sich nicht scheuen, auch solche Übungen aufzunehmen, die betont auf diese wassertypische Situation eingehen. Wichtig ist dabei in erster Linie die Gruppenwirkung. Das gemeinsame Erlebnis läßt eventuelle Unannehmlichkeiten schnell verschwinden (Foto 1, S. 346). Der Spritzarmschwung besitzt zudem eine gewünschte durchblutungsfördernde Wirkung für das Unterhautgewebe (Foto 2, S. 347).

1

Foto 1 und 3: B. Hammerer

Armschwünge und -führungen erreichen häufig ihr Ziel, nämlich die Beweglichmachung und insbesondere Kräftigung des Arm-Schulter-Bereiches, ohne den Einsatz zusätzlicher Widerstandsgeräte nicht. Lustige, aber gleichsam sinnvolle Widerstandsgeräte lassen sich in jedem Haushalt finden. Weichspülerflaschen, Plastikkanister und -tüten, mit Wasser gefüllt, sind schwieriger durchs Wasser zu bewegen und bieten geeignete Übungs- oder Trainingsreize. Senioren schätzen den Gebrauch solcher Hilfsmittel, da man sie angenehm greifen und festhalten kann. Der «Materialstreit» um die im Bad meist in zu geringer Zahl vorhandenen Schwimmgeräte entfällt, weil sich recht unkompliziert ein «alternativer Gerätepark» anlegen läßt.

Im Rahmen der Übungen für den Arm-Schulter-Bereich ist ein besonderes Augenmerk auf Anforderungen zu legen, die sich allein auf den Unterarm beziehen. So sollte eine entsprechende funktionelle Gymnastik (vgl. S. 81 ff) regelmäßig aufgegriffen werden.

Hinweis: Zu Problemen führt in der Seniorengymnastik immer wieder die Art des Festhaltens. Der Spaß bei Gruppen- oder Partnerübungen kehrt sich schnell zum Ärger um, wenn Finger gequetscht oder Arme gezerrt werden. Leichtes Einhaken, dafür aber eine verstärkte Beinarbeit sollte beim Gehen (Laufen) in Gruppen beachtet werden (Foto 3).

Handfassungen mit dem Partner lassen sich durch Tauchringe (Foto 4) oder Handtücher angenehmer gestalten. In speziellen Fällen verlängern Handtücher sogar die Reichweite der Arme (Foto 5).

Hinweis: Übungen aus dem Kurwesen sollten wegen der geringeren Wassertemperatur in Sportbädern kaum übernommen werden. Was einsetzbar ist und was nicht, erfährt man um so schneller, je mehr eigene gymnastische Übungserfahrung man entwickelt. Es spricht in diesem Fall also vieles dafür, den Standort des Übungsleiters ins Wasser zu verlegen.

2

3

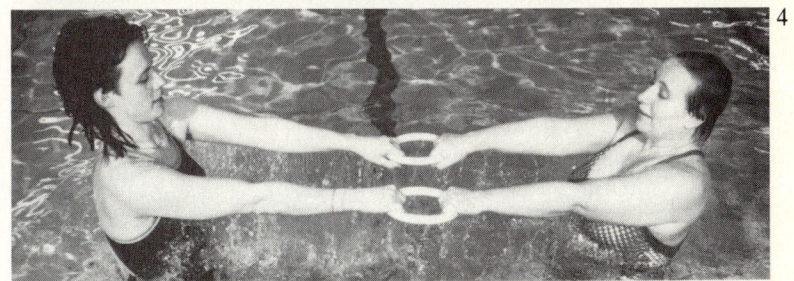

4

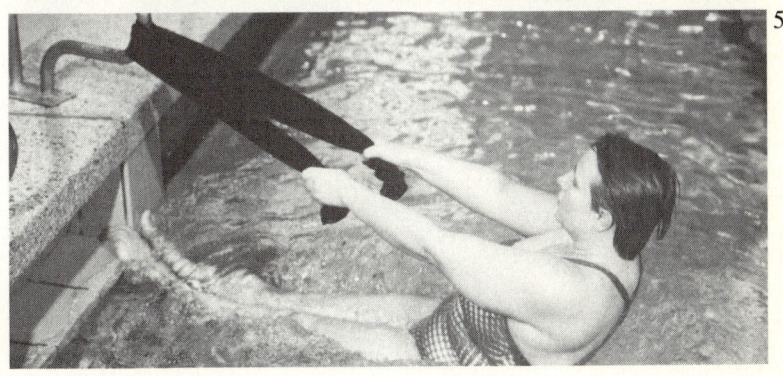

5

Kurt Wilke

Schwimmen als Fitnesstraining

Schwimmen gehört zu den Ausdauersportarten. Es unterscheidet sich jedoch von den an Land betriebenen insofern, als der Auftrieb des Wassers den Körper von seiner eigenen Schwere befreit: Der Schwimmer entlastet seine Wirbelsäule und (mittragenden) Gelenke; er kann die den Körper ansonsten aufrecht haltende Muskulatur entspannen.

Hinweise:
– Die einfachste Art, die relative Schwerelosigkeit zu nutzen, besteht im vollständigen Eintauchen und Tragenlassen des Körpers durch das Wasser.
– Zur Entspannung der Muskeln trägt das Einlegen des Kopfes ins Wasser ebenso bei wie das leichte Abspreizen, lockere Beugen und Ausschütteln von Armen und Beinen.

Foto: O. Wagner

Übungen zur Entspannung

- Wasserbett: Rückenlage mit vor dem Bauch gehaltenem großem Schwimmbrett, Kopf aufs Wasser zurückgelegt: Beine leicht geöffnet und gebeugt in den Kniegelenken über Schwimmsprosse, Schwimmring o. ä. legen; sich auftreiben lassen und entspannen.

  Ebenso auftreiben: Schultern und Beine locker ausschütteln.

- Wasserbett mit Beinstütze: Wie im «Wasserbett» auftreiben lassen: die Unterschenkel bis zu den Kniekehlen auf den flachen Beckenrand auflegen.

  Ebenso mit Beinstütze auftreiben: Nach tiefer Einatmung das Schwimmbrett loslassen und die Arme ruhig unter Wasser ausbreiten.

  Teppichstange im Waser: Aus dem vorgebeugten Stand im Flachwasser eine Schwimmsprosse oder ein großes Schwimmbrett quer unter Bauch und Hüfte schieben: nach tiefer Einatmung mit dem Kopf im Wasser darüber legen und entspannen.

  Ebenso mehrere Minuten lang über «Teppichstange» treiben lassen: Arme und Beine leicht öffnen, beugen und ausschütteln; unter Wasser ausatmen, zum Luftholen mit beiden Armen abstützend den Kopf kurz anheben.

  Hinweis: Die Übung wird einfacher, wenn sich die Hände an der Beckenrinne, am Trennseil oder der Bahnleine festhalten und/oder ein Partner auf die «Teppichstange» hilft.

Als wirkungsvolles Fitnesstraining wird ein wöchentlich zwei- bis dreimaliges Ausdauertraining in Verbindung mit Beweglichkeit und Kraft fördernden gymnastischen Übungen empfohlen. Als Mindestmaß ihres schwimmerischen Könnens für das Fitnesstraining müssen die Teilnehmer lernen,

- ruhig in Bauch- und Rückenlage zu schwimmen und sie zu wechseln,
- in der Bauchlage mit dem Gesicht im Wasser auszuatmen und kurz über der Wasseroberfläche einzuatmen,
- mehrere Schwimmbeckenlängen ohne Unterbrechung ruhig zu durchschwimmen.

Hinweise:

- Zum Wechsel von Bauch- und Rückenlage zieht man beide Arme bis zu den Hüften durch und dreht mit dem Gesicht voraus den Körper um seine Längsachse.
- Die regelmäßige Atmung für das Brustschwimmen läßt sich gut durch rhythmisches Tauchatmen vorbereiten: unter Wasser hinhocken und langgezogen durch Mund und Nase auspusten: «brrn» – Kopf knapp über Wasser anheben und kurz durch den Mund Luft holen.
- Der Schwimmstreckenverlängerung dienen die besonders langen Gleit-

abstöße nach jeder Wende, drei bis fünf Tauchatmungen vor jedem Abstoß, das Zählen der Schwimmzüge auf einer Schwimmbeckenlänge und
deren Verringerung um 10 bis 30 Prozent, der Wechsel von Bauch- und
Rückenlage vor Eintritt von Atemschwierigkeiten oder Ermüdung.

Auch das Fitness-Ausdauerschwimmtraining beansprucht unsere At-
mungs- und Kreislauforgane. Um als angemessener *Trainingsreiz* zu wirken, soll diese Schwimmbewegung
– wenigstens 5 Minuten lang andauern und sich im Laufe mehrerer Trainingswochen allmählich auf 30 Minuten ausdehnen,
– mit einem Maß von Anstrengung durchgeführt werden, daß die Herz-
  schlagzahl in der Minute 170 abzüglich der Zahl der Lebensjahre entspricht.

Merke:
Sofort nach Erreichen der Beckenwand mit Mittel- und Zeigefinger
einer Hand die Halsschlagader neben der Luftröhre tasten: 10 Sekunden lang die Herzschläge zählen und
mit 6 malnehmen (Herzschläge pro
Minute = Herzfrequenz).
Die Teilnehmer lernen, ihre eigene
Herzfrequenz zu messen. Sie prüfen
auf diese Weise, daß sie sich während des ruhigen Schwimmens längerer Strecken im Richtwert 170 minus Lebensalter belasten. Im Fall
einer höheren Herzfrequenz sollen
sie langsamer, bei geringerer Herzfrequenz schneller schwimmen. Dies
muß der Übungsleiter immer wieder üben lassen und häufig kontrollieren.
Um die Belastungsintensität noch genauer zu steuern, wird nach einigen
Trainingswochen der Ruhepuls (Herzfrequenz in ausgeruhtem Zustand)
gemessen. In der Tabelle rechts läßt sich dann die Trainingspulsfrequenz
nach Alter und Ruhepulsfrequenz ablesen.

Beobachtungshilfen
● Legen die Teilnehmer nach jedem kräftigen Schwimmzug eine lok-
  kernde Gleitpause von 1–2 Sekunden ein: Wechsel von Spannung
  und Entspannung?
● Lassen sie sich beim Streckenschwimmen vom Wasser tragen, und
  hält niemand die Luft über mehrere Züge an?

| Ruhepulsfrequenz | Lebensalter | | | | | |
	unter 30	30–39	40–49	50–59	60–69	über 70
unter 50	130	130	125	120	115	110
50–59	130	130	125	120	115	110
60–69	135	135	130	125	120	115
70–79	135	135	130	125	120	115
80–89	140	135	130	125	120	115
90–100	140	140	135	130	125	120
über 100	145	140	135	130	125	120

Empfohlene Pulsfrequenzen während des Dauerschwimmens

- Achtet der Übungsleiter darauf, daß jeder Teilnehmer seine Schwimmgeschwindigkeit gemäß der individuellen Trainingspulsfrequenz einrichtet?
- Verlängert die Gruppe das Ausdauertraining ganz allmählich auf 10, 20, 30 Minuten?
- Fragt der Übungsleiter seine Teilnehmer gelegentlich nach ihrem Wohlbefinden beim Fitnesstraining?
- Denkt er daran, daß Wohlbefinden außer von der richtigen Belastung auch von der Stimmung in den Übungsstunden und dem Spaß in der Gruppe abhängt: Gibt es genügend Übungen und Spiele?
- Haben sich alle Teilnehmer vor Aufnahme des Ausdauertrainings von ihrem Hausarzt untersuchen lassen?

Foto: O. Wagner

Günter Quast

Eine breitensportliche Veranstaltung: Familien-Olympiade

Gerade wegen seiner Bedeutung als Sportart, die lebenslang ausgeübt werden kann, ist es erforderlich, im Schwimmsport auch Bewegungsmöglichkeiten aufzuzeigen, die sich nicht in der Zielrichtung auf den Wettkampfsport erschöpfen. Dies kann neue Mitgliederkreise erschließen, weil Schwimmen und Spielen im Wasser als freudvolle körperliche Bewegung in einem sehr vielfältigen Element erlebt werden. Als Beispiel wird hier eine Aktion vorgestellt, die ihren Schwerpunkt im spielerischen Bereich für die Familie hat. Aber selbstverständlich ist – wie in vielen Bereichen des Breitensports – auch eine andere Gestaltung möglich.

Familien-Olympiade

Spielidee
Der Familien-Olympiade liegt eine offene Spielidee zugrunde, vergleichbar mit einem Wasserspielfest.
Aus diesem Grunde werden hinsichtlich der einzelnen Spiele und der orga-

Foto: B. Nimtsch

nisatorischen Hinweise hier auch nur Vorschläge gemacht, die je nach den vorhandenen räumlichen, finanziellen und personellen Möglichkeiten und Voraussetzungen abwandelbar sind.

Bei der Auswahl und Gestaltung der Spiele können und sollen die Vorstellungen und Wünsche der Teilnehmer ebenso einfließen wie die des Veranstalters. Gleichwohl sind bei den nachfolgenden Spielen und organisatorischen Hinweisen sehr konkrete Vorschläge gemacht worden, um den Veranstaltern klare und eindeutige Anregungen geben zu können. Dabei wurde die Aufteilung in einzelne Arbeitsgebiete gewählt, um Hinweise auf die zu lösenden Aufgaben zu geben und aufzuzeigen, wie die erforderliche Arbeit auf mehrere Personen verteilt werden kann. Diese Hinweise sollen nicht als «Muß» verstanden werden. Sie dienen lediglich der Hilfestellung bei der Ausrichtung.

Die Idee der Spiele ist die Bewältigung unterschiedlicher sportlicher Aufgaben (Spiele), bei denen es mehr auf Kommunikation und gegenseitige Hilfe als auf Kampf und Besiegen eines Gegners ankommt. Dabei erfordern die einzelnen Spiele unterschiedliche Fähigkeiten und bieten deshalb auch den verschiedenen Teilnehmern eine Chancengleichheit.

Selbstverständlich können einzelne Spiele auch als Auflockerung oder zum Abschluß eines Übungsabschnittes angeboten werden. Sie haben dann die wichtige Funktion von Motivationshilfen. Dabei sind selbstverständlich nicht der organisatorische Aufwand und die einschränkende Regelung wie bei einem Wettkampf erforderlich.

Teilnehmer

Die Teilnehmer müssen wassergewandt sein. Finden die Spiele sowohl im Flach- als auch im Tiefwasser statt, müssen die Teilnehmer in der Lage sein, ohne fremde Hilfe zu schwimmen.

Es kommt sowohl Einzel- als auch Mannschaftsteilnahme in Betracht. Dabei ist die Bildung von Familienmannschaften (z. B. drei Personen aus zwei Generationen aus einer Familie) erstrebenswert. Aber auch andere Mannschaftszusammensetzungen sind möglich.

Die Spiele können nur von einem Mitglied der Mannschaft (wählt die Mannschaft selbst aus!) oder von allen Mannschaftsmitgliedern gespielt werden.

Wertung

Die Familien-Olympiade kann mit oder ohne Wertung gespielt werden. Wird sie mit Wertung gespielt, ist bei einer vergleichenden Bewertung sowohl bei Einzel- als auch bei Mannschaftsteilnahme eine Einteilung der Teilnehmer in unterschiedliche Gruppen erforderlich. Es können folgende Gruppen gebildet werden:

Gruppe 1: Teilnehmer aus einem Schwimmverein / Gruppe 2: alle anderen Teilnehmer.

Gruppe 1: Teilnehmer bis 10 Jahre / Gruppe 2: Teilnehmer 11 – 15 Jahre; usw.

Gruppe 1: zwei Erwachsene und ein Kind / Gruppe 2: zwei Kinder und ein Erwachsener.

Gruppe 1: Mannschaftsalter bis 45 Jahre / Gruppe 2: Mannschaftsalter 46 bis 60 Jahre; usw.

Selbstverständlich sind auch alle anderen Wertungseinteilungen denkbar.

Eine Wertung kann nach der benötigten Gesamtzeit für eine vorher festgelegte Anzahl von Spielstationen vorgenommen werden. Auch eine Punktewertung ist möglich (z. B. Vergabe von Platzziffern pro Spiel und Addition aller Platzziffern). Eine weitere Wertungsmöglichkeit liegt in der Anzahl der absolvierten Spiele. Diese Wertung erlaubt jedoch keine hohe Differenzierung zwischen den Teilnehmern.

Bei den einzelnen Spielen sind als Vorschläge Zeitwertungen aufgeführt.

Spielstationen

Alle Spiele können entweder von einem Mitglied der Mannschaft oder von allen Mitgliedern gespielt werden.

Luftmatratzen- oder Schlauchpaddeln

Ein Spieler liegt auf der Luftmatratze oder sitzt im aufgeblasenen Schlauch eines Autoreifens und legt so eine festgelegte Strecke (zwei Querbahnen) zurück. Es wird Zeitwertung vorgeschlagen; sie beginnt, wenn der Spieler auf der Luftmatratze liegt oder im Schlauch sitzt, und endet, wenn die Startwand wieder berührt wird.

Wackelbrücke

Die Wackelbrücke besteht aus aufgeblasenen Schläuchen, die auf Holzlatten sehr gut festgebunden werden müssen. Für den Eigenbau wird auf Abbildung 1 hingewiesen.

Die Wackelbrücke ist auf beliebige Art und Weise zu überqueren. Es wird eine Zeitwertung vorgeschlagen.

Der Teilnehmer muß bei Verlassen der Wackelbrücke an der Stelle wieder auf die Wackelbrücke zurück, an der er sie verlassen hat.

Maurerkübelfahren

Der Maurerkübel (runde Plastikwanne, die zum Mischen des Mörtels verwendet wird) wird in einen entsprechend großen Schlauch (Lkw-Reifen) eingedrückt. In diesem «Gefährt» ist eine festgelegte Strecke zurückzulegen. Kentert der Maurerkübel, muß man entweder an der gleichen Stelle oder an der Startwand (Kenterung auf der ersten Bahn) oder an der Wendewand (Kenterung auf der zweiten Bahn) wieder einsteigen. Die Zeitwer-

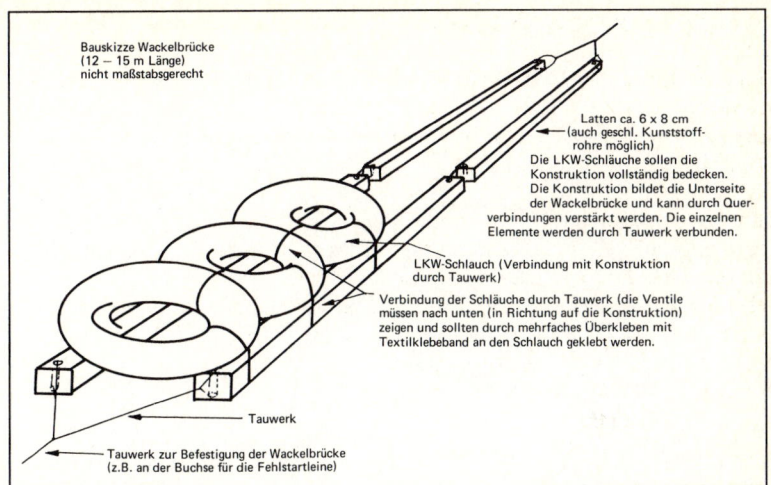

Bauskizze Wackelbrücke
(12 – 15 m Länge)
nicht maßstabsgerecht

Latten ca. 6 x 8 cm
(auch geschl. Kunststoff-
rohre möglich)
Die LKW-Schläuche sollen die
Konstruktion vollständig bedecken.
Die Konstruktion bildet die Unterseite
der Wackelbrücke und kann durch Quer-
verbindungen verstärkt werden. Die einzelnen
Elemente werden durch Tauwerk verbunden.

LKW-Schlauch (Verbindung mit Konstruktion
durch Tauwerk)

Verbindung der Schläuche durch Tauwerk (die Ventile
müssen nach unten (in Richtung auf die Konstruktion)
zeigen und sollten durch mehrfaches Überkleben mit
Textilklebeband an den Schlauch geklebt werden.

Tauwerk

Tauwerk zur Befestigung der Wackelbrücke
(z.B. an der Buchse für die Fehlstartleine)

Abb. 1

tung beginnt, wenn der Teilnehmer im Maurerkübel sitzt oder kniet, und endet, wenn der Schlauch die Startwand wieder berührt.

Hinweis: Beim Einsteigen ist Hilfestellung erforderlich, damit sich der Spieler nicht verletzen kann (Kentergefahr).

Wasserweitsprung

Drei aufgeblasene Lkw-Schläuche werden hintereinander gebunden und so am Beckenrand vor den Startblöcken befestigt (evtl. Querleine spannen), daß der erste Reifen ca. 1 m von der Beckenwand entfernt ist. Die Entfernung der beiden übrigen Schläuche von der Beckenwand richtet sich nach dem äußeren Durchmesser der Schläuche (s. Abb. 2, S. 356).

Die Teilnehmer versuchen, mit einem Fußsprung durch einen der drei Schläuche zu springen. Sie haben dafür jeweils drei Versuche.

Hinweis: Es dürfen wegen evtl. möglicher Stauchungen keine Kopfsprünge zugelassen werden.

Zur Wertung kann bei Durchspringen des ersten Schlauches bei einer Zeitwertung eine Zeit von 2:20 Minuten, bei Durchspringen des mittleren Schlauches eine Zeit von 2:10 Minuten und bei Durchspringen des entferntesten Schlauches eine Zeit von 2:00 Minuten angesetzt werden.

Wird kein Schlauch durchsprungen, wird eine Zeit von 2:30 Minuten angerechnet.

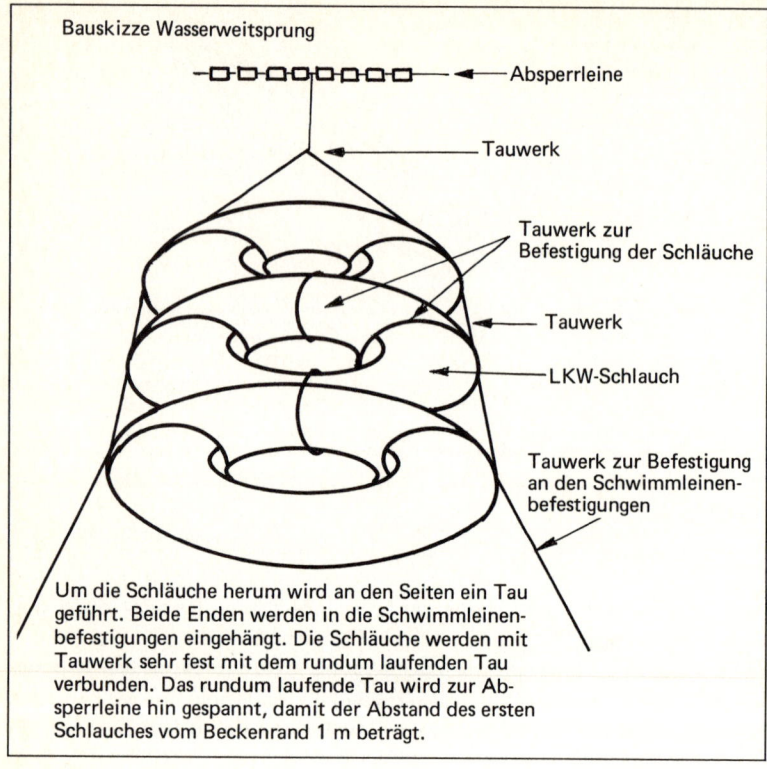

Bauskizze Wasserweitsprung

Absperrleine

Tauwerk

Tauwerk zur
Befestigung der Schläuche

Tauwerk

LKW-Schlauch

Tauwerk zur Befestigung
an den Schwimmleinen-
befestigungen

Um die Schläuche herum wird an den Seiten ein Tau
geführt. Beide Enden werden in die Schwimmleinen-
befestigungen eingehängt. Die Schläuche werden mit
Tauwerk sehr fest mit dem rundum laufenden Tau
verbunden. Das rundum laufende Tau wird zur Absperrleine hin gespannt, damit der Abstand des ersten
Schlauches vom Beckenrand 1 m beträgt.

Abb. 2

Schwimmen

Es ist von jedem Teilnehmer eine vorher festgelegte Strecke zu schwimmen
(Zeitwertung). Schwimmart, Start und Wende können frei gewählt werden. Ein Startsprung ist nicht erforderlich. Bei der Streckenauswahl kann
man auf die Ausschreibung zum Volksschwimmen zurückgreifen. Möglich
ist auch, ein Volksschwimmen mit einer Familien-Olympiade zu kombinie-
ren, weil dadurch auch für solche Interessenten Motivation zur Teilnahme
besteht, die sich nicht an den Spielen der Familien-Olympiade beteiligen
wollen.

Rahmenprogramm
Es wird dem Veranstalter empfohlen, ein Rahmenprogramm anzubieten.
Damit kann er auf die Vorzüge seines Vereins hinweisen und trägt gleich-

zeitig dazu bei, daß das Schwimmbad nicht sofort nach der «Olympiade» wieder verlassen wird. Im Rahmenprogramm können andere sportliche Betätigungen, aber auch Demonstrationen anderer Sparten angeboten werden. Die Einrichtung von Verzehrständen kann nicht nur eine gemütliche Atmosphäre herstellen, sondern durch den Verkauf von Kaffee und Kuchen kann auch Geld für die Abteilung eingenommen werden.

Hinweis:
– Die GEMA-Vorschriften sind zu beachten.
– Steuerliche und ggfs. ordnungsrechtliche Vorschriften sollten beachtet werden.

Veranstaltungsstätte
Die Familien-Olympiade kann in jedem Frei- oder Hallenbad durchgeführt werden. Im Freibad bietet sich die Durchführung auf Querbahnen an. Aufbauvorschläge können den Abbildungen 3 und 4 entnommen werden.

Abb. 3

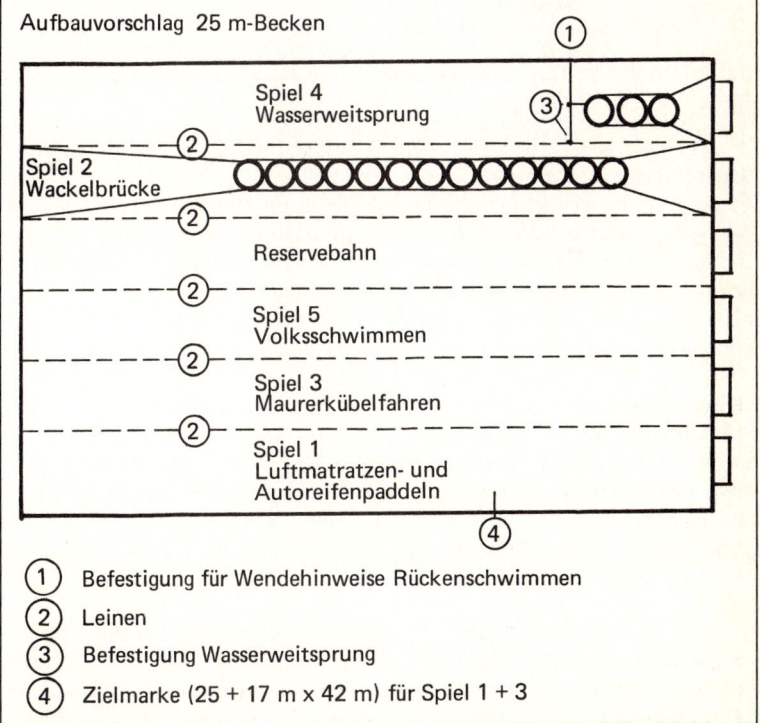

Aufbauvorschlag 25 m-Becken ①

Spiel 4 Wasserweitsprung ③

Spiel 2 Wackelbrücke

Reservebahn

Spiel 5 Volksschwimmen

Spiel 3 Maurerkübelfahren

Spiel 1 Luftmatratzen- und Autoreifenpaddeln

④

① Befestigung für Wendehinweise Rückenschwimmen
② Leinen
③ Befestigung Wasserweitsprung
④ Zielmarke (25 + 17 m x 42 m) für Spiel 1 + 3

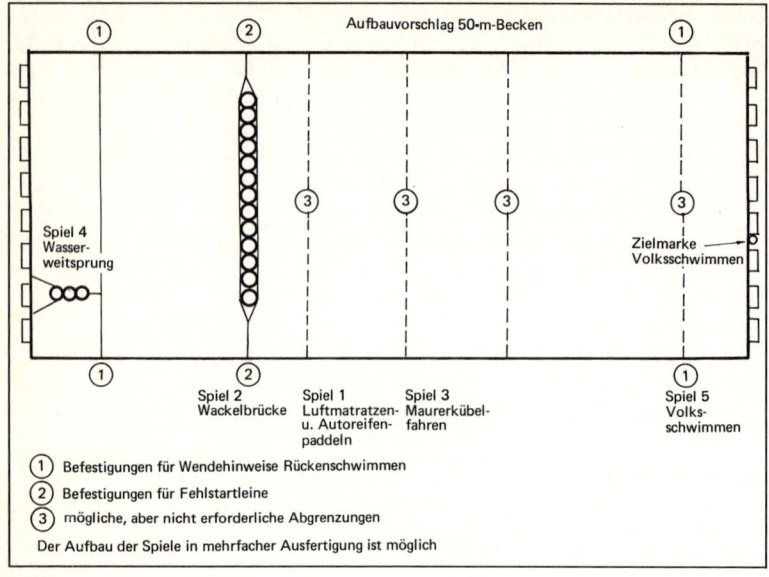

Abb. 4

Organisatorische Hinweise

Es bleibt dem Ausrichter überlassen, ob er die Teilnehmer in direktem Wettkampf starten lassen will (Einteilung nach Läufen) oder ob er jeden Teilnehmer bzw. jede Mannschaft für sich starten lassen will. Dabei suchen sich die Teilnehmer unabhängig von der Reihenfolge freie Spielstationen selber aus. Eine Einteilung in Läufe wird nur bei begrenzten Teilnehmerzahlen möglich sein und bringt größere Organisationsprobleme mit sich.

Teilnehmerkarten

Jeder Teilnehmer sollte eine Teilnehmerkarte erhalten, die er nach Beendigung der «Olympiade» abgibt (Auswertung). Der Ausrichter kann dann evtl. eine Wertung vornehmen, verfügt aber auch für weitere Aktionen über Namen und Anschrift des Teilnehmers. So kann später sogar eine Mitgliederwerbung gezielt durchgeführt werden.

Spielleiter

Jede Spielstation wird mit einem Spielleiter besetzt, der bei der Erläuterung der Aufgaben behilflich ist und die Eintragungen für die Wertungen vornimmt. Er händigt dem Teilnehmer nach Beendigung des Spieles die Teilnehmerkarte wieder aus.

Organisationsausschuß

Die Durchführung einer Familien-Olympiade kann eine starke Öffentlichkeitswirkung haben. Es wird deshalb empfohlen, einen Organisationsausschuß mit folgenden Aufgabenbereichen zu bilden:

Koordination

Gesamtleitung der Veranstaltung, Vorbereitung und Leitung der Sitzungen des Organisationsausschusses, Terminfestlegungen, Beschaffung der Veranstaltungsstätte, Beschaffung der Materialien, Terminplanung.
Hinweis: Für Volksschwimmen läßt sich eine Ausschreibung beim DSB anfordern.

Finanzierung

Erstellen eines Finanzplans, Festlegung der Teilnehmergebühren, Kartenverkauf, Verkauf im Rahmenprogramm, Erstellung der Abrechnung.
Hinweis: In verschiedenen Landessportverbänden ist es möglich, für Breitensportveranstaltungen Mittel aus der «Glücksspirale» zu erhalten.

Werbung / Öffentlichkeitsarbeit

Medienarbeit, Erstellung und Verteilung der Werbematerialien.

Bau / Auf- und Abbau

Beschaffung der Materialien, Bau der Spielgeräte, Aufbau im Bad, Absperrung und Ordnungsdienst, Lautsprecheranlage, Aufbau der Stände für das Rahmenprogramm, Abbau und Lagerung aller Materialien.

Hinweise:

– Bei Schläuchen ist zur Vermeidung von Verletzungen darauf zu achten, daß die Ventile mit starkem Textilband am Schlauch befestigt werden (Textilband mehrfach um den Schlauch und über das Ventil wickeln!) und die Ventilöffnung beim Aufbau nach unten zeigt.
– Eventuell polizeiliche Genehmigung einholen (Freibad).

Spiele

Auswahl der Spielleiter (zwei pro Spiel und ein «Springer» als Ersatz), Einweisung der Spielleiter, Beschaffung der Materialien (Stoppuhren, Schreibunterlagen usw.), Sammlung der Ergebnisse, Auswertung, Ausgabe von Auszeichnungen, Sprecher bei der Veranstaltung.

Rahmenprogramm

Auswahl des Rahmenprogramms, erforderliche Aufbauten, Spender für Kaffee, Kuchen usw. suchen, Organisation des Verkaufes, Festlegung der Verkaufspreise, Absprache mit dem Badbetreiber.

Der Übungsleiter

W. Günter Lingenau

Charakterisierung und Aufgaben

Glaubt man den Wunschvorstellungen vom idealen Übungsleiter oder Trainer, die so reichlich wie gern in Ausbildungsseminaren, von Vereinsvorständen und in Sportfachbüchern genannt werden, so muß der Übungsleiter ein Mensch wahrhaft genialen Zuschnitts sein. Ein sportlicher Alleskönner muß er sein, vormachen können, den besten methodischen Weg in jeder Übungssituation aus dem Ärmel schütteln können. Es versteht sich auch, daß er ein verständnisvoller Psychologe sein muß, einfühlsam in Training und Wettkampf, und in schwierigen Situationen trösten, aufbauen und notfalls Vater- und Muttersein ersetzen muß. Alles über Ernährung der Sportler soll er wissen und ein Super-Organisator muß er sein, die Wettkämpfe bis ins Detail, Reise und Aufenthalt inklusive vorbereiten können, und auch beim Vereinsvorstand muß er richtig «auf den Busch klopfen können», damit er für seine Übungsgruppe die optimalen Bedingungen erhält. Geschickt verhandeln können muß er mit den Eltern, die ja manchmal abweichende Vorstellungen zu seinen oder denen des Vereins haben; besonders gewieft muß er mit den Lehrern umgehen können, denn sie wollen nicht immer schulfrei geben, wenn Trainings- und Wettkampfreisen anstehen.

Wer so geballtem Anspruchsdenken unterliegt, könnte vor soviel Verantwortung Reißaus nehmen. Bangemachen gilt jedoch nicht, der Hang zum

Ideal führt viele Sportverantwortliche dazu, den Übungsleiter und Trainer zu einem Alleskönner hochzustilisieren. Die Trauben ein bißchen hoch zu hängen kann zwar nicht schaden, und Ziele, die man sich zutraut und die erreichbar sind, vermögen ja den Ehrgeiz besonders anzustacheln. Wichtig ist jedoch, daß der Übungsleiter ein stabiles Rollenbild seiner selbst gewinnt. Er hat freiwillig eine schöne Aufgabe gewählt: Junge und Alte, Begabte und weniger Begabte, Freizeitsportler und Leistungssportler in Sport und Spiel zu betreuen und anzuleiten. Das verlangt persönlichen Einsatz – auch die Bereitschaft, zu lernen, sich Gutes abzuschauen und sich fortzubilden.

Der Übungsleiter und seine Gruppe

Der Übungsleiter hat seine Vorstellung zum Übungsbetrieb, die Übenden selbst haben auch ihre Wünsche und Erwartungen. Dabei decken sich die Zielstellungen häufig, die Übereinstimmung kann andererseits aber auch verlorengehen. Kinder und Jugendliche, Leistungssportler und Freizeitsportler haben unterschiedliche Beweggründe (*Motive*), sportlich aktiv zu sein. Der eine möchte körperlich aktiv sein und gesellige Kontakte mit anderen haben, ein anderer möchte seine sportliche Leistung verbessern, und ein dritter will etwas für seine Gesundheit tun.

Wie Übungsleiter motivieren können

Negative Äußerungen können schlecht anspornen (motivieren). Der Angesprochene fühlt sich eher beleidigt, mißachtet, unterbewertet, vielleicht sogar entmutigt. Solche Kommentare treffen um so empfindlicher, wenn Gestik und Gesichtsausdruck diese auch noch begleiten. Damit wird die Bereitschaft, etwas zu lernen und zu leisten, zerstört.

Achtung, Wärme, Rücksichtnahme, das einfühlende Herausfordern, das offen gezeigte Interesse am Übungserfolg der Teilnehmer – das sind Fähigkeiten, die dem Übungsleiter/Trainer Anerkennung und Erfolg verschaffen. Wenn die Übungsteilnehmer sich in der Gruppe wohl fühlen sollen, müssen sie Freude am Üben, am Wettkampf und Training miteinander und an der Arbeit des Übungsleiters haben.

Motivieren läßt sich erlernen. Die Bereitschaft, mitzumachen, zu lernen, sich anzustrengen, hängt zum guten Teil von der Art ab, wie ein Übungsleiter/Trainer mit seiner Gruppe umgeht:

– Aufmunterungen zur Bekräftigung der Erfolgserwartungen («Das müßtet ihr schaffen!»),

– das Bewerten einer Leistung durch Lob und freundliche Kritik («Das war
  schon gut! Aber mit etwas Einsatz könntet ihr das noch besser!»),
– Wettbewerbssituationen («Wer schafft die Übung als Erster?»),
– freie Übungswahl («Was wollt ihr heute üben?») und kreatives Gestalten
  («Findet eine Übung, die man mit dem Beinschlagbrett machen kann!»).

Diese Einflußgrößen spielen eine bedeutende Rolle – und dies besonders
im Anfangsstadium des Übens. In der leistungssportlichen Entwicklung gewinnt der Anreiz, den eine Sache ausübt, eine noch größere Bewertung.
«Ich möchte unbedingt das Kraulschwimmen erlernen.»
«Ich möchte so gut schwimmen, daß ich in meiner Vereinsmannschaft mitmachen kann.»
«Ich möchte neue Rekorde schwimmen», usw.
Diese Ziele sind sachorientiert, sie machen sich an einer klar beschriebenen
Aufgabe fest. Dieser Aufgabenanreiz einerseits sowie die Chance, die Aufgabe zu erreichen (*Erreichbarkeitsgrad*) und schließlich der Neuigkeitsgrad
einer Aufgabe machen jenen Anteil der Lern- und Leistungsmotivation
aus, den man als sachbezogen (*intrinsisch*) bezeichnet.
Der Sportler, der seine Motivation aus der Sache ableitet, wird erfolgreicher sein und mehr Freude haben. «Nicht weil Oma mir 5 Mark für die
Urkunde gibt und der Übungsleiter mir anerkennend auf die Schulter
klopft, ist der Gewinn der Urkunde für mich wichtig. Wichtig ist für mich,
daß ich mein Ziel erreicht habe.»
Für den Übungsleiter stellt sich deshalb die Aufgabe, die sachbezogenen
Anreize mehr und mehr in den Vordergrund zu stellen. Dabei ist die Bereitschaft, etwas zu lernen und zu leisten, dann am größten, wenn die Aufgabe
weder zu leicht noch zu schwer ist, sondern noch genügend herausfordert,
ohne schon Angst vor Versagen auszulösen.
Die methodische Forderung daraus ist, die Übungsgestaltung und die Trainingsbelastung auf den einzelnen und seine Leistungsfähigkeit abzustim-
men (*Differenzierung*), um eine möglichst große Lernmotivation zu ermöglichen.

Vorbereitung und Durchführung
einer Übungsstunde

«Wenn man nicht genau weiß, wohin man geht, kann es einem passieren,
daß man woanders ankommt» (MAGER 1976). Ob Lehrer, Trainer oder
Übungsleiter – wer eine Lehrsituation plant, muß Entscheidungen treffen.
Das gilt in gleicher Weise für die Unterrichtsplanung einer Schule, für die

Lehrarbeit eines Fachverbandes, selbstverständlich auch für jede Trainerstunde und für jede Übungseinheit.

Solche Entscheidungen berücksichtigen viele Bedingungen, Umstände und Aufgaben der Lehrsituation. Man kann sie in ein Raster bringen. Von daher hat jede Unterrichts-, Übungs- oder Trainingsstunde einen formalen Rahmen, einen Ordnungsablauf, der jedes Lehren und Lernen zu einem absichtsvollen Geschehen macht. Dieser Ordnungsrahmen läßt sich planen. *Planung* bedeutet ja ein an Zielen orientiertes Vorgehen, das Ziele Schritt für Schritt erreicht und neue Ziele setzt. Die Wege dazu wollen sorgfältig überlegt sein. Insofern ist Planen unersetzlich.

Zwar sind die Ziele der Teilnehmer unterschiedlich: So möchte der Anfänger die Schwimmtechniken, Kopfsprung und Wende erlernen, die Leistungssportler möchten Meister und Rekordler werden, die Freizeitsportler wollen Freude bei gemeinsamem Spiel erleben. Jede Übungsgruppe hat ihre eigenen Erwartungen und damit auch Wünsche an das Verhalten und die Fähigkeit des Übungsleiters/Trainers. Allen diesen Teilnehmern ist aber gemeinsam, daß sie durchdachte Sportstunden erleben wollen, die ihrem Können und ihren Wünschen gerecht werden. Der Übungsleiter kann sich auf die verschiedenen Gruppen und Erwartungen einstellen. Kinder verhalten sich typischerweise anders als Jugendliche; diese unterscheiden sich in ihrer Art mitzumachen wiederum von den Erwachsenen. Weil das so ist, lassen sich die *Erwartungen* zum Teil im voraus bestimmen. Insofern kann der Übungsleiter/Trainer sich darauf einrichten und vorbereitend planen.

Planung erleichtert die Arbeit

Bei manchem mag die Frage nach der Berechtigung von «so viel Planung» entstehen. Ist die Planung einer Übungsstunde für eine Kinder- oder Jugendgruppe im Sport, für eine Seniorengruppe in Gymnastik nicht doch ein unnötiger Zeitaufwand? Man kenne doch sein Programm (fast) auswendig, in langen aktiven Sportlerjahren seien Übungsläufe doch in Fleisch und Blut eingegangen, und überdies – spontaner Entwicklung würde doch damit kein Raum gegeben.

Sicher, ein erfahrener Übungsleiter oder Trainer kann ohne Planung und detaillierte Vorbereitung mit seinen Jugendschwimmern die «25 goldenen Übungen» trainieren; eine Übungsleiterin, die überwiegend Wasserspiele anbietet, wird zunächst auch ihre Anfänger begeistern, und ein unvorbereiteter Trainer kann zu Beginn der Saison reichlich aus seinem Übungsrepertoire schöpfen. Nur – wer so Sportstunden durchführt, läuft Gefahr, seine Möglichkeiten und sein Angebot für die Übenden auf «Beschäftigung» zu begrenzen, ohne neue Ziele anzugehen.

Was beim Planen zu beachten ist

Planen heißt, Antworten zu geben und Entscheidungen zu treffen. Antworten auf Fragen, welche die Voraussetzungen der Teilnehmer und ihre Umgebung betreffen, Entscheidungen, die sich auf die Inhalte der Sport- oder Schwimmstunde und die Art und Weise ihres Ablaufes beziehen. Was gelernt und wie gelernt wird, welche Erfahrungen gemacht werden und wie sie gemacht werden, ist nicht zwangsläufig, sondern hängt von vielen Bedingungen ab, die sowohl in der Person des Teilnehmers als auch der des Übungsleiters / Trainers liegen, die aber auch in den äußeren Gegebenheiten bestehen, die das Lernen und Üben erleichtern oder erschweren können. Die Entscheidungen sind immer abhängig von persönlichen und umgebungsbedingten (sozialkulturellen) *Voraussetzungen.*

● *Individuelle Voraussetzungen der Teilnehmer*

Folgende Fragen geben uns Aufschluß über die Mitglieder der Übungsgruppe:
– Wie alt sind die Teilnehmer?
– Welchen Geschlechts sind die Teilnehmer?
– Wie sind ihre körperlichen Voraussetzungen?
– In welcher Entwicklungsphase befinden sich z. B. die Kinder der Übungsgruppe?
– Wie ist die gesundheitliche Verfassung? Gibt es Unpäßlichkeiten, Erkältungen, Erkrankungen, sonstige Wehwehchen?
– Wie ist das sportliche Können einzuschätzen?
– Sind die Übungsteilnehmer begabt, weniger begabt, sehr begabt?
– Sind sie ängstlich, zurückhaltend, mutig, draufgängerisch?
– Haben sie schon Kenntnisse im Sport erworben? Kennen sie die Fachsprache? Verstehen und folgen sie den Erläuterungen?
– Sind sie interessiert, fleißig, trainingsfreudig? Werden die Kinder von den Jugendlichen und Eltern unterstützt?
– Welche Ziele möchten sie erreichen? (z. B. Gesundheit erhalten, Leistung verbessern, Gemeinschaft erleben, Freizeit gestalten)
– Welche Stellung nehmen sie in Familie, Klasse, Beruf ein?

● *Sozial-kulturelle und organisatorische Voraussetzungen*

– Wie ist die Zusammensetzung in der Gruppe? Wie viele Teilnehmer? Welches Alter? Jungen und Mädchen? Große Unterschiede in der Leistung, im Interesse? Regelmäßige Teilnahme? Harmonie, Unruhe, Störenfriede?
– Wie sind die personellen (Übungsleiter/Trainer), finanziellen, räumlichen (Schwimmbad, Turnhalle usw.) Bedingungen vor Ort?

– Welches Ansehen hat der Sportverein im Ort, darüber hinaus innerhalb der Familie, Schule usw.? Welche Erwartungen werden an ihn gestellt? Welche Zielsetzung verfolgt er? (mehr Breitensport, mehr Leistungssport, mehr soziale Heimat für viele usw.)

Antworten auf die vielen Einzelfragen ermöglichen eine bessere Kenntnis des einzelnen Teilnehmers. Dabei wird es nicht möglich sein, gleich auf alle Fragen eine Antwort zu finden. In der ersten Stunde kann man die Teilnehmer einer neuen Gruppe bitten, sich vorzustellen. Name, Alter, Vorerfahrungen, Erwartungen kann jeder nennen. Dabei werden die Ausführlichkeit und die Form der Darstellung nach Altersgruppe und Lebenserfahrung voneinander abweichen. Ein kleines Einschwimmprogramm bei einer fortgeschrittenen Anfängergruppe im Alter von 10 bis 12 Jahren (200 m – Einschwimmen in zwei Schwimmtechniken, 16×25 m technische Übungen, Tauchübungen und Staffeln) erlaubt durchaus einen Einblick in die körperlichen Voraussetzungen, in die Bewegungsbegabung, vielleicht auch schon in den Übungsfleiß und die Sportbegeisterung. Die Arbeit mit den Teilnehmern, viele kleine Einzelgespräche, Erfahrungen im Übungs- und Wettkampfbetrieb geben ein immer ausführlicheres Bild der einzelnen Mitglieder der Übungsgruppe.

Während die Voraussetzungen mehr beratende Bedeutung für den Übungsleiter haben und erst über einen längeren Zeitraum erfahren werden können, sind die Entscheidungen für die *inhaltliche* Planung der Übungsstunde jedesmal und konkret zu treffen.

● (1) Was sollen die Teilnehmer lernen? Was soll der Inhalt, der thematische Schwerpunkt, das Übungsziel sein?
● (2) Wie sollen die Übungs- und Trainingsziele vermittelt werden? Welche Methoden und welche Mittel soll der Übungsleiter einsetzen?
● (3) Welche Organisationsformen ermöglichen erfolgreiches Üben?

(1) Was sollen die Teilnehmer lernen?
Im Vordergrund der Planung jeder Übungs- und Trainingseinheit steht die Bestimmung des thematischen Schwerpunkts. Er bildet den ersten Schritt. Er steht nicht isoliert da, sondern ist Teil einer mehrwöchigen Planung und bildet die Fortsetzung der vorangegangenen Übungseinheit. Inhaltliche Ziele oder thematischer Schwerpunkt ergeben sich aus den vielfältigen Aspekten des Lernens:

So stehen nicht nur der Fertigkeitserwerb und das Konditionstraining (motorisches Lernen) auf dem Programm. Hinzu kommen gefühlsmäßige Fähigkeiten (emotionales Lernen) wie sich tüchtig anstrengen, sich konzentrieren, sich beherrschen, mit Spaß mitmachen, Empfinden usw., gemeinschaftsbezogene Fähigkeiten (soziales Lernen) wie helfen, fair sein, sich in die Gruppe einordnen können sowie geistig-wissensmäßige Fähigkeiten (kognitives Lernen) wie Übungs- und Wettkampfregeln kennen, Kenntnis der Schwimmtechniken, Regeln sportlicher Lebensweise usw.

Thematische Schwerpunkte im Bereich der schwimmerischen Grundausbildung können z. B. sein:

– Einführung des Gleitens,
– Verfeinerung der Gesamtbewegung Brustschwimmen,
– Festigung des Startsprunges für das Brust- und Kraulschwimmen.

Diese Beispiele spiegeln gleichzeitig die drei Niveaustufen des Lernvorgangs wider (Grobkoordination, Feinkoordination, Feinstformung und Automatisierung).

Ebenso können folgende Themen in den Vordergrund der Übungsstunde gerückt werden:

– Spielformen im Wasser mit einem Partner,
– Beweglichmachung von Hüften, Knie- und Fußgelenk zur Verbesserung des Beinschlages für das Brustschwimmen,
– Vorbereitung zum ersten Schwimmwettkampf.

Die Auswahl der Inhalte richtet sich an der Zielgruppe aus. Handelt es sich z. B. um Schwimmgruppen ohne leistungssportliche Absichten wie gemischte Jugendgruppen, Senioren, Familien usw., so stehen Aktivitäten, die hohen Freizeitwert besitzen, die alle zum Mitmachen bewegen und einfach zu leisten sind, im Vordergrund.

– Finden und Erfinden von Spielen, Spielformen und entsprechenden Spielregeln,
– Verbesserung der Grundlagenausdauer im Querbahnbetrieb,
– Fußwärtige Sprünge mit anschließenden Aufgabenstellungen im Wasser, usw.

(2) Wie sollen die Inhalte vermittelt werden?

Die zweite Aufgabe der Planung besteht darin, die Methoden und Mittel festzulegen, mit denen das Stundenziel verwirklicht werden soll. Dabei gilt es, sorgfältig zu überlegen, da sonst schnell ein Durcheinander entstehen kann. Jede Übungs- und Trainingsmethode hat ihre eigene gesonderte Wirkung. Sie ist einem Medikament vergleichbar, das heilen, aber auch schaden kann. Dauertraining verbessert nicht die Grundschnelligkeit, Wiederholungstraining führt nicht zu einem erhöhten Niveau der Grundlagenausdauer; es ist gerade umgekehrt. Der Übungsleiter muß also die Wirkung einer jeden Trainingsmethode kennen, um sie sinnvoll einzusetzen.

Gleich welche Methoden und Mittel man auch verwenden mag, der Einsatz steht unter dem Einfluß einer Reihe *pädagogischer Grundsätze*. Diese gewährleisten ein sinnvolles und erfolgreiches Vorgehen. Danach soll das Üben und Trainieren

– entwicklungsgemäß und altersgemäß sein,
– anschaulich und verständlich sein,

- gesundheitsfördernd sein,
- vielseitig sein,
- systematisch aufbauend sein.

Entwicklungsgemäß und altersgemäß

Der Übungsleiter/Trainer muß wissen, welche Übungen, Spiele, Belastungsformen für die jeweilige Alters- und Entwicklungsstufe geeignet sind. Kinder unterscheiden sich in ihrer Anpassungsfähigkeit dabei von Jugendlichen und Erwachsenen, Mädchen von Jungen usw.

Anschaulich und verständlich

Eine klare und verständliche Sprache soll der Übungsleiter/Trainer sprechen. Natürlich ist es ein Unterschied, ob er mit Kindern, Jugendlichen oder Erwachsenen zu tun hat. Deren Auffassungsgabe und Sprachverständnis ist nicht gleich. Gleich ist jedoch allen der Wunsch, Erläuterungen und Anweisungen zu verstehen. Also muß der Übungsleiter/Trainer in der Wahl der Worte, im Maß, wie er die Fachsprache einsetzt, in der Beschreibung der Übungen Unterschiede machen. So langweilen Kinder Bewegungsbeschreibungen; unbeliebt sind auch komplizierte technische Erklärungen; da schalten sie ab. Besser sind kurze Bewegungsanweisungen, Vormachen-Nachmachen, bildhafte Vergleiche, Lehrbilder, auch Strichmännchen-Zeichnungen. Bei 15–16jährigen können Filmschleifen viel Aufmerksamkeit erwecken, Jugendliche interessieren sich für Trainingspläne ihrer Vorbilder und wollen auch schon einmal Methoden und Belastungsformen in ihrem Wirkungszusammenhang erläutert haben. Die Frage nach dem «Warum» einer Trainingsübung ist dann durchaus geläufig.

Gesundheitsfördernd

Übungsauswahl, Aufeinanderfolge von Übungen, Übungsintensität usw. sollen die Gesundheit verbessern. Schäden können z. B. entstehen, wenn in der Gymnastik Dehnübungen den Kraftübungen folgen oder umgekehrt. Da beide Übungen die Muskelspannung erhöhen, kommt es zu keinerlei sinnvoller Entspannungspause. Ergebnis: überlastete, verspannte Muskulatur, was aber durch jeweils eingestreute Lockerungsübungen vermeidbar wäre. Zur Gesundheitsförderung gehören weiterhin die ärztliche Befürwortung für das Sporttreiben wie auch die regelmäßige ärztliche Kontrolle.

Vielseitig

Das gilt vor allem für die Grundausbildung. Möglichst viele Schwimmsportarten sollen kennengelernt werden. Ausgehend von einer breit angelegten Bewegungsausbildung kann sich der Jugendliche allmählich in einer

Sparte und dann später in einer Disziplin spezialisieren. Um das Interesse zu erhalten, muß der Übungsleiter / Trainer vielseitige Übungsauswahl und wechselnde Programme anbieten.

Systematisch aufbauend

Was damit gemeint ist, untermauern einige bekannte Merksprüche: «Vom Leichten zum Schweren», «Vom Einfachen zum Zusammengesetzten», «Vom Bekannten zum Unbekannten», «Vom Allgemeinen zum Speziellen», «Von wenig zu viel».

«Vom Leichten zum Schweren» heißt z. B., daß anfangs die äußeren Bedingungen des Bewegungsablaufs vereinfacht werden. So läßt sich der Brustbeinschlag zuerst an Land (im Sinne einer ersten Bewegungsvorstellung und -ausführung) üben, dann unter den erhöhten Druckverhältnissen des Wassers im Becken an der Wand.

«Vom Einfachen zum Zusammengesetzten» besagt, daß man vor der Gesamtbewegung Brustschwimmen z. B. erst die Einzelbewegungen Armzug oder Beinschlag übt, vor der Rollwende im Kraulschwimmen erst Teilbewegungen (z. B. Rolle vor der Wand um einen Stab, Abstoß von der Wand mit anschließender Drehung von der Rückenlage in die Bauchlage usw.) erlernt. Methodische Übungsreihen ordnen den möglichen Weg zu einer Zielübung (z. B. Gesamtbewegung Schmetterlingschwimmen) nach aufeinanderfolgenden Lehrschritten. Sie folgen in der Regel dem Prinzip der Vereinfachung, der Zerlegung in Einzelteile, die zunächst allein geübt, dann miteinander geübt und koordiniert werden, und machen sich auch vielerlei Bewegungshilfen zunutze (z. B. Flossen bei der Einübung der Delphinbewegung).

«Vom Bekannten zum Unbekannten» drückt aus, daß man von bereits gekonnten Bewegungen ausgeht, wenn man etwas Neues einführt. Das Windmühlenkreisen kann insofern als Ausgangspunkt für die ersten Versuche mit der Kraularmbewegung dienen.

«Vom Allgemeinen zum Speziellen» gibt der Forderung nach systematischem Übungsaufbau Ausdruck. So sollen in der gymnastischen Grundausbildung die Grundlagen der Beweglichkeit, Dehnfähigkeit, Lockerheit und Kraft gelehrt werden, während in der speziellen Gymnastik die Muskulatur und der Bewegungsapparat auf schwimmspezifische Erfordernisse hin trainiert werden. So kann z. B. der Armzug für das Brustschwimmen mit dem Zugseil so trainiert werden, wie es seiner Bewegungsausführung entspricht.

«Von wenig zu viel» veranschaulicht die Grundforderung einer allmählich steigenden Beanspruchung, die für den einzelnen je nach Trainingszustand festgelegt wird. Beispiel: Krafttraining ohne und mit zusätzlichen Belastungen, Erhöhung der Übungswiederholungen usw.

Der Übungsleiter/Trainer bedient sich vielfältiger Methoden und Mittel, um die vorgesehenen Übungsziele zu erreichen. Methoden und Mittel stehen dabei in einem direkten Abhängigkeitsverhältnis.

Das Intervalltraining z. B. ist eine Trainingsmethode. Die einzelnen Bausteine wie Länge der Strecke, Zahl der Wiederholungen, Richtzeit für die Strecke, Pausen usw. sind Mittel, die – je nach Gestaltung – diese oder jene Intervallmethode bewirken. Die Variationsmöglichkeiten sind unendlich, und der Trainer ist mit einem Klavierkünstler vergleichbar, der immer wieder, zum Entzücken seines Publikums, neue Varianten spielt.

Die Teillernmethode – eine weitere Methode – stellt im Anfängerunterricht ein beliebtes Verfahren für das Erlernen der Schwimmtechniken dar. Die einzelnen aufeinander aufbauenden Übungen liefern die Mittel (z. B. Armzug ohne Atmung, Beinschlag ohne Atmung, Gesamtbewegung usw.).

Auch das Zeigen-Erklären-Korrigieren, der Einsatz von Bild und Ton, die Verwendung von Schwimmbrettern und Sekundenuhr sind (Hilfs-)Mittel der Ausbildung.

(3) Welche Organisationsformen ermöglichen erfolgreiches Üben?

Es ist ein Unterschied, ob ich eine Gymnastikstunde in der Turnhalle oder ein Schwimmtraining auf der 50-m-Bahn durchführe, einen Waldlauf für ein Dutzend Erwachsene oder ein Kreistraining für 40 Jugendliche in Gang setze. Die Voraussetzungen sind jeweils ganz anders, und doch muß der Übungsleiter/Trainer alle Aktivitäten in einen zweckmäßigen Ablauf einfügen.

Zahl und Zusammensetzung der Teilnehmer, die zur Verfügung stehende Übungsstätte, ihre Ausstattung und Größe, der Auf- und Abbau der Geräte, mögliche Unzulänglichkeiten und Gefahrenherde bilden entscheidende Vorgaben vorausschauender Einzelplanung. Hinzu kommt der Faktor Zeit: Ein Programm, das man sich ausgedacht hat, soll ja auch in gestecktem Zeitrahmen verwirklicht werden.

Dem Organisations- und Ordnungsschema wird in der Stundenplanung eine eigene Spalte gegeben. Ordnung ist kein Ziel an sich; sie erleichtert den Übungsbetrieb, bewirkt Übersichtlichkeit und schafft für alle Beteiligten einen klaren Rahmen. Entscheidend für die Wirksamkeit aller Maßnahmen aber ist es, inwieweit es gelingt, die Sportler an eigenverantwortliches Handeln zu gewöhnen. Das schließt pünktliches Erscheinen am vorgegebenen Trainingsort, Helfen beim Auf- und Abbau der Übungsge-

räte, zweckmäßige Trainingsbekleidung wie auch die Beachtung von Baderegeln und die Hallenbadordnung ein. Das sind Selbstverständlichkeiten,
aber auch hier gilt, daß sie wie alle Tugenden und Fertigkeiten gelehrt und
geübt werden müssen.

Ordnungsformen haben in der heutigen Sportmethodik eine dienende Aufgabe. Sie werden nicht um ihrer selbst willen betrieben. Sie umfassen
– Einteilungs- und Aufstellungsformen,
– Organisationsformen beim Schwimmunterricht und Schwimmtraining.

Zu den Einteilungs- und Aufstellungsformen gehören die Linie, die Reihe,
die Gasse, der Halbkreis, der Kreis, das Viereck und ihre Abwandlungsmöglichkeiten wie Doppellinie, Doppelreihe, Innenstirnkreis, Außenstirnkreis usw. Diese Ordnungsformen werden gern für das Üben in der Turnhalle, aber auch für die Arbeit in der Schwimmhalle eingesetzt (Anfängerschwimmunterricht, Üben der Figuren im Kunstschwimmen, Balltraining
im Wasserball usw.). Dazu einige Beispiele für den Anfänger-Schwimmunterricht im Wasser:

Linie: Grundaufstellung, Abzählen, Gruppen bilden (z. B. zu dreien abzählen).

Reihe: mit Schulterfassung durchs Wasser gehen («klein» machen und
«groß» machen, mit großen und mit kleinen Schritten gehen, Slalom gehen
usw.),

Gasse: gegeneinander spritzen.

Halbkreis: Grundaufstellung bei Erläuterung des Übungsleiters; Balltreffspiele.

Kreis: Alle fassen sich bei der Hand, jeder zweite legt sich auf den Rücken
und spritzt mit den Beinen.

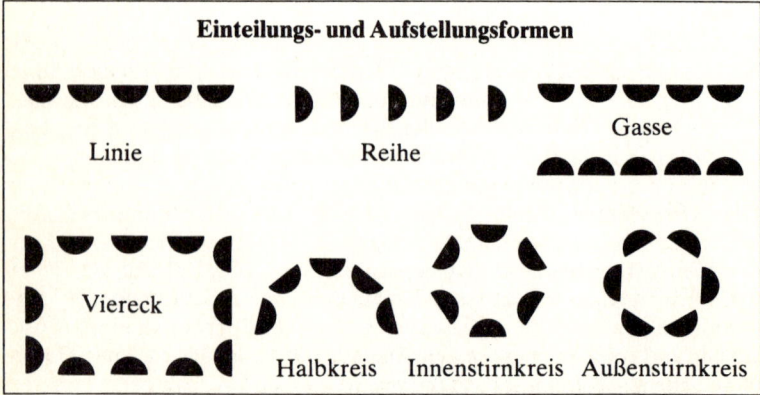

Einteilungs- und Aufstellungsformen

Linie   Reihe   Gasse

Viereck   Halbkreis   Innenstirnkreis   Außenstirnkreis

Bei der Arbeit in der Turnhalle wird häufig die Form des *Stationsbetriebes* angewandt. Dabei üben die Gruppen eine Zeitlang an einem Gerät (Station), dann wechseln sie zum nächsten Gerät (Station). Die Konditionsschulung wie das Kreistraining erfolgen im Stationsbetrieb.

Organisationsformen im Schwimmbetrieb

Welle oder Frontalbetrieb

Man kann dies auch als Schwimmen in Linie bezeichnen. Beispiele:

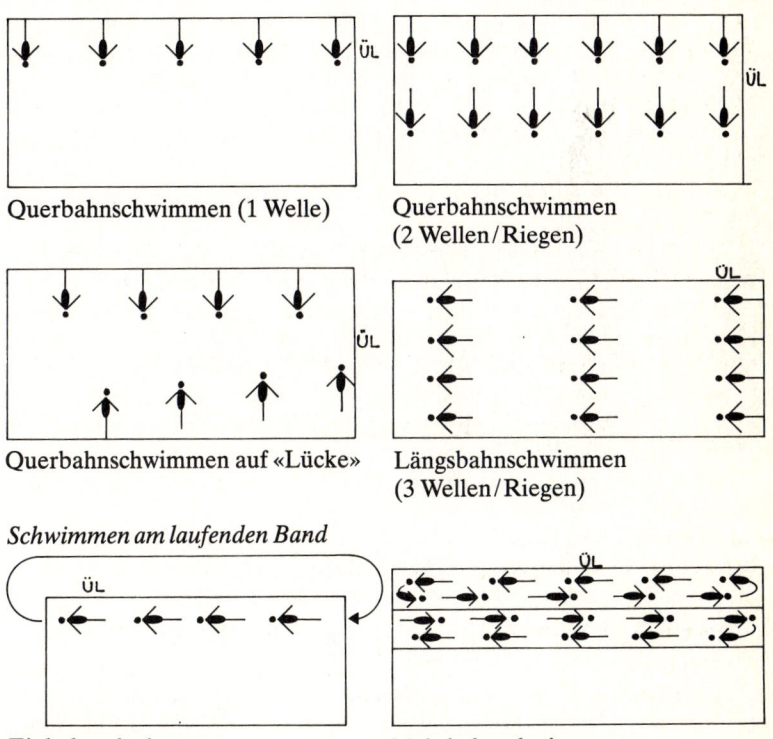

Querbahnschwimmen (1 Welle)   Querbahnschwimmen
                                     (2 Wellen/Riegen)

Querbahnschwimmen auf «Lücke»   Längsbahnschwimmen
                                     (3 Wellen/Riegen)

Schwimmen am laufenden Band

Einbahnschwimmen   Mehrbahnschwimmen

Die Einordnung beim Schwimmen am laufenden Band erfolgt nach dem Einteilungsgrundsatz Technik oder Leistung. Der Schnellste schwimmt vorn.

5 Sek. Abstand genügen, wenn die Teilnehmer Aufteilung und Durchschnitt der geforderten Schwimmgeschwindigkeit einhalten.

Merke:
Gute Ordnung erlaubt hohe Übungsintensität. Vereinbarte Zeichen sichern schnelle Verständigung.

Wie planen wir die Übungsstunde?

Die «klassische» Aufteilung der Übungsstunde besteht aus drei Teilen: Vorbereitungsteil, Hauptteil, Schlußteil.

(1) Vorbereitungsteil
Dauer: etwa ein Viertel der Gesamtstundenlänge. Als weitere Begriffe für den einleitenden Teil liest man häufig «Aufwärmen», «Einschwimmen», «Einstimmen». Sie geben in sehr anschaulicher Weise die wesentliche Aufgabe des vorbereitenden Teils an: Der Sportler muß körperlich (physisch) und geistig/seelisch (psychisch) auf die im Hauptteil zu lösenden Aufgaben vorbereitet werden.
«Schwimmt euch mal 16 Bahnen (400 m) ein», «5 Minuten Einlaufen und 5 Minuten Gymnastik».
Solche allgemeinen Übungsanweisungen werden eine sinnvoll aufbauende Trainingsarbeit nicht ermöglichen, schon gar nicht, wenn sie als Einleitung ständig wiederkehren. Es fehlen entscheidende Hinweise, wie die Bahnen zu schwimmen sind: welche Schwimmtechniken, wie viele Bahnen pro Schwimmart, mit welchem Einsatz? Auch den Teilnehmern der Gymnastikstunde geht es nicht anders. Weder die Laufformen noch deren Steigerung, noch die gymnastischen Schwerpunkte sind beschrieben worden. Die «Einstimmung» steht nicht isoliert da, sie ist stets in Zusammenhang mit dem Hauptteil zu sehen. Steht im Hauptteil ein hartes Kreistraining auf dem Programm, so muß die Vorbereitung entsprechend intensiv durchgeführt werden. Steigende Belastungsformen im Laufprogramm, ernsthafte Anstrengungen beim Lockern und Dehnen, auch kräftigende Übungen, die die im Hauptteil belasteten Muskelgruppen vorwärmen, müssen genau vorgeschrieben werden.

(2) Hauptteil
Dauer: etwa die Hälfte der Gesamtzeit.
Der Hauptteil enthält die thematischen Schwerpunkte bzw. die im längerfristigen Übungs- und Trainingsplan festgelegten Aufgaben. Anstrengende Übungen, auch solche, die Aufmerksamkeit und Konzentration erfordern, z. B. Einführung der ersten Schwimmtechnik im Anfängerschwimmunterricht, Verbesserung der Grundschnelligkeit im Grundlagentraining, Formen des Intervalltrainings mit Belastungen im anaeroben Bereich während des Hochleistungstrainings, sollen zu Beginn des Hauptteils liegen. Dann ist die Bereitschaft des Sportlers zu solchen Belastungen am größten.

(3) Schlußteil

Dauer: etwa ein Viertel der jeweiligen Übungsstunde.

Nach der Belastung die Entlastung, nach der Spannung aller Kräfte nun die Entspannung. Lockerungsübungen, auch Spiele, Staffeln, lustige Wettbewerbe sorgen für einen angenehmen Ausklang. Dies ist Gewähr dafür, daß die Sportler zur nächsten Übungsstunde gern wiederkommen.

Planung der Übungsstunden für die Saison und bis zu zwei Jahren

«Planung ist nicht alles, aber ohne Planung ist alles nichts.» Dieser einprägsame Satz rückt ein wenig die Vertreter von zwei entgegengesetzten Lagern zusammen: auf der einen Seite die Strategen, die nichts dem Zufall überlassen, auf der anderen Seite die unvorbereiteten Improvisationskünstler. Beiden fehlt es an der richtigen Mischung: gut vorbereitet und je nach Situation zu Änderungen fähig zu sein.

Nun beschränkt sich die Planung nicht auf die jeweils nächste Übungsstunde. Schon mit der Übernahme einer Vereinsgruppe geht der Übungsleiter Verpflichtungen auch langfristiger Art ein. Jede Gruppe hat ihren Platz im Vereinsangebot. Da sind die Anfänger, die Fortgeschrittenen, die Spitzenschwimmer – nicht zu vergessen die regelmäßig trainierenden Seniorensportler, um nur einige Gruppen zu nennen. Alle haben ihre Zielstellung, alle haben ihre Vorstellungen vom Weiterkommen – und wenn dieses Weiterkommen für die älteren Schwimmer auch nur der Erhaltung von Form und Gesundheit für viele weitere Jahre bedeuten mag.

Fortschritt beinhaltet fortschreitende Ziele und aufbauende Planung, die über die Woche und den Monat hinausgehen, die auch bei der Saison nicht enden, sondern Ziele ansteuern, die ein, zwei und mehr Jahre in der Zukunft liegen. Planung geschieht also immer gruppenorientiert, sie geht vom Ausbildungsstand (Ist-Zustand) der Teilnehmer aus und setzt Ziele (Soll-Zustand) fest, die innerhalb gewisser Zeiträume zu erreichen sind.

Die Trainingssteuerung macht sich dabei die Erkenntnisse der Fachwissenschaften (Entwicklungspsychologie, Trainingsphysiologie usw.) für den sinnvollen Leistungsaufbau zunutze. Sie zeichnet vor, was man wie trainieren soll. So vollzieht sich die schrittweise Steigerung der Trainingsaufgaben und Leistungsziele über die vier Abschnitte der Laufbahnplanung (schwimmerische und sportliche Grundausbildung, Grundlagentraining, Aufbautraining, Hochleistungstraining), wobei die drei letztgenannten noch eine Aufteilung des Trainingsjahres in Zeitabschnitte (Periodisierung) vorsehen. Wie die Jahresplanung und Saisonplanung ablaufen, wollen wir an einem Beispiel zeigen. Unsere Modellgruppe besteht aus Schwimmern im zweiten Jahr der sportmotorischen Ausbildung, Alter 9–10 Jahre.

Was haben sie im ersten Trainingsjahr gelernt? Man kann eine Vielzahl von
Lernmöglichkeiten unterscheiden:

Motorisch-praktisch:

– Kraul- und Rückenkraulschwimmen in guter Grobform,
– Start für das Kraul- und Rückenkraulschwimmen,
– einfache Drehwende für das Kraulschwimmen und das Rückenkraulschwimmen,
– sichere Staffelablösung,
– ein kleines Gymnastikprogramm mit Schwerpunkt auf beweglich machende und lockernde Übungen selbständig durchführen,
– Fuß- und Kopfsprünge vom Beckenrand und vom 1-m-Brett mit anschließenden Tauchaufgaben,
– Deutsches Jugendschwimm-Abzeichen in Bronze.

Kognitiv:

– regelmäßige und pünktliche Teilnahme an den Schwimmstunden,
– Kenntnis einiger wichtiger Wettkampfbestimmungen und Fachbegriffe,
– Gesundheitsregeln und Baderegeln,
– Wirkungsweise einiger Übungen der Beweglichmachung und Locke-
  rung,
– neue Bewegungen «erfinden».

Emotional:

– Spaß am Sport empfinden,
– sich in der Übungsgruppe wohl fühlen,
– Freude am Erfolg empfinden.

Sozial:

– sich in die Übungsgruppe einordnen,
– dem Kameraden partnerschaftlich helfen,
– Aufgaben für die Gruppe übernehmen.

Was sollen die Schwimmschüler im zweiten Trainingsjahr lernen?
pragmatisch:

– Bedingungen des DSV-Leistungsabzeichens «Hai» erfüllen:
  50-m-Brustschwimmen unter 60 Sek.,
  50-m-Kraulschwimmen unter 50 Sek.,
  50-m-Rückenkraul unter 60 Sek.,
  Kopfsprung aus 3 m Höhe oder Salto aus 1 m Höhe,
  25-m-Wasserballdribbeln ohne Zeit.
– Schmetterlingschwimmen (Delphintechnik) in der Grobform erlernen,
– 100-m-Lagenschwimmen (unter Vernachlässigung von Beinschlagfeh-
  lern im Brustschwimmen),

- eine längere Strecke, z. B. 600 m, durchschwimmen können,
- Belastungsformen des extensiven Intervalltrainings bis zu 8×50 m schwimmen,
- Start, Wenden (Kippdrehwenden) und Staffelablösungen wettkampfgerecht ausführen,
- Tauchaufgaben im Wasser lösen, allein oder zu mehreren,
- Standardprogramm «Beweglichkeitsübungen» erweitern und regelmäßig durchführen können.

kognitiv:
- Wettkampfbestimmungen für die erfolgreiche Teilnahme an gruppen- und vereinsinternen Wettkämpfen kennen,
- einfache Fehler erkennen und erläutern,
- wissen, wie ein Intervalltraining durchgeführt wird und wie man die Ausdauer verbessert,
- wissen, wie man «richtig» trainiert.

emotional:
- Spaß und Freude an Training und Wettkampf empfinden,
- Herausforderungen annehmen und austragen,
- Mut gewinnen, Fragen zu stellen.

sozial:
- Streit, Konflikte in der Gruppe lösen lernen,
- gemeinsame Aktivitäten auch außerhalb des Trainings planen,
- Freunde gewinnen und ihre Persönlichkeit anzunehmen lernen.

Wie lassen sich diese Aufgaben in einen Plan über einen längeren «Saison»-Abschnitt einbringen?

Anhand der folgenden Übersicht über 30 Trainingseinheiten soll ein methodischer Weg aufgezeigt werden, der Teile des «Jahresprogramms» zu verwirklichen helfen soll. Genannt werden die Hauptaufgaben, Ziele oder Schwerpunkte in den drei Teilen der Stunde. Die einzelnen Teile der Lernschritte können den methodischen Hinweisen entnommen werden, die ab Seite 362 ff zu finden sind.

Diese Übersicht kann die Planung erleichtern. Nur: Der Übungsleiter/ Trainer muß die Zahl der Teilnehmer, deren Leistungssituation, die Übungsstätte, den Übungsfortschritt, auch Organisationsmaßnahmen zur Unfallverhütung berücksichtigen. Die Übungsstunde ist auf jeweils 45 Minuten Übungszeit im Wasser angelegt. Der Zeitraum der Übersicht umfaßt ca. zweieinhalb Monate (September bis Anfang Dezember) und steht zu Beginn des zweiten Trainingsjahres. Pro Woche sind drei Übungsstunden vorgesehen. Höhepunkt ist das «Nikolausschwimmen», eine vereinsinterne Veranstaltung, bei der die Jüngsten ihre Wettkampfpremiere haben.

Vorbereitender Teil

 1. Stunde: Begrüßung, gegenseitige Vorstellung, Nennung der Stundenziele
 2. Stunde: Einschwimmen: Kraul- und Rückenkraul
 3. Stunde: Einschwimmen: vier Bahnen K (eine halbe Bahn KB – eine halbe
            Bahn GB)
            vier Bahnen R (eine halbe Bahn B – eine halbe Bahn GB)
 4. Stunde: acht Bahnen beliebiges Einschwimmen
            Brustbeinschlag mit Brett
 5. Stunde: Zweckgymnastik: Beweglichmachung von Fuß- und Kniegelenk
            «Sohlendruck» herausstellen
            6 Bahnen (K + R)
 6. Stunde: Brustbeinschlag mit Brett, «Eskimorolle» mit Brett
 7. Stunde: Einschwimmen K-3er-Zug und Rückenkraul (200 m)
            «Schiebekampf» mit Brett und Kraulbeinschlag
 8. Stunde: Brustbeinschlag mit Brett, Brustarmzug mit 2er-Atmung
 9. Stunde: Beweglich machende Übungen (Kopf-Arm/Schulter-Knie)
            Festigung, Brustbeinschlag mit Brustarmzug
10. Stunde: Beliebiges Einschwimmen 12 Bahnen
11. Stunde: Zweckgymnastik, Festigung Gesamtbewegung Brustschwimmen
12. Stunde: Einschwimmen 12 Bahnen Rücken und Kraul (u. a. auf Wechsel-
            zug)
13. Stunde: Zweckgymnastik, Einschwimmen (Rücken und Brust)
14. Stunde: Einschwimmen 10 Bahnen, 5 Kraul – 4 Rücken – 1 Brust
15. Stunde: Zweckgymnastik, Einschwimmen: 12 Bahnen (6 K mit Rollwende –
            4 R – 2 B)
16. Stunde: Einschwimmen 14 Bahnen (3 Techniken)
17. Stunde: Zweckgymnastik, Erlernen Delphinbeinschlag (Übungen mit Ge-
            räten)
18. Stunde: Festigung Delphinbeinschlag
19. Stunde: Zweckgymnastik, beliebiges Einschwimmen über 12 Bahnen
20. Stunde: Zweckgymnastik, Festigung Brustschwimmen
21. Stunde: 200-m-Einschwimmen (drei Techniken)
22. Stunde: Festigung Delphinbeinschlag und Schmetterlingsarmzug
23. Stunde: 12 Bahnen Lagenschwimmen (R, B, K) mit der richtigen Wende
24. Stunde: Zweckgymnastik, Festigung Schmetterlingschwimmen
25. Stunde: Festigung Schmetterlingschwimmen
26. Stunde: Einschwimmen 16 Bahnen mit vielen Aufgaben (AB, GB, Wechsel-
            zug, 3er Zug usw.)
27. Stunde: Zweckgymnastik, 12 Bahnen beliebiges Einschwimmen
28. Stunde: Festigung Schmetterlingschwimmen
29. Stunde: Zweckgymnastik, Festigung Schmetterlingschwimmen
30. Stunde: letzte Information zum bevorstehenden Wettkampf

Hauptteil

1. Stunde: Test des schwimmerischen Könnens
2. Stunde: «Richtig atmen», korrekt den Kopf drehen usw., Verfeinerung des Kraulschwimmens
3. Stunde: Einführung Brustbeinschlag (an Land, an der Treppe, im Wasser, im Gleiten, mit Brett usw.)
4. Stunde: Brustbeinschlag mit Brett und Atmung (nach 1 und 2 Beinschlägen)
5. Stunde: Leistungskontrolle Brustbeinschlag mit Brett, Korrekturen und Verbesserung Brustbeinschlag
6. Stunde: Einführung Brustarmzug (an Land, aus dem Gleiten, ohne Atmung usw.)
7. Stunde: Einführung Brustarmzug mit Hinweisen zur Atmung
8. Stunde: Einführung Gesamtbewegung Brustschwimmen ohne Atmung
9. Stunde: Gesamtbewegung Brustschwimmen mit Atmung
10. Stunde: Festigung Gesamtbewegung Brustschwimmen
11. Stunde: Verbesserung der Grundlagenausdauer Kraul- und Rückenkraul (extensives Intervalltraining)
12. Stunde: Festigung Beinschlag, Armzug und GB Brustschwimmen
13. Stunde: Test Brustschwimmen
14. Stunde: Festigung Rollwende Kraulschwimmen
15. Stunde: Einführung Delphinbeinschlag (Demonstration, vorbereitende Übungen)
16. Stunde: Erlernen Delphinbeinschlag (Beinbewegungen in Bauchlage ohne Geräte)
17. Stunde: Extensives Intervalltraining Kraul und Rückenkraul
18. Stunde: Einführung Armbewegung für das «Schmetterlingschwimmen»
19. Stunde: Festigung Delphinbeinschlag, Erlernen Armbewegung
20. Stunde: Erlernen Armbewegung «Schmetterlingschwimmen»
21. Stunde: Einführung Koordination für das Schmetterlingschwimmen
22. Stunde: Erlernen Koordination Schmetterlingschwimmen
23. Stunde: Festigung Schmetterlingschwimmen
24. Stunde: Ausdauertraining K, R, B (Einzelarbeit und Gesamtbewegungen) im Pyramiden-System
25. Stunde: Verbessern Start in Verbindung mit zügigen 25-m-Strecken
26. Stunde: Testschwimmen
    5-m-Kraul und Rückenkraul sowie 25-m-Brust
27. Stunde: Festigung Schmetterlingschwimmen
28. Stunde: Einzelarbeit und Gesamtbewegung K, R, B
29. Stunde: Verbesserung Start und Wenden, Querbein-Lagenschwimmen
30. Stunde: Vorbereitung Wettkampf, Testschwimmen der gewählten Wettkämpfe

Schlußteil

1. Stunde: Einfache Fuß- und Kopfsprünge
2. Stunde: Wettkampf: Gleiten aus dem a) Abstoß von der Wand, b) Kopfsprung vom Beckenrand
3. Stunde: Ringetauchen, auch in der Verbindung mit einer Pendelstaffel
4. Stunde: Übungen zum Wasserballdribbeln
5. Stunde: 200 m Dauerschwimmen, 1 × 25 m Sprinten, Kopfsprung
6. Stunde: Kopfsprung mit Gleiten und Brustbeinschlag. Wer kommt ohne Atmung am weitesten?
7. Stunde: Brustbeinschlag mit Brett und Atmung nach jedem zweiten Beinschlag, Ziel: Querbahn-Pullbuoy-Staffetten
8. Stunde: Endlos-Staffel 8 × 25 m Kraul und Rückenkraul im Wechsel
9. Stunde: Tauchen und Wasserballdribbeln
   «Materialsschlacht» (alle Bälle, Bretter, Pullbuoys liegen in der Beckenmitte: welche Mannschaft schafft die meisten an Land?)
10. Stunde: Kombinierte Schwimmformen, Abtreffen mit 2 oder 3 Werfern
11. Stunde: Querbahnstaffeln mit unterschiedlichen Aufgabenstellungen (u. a. mit Wasserballdribbeln, Brett-Transport etc., freie Sprünge)
12. Stunde: Einführung Wende Brustschwimmen
13. Stunde: Wasserkorbball
14. Stunde: Startsprünge mit anschließenden Gleitübungen
15. Stunde: Wrigg-Übungen; Reiterkampf: auf 2–3 Brettern zwischen den Oberschenkeln sitzen, wer bringt den Gegner zum Sturz?
16. Stunde: Tauchen und Wasserballdribbeln
17. Stunde: Partnerübungen: Transportieren und Abschleppen
18. Stunde: 300 m Ausdauerschwimmen
19. Stunde: 2 × 25 m Spurt (je Kraul und Rücken); 1 × 25 m Brust mit Kopfsprung und betontem Gleiten
20. Stunde: Tauchen, Transportieren, Abschleppen oder «Ball über die Schnur»
21. Stunde: Dribbelstaffeln Wasserball, «Invaliden»-Staffel
22. Stunde: Hinweis zu den Wettkämpfen (Nikolausschwimmen); Spurt in 3 Techniken (K, R, B)
23. Stunde: Abtreffen mit 2 Bällen; Staffelschwimmen (jeder schwimmt K, R, B)
24. Stunde: Verbesserung Startsprung für das Kraul-, Rücken- und Brustschwimmen mit Betonung des Übergangs zu den ersten Bewegungen
25. Stunde: 75 m Lagenschwimmen (R, B, K)
26. Stunde: Auswertung der Leistungen, Hindernisschwimmen – Staffel (z. B. Leinen überschwimmen – untertauchen, Rollen um die Leine etc. auf der Querbahn
27. Stunde: Staffelschwimmen mit korrekter Erfüllung der Wettkampfbestimmungen
28. Stunde: Lustige Spiele (selbst finden aus der Gruppe)
29. Stunde: Transport-Staffel (3 Schwimmer pro Gruppe, je zwei transportieren den 3., welche Gruppe ist nach 3 Bahnen die schnellste?)
30. Stunde: Auswertung und Überprüfung des Wissens um die Verhaltensregeln zum Wettkampf

Anhang

Inhalt

Literaturhinweise

AUSTE, N.: Schwimmen und Tauchen in der Schule. Schorndorf 1978.

BATTERMANN, CH.: The Techniques of Springboard Diving. Massachusetts 1977[4].

BEYER, J.: Sportliches Wasserspringen. Schorndorf 1977[2].

BILLINGSLEY, H.: Diving Illustrated. New York 1965.

BUCHER, W.: Schwimmen leistend spielen – spielend leisten. Schorndorf 1982.

BUCHER, W. (Red.): 1001 Spiel- und Übungsformen im Schwimmen. Schorndorf 1994[7].

COLWIN, C. M.: Swimming into the 21st Century. Champaign/Illinois 1982.

COUNSILMAN, J.: Schwimmen. Frankfurt 1978[5].

COUNSILMAN, J.: Handbuch des Sportschwimmens. Bockenem 1993.

Deutscher Schwimm-Verband (Hg.): Lehrbuch für Kunstschwimmen. München 1989.

Deutscher Schwimm-Verband: Kampfrichterordnung Ausgabe 1980. München 1980.

Deutscher Schwimm-Verband: Wasserball heute. Hg. v. DSV-Wasserballausschuß. Fulda o. J.

Deutscher Sportbund: Sport für den älteren Menschen im Verein. Frankfurt 1979.

Deutscher Sportbund (Hg.): Lehrbriefe für Übungsleiter, Teil I. Melsungen 1982[2].

Deutscher Sportbund (Hg.): Lehrbriefe für Übungsleiter, Teil II. Melsungen 1985.

DIGEL, H. (Hg.): Lehren im Sport. Reinbek bei Hamburg 1983.

DORDEL, H.: Bewegung und Sport Erwachsener – Anfängerschwimmen. Dortmund 1985.

EBERSPÄCHER, H.: Sportpsychologie. Reinbek bei Hamburg 1993[3].

Federation International de Natation: FINA – Handbook 1988–1992. Vancouver BC 1988.

FORBES, M. S.: Coaching Synchronized Swimmung Effectively. Champaign/Illinois 1984.

FREITAG, W.: Schwimmen. Reinbek 1996[11].

FREITAG, W.: Konditionelle und koordinative Leistungen von jugendlichen Schwimmern. Ahrensburg 1986.

GIEHRL, J.: Richtig Schwimmen. München 1993[5].

GRAUMANN, D./LOHMANN, H./PFLESSER, W.: Schwimmen in Schule und Verein. Celle 1992[5].

GROSSER, M./NEUMAIER, A.: Techniktraining. München 1982.

GROSSER, M./STARISCHKA, S./ZIMMERMANN, E.: Konditionstraining. München 1993[4].

HINRICHS, H.-U.: Sportverletzungen. Reinbek bei Hamburg 1986.

HOFFMANN, U.: Sporttauchen – Technisch-methodische Hilfen für die Anfänger-ausbildung. Bockenem 1995.

HOLLMANN, W./HETTINGER, TH.: Sportmedizin – Arbeits- und Trainingsgrundlagen. München 1990[4].

JACOBI, K.: Figurenlegen – Kunstschwimmen mit Anlagen und Zeichnungen. Hg. v. Damen-Schwimm-Verein München. München o. J.

JOERES, U./WEICHERT, W.: Schwimmen – Bewegen und Spielen im Wasser. Reinbek bei Hamburg 1984.

JOHN, H. G./JOHNEN, H.: Alternatives Schwimmen – Bewegung nach Musik im Wasser. Aachen 1987[2].

JONATH, U.: Circuittraining. Reinbek bei Hamburg 1987[2].

JONATH, U. (Hg.): Lexikon Trainingslehre. Reinbek bei Hamburg 1988.

JONATH, U./KREMPEL, R.: Konditionstraining. Reinbek bei Hamburg 1987[5].

KAPUSTIN, P.: Senioren und Sport. Bad Homburg 1980.

KNEBEL, K. P.: Funktionsgymnastik. Reinbek bei Hamburg 1990[2].

KOZEL, J.: Das Wasserballspiel in der Schule. Sportunterricht, 25 (1976) 4, Beilage: Lehrhilfen für den Sportunterricht 1976/4: S. 41 ff.

KOZEL, J.: Sportspielbeobachtungen mit dem Computer. Der deutsche Schwimmsport, 29 (1979) 21: S. 463 ff.

KREUZHUBER, S.: Wassergymnastik und Training. Wien 1986.

KUKUK, H. F./VONCKEN, U.: 111 × Wassergymnastik für jedermann. Schorndorf 1985[2].

LAGERSTRØM, D./BJARNASON, B.: Fit durch gezielte Gymnastik. Erlangen 1985.

LETZELTER, M.: Trainingsgrundlagen. Reinbek bei Hamburg 1987[9].

LETZELTER, H./LETZELTER, M.: Krafttraining. Reinbek bei Hamburg 1986.

LEWIN, G.: Schwimmen kinderleicht. Berlin 1994.

LINGENAU, W. G.: Leitfaden des Sportschwimmens. Hg. v. Westdeutschen Schwimm-Verband. Bockenem 1981.

MADER, A./MADSEN, Ö./HOLLMANN, W.: Zur Bedeutung der laktaziden Energiebereitstellung für Trainings- und Wettkampfleistungen im Sportschwimmen. Leistungssport, 10 (1980), 4 und 5.

MAGLISCHO, E.: Swimming Even Faster. Mountain View/London/Toronto 1993.

MARKMANN, A.: Leitfaden für den Wasserballübungs-Leiter. Hg. v. Westdeutschen Schwimm-Verband. Dortmund 1976.

MARKWORTH, P.: Sportmedizin 1. Physiologische Grundlagen. Reinbek bei Hamburg 1987[4].

MATWEJEW, L. P.: Periodisierung des Sport-Trainings. Berlin 1972.

DE MAYER, J.: SynchroonZwemmen. Haarlem 1977.

MEUSEL, H.: Bewegung, Sport und Gesundheit im Alter. Bad Homburg 1996.

NABATNIKOWA, M. J.: Die spezielle Ausdauer des Sportlers. Berlin 1974.

PFEIFER, H. (Red.): Schwimmen – Technik der Top-Athleten. Berlin 1991.

RASENBERGER, K.-H. / ARNOLD, K.: Wasserspringen. Berlin 1980.

REISCHLE, K.: Besser Schwimmen. Technik, Training. München 1988.

SCHMIDT, K.: Sonder- und Heilschwimmen. Dresden 1975.

SCHRAMM, E. (Hg.): Sportschwimmen. Hochschullehrbuch. Berlin 1987.

SPIKERMANN, M.: Krafttraining für Schwimmer. Bockenem 1993.

URBAINSKY, N.: Methodik des Schwimmunterrichts. Ein Handbuch für Sportlehrer, Übungsleiter und Aktive. Celle 1987[7].

URBAINSKY, N.: Methodik des Schwimmunterrichts. Zur Theorie und Praxis des Sport-Schwimmens in Schule und Verein. Celle 1978.

VOLCK, G. (Hg.): Schwimmen in der Schule. Schorndorf 1982[2].

VÖLKER, K. / MADSEN, Ö. / LAGERSTRØM, D.: Fit durch Schwimmen. Erlangen 1983.

WASMUND-BODENSTEDT, U.: Belastungsdosierung im Altersport. Sportpraxis in Schule und Verein, 22 (1981) 12, S. 227–228.

WILKE, K. / DANIEL, K.: Schwimmen – Lernen, Üben, Trainieren. Wiesbaden 1996.

WILKE, K.: Anfängerschwimmen. Reinbek 1997[7].

WILKE, K.: Schwimmen. Bewegung erleben – Technik verbessern. Reinbek bei Hamburg 1996.

WILKE, K. / ABERLE, H.: Wasserspringen. Sport in der Primarstufe, Bd. 9. Bad Homburg 1976.

WILKE, K. / MADSEN, Ö.: Das Training des jugendlichen Schwimmers. Schorndorf 1997[3].

WILLIMCZIK, K.: Die sportmotorische Zieltechnik – Möglichkeiten und Grenzen der Erstellung. In: RIEDER, H. (Red.): Bewegungslehre des Sports. Sammlung grundsätzlicher Beiträge II. Schorndorf 1977.

WILLIMCZIK, K. / ROTH, K.: Bewegungslehre. Reinbek bei Hamburg 1988[4].

WILLIMCZIK, K. (Hg.): Biomechanik der Sportarten. Reinbek bei Hamburg 1989.

Der Herausgeber

PROF. KURT WILKE, Diplomsportlehrer, Jahrgang 1936, war Regierungs-
direktor an der Sportschule der Bundeswehr, Prorektor und Dekan der
Deutschen Sporthochschule Köln und leitet dort ein Institut. Nach Wettkampfsport als Leichtathlet und Handballer gewann er westdeutsche Meisterschaften und Deutsche Hochschulmeisterschaften im Schwimmen und
Wasserball. 1967/68 war er Schwimmwart des DSV und ist seit 1995 Präsi-
dent der DLRG.

Die Autoren

DR. WERNER FREITAG, Diplomsportlehrer, Jahrgang 1946, ist im Hoch-
schuldienst des Fachbereichs Sport an der Universität Mainz tätig. Als
Wettkampfschwimmer nahm er an den Olympischen Spielen 1964 und 1968
teil und ist z. Zt. Disziplinchef für Schwimmen im Allgemeinen Deutschen
Hochschulsportverband (ADH).

DR. BARBARA HAMMERER, Diplomsportlehrerin, Jahrgang 1955, ist Refe-
rentin für Leistungssport beim Sport- und Bäderamt der Stadt Köln. Sie
betrieb erfolgreich Wettkampfsport im Schwimmen, Wasserball und Ten-
nis. In der Übungsleiter- und Schwimmmeisterfortbildung vertritt sie das Ge-
biet der Wassergymnastik.

DR. JÜRGEN KOZEL, Jahrgang 1942, ist Leiter der Trainerakademie des
DSB in Köln. Der ehemalige Leistungsschwimmer und Bundesligawasser-
ballspieler war Disziplinchef für Wasserball im ADH, Bundestrainer Wasserball (1974/75) und Schwimmwart (1983–1986) des DSV.

W. GÜNTER LINGENAU, Diplomsportlehrer, Jahrgang 1940, ist Oberstu-
dienrat für Französisch und Sport. Als ehemaliger Wettkampfschwimmer
übernahm er 1968–1981 das sportliche Jugendprogramm des DSV, dessen
Vizepräsident er von 1981 bis 1991 war.

HEIDRUN LIEDTKE, Diplomsportlehrerin, Jahrgang 1942, unterrichtet an
der Deutschen Sporthochschule Köln; Arbeitsschwerpunkte Schwimmen
und Wasserspringen. Als aktive Sportlerin kam sie vom Gerätturnen zum
Wasserspringen, wo sie 1964 die Deutsche Meisterschaft gewann und an
internationalen Wettkämpfen teilnahm.

GÜNTER QUAST, Jahrgang 1942, ist Übungs- und Jugendleiter, B-Trainer,
1977–1984 Lehrwart in Hamburg. 1981–1988 Fachwart für Breitensport
des DSV.

IRMA ROSMARIN ist Lehrerin im Ruhestand und seit ihrem 7. Lebensjahr
schwimmsportlich tätig. Als ausgebildete Dirigentin und Chorleiterin ar-
beitete sie nach dem 2. Weltkrieg mit der «Mutter deutschen Kunstschwimmens», Käthe Jacobi, zusammen, wurde internationale Wertungsrichterin
und schließlich Kunstschwimmwartin des DSV.

Schwimmsport-Praxis

*Offizielles Lehrbuch
des DSV*
herausgegeben von Kurt
Wilke
(sport 8608)
Ein Buch für Übungsleiter,
Trainer, Sportlehrer und
Autodidakten mit konkreten
Anleitungen, praktischen
Hilfen und Übungssammlun-
gen zum Lehren, Lernen,
Üben und Trainieren aller
schwimmsportlichen Diszi-
plinen.

Anfängerschwimmen

von Kurt Wilke
(sport 7032)

Schwimmen

von Kurt Wilke
Bewegung erleben, Technik
verbessern
(sport 8688)

Wassergymnastik

von Karen Beigel und
Andreas Brinckmann
(sport 8639)
Dieses Buch stellt ein um-
fassendes und vielfältiges
Angebot vor und bietet für
jeden etwas: sanfte Beweglichkeitsübungen, Power-
gymnastik als Fitness-
training, schwimmerische
Ausdauergymnastik, Spaß
und Geselligkeit bei
vielseitiger Belastung u.v.m.

Aqua-Training

von Margot Zeitvogel
(sport 8698)

Tauchen

von Erhard Schulz
(sport 9418)

DAS KNOW-HOW FÜR DEN UNTERWASSERSPORT

TAUCHEN
ERHARD SCHULZ

Segeln

von Horst Schlichting
(sport 8643)
Ob Jolle oder Jacht, ob auf
Binnengewässern oder in
küstennahen Bereichen – das
Angebot an Booten und
geeigneten Revieren wird
immer verwirrender. Dieses
Buch hilft dem Freizeit-
kapitän, Sportsegler und
Tourenskipper, hart am
Wind zu bleiben. Es infor-
miert über Bootskauf und
Bootszubehör, über Theorie
und Praxis des Segelns, über
Wegerecht und Notfälle. Der
Grundkurs über Segelma-
növer und die Regatta-Tips
für Schnellsegler sind reich
bebildert und auch dem
Anfänger verständlich.